일본역사 탐구

구태훈

태학사

일본역사탐구

초판 제1쇄 발행   2002년   10월 30일
초판 제3쇄 발행   2006년   3월 10일

지 은 이 ‖ 구태훈
펴 낸 이 ‖ 지현구
펴 낸 곳 ‖ 태학사
　　　　　　주소 ｜ 경기도 파주시 교하읍 문발리 파주출판문화정보산업단지 498-8
　　　　　　전화 ｜ (031) 955-7580~2(마케팅부) · 955-7584~90(편집부)
　　　　　　전송 ｜ (031) 955-0910
　　　　　　홈페이지 ｜ www.태학사.com
　　　　　　전자우편 ｜ thaehak4@chol.com
　　　　　　등록 ｜ 제406-2006-00008호

값 18,000원
ISBN 89-7626-807-5   93910

☞ 잘못된 책은 구입한 곳이나 본사에서 바꾸어 드립니다.

책을 내면서

　이 책은 일본사를 공부해보고 싶어하는 사람들에게 충실한 안내자가 되는 것을 목표로 하여 집필되었다. 일본에 대하여 단편적인 지식을 갖고 있는 사람들에게는 그 지식을 더 체계적으로 정리할 수 있는 책으로 읽혀질 수 있을 것이다. 뿐만 아니라, 일본사에 대하여 좀더 깊이 있게 공부를 해보고 싶은 사람들에게도 이 책은 유용하게 이용될 수 있을 것이다. 일본사의 내용 중에서 자신이 평소에 특히 알고 싶어하던 부분을 깊이 있게 탐구한 후에, 그것을 컴퍼스의 축으로 하여 호기심의 범위를 넓혀갈 수 있도록 쓰여졌기 때문이다.

　이 책은 내가 재직하고 있는 성균관대학교의 학생들을 대상으로 하여 강의를 하면서 구상하였다. 나에게도 일단의 책임이 있는 일이지만, 서점에 진열되어 있는 일본사 관련 책 중에서 참고할 만한 개설서는 손꼽을 정도로 적은 것이 현실이다. 그것도 한국인 연구자가 저술한 것보다 일본에서 일본인을 대상으로 하여 쓰여진 것이나, 서양에서 쓰여진 것을 번역한 것이 많다. 그러한 번역서들 중에도 객관적인 관점에서 서술된 훌륭한 것들이 없는 것은 아니다. 그러나 한국인의 관점에서 일본사를 이해하는 데 적합하도록 서술되었다고는 말할 수 없다. 학생들이 참고도서를 추천해 달라는 말을 할 때마다 마땅하게 추천할 만한 책이 없어서 매우 난감하였다. 나는 할 수 없이 내가 가지고 있는 문제의식과 관점에 따라서 매 시간마다 직접 원고를 정리하여 학생들에게 나누어주면서 강의를 하였다. 그때의 원고가 이번에 책으로 정리되게 된 것이다.

돌이켜보면, 한때 일본과 관련한 책들이 많이 읽혀진 적이 있었다. 현재도 서점에 나가보면 일본을 대상으로 하여 쓰여진 책이 결코 적다고 할 수는 없다. 그러나 그것들의 대부분은 저자의 단편적인 일본 체험기나 일본문화를 여과 없이 소개한 것들이다. 특히 독자들의 흥미를 끄는 책일수록 일본에 대하여 매우 단정적으로 재단한 것들이 많다. 그러한 책은 독자들에게 왜곡되고 굴절된 일본상을 심어준다. 매우 위험한 일이 아닐 수 없다.

지금의 독자들은 일본에 대하여 더 깊이 있게 알고 싶어하고, 더 체계적으로 이해하고 싶어한다. 그들의 욕구를 충족시키기 위해서는 종래보다는 좀더 수준 높은 책이 요구되고 있다. 근래에는 이러한 독자들의 지적 욕구에 부응하여, 각 학문분야별로 전문성을 띤 책이 번역되거나 저술되고 있다. 일본학이 어느 정도 자리를 잡아가고 있다는 느낌이 든다. 이러한 때에 내가 일본사 관련 책을 내게 되었다. 이 책이 독자들의 지적 호기심을 자극하는 교양서가 되기를 기대하고 있다.

이 책이 일본사의 역사 발전단계를 염두에 두면서 서술되었다는 측면에서는 일반개설서와 다르지 않다. 그러나 이 책은 단순히 일본사를 고대에서 현대까지 그야말로 망라하여 나열한 것이 아니다. 『일본역사탐구』라는 제목이 상징하듯이, 이 책은 각 시대마다 중요한 의미를 지니고 있다고 생각되는 테마를 선별하여 그것을 심도 있게 탐구하는 형식을 취하였다. 이러한 형식을 취한 것은, 그동안 내가 일본사를 가르치면서 느꼈던 문제점들을 나름대로 보완하기 위해서다.

우리나라 대학생들의 대부분이 일본사에 대한 지식이 전무하다고 해도 과언이 아니다. 그럼에도 불구하고 그들은 일본사를 구조적으로 이해하고 싶어한다. 수강자가 역사를 구조적으로 이해하게 하려면 어느 정도 깊이 있는 지식을 제공하지 않으면 안된다. 이 책은 이러한 현실에 대응하기 위한 노력의 산물이다. 다시 말하자면, 이 책은 독자 스스로가 역사를 가슴으로 느끼게 하기 위하여 다른 역사서와는 전혀 다른 형식을 취하게 되었던 것이다. 목차를 보면 알 수 있듯이, 이 책에서는 고대, 중세, 근세, 근현대로 시대구분하고, 각 시대별로 맨 앞에 개설을 덧붙였다. 각 테마의 내용은 전체적인 역사과정 속에 자리매김되었을 때 더 선명하게 부각될 것이라고 생각했기 때문이다.

이 책을 구성하는 39개의 테마는 서로 유기적인 관련성을 갖고, 각 시대별로 총체적인 역사상을 정립할 수 있도록 선정되고 배열되었다. 하지만 각 테마는 그 자체로 완결된 내용을 이룰 수 있도록 구성하였다는 측면에서는 독립적이다. 그렇기 때문에 독자가 각 시대별로 역사의 줄거리를 파악하고 있고, 전체적인 이미지가 형성되어 있다면, 이 책 중에서 어떠한 테마를 골라서 읽어도 이해하는 데 지장이 없을 것이다.

이 책은 4부로 구성되어 있다. 제1부는 고대국가의 발전에 관한 내용이다. 고대사개설에 연이어서 8개의 테마를 배열하였다. 「일본신화」는 역사의 범위에 포함할 수는 있는 내용은 아니지만, 천황과 밀접하게 관련되어 있기 때문에 다루었다. 다음에는 주로 일본의 고대국가가 어떠한 역사환경 속에서 성장하였는가를 고찰하였다. 그리고 고대 일본인의 정신세계의 근간을 형성하고 있었던 불교의 전래와 발전, 또 일본 고대문화 중에서 특히 국풍문화 시대에 주목하였다. 마지막으로 고대의 틀 속에서 중세적인 것들이 어떻게 형성되었는가를 살펴보기 위하여 무사의 성장과정을 집중적으로 탐구하였다.

제2부는 무가사회의 성립과 발전과정에 대한 내용이다. 중세사개설에 뒤이어서 7개의 테마를 배열하였다. 처음에 천황의 권력과 쇼군(將軍)의 권력이 어떠한 긴장관계를 유지하고 있었는지를 살펴보았다. 다음에 무가사회의 구조를 무사들의 활동에 초점을 맞추어 고찰해 보고, 이어서

원의 침략과 왜구문제를 다루었다. 가마쿠라 불교는 염불의 전통을 세운 만큼 특별히 주목하였다. 그리고 하극상 운동의 파도를 타면서 치열하게 한 시대를 살았던 전국(戰国)다이묘들의 시대정신을 고찰하였다. 그것을 탐구함으로써 중세에서 근세로 이행하는 과도기의 역사상을 부각시키려고 의도하였다.

　제3부에서는 일본근세사회의 여러 문제를 다루었다. 일본근세는 현대 일본문화의 원형이 형성되는 시기였던 만큼 12개의 테마를 선정하였다. 먼저 일본사회를 크게 변화시킨 서양인과 일본인의 만남에 주목하였다. 다음에는 분열되었던 일본을 통일하는 데 성공한 도요토미 히데요시(豊臣秀吉)에 초점을 맞추어 탐구하였다. 그리고 에도막부(江戸幕府)의 쇼군권력에 주목하고, 지배계급인 무사의 신분과 생활을 살펴보았다. 조닌(町人)이 경제적인 실력을 장악하였다는 것은 에도시대의 특징이었다. 조닌은 경제력을 배경으로 하여 서민문화를 꽃피웠다. 국학과 양학은 일본의 독특한 학문이었다. 이러한 점들을 구체적으로 탐구하는 것은 근대 이후의 일본역사를 생각하는 데에도 매우 중요하다. 마지막으로 서양세계의 도전과 일본의 대응에 대하여 살펴보았는데, 그 대응의 방법과 결과는 일본의 근대화와 밀접한 관련이 있다.

　제4부는 근현대사 부분이다. 격동의 시기였던 만큼 12개의 테마를 선정하였다. 일본 근대국가는 중앙집권 권력을 확립하는 것에서 시작되었다는 점, 메이지(明治)정부의 고급관료들이 대국을 지향하고 서구화에 힘썼던 것은 당시의 조선과 명확하게 대비되는 점이었다. 일본은 근대화에 성공하였고, 조선은 일본의 식민지가 되었다. 그 과정도 다루지 않으면 안되는 문제였다. 그리고 일본제국주의가 끝도 없는 전쟁의 길을 선택함으로써 일본인은 물론 식민지 조선인이 어떻게 생활하였는가를 살펴보았다. 또 자유민권운동, 제국헌법의 제정, 학교교육 등도 집중적으로 조명하였다. 일본은 결국 태평양전쟁에서 패배하였고, 미국을 비롯한 연합국이 일본을 점령하였다. 그러나 일본은 전후복구에 성공하여 고도 경제성장의 신화를 이루었다. 이러한 과정을 살펴봄으로써 일본이 경제

대국으로 성장했던 요인들을 부각시키고자 의도하였다.

일본사의 전과정을 한 권의 책에서 다루는 것은 결코 쉬운 일이 아니다. 비록 이 책이 나의 주관에 따라 선별된 테마들로 한정되어 있다고는 하지만, 혼자서 한 나라의 역사 전체를 논하는 것은 지극히 어려운 일이다. 나는 주로 일본근세사를 연구하는 사람이므로, 근세사의 경우에는 특별한 문제점이 없을 것이라고 생각된다. 그러나 근세 이외의 시대에 관한 기술에는 여러 가지 점에서 비판을 면하기 어려운 부분이 많을 것이라고 생각된다. 이후 각 시대별 전문 연구자들의 조언을 받아서 문제가 있는 부분은 수정을 가하여 조금이라도 더 좋은 내용으로 만들어 가기로 하겠다.

이 책이 출간되기까지는 많은 분들의 도움이 있었다. 일본유학 시절의 지도교수이셨던 구마쿠라 이사오 선생님께서는 지금까지도 나를 지켜보고 계신다. 가메야마 게이치 선생님의 은혜는 한시도 잊을 수가 없다. 이돈갑 선생님에게도 감사하고 있다. 부모님의 사랑을 생각하면 지금도 가슴이 저리다. 내 아내 노경애는 내가 이 세상에서 가장 신뢰하는 동반자이며 조언자다. 그녀의 헌신적인 뒷바라지가 없었더라면 아마도 오늘날의 나는 없었을 것이다. 그 밖에도 이 책이 나오기까지 귀중한 시간을 나누어서 도와준 김종식 박사, 그리고 오세욱 군과 주새봄 양의 노고에 감사한다. 끝으로 이 책이 나올 수 있게 힘써주신 태학사 지현구 사장님과 편집부 여러분에게도 감사를 드리고 싶다.

2002년 8월

구 태 훈

차 례

제2부 일본중세 탐구

제3부 일본근세 탐구

제4부 일본근현대 탐구

제1부

일본고대 탐구

1. 국가의 성립과 발전

1) 원시 사회의 생활과 문화

제2차 세계대전 이전까지 일본 열도 최고의 문화는 조몬문화(繩文文化)로 알려져 있었다. 그러나 1949년 군마현(群馬県) 이와주쿠(岩宿)에 있는 갱신세 지층에서 타제석기가 발견된 이후, 전국 각지에서 여러 종류의 타제석기나 화석화된 인골이 출토되게 되었다. 현재 구석기시대 유적의 사례는 1000 여 개소에 달하고 있다.

B.C. 1만 년 전후에 토기가 발명되었다. 다양한 도구가 발명되고, 나무열매나 풀뿌리와 같은 식물성 식품을 식용하게 되면서 식품을 조리하고 저장하는 용기가 필요하였기 때문이다. 토기는 저온에서 구워내었기 때문에 그다지 견고하지 못하였다. 그릇의 외면에 새끼줄 모양의 무늬를 새겨 넣었는데, 이 토기를 조몬토기라고 한다. 그리고 이 시대의 문화를

조몬토기 깊은바리토기

야요이토기 붉은간토기항아리

조몬문화라고 한다. 이 시대에는 식료가 풍부해짐에 따라 사람들이 한 장소에서 장기간 정착하게 되었다.

기원전 3~2세기 경부터 규슈(九州)의 북부에서 한반도의 영향을 받은 새로운 문화가 발달하였다. 그 문화는 빠르게 동쪽으로 전파되었다. 그 결과 조몬시대는 종언을 고하고 새로운 시대를 맞이하게 되었다. 이 시대는 조몬토기보다도 질이 더 좋은 점토를 재료로 하고, 높은 온도(약 1000도)에서 구워내었으므로 그릇의 두께가 얇고 단단하며 적갈색을 띠는 토기를 수반하는 시대였다. 토기에는 무늬가 거의 없고, 있다고 하여도 기하학적인 단순한 무늬가 새겨졌다. 이러한 특징을 가진 토기를 야요이(弥生)토기라고 하고, 그 토기를 수반하는 시대의 문화를 야요이문화라고 한다.

야요이시대는 기원전 3~2세기 경부터 기원후 3세기 경에 이르기까지 계속되었다. 이 시대에는 서부 일본을 중심으로 벼농사가 확산되고 철기와 청동기가 보급되는 등 일본 사회가 크게 변화 하였다.

2) 농경사회의 성립과 사회의 변화

야요이시대에는 벼농사, 금속기, 농기구 등 이 시대를 특징짓는 문화와 문물이 한반도 남부에서 규슈로 건너온 도래인(渡来人)에 의하여 전래된 것으로 여겨진다.

기원전 3세기 경에 규슈에서 시작된 벼농사는 기원전 2세기 경에 긴키(近畿) 지방으로 전파되었다. 기원 전후에는 간토(関東) 지방에서 도호쿠(東北) 지방 남부에 이르기까지, 2~3 세기에는 도호쿠 지방 북부에 이르기까지 확산되었다.

농지의 개발에는 주로 목제 농기구와 석기가 사용되었다. 경작 도구로는 호미 · 가래 등이 사용되었다. 벼가 익으면 돌칼 · 돌낫 등을 이용하여 벼 이삭을 베어 창고에 보관하였다. 창고는 마루바닥이 지면에서 서너 자 떨어지도록 설치되었다. 저장된 벼는 절구를 이용하여 탈곡하였다.

벼농사가 보급되면서 사람들은 점차로 농경에 전념하게 되었다. 경작지가 확대되고 농업 기술이 발달하였다. 농업 기술의 발달은 철제 농구의 사용으로 더욱 촉진되었다.

한편, 청동기는 동검(銅劍), 동모(銅鉾), 동과(銅戈), 동탁(銅鐸) 등이 있었다. 특히 동탁은 긴키 지방을 중심으로 분포되어 있는데, 그것은 의식을 행할 때 제기로 사용되었던 것으로 여겨진다.

농경이 발달하면서 사람들은 논에서 가까운 평지에서 거주하게 되었다. 벼농사는 협동작업을 필요로 하였으므로 취락의 규모도 점차로 커지게 되었다. 농경의 발전은 사회의 변화를 초래하였다. 생산이 증가하면서 부를 축적하는 자가 출현하였다. 집단 내에서, 또는 취락 상호간에 빈부의 차가 발생하였다. 1세기를 전후하여서는 몇 개의 취락이 참여하는 대규모 공동작업이 시행되면서, 용수로를 중심으로 지역 집단을 통솔하는 수장이 출현하였다.

동탁 '청동방울' 이라고도 한다. 이 청동방울의 특징은 몸통 두 면을 가로세로의 무늬띠로 여섯 개씩 나누고 그 안에 잠자리, 사마귀, 물새, 자라, 사람, 개 등을 돋을새김한 점이다.

3) 소국의 형성과 야마타이국

1세기 경의 것으로 추정되는 후쿠오카(福岡)의 스구(須玖) 유적에서 다량의 청동기가 발굴되었다. 유물은 여러 개의 옹관묘 중의 한 묘에서 출토 되었는데, 그 묘에는 동경(銅鏡), 동검, 동모 등의 청동기 외에도 유리로 만든 구슬을 비롯한 많은 부장품이 매장되어 있었다. 이 묘는 수장의 묘로 보인다. 부장품은 수장의 권위를 표현하는 것이었다.

부장품을 살펴보면 동경은 중국에서 제작된 것이고, 동검과 동모는 한반도에서 제작된 것이다. 이런한 부장품의 출토는 당시 일본 열도에서도 중국·한반도와 교류하면서 풍부한 물자를 소유한 정치권력이 출현하였음을 시사하는 것이다.

기원전 1세기 경의 일본은 왜(倭)라고 불렸으며 100여 개의 소국으로 나뉘어져 있었다. 2세기 말에는 그 중에서 야마타이국(邪馬台国)을 맹주로 하는 소국 연합체가 형성되었다. 30여개의 소국이 야마타이국의 수

장인 히미코(卑弥呼)를 함께 받들어 연맹체를 이루었다. 왕으로 추대된 히미코는 주술에 능한 무녀였다. 그녀는 239년 중국의 위(魏)에 사신을 보냈고 위로부터 「친위왜왕(親魏倭王)」이라는 칭호와 금인(金印), 동경, 견직물 등을 하사 받았다.

『진서(晋書)』에 의하면, 위가 멸망한 다음 해인 266년에 왜의 여왕이 진의 수도인 낙양으로 사신을 보냈다. 이 기록을 마지막으로, 그 후 약 150여년간 중국의 역사서에서 왜의 기록이 자취를 감추었다.

4) 야마토정권의 발전

5세기에서 6세기 중기에 이르는 기간에 한반도, 특히 백제로부터 많은 사람들이 일본 열도로 건너왔다. 그들을 도래인이라고 한다. 고대의 도래인은 집단적으로 이주하였는데, 그들은 선진문화와 고급기술을 보유하고 있었다. 도래인은 문필·재정 등의 행정실무와 방직·제련·무기제조·도자기·토목·건축 등의 생산부문, 그리고 동물사육 등의 분야에서 능력을 발휘하였다.

야마토(大和)정권이 발전하면서 오랜 기간 동안 독자적으로 각 지역을 지배해왔던 유력한 호족들과의 충돌은 예상된 것이었다. 5세기 후반에서 6세기 전반에 걸쳐서 기비(吉備), 쓰쿠시(筑紫), 무사시(武蔵) 등의 호족들이 야마토정권과 대립하였다. 그 중에서도 527년에 규슈에서 발생한 이와이(磐井)전쟁이 유명하다.

이와이는 자신이 직접 지배하는 쓰쿠시뿐만이 아니라 지금의 오이타현(大分県)과 후쿠오카현(福岡県)의 일부지역을 포함하는 규슈의 북부지역을 지배하에 넣고 야마토정권과 전면전쟁에 돌입하였다. 이와이는 바다 건너의 신라와 긴밀한 관계를 유지하면서 기세를 올렸다. 이 전쟁은 2년 동안이나 계속되었는데 결국 야마토정권이 승리하였다.

『니혼쇼키(日本書紀)』에는 쓰쿠시의 구니노미야쓰코(国造)였던 이와이가 조정에 적대하는 움직임을 보였기 때문에 정벌되었다고 기록되어 있다. 이 기록은 528년 당시 이미 통일정권이 성립되었고, 왕권에 대항하는 것은 반란이며, 정벌되어야 마땅하다는 역사인식이 전제되어 있다. 그러나 528년 이와이가 패배하기 전까지 이와이는 규슈의 북부에서 독자적인 권력을 형성하고 있었다.

5세기에서 6세기에 이르는 시기는 학술·종교·사상이 한반도에서 일본으로 전래된 시기였다. 5세기에 이미 일본에서 한자가 사용되었다는 것이 확인된다. 한자를 구사하는 외교문서나 기록의 작성을 담당했던 것은 대부분이 도래인들이었다. 그런데 한자를 사용하는 방법면에서 특히 주목되는 점이 있다. 5~6 세기에 제작된 도검이나 동경의 명문을 살펴보면, 한자를 그대로 음역하여 뜻을 취하는 방법뿐만이 아니라, 한자가 가진 본래의 의미와 상관없이 한자의 음만을 차용하여 일본어 표기에 사용하는 방법이 이미 행해지고 있었다.

6세기에는 백제에서 오경박사가 도래했다는 기록이 전해진다. 유교가 전래되었음을 시사하는 것이다. 같은 시기에 백제 왕은 의학, 역학(易学), 역학(曆学) 등의 학문을 일본에 전하였고, 불교도 전하였다.

5) 고분시대의 문화

4세기에서 6세기에 걸치는 고분시대는 고분의 형태와 규모, 그리고 석실 구조와 부장품 등의 차이에 의하여 그 시기를 구분하는데, 여러 가지 구분법이 있으나 전기·중기·후기로 구분하는 것이 일반적이다. 그리고 봉분의 형태에 따라서 원분·방분·전방후원분·전방후방분 등으로 구분된다. 고분의 전성기는 5세기에서 6세기에 이르는 시기였다.

전기의 고분은 마을과 경작지가 내려다 보이는 구릉 위에 조성되었다. 분묘 주위를 돌로 에워싸고 주변에는 하니와(埴輪)라는 장식물을 세웠다. 유해를 안치하는 시설은 수혈식 석실이나 점토곽으로 되어 있는 경우가 많았다. 관은 통나무로 만들었으며, 관의 외면에는 점토를 발랐다. 부장품으로는 주술적 색채가 짙게 풍기는 동경, 벽옥, 팔찌 등과 금속제

하니와 고분에 세울 목적으로 제작된 토제품의 명칭으로, 원통 하니와와 형상하니와로 크게 나뉘며, 형상하니와에는 집모양, 동물모양, 사람모양의 하니와가 있다. 사진은 남자 하니와다.

무기가 많이 발견되었다.

중기의 고분은 5세기의 어느 시점부터 갑자기 넓은 평지에 축조되기 시작하였는데, 거대한 규모의 전방후원분으로 특징지워진다. 전기의 고분과 중기의 고분 사이에는 고분의 위치, 규모, 부장품 등에서 단절이 인정된다. 이러한 점은 에가미 나미오(江上波夫)가 제기한 기마민족 침략설의 유력한 근거가 되었다.

중기의 고분은 그 주위에 해자를 파서 물을 가두어 두는 경우가 많았다. 매장 시설은 보통 분묘의 상부에 설치하였고, 현실(玄室)에는 석관과 부장품이 안치되었다. 부장품에는 한반도에서 건너온 마구, 갑옷, 금은제 장신구, 철제무기 등 실용적인 것들이 많다. 지배자는 정치적·군사적 권력자로서의 성격이 강화되었음을 알 수 있다. 이 시대에 축조된 고분으로는 오사카(大阪) 평야에 자리하고 있는 오진(応神)릉과 닌토쿠(仁德)릉 이라고 전해지는 것이 대표적이다. 특히 닌토쿠릉은 면적이 46만 평방미터이며, 전장이 480미터, 높이가 33미터의 규모이다.

고분은 단순한 묘지가 아니라 피장자의 권위를 과시하는 정치적 산물이다. 이러한 시점에서 보았을 때, 5세기에 게노(毛野), 기비(吉備), 이즈모(出雲), 휴가(日向) 등의 지방에 거대한 규모의 고분이 많이 축조되었다는 점에 주목하지 않을 수 없다. 구체적으로 살펴보면, 기비 지방에는 전장이 각각 270미터, 350미터의 대형 전방후원분이 있다. 휴가 지방에는 전장이 219미터인 오사호(男狭穂) 고분을 위시한 32기의 전방후원분이 있다. 그리고 이즈모 지방에도 거대한 전방후원분이 많이 확인된다. 이것들은 어느 것도 야마토정권의 왕릉에 필적하는 규모다.

후기의 고분은 평지뿐만이 아니라 구릉에도 자리하였는데 고분의 규모는 점차로 축소되었다. 특히 주목되는 것은 종래의 수혈식 석실에 대신하여 횡혈식 석실이 발달하였다는 점이다. 부장품으로는 한반도에서 전래한 생활 용구, 무기, 마구, 장신구, 토기 등이다. 고분의 내부에 벽화가 그려져 있는 것도 있다. 비교적 작은 형태의 분묘가 무리를 이루고 있는 것 또한 이 시대의 특징이다.

6) 7세기 전기의 정치와 아스카문화

6세기 말에 이르기까지 야마토정권 내부의 상황은 매우 혼란스러웠다. 한반도 정세와 관련하여, 호족 상호간에 대립이 심화되었을 뿐만이 아니라, 야마토정권이 양분되어 소가씨(蘇我氏)가 옹립한 긴메이(欽明) 정권과 오토모(大伴) · 모노노베(物部) 양씨의 지지를 배경으로 하는 안칸(安閑) · 센카(宣化) 정권이 대립하고 있었다. 이러한 혼란은 6세기 말에 소가씨가 모노노베씨를 멸망시키고 정권을 장악함으로써 종식되었다.

593년에 당시의 실력자인 소가노 우마코(蘇我馬子)의 질녀이기도 한 스이코(推古)가 즉위하자 쇼토쿠(聖德) 태자가 섭정이 되었다. 쇼토쿠는 소가씨의 외손이었다. 쇼토쿠는 소가노 우마코와 협력하여 정치개혁을 단행하였다.

쇼토쿠 태자상

603년 관위12계가 정해졌다. 관위는 대대로 세습되는 씨성(氏姓)과는 다르게 당대에 한하는 제도였다. 개인의 재능과 공로에 따라서 수여되었으며 승진도 가능하였다. 이 제도는 군신관계의 상호확인과 왕권의 강화를 의도한 것이었다.

관위의 제정은 관료제 정비를 위해서 불가결한 것이었다. 그러나 관위제는 왕족이나 소가씨에게는 적용되지 않았고, 호족도 기나이(畿內)에 기반을 둔 호족에게만 적용되었다는 것에서도 알 수 있듯이, 제도로서는 불완전한 것이었다. 이것은 7세기 초까지도 야마토정권은 통일국가로서 여전히 많은 한계성을 지니고 있었다는 것을 보여주는 것이기도 하다.

604년에는 「헌법 17조」가 제정되었다. 이것은 쇼토쿠 태자가 직접 작성하였다고 하는데, 주로 관리와 호족을 대상으로 한 정치적 · 도덕적 훈

반가사유상 (상) 중궁사 반가사유상 (중) 광륭사 반가사유상 (하)한국. 반가사유상은 보살반가상 혹은 미륵보살상이라고도 부른다. 중궁사와 광륭사의 반가사유상은 모두 목조상이고 한국의 반가사유상은 금동상이다. 목조상은 선이 유연하고 질감이 부드러워 편안한 느낌을 준다. 광륭사의 반가사유상은 신라에서 제작되어 일본으로 운반된 것으로 알려져 있다.

계의 성격을 지니는 것이었다. 다시 말하면, 그것은 신하로서 마땅히 지켜야 할 규범을 제시한 것이다.

쇼토쿠 태자는 외교적으로 적극적인 자세를 취하여 중국의 수(隋)에 사신을 파견하였다. 견수사(遣隋使)를 따라서 유학생이 중국으로 건너갔다. 유학생 중에서도 다카무코노 겐리(高向玄里), 미나부치노 쇼안(南淵淸安), 승려인 민(旻) 등이 특히 유명하였다. 유학생들은 수가 멸망하고 당(唐)이 성립되는 것을 지켜보면서 십수 년에서 삼십여 년의 유학생활을 마친 후 일본으로 돌아왔다. 그들은 일본의 발전에 크게 기여하였다.

6세기에 일본에 전래된 불교는 소가씨가 실권을 장악하면서 권력의 비호하에 발전하였다. 궁정이 위치한 아스카(飛鳥)를 중심으로 하여 일본 최초의 불교문화가 꽃을 피웠다. 7세기 전기를 중심으로 하는 이 시대의 문화를 아스카문화라고 한다.

소가노 우마코(蘇我馬子)가 건립한 법흥사(法興寺)는 609년에 완공되었다. 거의 같은 시기에 쇼토쿠 태자의 발원에 의하여 법륭사(法隆寺)가 건립되었다. 특히 법륭사 서원(西院)의 중문, 금당, 오층탑, 회랑 등의 대부분은 현존하는 세계 최고의 목조 건물이다. 또한 법륭사에는 훌륭한 불상과 공예품이 많다.

아스카시대는 사원 건축과 더불어 많은 조각품이 제작되었다. 구라쓰쿠리노 도리(鞍作鳥)가 조성한 법흥사의 본존불인 금동장육석가여래상은 현존하는 일본 최고의 불상으로 유명하다. 역시 구라쓰쿠리노 도리의 작품이라고 하는 법륭사 금당의 금동석가삼존상도 유명하다. 백제관음의 분위기에다가 사실적인 경향을 가미한 것이 중궁사(中宮寺)의 반가사유상과 광륭사(広隆寺)의 반가사유상이다.

아스카문화는 중국 남북조시대의 영향을 많이 받았다. 그러나 남북조시대 문화는 주로 한반도를 통하여 일본으로 전래되었다는 점을 간과해서는 안될 것이다. 그리고 한반도에서 건너온 도래인들이 아스카문화 형성에 주도적인 역할을 했다. 아스카문화에 한반도, 특히 백제적인 요소가 짙게 배어 있는 것도 이 때문인 것이다.

2. 율령국가 시대

1) 율령국가의 성립

645년 6월, 나카토미노 가마타리(中臣鎌足)는 나카노오오에(中大兄) 왕자와 모의하여 소가씨를 멸망시켰다. 쿠데타가 성공한 후, 나카노오오에는 고토쿠(孝德)를 즉위시키고 자신은 태자가 되어 나카토미노 가마타리와 함께 국정 개혁을 추진하였다.

『니혼쇼키』에는 646년 1월에 신정부의 기본방침에 해당하는 다이카 개신(大化改新)의 조칙을 공포하였다고 기록되어 있다. 그 내용은 토지와 농민을 국가가 장악하고, 지방 행정제도를 정하고, 반전수수법(班田收授法)을 실시하며, 통일적인 세제를 확립한다는 것이었다. 그러나, 소위 다이카 개신의 조칙은 수십 년 후에 『니혼쇼키』의 편자에 의하여 조작되었다는 설이 유력하게 제기되어 있다는 점을 간과해서는 안될 것이다.

쿠데타의 주역인 나카노오오에는 실질적으로 정치를 장악하고 있었음에도 불구하고 즉위 시기를 미루고 있었다. 정치상황이 복잡하게 전개되고 있었기 때문이었다. 특히 대외적으로는 한반도 정세가 급박하게 전개되었다. 660년에 백제가 멸망하고, 이어서 668년에는 고구려도 나당 연합군에게 멸망되었다. 위기감을 느낀 일본은 당과 신라의 침공에 대비하여 쓰시마(対馬)·이키(壱岐)·규슈의 북부에 봉수대를 설치하고 수비대를 주둔시켰다. 그리고 요충지에 산성을 축조하여 방어태세를 확립하였다. 667년에는 수도를 오미(近江) 지역의 오쓰(大津)로 옮겼다. 668년에 나카노오오에가 즉위하여 덴지(天智)라 칭하

『니혼쇼키』 나카노오오에 왕자 등이 소가씨를 도모한 내용이 있는 부분.

였다. 덴지는 즉위하여 내정개혁을 추진하면서, 당·신라와 국교를 회복하였다. 이 시기에 일본 최초의 영(令)인 오미령(近江令)이 제정되었다고 전해진다.

671년에 덴지가 사망하자 다음 해에 덴지의 아들인 오토모(大友) 왕자가 즉위하였다. 그러자 덴지의 동생인 오아마(大海人) 왕자는 왕위계승 문제에 불만을 품고 요시노(吉野)에 은거하여 기회를 엿보고 있다가 반란을 일으켰다. 그는 동부 일본의 요충지를 장악하고, 동부 지방 호족들의 지원으로 군사를 일으켜 오미로 쳐들어와 승리하였다. 이것을 진신의 난(壬申の乱)이라고 한다. 오아마가 즉위하니 그가 덴무(天武)였다. 덴무는 강력한 전제정치를 시행하였다. 또한 그는 천황(天皇)이라는 칭호를 사용하기 시작하였다. 덴무는 율령과 역사의 편찬에도 착수하였다. 686년에 덴무가 사망한 후, 황후가 즉위하니 지토(持統)천황이었다. 지토는 697년에 왕위를 손자인 몬무(文武)천황에게 물려주었다. 이 시점에서 율령국가 체제가 완성되었다.

2) 율령국가의 발전

율령체제의 모순은 생각보다 빨리 드러났다. 반전수수법을 시행하기 위한 기초작업은 매우 번잡하였다. 그리고 구분전은 일단 지급하면 일생 점유할 수 있었고, 또 선조의 구분전이 그대로 자손에게 지급되는 경우가 많았기 때문에 자연히 사유지처럼 인식되었다. 사원이나 귀족에게 지급된 토지도 사유지처럼 취급되었다. 또 농민에게 부과되는 세금과 노역은 매우 과중하였기 때문에 경작지를 버리고 도망하는 자들이 늘어났다. 조정(朝廷)이 백만 정보 개간계획을 세운 것은 이와 같이 사회 모순이 현상화되기 시작한 722년의 일이었다. 723년에는 삼세일신법(三世一身法)을 시행하여 개간을 장려하였다. 이 정책은 민간의 개간을 통하여 경작지를 늘리려는 것이었는데, 기간이 한정되어 있었기 때문에 그 기한이 되면 토지가 다시 황폐해졌다. 조정은 743년에 간전영세사재법(墾田永

世私財法)을 공포하기에 이르렀다. 이 법의 내용은 신분에 따라서 개간 면적의 상한선을 설정하고 그 한도 내에서 개간한 토지를 영구히 점유하는 것을 인정하는 것이었다.

이러한 조치는 율령국가의 기초인 공지공민제(公地公民制)의 원칙을 정부 스스로 완화한 중대한 정책 변경이었다. 간전영세사재법은 765년에 일시 정지되었으나 772년에 다시 부활되었다. 그 후에는 무제한의 개간이 허용되게 되었다. 그러자 토지를 개간할 수 있는 경제력이 있는 귀족이나 사원, 그리고 지방의 호족들은 농민을 동원하고, 그들에게 대량의 철제 농구를 지급하여 대규모로 개간하여 광대한 농지를 점유하였다. 유력한 귀족이나 대사원은 사유지를 경영하기 위하여 현지에 관리소와 창고를 설치하였는데, 이것이 훗날 장원의 기원이 되었다.

8세기 말에 간무(桓武)천황이 즉위하였다. 간무는 도호쿠 지방을 공략하여 지배지역을 확대하고, 헤이안경(平安京)의 건설에 힘을 기울였다. 한편 그는 율령제도를 수정해 가면서 현실적인 정치를 추진하였다. 특히 반전수수법을 혁신하여 6년마다 실시하였던 경작지의 지급과 회수를 12년마다 실시하도록 하였다. 농민의 세금도 경감하고, 잡요(雜徭)의 기간도 60일에서 30일로 줄여서 농민생활의 안정을 꾀하였다. 군사 제도도 혁신하였다. 규슈와 도호쿠 지역 이외의 군단(軍团)을 모두 폐지하고, 대신에 곤데이(健児)제도를 두었다. 곤데이제도의 도입으로 농민의 부담이 줄게 되었다.

간무의 뒤를 이은 헤이제이(平城)천황과 사가(嵯峨)천황도 율령정치의 개혁을 지향하였다. 헤이제이는 현실에 맞지 않는 중앙관청의 조직을 정비하고 사무를 간소화하였다. 사가는 810년에 정무상의 기밀을 유지하기 위하여 구로도노토(蔵人頭)를 두고, 그 자리에 측근을 임명하여 궁정의 사무를 처리하고, 천황과 행정관청의 연락을 전담하게 하였다. 수도의 치안을 위하여 게비이시(俀非違使)를 설치하였다. 구로도노토와 게비이시는 가게유시(勘解由使)와 함께 율령에 규정되어 있지 않은 관직이었기 때문에 이것을 영외관(令外官)이라고 하였다.

3) 율령국가 시대의 문화

(1) 하쿠호문화

7세기 후반에서 8세기 초에 나라(奈良)로 천도할 무렵까지의 문화를 하쿠호(白鳳)문화라고 한다. 이 시기에 불교가 조정에서 공인되었다. 특히 덴무천황은 불교의 가호에 의한 조정의 번영을 기대하면서 사원을 건설하고, 『금광명경(金光明経)』과 같은 호국경전(護国経典)을 중시하였다. 사원과 승려는 국가의 통제하에 있었다.

불교는 율령국가의 형성과 더불어 발전하였는데, 불교의 발전은 미술에도 영향을 주었다. 이 시대의 미술을 하쿠호미술이라고 하는데 대표적인 것을 들자면, 먼저 건축분야에서 약사사(薬師寺)의 동탑을 들 수 있다. 이 탑은 고도로 세련된 양식을 자랑하고 있다. 조각으로는 흥복사(興福寺)의 불두, 약사사의 약사삼존과 성관음상 등이 유명하다. 1972년 나라현(奈良県) 다카이치군(高市郡)에서 발견된 다카마쓰총(高松塚) 고분의 벽화도 이 시기에 그려진 것으로 추정된다.

다카마쓰총 고분벽화

백제가 멸망하면서 중국적 교양을 몸에 익힌 왕족과 귀족이 일본으로 건너와서 중앙 정계에서 활약하였는데, 이들의 영향으로 7세기 말부터 궁정에서는 한시를 짓는 것이 성행하였다.

(2) 덴표문화

나라시대에는 쇼무(聖武)천황의 치세를 중심으로 하여 당 문화의 영향을 받은 귀족문화가 꽃을 피웠다. 이 문화를 덴표(天平)문화라고 한다.

710년에 나라의 헤이조경(平城京)으로 천도하면서 국가체제는 안정되었다. 율령체제가 정비되면서 국사가 편찬되었다. 712년에 『고지키(古事記)』, 720년에는 일본 최초의 관찬 역사서인 『니혼쇼키(日本書紀)』가 완성되었다.

견당사(遣唐使)의 파견으로 중국의 학문이 수입되면서, 한시를 짓는 것이 귀족의 교양으로서 중요시 되었다. 와카(和歌)는 일본인들이 즉흥적으로 부르던 노래를 한시의 오언(五言)·칠언시(七言詩)를 모방하여 5·7·5·7·7의 31음으로 정형화시킨 것이다. 『만요슈(万葉集)』에는 나라 시대까지 만들어진 4,500수의 노래가 집대성되어 있다. 『만요슈』에는 저명한 가인의 작품뿐만이 아니라 지방 농민의 노래도 실려 있는데, 한자의 음훈을 활용하여 일본어를 표현하였다.

불교는 이 시대 문화의 기반을 형성하고 있었다. 진호국가(鎭護国家) 사상이 고취되면서, 불교는 조정의 보호를 받으면서 발전하였다. 특히 관립 사원에 소속된 승려는 진호국가를 위한 법회나 기도를 담당하면서 불교 교리를 연구하였다. 나라(奈良)의 여러 사원에는 남도육종(南都六宗)이라고 하는 학파가 형성되었다. 남도육종의 형성에 공헌한 것은 당으로 유학했던 학승과, 당에서 일본으로 건너온 승려와 그 문하생들이었다. 육종 중에서 특히 번성했던 것은 법상종과 화엄종이었다.

이 시대의 대표적인 사원으로는 동대사(東大寺)·당초제사(唐招提寺)·신약사사(新薬師寺) 등이 있다. 이들 사원과 흥복사, 대안사(大安寺) 등에는 국보급 불상이 안치되어 있다. 특히 동대사의 정창원(正倉院)에는 쇼무천황의 유품이 보관되어 있다. 소장품으로는 무기류, 유희구, 악기류, 약재류, 공예품 등 실로 다양하다.

정창원 보물 나전장식 비파 뒷면

(3) 고닌 · 조간문화

헤이안경(平安京)으로 천도한 후 약 100년간의 기간을 고닌(弘仁)·조간(貞観)시대라고 하고, 그 시대의 문화를 고닌·조간문화라고 한다.

이 시대에도 여전히 당풍문화가 융성하였는데 특히 학문에서 당의 영향이 두드러졌다. 귀족들 사이에서는 한문으로 시를 짓는 것이 유행하였다. 이러한 분위기 속에서 814년에서 827년에 이르기까지 『료운슈(凌雲

集)』, 『분카슈레이슈(文華秀麗集)』, 『게이코쿠슈(経国集)』와 같은 칙선 한시집이 잇달아 편찬되었다.

불교계에서는 새로운 풍조가 일어나 사이초(最澄)나 구카이(空海)와 같은 승려가 출현하였다. 사이초는 당으로 건너가 공부하고 귀국한 후에 천태종을 열었고, 구카이는 당에서 밀교(密敎)를 배우고 귀국하여 진언종을 열었다. 천태종과 진언종은 종래의 도시 불교와는 그 성격을 달리하였기 때문에 사찰은 깊은 산속에 세워지는 경우가 많았다.

산속 깊은 곳에서 수행하는 천태·진언종의 정신과 일본 고유의 산악신앙이 결합하여 슈겐도(修驗道)가 탄생하였다. 슈겐도란 영험있는 산에 들어가 수행하여 신통력을 얻는 것을 목표로 하는 것으로 그 도장으로 유명한 곳이 구마노(熊野)의 3산이다. 3산이란 구마노니마스진자(熊野坐神社), 구마노하야타마진자(熊野速玉神社), 구마노나치진자(熊野那智神社)를 말한다.

고닌·조간 시대는 밀교가 성행했던 시대였던 만큼 예술도 밀교의 영향을 받았다. 건축에서는 산의 지형을 자연스럽게 이용하여 건물을 배치한 밀교 사원이 건축되었다. 야마토(大和)에 있는 실생사(室生寺)의 금당과 오층탑이 유명하다.

조각으로는 소위 이치보쿠쓰쿠리(一木造)의 불상이 만들어졌다. 이 시대에 구다라노 가와나리(百済河成)와 고세노 가나오카(巨勢金岡)가 출현하여 풍경과 동식물의 그림을 그렸다고 전해지는데, 이러한 세속화가 훗날에 야마토에(大和絵)로 발전하였다. 서도에서는 당풍의 글씨체가 유행하였다. 서예가로는 사가천황, 구카이, 다치바나노 하야나리(橘逸勢)가 특히 유명하였다. 이들은 3필로 일컬어진다.

4) 후지와라씨의 대두와 섭관정치

후지와라씨는 후지와라노 가마타리(藤原鎌足)의 아들인 후히토(不比等)의 다음 대에서 남가(南家), 북가(北家), 식가(式家), 경가(京家)의 4가로 분리되어 발전하였는데, 나라시대 말에는 그 중에서 식가가 일시적으로 흥륭하였으나, 9세기 중기부터 북가의 세력이 부상하였다.

　북가에서 후지와라노 후유쓰구(藤原冬嗣)가 출현하여 왕실과 인척관계를 맺고, 이윽고 천황의 외조부가 되면서, 북가는 더욱 강성해졌다. 후유쓰구의 아들인 요시후사(良房)가 다이조다이진(太政大臣)의 지위에 있을 때, 세이와(清和) 천황이 8세의 나이로 즉위하자 858년에 신하로서는 최초로 섭정(摂政)이 되어 권력을 장악하였다. 요시후사도 천황의 외조부였다. 요시후사는 섭정이 되기 전에, 이미 유력한 씨족들은 제거한 바 있는데, 866년에는 오텐몬(応天門)의 변으로 도모씨(伴氏), 기씨(紀氏)가 몰락하자 후지와라씨의 정치적 지위는 더욱 향상되었다.

　요시후사의 양자인 모토쓰네(基経)는 요제이(陽成)천황이 즉위하면서 섭정과 다이조다이진의 지위에 올랐다. 모토쓰네는 884년에 요제이천황을 폐하고 고코(光孝)를 세웠다. 그러자 고코천황은 그 은혜에 보답하기 위하여 884년에 모토쓰네에게 사실상 정치를 일임하였다. 다음의 우다(宇多)천황도 역시 모토쓰네의 추천에 의하여 즉위하게 되자 모토쓰네에게 정치를 일임하지 않을 수 없었다. 이러한 권한을 가진 모토쓰네를 관백(関白)이라고 하였다.

　후지와라씨의 지위가 확립되어 섭정·관백이 정치의 실권을 장악하게 된 10세기 후반부터 원정(院政)이 개시된 11세기 후반까지의 정치를 일반적으로 섭관정치(摂関政治)라고 한다. 섭정·관백을 배출한 가문을 섭관가라고 하였다.

　969년에 일어난 안나의 변(安和の変) 이후, 후지와라씨 북가의 내부에서는 서로 섭정·관백의 지위를 둘러싸고 권력투쟁이 계속되었다. 이 권력투쟁의 최후의 승리자는 후지와라노 미치나가(藤原道長)였다. 이 후 섭정·관백의 지위는 미치나가의 자손에 의하여 독점되었다. 미치나가는 자신의 딸 4명을 차례로 천황과 황태자의 비로 들여보내며 권세를 떨쳤다. 고이치조(後一条)·고스자쿠(後朱雀)·고레이제이(後冷泉)의 3명의 천황이 그의 외손이었다. 미치나가의 뒤를 이어 섭정의 지위에 오른 그의 아들 요리미치(賴通)는 이들 3대 천황의 치세 약 50년간 섭정·관백의 지위에 있으면서 권력을 독점하였다.

5) 장원의 발달과 무사단의 형성

섭관정치시대에는 특히 율령체제의 기초인 반전수수법이 붕괴되고 각지에서 장원이 발달하기 시작하였다. 귀족은 물론 지방의 호족이나 관리들은 황무지를 개발하여 장원을 경영하였다. 그리고 유력한 농민들도 개간을 행하여 경작지를 넓혀 갔다.

중소지주 중에는 국가권력이나 다른 영주의 압력으로부터 자신의 경작지를 지키기 위하여, 그것을 중앙의 유력한 귀족이나 사원에 기진(寄進)하고, 자신은 장원을 관리하는 쇼칸(莊官)이 되는 경우가 많았다. 이렇게 하여 중소지주는 권위있는 영주의 보호를 받았고, 그 반대급부로 매년 일정분의 수확량을 영주에게 납부하였다. 이때 장원을 기진받은 명목상의 장원 영주를 료케(領家) 혹은 혼케(本家)라고 하였다.

장원은 사전·신전·직전(職田)의 경우를 제외하고는 원칙적으로 국가에 조세를 납부할 의무가 있었다. 그러나 율령체제가 이완되면서 료케·혼케로 일컬어지는 유력한 귀족과 사원은 이른바 불수불입(不輸不入)의 특권을 확보하였다. 국가권력의 지배에서 벗어난 토지와 농민이 늘어나면서 율령체제는 급속도로 붕괴되어 갔다.

율령체제가 이완되면서 지방의 정치도 문란하였다. 고쿠시(国司)는 재임 기간 동안에 가능한 한 많은 재산을 축적하려고 하였다. 고쿠시는 농민들에게 무거운 부담을 강요하였다. 농민들의 저항이 계속되면서 치안은 극도로 문란하였다. 그러자 고쿠가(国衙)나 장원의 관리들, 그리고 유력한 토호들이 무장하기 시작하였다. 본인은 물론 일족과 지배하에 있는 농민들도 무장시켰다. 이런 과정을 통하여 무사단(武士団)이 형성되었다.

무사단은 점점 세력이 커지면서 유력한 호족을 중심으로 조직화되기 시작하였다. 무사단이 성장하자 정부는 이들에게 군사 및 경찰권을 위임하기도 하고, 상경하게 하여 궁중의 경비를 담당하게도 하였다. 귀족이나 사원에서도 무사들에게 신변을 경호하게 하거나 건물의 경비를 담당하게 하였다.

무사단의 최고 통솔자를 도료(棟梁)라고 하였는데, 그 중에서도 가장 유력한 것은 간무천황의 혈통을 이은 다이라씨(平氏)와 세이와천황의 혈통을 이은 미나모토씨(源氏)였다. 무사들은 도료를 중심으로 하여 커다란 세력을 형성하게 되었다. 정치가 문란해지면서 무사들의 세력은 비약적으로 성장하였다.

6) 국풍문화

10세기 이후의 문화는 그 방향성이나 내용면에서 크게 변화하였다. 견당사가 폐지된 후, 일본의 풍토와 국민성에 부합되는 문화가 발달하였다. 강력하지는 않았으나 우아하고 세련된 문화가 형성되었던 것이다. 이와 같은 성격을 지닌 문화를 국풍문화(国風文化)라고 한다.

이 시기에 일본문자인 가나(仮名)가 발달하였다. 한자를 빌어 일본어를 표현하려고 하는 시도는 일찍부터 있었다. 8세기에 성립한 『고지키』나 『만요슈』에는 한자의 음이나 훈을 빌어서 일본어를 표현하려고 하는 만요가나(万葉かな=真仮名)가 사용되었다. 그리고 한자의 일부를 그대로 취하는 가타카나(片仮名)가 생겨났다. 9세기 후반에는 한자의 초서체를 모방하고, 더욱 간략화하여 가나의 자체를 정비하였다. 이것을 히라가나(平仮名)라고 한다.

히라가나가 사용되면서 산문이 발달하였다. 기노쓰라유키(紀貫之)의 『도사닛키(土佐日記)』는 일본 최초로 가나로 쓰여진 일기였다. 섭관정치의 전성기인 11세기 초기에는 무라사키시키부(紫式部)에 의하여 장편소설에 해당하는 『겐지모노가타리(源氏物語)』가 쓰여졌다. 『겐지모노가타리』는 거의 같은 시기에 무라사키시키부와 같은 궁정 작가인 세이쇼나곤(淸少納言)에 의하여 쓰여진 수필인 『마쿠라노소시(枕草子)』와 함께 헤이안 문학의 최고 걸작이다. 이밖에도 일기가 남겨졌다. 『가게로닛키(蜻蛉日記)』를 비롯하여 『이즈미시키부닛키(和泉式部日記)』, 『무라사키시키부닛키(紫式部日記)』, 『사라시나닛키(更級日記)』 등이 그것이다. 이것들은 단순한 일기가 아니고, 여성 특유의 섬세한 관찰력과 풍부한 감성이 구체적으로 표현된 작품이다.

　10세기에는 정토교가 뿌리를 내렸다. 그 사상은 미술에도 반영되었다. 일본 각지에 아미타여래상이 봉안되었다. 당시의 최고 권력자였던 후지와라노 미치나가(藤原道長)에 의하여 법성사(法成寺)가 건립되었는데, 이 사찰의 중앙에는 아미타당이 건립되었다. 아미타당은 정토교 사원의 본존인 아미타불을 봉안하는 곳으로 정토교 건축의 중심이 되는 건물이었다.

　당시의 주택은 설계나 건축 재료면에서도 일본풍이 강조되었다. 신덴즈쿠리(寝殿造)라고 일컬어지는 건축양식이 발달하였다. 건축 내부의 벽화나 병풍도에는 일본의 풍물을 소재로 하여 부드러운 선과 온화한 색채를 특징으로 하는 야마토에(大和絵)가 그려지게 되었다. 도구나 가구에도 일본에서 독자적으로 개발한 마키에(蒔絵)의 수법이 도입되었다. 서

조주기가(鳥獸戲画) 강에서 사슴, 토끼, 원숭이들이 즐겁게 장난치며 놀고 있다.

도에서도 당풍의 필법에 대신하여 선이 가늘면서도 미려한 일본풍의 필치가 발달하였다.

　회화에서는 에마키모노(絵卷物)라는 두루마리 그림이 발달하였다. 에마키모노를 통하여 야마토에의 기법이 발전하였다. 당시의 작품으로는 『겐지모노가타리에마키(源氏物語絵卷)』, 『조주기가(鳥獣戯画)』, 『반다이나곤에코도바(伴大納言絵詞)』 등이 유명하다.

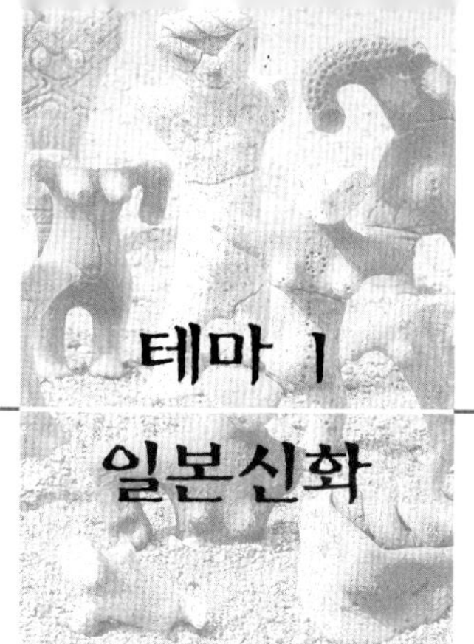

1. 일본신화의 특질

일본 최고의 역사서라고 할 수 있는 『고지키(古事記)』와 『니혼쇼키(日本書紀)』에는 모두 일본신화의 내용이 기록되어 있다. 물론 두 책 모두에는 신화에 대한 개념이 명확하게 제시되어 있지는 않다. 하지만 신화라고 하는 개념이 없었다고는 하여도, 두 책의 편자의 의식 속에는 분명히 '신대(神代)'가 존재하고 있었다. 『고지키』의 상권, 『일본서기』의 1·2권이 각각 『신대권(神代卷)』이라고 일컬어지고 있는 것에서도 알 수 있다. 두 책의 편자들은 모두 신들의 이야기와 인간의 이야기를 구분하여 기술하려고 의도하였다는 것을 알 수 있는데, 여기에서 신들의 이야기를 기술한 부분이 말하자면 일본신화에 해당하는 것이다.

『고지키』와 『니혼쇼키』의 기초자료라고 할 수 있는 가장 중요한 자료의 하나가 각 지방의 풍토기였다. 그런데 풍토기에는 신과 인간이 아무런 구별이 없이 혼재되어 있었다. 즉 풍토기에는 신화와 전설의 구분이

이세신궁 정전 일본신화에서 천황의 조상신이라고 하는 아마테라스오미카미(天照大神)를 주신으로 모시고 있다. 일본신화의 중심지다.

없었고, 이야기들은 시간적으로 전후가 불분명하였다. 이러한 문제점은 체계적인 역사편찬 작업과정에서 정리되지 않으면 안되었다.

일본신화는 권력의 정통성을 수식하기 위하여 의도적으로 정리된 결과물이었다. 그러한 의미에서 일본신화는, 한국의 「단군신화」와 같이 오랜 세월에 걸쳐서 전승되어진, 민족의 삶의 진실이 진솔하게 배어 있는 '성스러운 이야기'라고 할 수 없다. 즉 일본신화는 구전을 통하여 민족의 가슴 속에 생생하게 살아있는 신화로서 기능하고 있는 것이 아니다. 권력자가 무엇을 바라고 있는지를 알고 있는 편찬자에 의하여 잘 정리된 매끈한 이야기에 불과한 것이다.

『고지키』는 겐메이(元明)천황의 명령에 의하여 712년에 편찬된 일본 최고의 역사서다. 상표(上表)에 의하면 『고지키』는 덴무(天武)천황의 시대에 성립된 것으로 되어있다. 덴무천황은 진신(壬申)의 난에 의하여 권력을 탈취한 인물이었다. 그는 쿠데타의 정당성을 기록으로 남기기 위하여 역사를 편찬하였고, 일본신화도 그러한 의도에 의하여 신화적 소재를 체계화하는 작업을 하였던 것이다. 즉 천황의 개인적 의지에 의하여 편찬된 것이 『고지키』의 원형이라고 하여야 할 것인데, 그 내용은 신화를 포함하여 천황의 기원과 유래, 그리고 천황이 신성한 이유를 체계적으로 설명하고, 각 씨족이 대를 이어서 덴무 자신의 조상들과 군신관계를 맺고 있었음을 계보적으로 정리한 것이다. 신화도 이러한 정신에 의하여 체계적으로 정리되었다. 『니혼쇼키』는 『고지키』가 성립된 지 8년 후인 720년에 성립된 일본 최초의 관찬 역사서였다. 신화와 관련된 부분을 살펴보면, 천황의 혈통과 전승을 절대시하는 『고지키』와는 다른 입장을 취하고 있다. 즉 각 씨족의 전승을 존중하고 있고, 또 신화의 내용도 『고지키』의 그것과는 다른 부분이 많다.

신화는 오랜 세월에 걸쳐서 구전된 이야기이며, 후세와는 다른 옛날 사람들의 관심과 사유방식이 반영되어 있다. 그런만큼 매우 간단하고 소박한 내용으로 구성되어 있는 것이 일반적이다. 그러나 일본신화는 우주의 생성에서부터 신들의 기원, 천황의 계보를 너무도 자세하게 서술하고 있다. 이렇게 스케일이 크고 빈틈이 없는 신화는 세계에서 일본신화뿐이라고 할 수 있다. 그것은 일본신화가 의도적으로 창조되었기 때문이다. 그렇기 때문에 일본신화에는 8세기 사람들의 관심과 사고방식, 그리고 학문수준이 반영되어 있는 것이다.

2. 일본신화의 내용

『고지키』와 『니혼쇼키』에 실려있는 신화는 같은 내용이 많지만 다른 부분도 많다. 여기에서는 주로 『니혼쇼키』의 기록을 중심으로 하여 그 내용을 살펴보도록 하겠다.

『니혼쇼키』에는 우주가 생성되는 모습을 "천지가 아직 나뉘어지지 않았을 때, 둥근 계란과 같은 모양이었는데 그 속에서 사물의 현상이 나타나는 조짐이 보였다. 그 중에서 맑고 밝은 것은 높이 올라가 하늘이 되고, 무겁고 탁한 것은 굳어져서 땅이 되었다"라고 표현하고 있다. 천지 개벽 부분은 『회남자(淮南子)』, 『삼오역기(三五歷紀)』 등과 같은 서적의 표현을 빌리거나 『주역정의(周易正義)』나 『열자(列子)』 등의 사상을 반영한 부분이 있다. 그리고 동시에 동남아시아 계통의 해양민족 신화와 유사한 요소도 포함되어 있다.

천지가 개벽된 후에 음양이 화합하여 3신이 생겨나고, 이어서 8신이 탄생한다. 이와 같이 신화는 더욱 나아가 여러 신들의 이름을 열거하고 각기 다른 신들에 의하여 우주가 생성되어 가는 과정을 나타내려고 의도하였다.

8신 중에는 이자나기(イザナギ)와 이자나미(イザナミ)라는 남매가 있있는데, 그들은 바다를 만들고 오노고로(オノゴロ)라는 섬을 만들었다. 두 신이 하늘의 신성한 창으로 바다를 저어서 들어올리자 창의 끝에서 맺혀 떨어지는 소금이 쌓여서 오노고로섬이 만들어졌던 것이다. 그리고 그 두 신은 섬에 내려와 결혼하여 현재 일본의 영토가 된 여러 섬들을 낳고, 이어서 여러 신들을 낳고, 그리고 산천초목을 낳았다. 다음에는 일신(日神)인 오히루메무치(オヒルメムチ)와 월신(月神)을 낳았다. 오히루메무치가 바로 천황의 조상신이라고 일컬어지는 아마테라스오미카미(天照大神)인 것이다. 일신과 월신이 탄생한 다음에는 히루코(蛭子)라는 아들을 낳았다. 그러나 이 아들은 불구자였으므로 배에 실어서 바다에 버렸다. 그 다음에는 스사노(素戔嗚)를 낳았다. 스사노는 용감하였으나 잔인하였다. 그래서 이지나기와 이자나미는 스사노를 네노쿠니(根の国)로 추방하였다.

여기에서 위에 나오는 내용을 점검해보기로 하자. 일본의 최초의 영토로 이자나기와 이자나미가 처음으로 하늘에서 내려와 살기 시작하였던 오노고로섬은 단언할 수는 없지만, 아와지시마(淡路島)일 가능성이 높다. 그리고 불구자식인 히루코를 배에 태워서 버리는 이야기는 오키나와에도 있다. 그리고 부정한 것을 배에 실어서 버리는 습속은 일본 도호쿠지방의 민속에도 남아있다. 이러한 민간의 습속이 신화의 체계에 편입되었을 가능성이 있다. 그리고 현재 일본에서 히루코는 소외된 사람들의 신으로, 또 어민의 신으로 받들어지고 있다. 오히루는 태양을 의미한다. 그러니까 오히루메는 태양의 아내, 즉 태양신을 섬기는 무녀다. 무치는 존귀한 사람을 의미하니까 오히루메무치는 태양신을 섬기는 존귀한 여자라는 뜻이고, 이 신이 일본의 조상신이 되었다는 사실은 일본의 천황계가 태양신앙과 밀접한 관련을 가진 권력자였다는 것을 의미한다.

그리고 아마테라스오미카미의 남동생에 해당하는 스사노는 천상에서 태어나기는 하였으나 매우 난폭하고 야만적인 이미지로 묘사되고 있는 것이 특징이다. 용감하고 난폭하고 무례한 천성을 타고났기 때문에 천상세계에서도 말썽을 부린다. 스사노의 이러한 만행을 보다못한 부모는 스사노를 네노쿠니로 추방한다. 네노쿠니는 현재의 시마네현(島根県)으로 일컬어지고 있는데, 원래는 지하세계, 황천세계를 의미하였다. 즉 천상의 밝고 맑은 이미지와 상반되는 어둡고 음울한 이미지를 가진 세계인 것이다. 또한 문명을 상징하는 것이 천상세계라고 한다면, 야만을 상징하는 것이 지하세계였다고 할 수 있을 것이다.

이즈모다이샤(出雲大社) 시마네현 이즈모시에 있고, 오쿠니누시노미코토(大国主命)를 주신으로 받들고 있다. 신전은 다이샤즈쿠리(大社造)의 대표적인 건물로, 몇 번이나 개축되는 동안 규모가 축소되었으나, 여전히 웅대한 모습이다.

　천상세계는 아마테라스오미카미가 다스리고 있었다. 그곳은 다카마가하라(高天原)라고 일컬어진다. 한편 네노쿠니로 추방된 스사노는 얼마 후에 다카마가하라에 올라가 누이인 아마테라스오미카미에게 사심이 없음을 말하였고, 그것을 증명하기 위해 서약을 하였다. 그러나 스사노는 끝내 서약을 지키지 못하고 다카마가하라에서 다시 난동을 부렸다. 화가 난 아마테라스오미카미는 동굴인 아마노이와야(天石窟)에 들어가 숨어버렸다. 태양이 없어지자 세상은 암흑으로 변하였다. 천신들은 서로 상의하여 거울과 구슬을 만들어 기도를 드리는 한편, 아마테라스오미카미가 숨어있는 동굴 앞에서 한 신이 은밀한 곳을 들어내고 음란하면서도 즐거운 춤을 추어서 아미테라스오미카미를 유인해 내었다. 아마테라스오미카미가 동굴에서 나오자 여러 신들은 모든 죄를 스사노에게 돌리고 그를 천상세계에서 지상세계로 추방하였다.

　추방당한 스사노가 이즈모(出雲) 지방에 이르자 그곳에는 야마타노오로치라고 하는 머리가 여러 개 달린 거대한 괴물 뱀이 있어 사람들을 공포에 떨게 하고 있었다. 스사노가 그 지방에 이르렀을 때에는 마침 구시이나다히메가 뱀의 제물이 될 차례였다. 스사노는 괴물 뱀을 퇴치하기로 결심하고 꾀를 내어 괴물 뱀을 술취하게 한 다음에 공격하였다. 마침내 스사노는 괴물 뱀을 퇴치하는 데 성공하였다. 그런데 괴물 뱀을 죽이고 보니, 그 뱀의 꼬리 부분에서 신령스러운 검(劍)이 발견되었다. 스사노는 그 검을 아마테라스오미카미에게 헌상하였다. 그리고 자신이 생명을 구한 구시이나다히메와 결혼하여 여러 신들을 낳았다. 그리하여 스사노 자손인 오나무치노카미(大己貴神)가 지상세계를 다스리게 되었다. 여기에서 천신(天神)에 대비되는 국신(国神)의 존재가 신화에서 나타나게 되는 것이다.

위의 내용에서 주목되는 것은 스사노가 천상세계에서 추방되어 내려온 곳이다. 그곳은 이즈모의 히노가와(肥河)의 상류였다. 히노가와라는 말이 상징하듯이 그곳은 매우 비옥한 곳이었다. 그러나 그곳은 홍수의 위험성이 상존하고 있었다. 머리가 여러 개 달린 뱀은 바로 여러 개의 하천을 의미하는 것이고, 그 뱀을 퇴치하였다는 것은 스사노가 치수사업에 성공하였다는 것을 암시하고 있다. 그리고 꼬리부분에서 신령스러운 검이 나왔다는 것은 하천이 기원하는 곳에서 철이 발견되었다는 것을 암시하고 있다. 치수사업에 성공하여 그 지역을 곡창지대로 변모시키고 철을 생산하여 경제적인 기반을 확립한 인물인 스사노는 그 지역의 토착민들의 인망을 얻어서 그 지역 일대의 지도자로 부상하는 것이다. 구시이나다히메와의 결혼, 그리고 그 자손이 지상을 다스렸다는 신화의 내용이 그것을 상징하고 있다고 볼 수 있지 않을까?

한편 아마테라스오미카미의 손자는 아시하라노나카쓰쿠니(葦原の中国)를 지배하고 싶어하였다. 그리하여 여러 신들과 상의하여 아마노호히(天穂日)라는 신을 사자로 파견하여 이미 그 지역을 다스리고 있는 스사노의 자손에게 그 뜻을 전하도록 하였다. 그러나 그는 배반하여 지상에 머무르게 되었다. 그러자 다음에는 아마노카고유미(天鹿児弓)를 파견하였으나 그도 역시 충성심이 부족하였다. 마지막으로 후쓰누시(経津主)와 다케미카즈치(武甕槌)를 파견하여 스사노의 후손으로 그 나라를 다스리고 있었던 오나무치노카미와 담판하여 지배권을 접수하였다. 그때 오나무치노카미는 다음과 같이 말하였다. "만약 내가 천신의 사자에게 저항하여 싸운다면 국내의 여러 신들도 반드시 나와 같이 저항할 것입니다. 지금 내가 나라를 바쳤으니 다른 신들도 이에 따르지 않을 수 없을 것입니다." 그리고 그가 나라를 평정할 때 지팡이로 사용하였던 창을 천신인 두 사자에게 바치며 말하였다. "나는 이 창으로 공적을 이루었습니다. 천손(天孫)이 만약 이 창을 써서 나라를 다스리면 반드시 평안하게 될 것입니다." 말을 마친 오나무치노카미는 자취를 감추었다. 그 후 천손의 사자인 두 천신은 불순한 신들을 죽이고 천상으로 돌아와 복명하였다.

위에서 보이는 아시하라노나카츠쿠니는 미개한 나라라는 의미를 내포하고 있다. 그 지역은 스사노의 후손인 오나무치노카미가 지배하고 있었던 이즈모 일대의 지역이었다. 그리고 천손계가 아시하라노나카쓰쿠니를 접수하는 과정은 야마토국가의 통일과정을 신화화한 것이라고 생각된다. 물론 신화는 역사 그 자체라고 단정할 수는 없지만, 천손인 아마테라스오미카미의 손자가 3회에 걸쳐서 사자를 파견하였다는 이야기는 중앙세력에 대한 토착세력의 저항이 상당히 완강하였다는 것을 암시하고 있다.

천신만고 끝에 아시하라노나카쓰쿠니의 지배권을 접수한 천손인 호노니니기(火瓊瓊杵)는 여러 천신들을 거느리고 지상으로 강림하였다. 그때 상을 덮은 천에 싸여서 강림하였는데, 강림한 곳은 히무카(日向)의 다카치호노타케(高千穗峰)였다. 지상에 강림한 천손은 가사사노미사키라는 곳에 정착하여 결혼하였다. 그 아들인 히코호호데미(彦火火出見), 손자이며 훗날 진무(神武)의 아버지가 되는 우가야후키아에즈(鸕鷀草葦不合)에 이르는 천손은 히무카에서 살았다.

위의 내용에는 일본신화의 클라이막스라고 할 수 있는 천손강림의 장면이 포함되어 있다. 천손강림의 장면은 주로 북방아시아 민족의 신화에서 찾아볼 수 있다. 천손강림의 신화에 공통적으로 보이는 이야기, 즉 천신이 3종의 신기(神器)인 거울·검·곡옥을 가지고 강림하였다는 내용이 일본신화 속에서도 보이고 있다. 그런데 천손강림의 장소는 어디였을까? 천손이 강림한 장소인 다카치호는 현재의 미야자키현(宮崎県)에 있는 것으로 널리 알려져 있다. 그러나 『니혼쇼키』의 일서(一書)에 보이는 '쓰쿠시 히무카의 다카치호'라는 표현이 주목된다. 쓰쿠시(筑紫)는 규슈를 가리키는 말이기도 하지만, 보통 규슈의 북쪽, 현재의 후쿠오카(福岡) 지방을 가리키는 말이다. 그렇다면 다카치호는 규슈의 남쪽인 미야자키현에 위치한 것이 아니고 본래 규슈의 북쪽, 즉 한반도에 가까운 지역에 위치하였을 가능성이 있다.

그것을 뒷받침하는 자료가 고지키에도 보인다. 『고지키』에 묘사되어 있는 히무카(日向)의 땅은 "한국에 향하여 (중략) 아침해가 직접 비치고, 석양이 빛나는 곳이다. 그러므로 이곳은 매우 좋은 땅이다"라고 묘사되어 있다. 즉 '히무카'라는 땅은 한국과 가까운 곳에 위치하고 있었다. 한국과 가까운 곳이라면 규슈의 북쪽이라고 비정해야 마땅하다. 또 『고지키』에는 천손이 강림한 봉우리를 구시후루타케(久土布流多気)라고 기록되어 있고, 『니혼쇼키』에는 "구시히의 다카치호 봉우리(穂日の高千穂の峰)"라고 표현하고 있다. 가야의 수로왕도 하늘에서 강림하고 있다. 즉 가야도 천손강림 신화를 갖고 있는 것이다. 그런데 주지하는 바와 같이 수로왕이 강림한 장소는 구지봉(亀旨峰)이다. 구지봉은 일본식으로 발음하면 구시무루타케가 된다. 그렇다면 천손이 강림한 곳이 실은 규슈에 있는 어느 곳이 아니고 한반도의 어느 곳, 즉 구지봉일 가능성도 있다는 이야기일까?

다음으로는 야마토정권의 성립과 밀접한 관련이 있을 것으로 생각되는 진무가 동쪽으로 진군하는 과정에 대하여 살펴보기로 하겠다. 일본의 초대 천황으로 기록되어 있는 진무(神武)는 45세 때에 진군의 길에 올랐다. 진무는 쓰쿠시(筑紫)와 아키노쿠니(安芸国)를 거쳐 기비(吉備)에 이르러 그곳에서 3년을 지냈다. 기비에서 힘을 축적한 정복군은 일거에 적군을 공격하여 적지를 점령하려고 하였으나 토착세력의 저항이 거세었다. 힘겨운 싸움이 전개되었다. 정복군은 어려움에 직면하기도 하였다.

절대절명의 위기에 처하였을 때도 있었다. 그때는 천신이 도와서 극적으로 전쟁에서 승리하기도 하였다. 우여곡절을 겪으면서, 정복군은 6년간의 악전고투 끝에 어느 정도 원정의 목적을 달성할 수 있었다. 그러나 진무 스스로가 "변경의 지방은 아직 전정되지 않고 있고, 남은 적은 아직 강력하다"라고 말하고 있는 것에서도 알 수 있듯이, 원정의 목표가 완전하게 달성된 것은 아니었다. 진무는 일본열도의 일부분을 지배하는 데 성공한 정도에서 만족하지 않을 수 없었던 것이다.

어느 정도 질서가 안정되었다고 생각한 진무는 궁전을 짓고 왕비를 맞아들였다. 신유년(辛酉年)에 즉위하니 이 해가 개국의 원년이었다. 즉위한 다음 해에는 논공행상을 행하였다. 공신들에게 토지를 나누어 주고, 각 지역을 지배하게 하였다. 즉위한 지 4년째가 되는 해에는 도리미야마(鳥見山)에 제단을 세우고 천신에게 제사를 지냈다. 진무는 즉위한지 76년, 127세로 사망하였다.

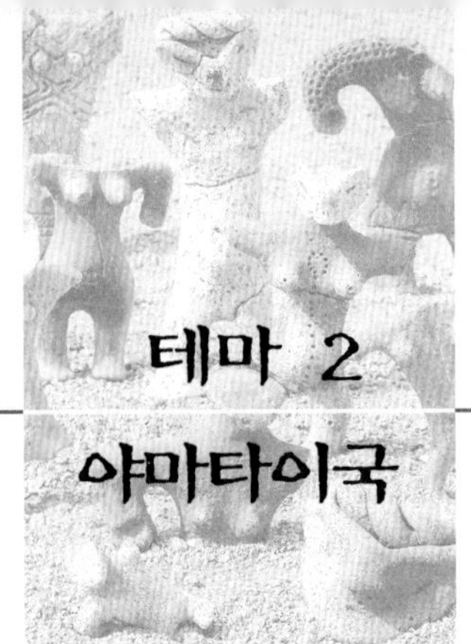

1. 중국역사서를 통하여 본 야마타이국

『한서(漢書)』「지리지」에 의하면, 기원전 1세기 경의 일본은 왜(倭)라고 불렸으며 100여개의 소국으로 나뉘어져 있었다. 소국의 수장 중에는 정기적으로 한사군의 하나인 낙랑군에 사신을 파견하여 조공하는 자도 있었다.

『후한서(後漢書)』「동이전(東夷伝)」에 의하면 57년에 왜의 나노국(奴国) 왕이 후한의 수도인 낙양(洛陽)에 사신을 보내어 조공하였고, 광무제는 나노국의 왕에게 금인(金印)을 하사했다는 기록이 보인다. 나노국은 현재의 후쿠오카(福岡) 지방에 있었던 소국이었을 것으로 추정된다. 『후한서』에는 이어서 107년에 나노국이 아닌 다른 왜의 한 소국이 생구(生口) 160명을 후한의 안제(安帝)에게 바쳤다는 기록이 전해진다. 이것을 통하여 1~2 세기 경에는 규슈의 북부를 중심으로 소국이 성립하여 성장하고 있었고, 맹주의 지위가 반세기 만에 교대되었음을 알 수 있다.

2세기 후반에는 중국의 후한 왕조가 세력을 상실하면서 중국 주변에 대한 영향력도 약화되었다. 한반도에서는 고구려가 급성장하여 중국을 동북 방향에서 압박하고 있었다. 이 무렵 일본열도도 변동기를 맞이하고 있었다. 유력한 소국의 수장이 더 큰 정치권력의 형성을 목표로 하여 서로 투쟁하면서 일본열도는 동란의 시대로 접어들었다. 사가현(佐賀県)의 요시노가사토(吉野里) 유적, 아이치현(愛知県)의 아사히(朝日) 유적에서 취락을 에워싸고 있는 해자(濠)와 망루, 기타 방어시설이 발굴되어 주목을 끌었는데, 그것을 살펴보면 취락 자체가 견고한 방어진지였음을 알 수 있다. 또한 그것은 소국 상호간의 경쟁이 격렬하였음을 시사하는 것이다. 이러한 동란을 거치면서 28개의 부족연맹체를 통괄하여 다스리는 광역단위의 지배자가 출현하였다. 그러한 존재가 야마타이국의 히미코(卑弥呼)였다. 히미코는 어떠한 인물이었으며, 히미코를 왕으로 공립(共立)했던 야마타이국은 어떠한 연맹체였는지를 비교적 구체적으로 설명하고 있는 것은 『삼국지(三国志)』의 「위지왜인전」이다.

『삼국지』는 삼국, 즉 중국에서 후한이 멸망하고 성립된 위(魏)·오(吳)·촉한(蜀漢)의 흥망을 기술한 역사서다. 그 역사서의 외국관계 기사의 일부가 바로 「위지왜인전」인데, 그 내용은 약 3천자 정도다. 이 정도의 양으로 당시의 일본사회에 대한 정보를 충분히 담아낼 수는 없었다. 그리고 당시의 정보수집 능력에도 분명히 한계가 있었기 때문에 잘못 기록된 곳도 있고, 심지어는 집필자인 진수(陳寿)의 상상력에 의하여 쓰여진 부분도 있다. 그렇다면 당연히 사료에 대한 신빙성도 문제가 될 수 있다. 그럼에도 그 기록은 일본의 역사를 재구성하는 데 매우 귀중한 사료다. 이것마저 없었다면, 3세기를 전후한 일본의 역사는 공백으로 남겨둘 수밖에 없었을 것이기 때문이다. 일본 사람들 중에는 일본의 역사서인 『고지키』와 『니혼쇼키』의 기록으로 3세기를 전후한 시기의 일본역사를 재구성 할 수 있지 않느냐고 말하는 사람이 있을 것이다. 그러나 『고지키』와 『니혼쇼키』는 8세기에 성립된 역사서다. 그리고 6세기 이전의 역사기록은 믿을 수 없는 부분이 많다. 그렇기 때문에 중국사의 기록이 양적이나 질적으로 많은 문제점을 지니고 있음에도 사료로서의 가치를 인정하지 않을 수 없는 것이다.

당시 중국의 위와 일본 사이에는 교류가 빈번한 것은 아니었지만 몇 번에 걸쳐서 사신이 왕래하고 있었다. 위의 사절이 실제로 일본까지 오기도 하였고, 일본열도 중에서도 대륙과 가까이 위치해 있었던 소국(小国)의 지배자가 파견한 사절도 위의 수도였던 낙양(洛陽)까지 가서 조공을 하고 있다. 그러한 외교를 배경으로 하는 위의 기록이 있었음은 물론이다. 진수는 이러한 기초자료를 근거로 하고, 또 전시대의 역사서를 참고하여 일본과 관련한 기록을 작성하였을 것이다. 전시대의 역사서로는 후한(後漢)의 역사가인 반고(班固)가 저술한 『한서(漢書)』가 있다. 『한서』도 양적으로나 질적으로 많은 한계점을 내포한 역사서임에는 틀림없다. 그러나 진수가 새로운 일본 지역을 이해하는 데 큰 도움이 되었다. 뿐만 아니라 동시대의 일본과 일본인에 대한 정보를 새롭게 분석하고 기술하는 데 훌륭한 참고가 되었을 것이다.

당시에 대륙에서는 일본을 왜라고 칭하고, 일본인을 왜인(倭人)이라고 불렀다. 반고의 『한서』에서도 일본을 왜라고 기록하고 있다. 왜라는 말 속에는 미개하고 왜소하다는 의미가 내포되어 있었다. 『삼국지』에서도 이러한 전통적인 시각을 계승하여 왜인에 대한 기록을 남기고 있는 것이다.

금인 (상) 손잡이 (하) 인면(漢委倭国王)

「위지왜인전」에는 야마타이국(邪馬台国)과 그 나라의 수장인 히미코(卑弥呼)에 관한 기록이 비교적 상세하게 쓰여져 있다. 이하에서는 주로 「위지왜인전」의 기록을 통하여 일본사회의 실상을 재구성해보기로 하는데, 먼저 2세기 말의 기록을 살펴보면 다음과 같다. "그 나라(야마타이국)는 현재도 남자가 왕으로 있는 것처럼 원래 남자가 왕이었다. 그러나 나라를 다스린지 7~80년이 지나서, 동란이 일어나서 오랜 세월 동안 서로 공격하였다. 이윽고 동란이 진정된 후, 유력한 자들이 한 사람의 여왕을 공립하여 왕으로 하였다. 그 왕의 이름은 히미코라고 하였다." 그 동난의 시기에 대하여 『후한서』에서는 후한의 환제(桓帝)에서 영제(靈

帝)에 이르는 시기, 즉 서기 146년에서 188년 사이라고 말하고 있고, 6세기에 성립된 『송서(宋書)』 등에서는 후한 영제의 광화연간, 즉 170년대라고 말하고 있다. 현재로서는 일본에서 동란이 있었던 시기를 정확하게 추정할 수는 없으나 적어도 2세기 후반에 일본열도에 커다란 전란이 발생하였다는 사실은 틀림이 없다.

히미코에 대해서는 다음과 같이 기록하고 있다. "귀도(鬼道)에 능하여 사람들을 현혹한다. 나이는 이미 들었으나 남편이 없었고, 남동생이 보좌하여 나라를 다스렸다. 히미코가 왕이 된 다음에는 그녀를 본 사람은 드물다. 천 명의 여자 노예가 시중을 들었고, 단지 한 사람, 음식을 준비하고 히미코의 말을 전달하는 남자가 있었다."

히미코가 귀도에 능하였다는 것은 그녀가 신과 교통할 수 있는 영적 능력의 소유자였음을 말하는 것이다. 즉 히미코는 무녀(巫女)였던 것이다. 그렇기 때문에 그녀는 인간과 결혼하지 못하였다. 이미 신과 영적으로 결합한 존재였기 때문이다. 그녀가 지닌 신통력은 백성에게 두려움으로 때로는 신성한 권위로 작용하였을 것이다. 왕이 된 히미코는 궁정 깊숙이 은거하면서 좀처럼 모습을 드러내지 않았기 때문에 그녀를 본 사람은 거의 없었다는 부분이 특히 주목된다. 히미코는 신분이 비천하였는데도 단지 신통력이 뛰어나다는 것만으로 왕위에 오를 수는 없었을 것이다. 히미코가 유력자들에 의하여 광역단위 연합체의 왕으로 추대되었다면, 그녀의 출신은 왕위에 근접할 수 있는 유력한 집안의 혈통을 이었다고 보아야 할 것이다. 그녀는 어디까지나 무녀왕이었던 것이다.

궁정 깊숙이 은거하여 좀처럼 사람들 앞에 모습을 드러내지 않았던 히미코는 왕으로서 어떻게 광역단위 연합체를 다스렸을까? 히미코는 직접 통치에 관여하지 않고 남동생이 정치를 담당하였는데, 간접적이지만 강력한 군사력을 보유하고 있었다. "히미코가 거주하는 궁정은 망루와 성책을 견고하게 구축하고 언제나 무기를 가진 병사가 지키고 있다."라고 기록하고 있는 것을 보아도 알 수 있다. 히미코는 남동생을 통하여 친위군을 장악하고 있었던 것이다.

수렵무늬청동거울 안팎을 두 줄로 돌린 원으로 구분하고, 안쪽에 4개의 꼭지 사이에 두 다리를 벌리고 두 팔을 올린 모습의 사람을 새겼다. 그들의 손에는 항아리, 방패, 창이 들려 있다.

히미코는 이러한 세력을 배경으로 하여 남동생 외에도 우키마(伊支馬), 무마소구(弥馬升), 무마구와키(弥馬獲支), 나가치(奴桂鞮) 등의 관직이 있어서 그 행정 통로를 통하여도 통치권을 행사하였다.

그리고 또, "여왕의 나라 이북에는 특히 하나의 대솔(大率)을 두고 여러 나라를 조사하고 살폈다. 여러나라는 이를 두려워 하였다."라는 기록에서도 알 수 있는 바와 같이, 여러 지역에 산재해 있으면서 정치적인 영향력을 행사하고 있던 소국에는 히미코의 뜻을 받드는 관리를 파견하여 정치를 지도하고 감독하고 있었다. 그리고 히미코는 권위를 높이기 위하여 적극적으로 위에 사신을 파견하여 교섭을 시도하였고, 그 결과 위의 황제로부터 '친위왜왕(親魏倭王)'이라는 칭호를 받았다. 중국과의 교류는 히미코가 국내에서의 권위를 확보하는 데 적지 않은 영향을 끼쳤을 것이라고 생각된다.

일본열도의 정치 상황은 어떠하였을까? 당시에 일본열도의 소국은 정치적인 연합 내지는 근거하고 있는 지역에 따라서 대개 3개의 정치권으로 구분된다. 하나는 야마타이국을 중심으로 하는 정치권이다. 즉 야마타이국의 관리가 파견되어 있던 우타(伊都), 나(奴), 호무(不弥), 도마(投馬), 마쓰라(末盧) 등의 7개국과, 야마타이국과 연방관계에 있는 기타 21개국이 하나의 커다란 정치권이었다. 다음에는 야마타이국과 대립하고 있었던 구나국(狗奴国)의 세력이 또 하나의 독립적인 정치권이었을 것이라고 추정된다. 마지막으로는 왜인의 소국과는 구별되는 지역에 은거하고 있었던 세력들이다. 그들은 왜종(倭種) 즉 매우 키가 작은 종족이라고 일컬어졌다. 기록에 슈(侏), 주(儒), 나(裸), 고쿠시(黑歯) 등으로 표현되고 있는 종족이었다. 표현상으로 보아 이들 종족들은 미개하고 왜인으로 구분되는 사람들과는 풍속이 다른 종족인 것으로 생각된다.

왜인들은 중국이나 한반도와 직간접으로 교류하고 있었다. 그런 의미에서 문명세계의 실상을 알고 있었고, 그렇기 때문에 스스로를 미개한 '왜종'과 구별하고 있었다. 왜인들의 세계에는 야마타이국이 가장 강대한 정치세력이었을 것이다. 호구 수가 7만여 호였던 것을 보면 정치, 경제, 군사면에서 다른 소국과는 비교가 되지 않을 정도였을 것이다.

'위지왜인전'에는 일본인의 생활과 풍속에 대한 기록도 포함되어 있다. 그 내용은 다음과 같다. "하호(下戸)가 대인(大人)을 도로에서 서로 만나면 조아리며 수풀 속으로 들어가 인사를 올리는데, 혹은 머리를 숙이고, 혹은 무릎을 꿇고, 혹은 엎드려서 양손을 땅에 대고 공경을 한다." 이 기록은 왜인에 대한 기록 중에서도 가장 신빙성이 없는 기록일 것이다. 왜냐하면 저자인 진수의 머리 속에는 동남아시아인들의 생활과 풍속에 대한 이미지가 이미 형성되어 있었기 때문이다. 하지만 신분질서에 대하여 언급하고 있는 부분은 주목이 된다. 대인, 하호, 생구(生口) 그리고 노비의 신분이 있었고, 그들의 상하관계는 엄격하였다는 것을 알 수 있다. 그런 면에서 볼 때, 왜인의 사회는 이미 계급사회였고, 존비·귀천의 관념에 의하여 강력하게 제약되어 있었다고 할 수 있다.

히미코는 전쟁 중에 사망하였다. 그 후 남성이 왕위를 이었으나 사회가 다시 혼란해졌다. 그래서 결국 히미코와 혈연관계가 있는 이요(壹与)라는 13세의 소녀를 왕으로 세우니 비로소 혼란이 진정되었다.

2. 야마타이국의 위치

먼저 「위지왜인전」의 원문을 그대로 해석하여, 대방군(帶方郡)에서부터 야마타이국에 이르는 도정(道程)을 정리해 보기로 하자.

왜인은 대방군의 동남에 있는 대해(大海) 가운데의 산도(山島)에 있다. 대방군에서 왜에 이르려면 바닷길 육지길로 한국을 지나서 남으로 가고 다시 동으로 가서 그 북안의 구야한국(狗邪韓国)에 이르기까지 7천여 리다. 거기에서 처음으로 바다길로 천여 리를 가서 도마국(大海国)에 다다른다. 거기에서 다시 남쪽으로 바다를 건너서 천여 리 가면 간카이(瀚海)라고 하는 나라에 다다른다. 거기에서 다시 바다를 건너서 천여 리를 가면 마쓰라국(末盧国)이다. 거기에서 동남 방향으로 500여 리 걸어서 가면 우타국(伊都国)에 다다른다. 거기에서 동남 방향으로 나국(奴国)에 가려면 100리, 동쪽으로 호무국(不弥国)에 가려면 100리, 남쪽으로 도마국(投馬国)에 가려면 바닷길로 20일, 남쪽으로 야마타이국에 가려면 바닷길로 10일, 걸어서 1개월이다.

야마타이국은 이미 전설이 되었다. 중국의 사서에 그 국명과 히미코라는 왕의 이름은 나와 있지만 정작 야마타이국이 어디에 있었는지는 알 수 없기 때문이다.

물론「위지왜인전」에는 중국에서부터 야마타이국에 이르는 길이 상세하게 기술되어 있다. 그 길은 실로 멀고 먼 길이어서 수많은 나라들을 지나서 가지 않으면 안되었다. 그 수많은 나라들의 이름과 나라 사이의 거리가 상세하게 기록되어 있다. 실제로 당시에 이 멀고도 먼 길을 여행하였던 위의 사자는 기록으로 남기기 위하여 여행을 하면서 지났던 나라와 나라 사이의 거리를 확인하였을 것이다. 그렇다면 그 많은 나라들이 어디에 있었는지를 먼저 확인하고 나라와 나라 사이의 거리를 확인해 보면 야마타이국의 위치가 정확하게 확인될 수 있을 것이다. 적어도 이론상으로는 그렇다.

그런데 여기에서 우리는 적지 않은 문제에 봉착한다. 사신이 여행하였던 대방군과 일본 사이의 수많은 나라들을 실제적으로 확인할 수 없다는 것이 가장 큰 문제점이다. 그리고 나라와 나라 사이의 거리도 신빙성이 없다. 제시된 거리는 직선거리가 아니고 도정이기 때문에 어떠한 길을 택하여 여행하였는지에 따라서 거리는 늘어나기도 하고 줄어들기도 한다. 그리고 방향에 대한 기술도 신뢰할 수 없고, 척관법도 시대마다 나라마다 다르기 때문에 거리 측정 감각도 문제가 된다. 이러한 문제점들이 명확하게 해결되지 않는 한 야마타이국이 어디에 위치해 있었는지 확정할 수 없다. 야마타이국의 소재를 둘러싼 논쟁이 8세기초부터 현재까지 해결되지 않은 이유도 유일한 사료인 「위지왜인전」이 지니고 있는 문제점 때문이었다.

야마타이국의 위치에 대하여 일본의 태도를 명확히 한 최초의 문서는 다름아닌 『니혼쇼키』였다. 『니혼쇼키』는 야마타이국이 지금의 오사카 평원에 위치해 있었다는 입장을 취하였다. 이에 대하여 야마타이국이 규슈에 위치해 있었다는 설이 에도시대가 되어서 모토오리 노리나가(本居宣長)에 의하여 제시되었다. 노리나가는 히미코를 규슈의 구마소(熊襲)라는 종족의 여왕으로 규정하였다. 이 후에 『니혼쇼키』의 입장을 따르는 기나이설과 규슈설이 대립하게 되었다.

기나이설과 규슈설의 논쟁이 본격적으로 시작된 것은 나이토 도라지로(內藤虎次郎)가 획기적인 야마타이국론을 제시하면서부터였다. 나이토 도라지로에 의하여 기나이설이 다시 주목되었기 때문이다. 그러자 규슈설을 취하는 학자들의 치밀한 반론이 제기되었다. 논쟁은 역사학자들뿐만이 아니라 고고학자들도 가세하면서 더욱 가열되었고, 점점 정밀하고 미세한 부분까지 조명되게 되었다. 이러한 논쟁과정에서 새로운 문제를 제기한 것이 에노키 가즈오(榎一雄)였다. 에노키는 그때까지 기나이설에서 취하고 있던 「위지왜인전」의 방위, 리수(里数), 일정에 관한 해석의 불비점을 철저하게 보완하려고 하였다. 그리하여 야마타이국에 이르는 기록에 대한 새로운 견해를 제시하였다. 야마타이국의 위치에 대하여 이와 같이 이론이 분분하였던 것은, 앞에서도 잠시 언급하였지만, 대방군에서 야마타이국에 이르는 과정과 거리에 관한 기록이 매우 애매하기 때문이다. 「위지왜인전」에 보이는 대방군에서부터 야마타이국까지의 방위, 리수, 일정에 관한 기록을 그대로 따라가면 야마타이국은 규슈의 남쪽 바다 속에 위치하였던 나라가 되어버린다. 그래서 기나이설을 취하는 학자들은 호무국(不弥国) 이후의 방위 표시에서 '南'자는 '東'자의 오기라고 주장하였다. 그래서 규슈의 동쪽에 야마타이국이 위치해 있었다고 주장하고 있는 것이다. 규슈설을 취하고 있는 학자들은 예를 들면 "水行十日, 陸行一月"이라고 되어 있는 기록을 이전의 해석과는 다른 방법으로 해석하고 있다. 즉 이전에는 "바닷길로 10일, 육지길로 1개월"이라고 해석하여 여행시간이 모두 40일 걸렸던 것으로 보았다. 그런데 똑같은 문장을 "바닷길로 가면 10일, 육지길로 가면 1개월"이라고 해석하였던 것이다. 어떤 학자는 "陸行一月"이라는 기록은 "陸行一日"의 오기라고 하여 규슈의 내부에 야마타이국을 상정하고 야마타이국은 즉 지쿠고(筑後)의 야마토(山門)라고 주장하기도 하였다. 어느 것도 결론을 먼저 내려놓고 거기에 맞추기 위하여 역사기록을 잘못된 것이라고 주장하고 있는 것은 편의주의적 발상이라는 비판을 면하기 어렵다.

그에 비하면 에노키설은 상당히 합리적이다. 에노키설은 위의 사절은 우타국(伊都国)까지밖에 가지 않고 이후는 왜인으로부터 들은 정보를 기록한 것이라는 입장에서 사료를 해독하고 있다. 그렇기 때문에 우타국 이하의 문장은 이제까지 읽어왔던 것처럼 연속적으로 읽지 말고, 우타국을 기점으로 하는 거리라고 해석해야 한다고 주장하였다. 즉 에노키설에 따르면 우타국에서부터 동남쪽으로 100리에 나국(奴国), 동행 100리에 호무국(不弥国), 남쪽 바닷길을 따라 20일 거리에 도마국(投馬国), 남쪽 바닷길로 10일, 육지길로 1개월 걸리는 곳에 야마타이국이 있었다는 것이다. 현재의 많은 규슈설을 취하는 학자들이 에노키설을 채용하고 있다.

테마 3
대왕에서 천황으로

1. 야마토정권의 성장

3세기 말에 진(晉)이 중국을 통일하였다. 이 왕조를 역사상 서진(西晉)이라고 하는데, 서진은 국내문제가 복잡하게 전개되어 국력을 떨치지 못하였다. 4세기 초에는 북아시아 역사세계의 여러 민족들이 북중국을 침략하여 그곳에 국가를 건설하였다. 서진이 멸망하자 진 황실의 후예인 사마예(司馬睿)가 강남 지방에 동진을 건설하였다. 이후 중국은 300여 년 동안 남북조시대가 지속되었다.

한반도에서는 3세기에서 4세기에 걸치면서 국가가 형성되었다. 만주에 근거지를 두었던 고구려는 한반도 북부 지역으로 영토를 확장하였다. 313년에는 낙랑군을 멸망시키고 동북 아시아 지배의 발판을 구축하였다. 한반도 남부에서도 마한 지역에서 백제가, 진한 지역에서 신라가 각기 국가를 형성하였다.

이 시기에 일본 열도에서는 어떠한 움직임이 있었는지 구체적으로 알 수 없지만, 중국과 한반도의 사회변동을 염두에 두고 생각해 보면, 4세기에 들어서면서 현재의 오사카를 중심으로 하는 지역에서 야마토(大和)정권이 오사카 지역과 그 주변의 호족들을 연합하여 국가를 수립하고 점차로 규슈 북부에서 혼슈(本州) 중부에 이르는 지역의 호족들과도 정치적 연합을 모색하고 있었을 것으로 생각된다. 그런 과정을 거치면서 야마토정권은 많은 지역국가 중에서 가장 유력한 국가의 하나로 성장하였을 것이다. 한편, 규슈 북부의 게노(毛野), 기비(吉備), 이즈모(出雲) 등의 지역에서도 유력한 지역국가가 성장하여 야마토정권을 포함한 여러 지역국가 혹은 한반도의 여러 국가와도 교류하였을 것으로 여겨진다.

위와 같은 관점은 적어도 4세기에 들어서서 야마토정권이 국내 통일에 성공했다고 보는 일본사의 통설과 대립되는 면이 있다. 야마토정권의 통일에 관한 문제는, 일본이 한반도의 남부인 변한의 여러 지역을 세력하에 두고 미마나(任那)라고 하는 지역을 지배했다고 하는 소위 임나일본부설과 깊이 관련이 되는 문제이기도 하다.

이해를 돕기 위하여, 이하 일본사의 통설을 간략히 소개하기로 한다. 국내 통일을 달성한 야마토정권이 4세기 후반에서 5세기 초반에 걸쳐서 진보된 생산기술과 철 자원을 구하기 위하여 한반도에 진출하기 시작하였다. 고구려와 신라에 대항하려고 했던 백제는 야마토정권과 긴밀한 관계를 유지하였다. 그것을 상징하는 것으로 현재 나라현(奈良県) 덴리시(天理市)의 이소노카미신궁(石上神宮)에 전해져 내려오는 칠지도(七支刀)를 들 수 있다. 칠지도는 372년 백제왕이 왜왕에게 헌상했다고 하는 것이다. 야마토정권은 세력을 강화하여 백제와 신라를 복속시키고 남하해온 고구려와 싸웠다. 여러 차례 전쟁을 치른 결과 고구려가 승리하였다. 그 내용은 광개토대왕 비문을 보면 알 수 있다. 5세기 초에는 신라가 고구려와 동맹하여 세

오사카평원의 전방후원분 유라쿠릉으로 추정되고 있다.

력을 강화하였기 때문에 야마토정권의 한반도 지배는 어려운 국면을 맞이하게 되었을 것으로 여겨진다.

이상이 일본 국내에서 통설로 인식되고 있는 임나일본부설이다. 이 설은 말할 필요도 없이 『니혼쇼키』를 기본자료로 하고 있다. 그러나 주지하는 바와 같이 5세기까지의 『니혼쇼키』 기록은 신빙성에 문제가 있기 때문에 그 내용을 근거로 하여 역사를 복원하는 것은 매우 신중하지 않으면 안될 것이다. 그리고 임나일본부설은 한국사의 연구 성과와 대립되는 면이 많고, 일본 역사학계에서도 많은 설이 제기되어 있는 만큼 이 문제는 매우 조심스러운 자세로 접근하여야 할 것이다.

2. 왜의 5왕

한 편, 『진서(晉書)』나 『송서(宋書)』·『양서(梁書)』에 의하면 413년부터 100여 년 동안에 찬(讚)·진(珍)·제(濟)·흥(興)·무(武)라고하는 왜의 5왕이 차례로 중국의 남조에 조공하였다.

이들의 왕이 중국에 조공을 한 중요한 목적의 하나는 한반도에서 고구려가 남하하는 데 자극을 받아서 한반도 남부의 백제, 신라, 가야 등에 대한 정치적 입장을 강화하려는 것이었다. 동시에 그것을 통하여 기비(吉備), 이즈모(出雲), 규슈 등의 각지에 강력한 세력을 형성하고 있으면서 야마토정권과 대립하고 있었던 일본열도 내의 여러 지역정권에 대하여 우월한 입장을 확립하려는 것이었다.

왜왕이 중국의 남조에 조공하면서, 예를 들면 진(珍)은 스스로 '使持節都督倭·百済·新羅·任那·秦韓·慕韓六国諸軍事·安東大将軍·倭国王'이라고 칭하며, 그 칭호의 승인을 송의 문제(文帝)에게 요청하였으나 송의 문제는 '安東将軍·倭国王'의 칭호만을 허락하였을 뿐이었다. 그 후, 제와 흥도 송에 사신을 파견하였으나 송은 '안동장군·왜국왕'이라는 칭호 외에는 허락하지 않았다. 당시 송은 백제왕을 '鎭東大将軍'에

봉하고 있었다. 송의 관제에서 '대장군'과 '장군'은 지위면에서 차이가 있었다. 전자는 제2품이고, 후자는 제3품이었다. 즉 송은 왜왕을 백제왕보다 한단계 낮은 등급에 자리매김하였던 것이다.

왜왕 무(武)에 이르러 '使持節都督倭·百済·新羅·任那·加羅·秦韓·慕韓七国諸軍事·安東大将軍·倭国王'이라고 자칭하며 송의 순제(順帝)에게 그 승인을 요청하였다. 왜왕이 한반도에 위치한 국가에 대하여 군사적으로 우월한 입장에 있다는 것을 외교의 장에서 인정받으려고 부단한 노력을 하고 있었다는 것을 알 수 있다.

『송서』에는 478년 왜왕 무가 중국에 바친 상표문이 실려 있다. 그 내용 중에서 특히 "동쪽으로 모인(毛人)을 정복하기를 55국, 서쪽으로 여러 오랑캐를 정복하기를 66국, 건너서 바다의 북쪽을 평정하기를 95국"이라고 말하고 있는 부분이 주목된다. 왜왕 무는 자신의 조상이 스스로 무장하고 정복 전쟁에 나아가 사방의 여러 종족을 정복하였음을 과시하고 있다. 야마토정권이 오랜 항쟁 기간을 거치면서 발전하였음을 보여주고 있다.

송의 순제는 왜왕 무에게 '使持節都督倭·新羅·任那·加羅·秦韓·慕韓六国諸軍事·安東大将軍·倭国王'이라는 칭호를 수여하였다. 백제까지 끼워넣어 국제적인 위상을 강화하려고 하였던 왜왕 무의 시도는 좌절되었지만, '대장군'이라는 지위는 확보하였다.

왜왕의 이와 같은 정치적인 노력에도 불구하고 실제적으로는 그들이 목적하였던 바를 달성하지 못하였다. 한반도 정세는 왜왕의 기대와는 정반대로 전개되었다. 고구려는 427년에 수도를 환도성에서 평양으로 옮기고 남하정책을 추진하여 일본과 밀접한 관계를 유지하고 있었던 백제를 침략하였다. 신라도 비약적으로 발전하였다. 일본열도 내에서도 유력한 지역정권들에 대한 야마토정권의 지배력이 여전히 확립되지 않고 있었다.

일본측 역사서에는 왜의 5왕에 관한 기록이 없기 때문에 고대사 연구자들은 중국 사서에 보이는 5왕의 관계와 『니혼쇼키』에 보이는 오키미(大王)

의 계보를 비교하여 왜의 5왕이 누구인가를 밝히려고 노력하였다. 여기에서 오키미는 기나이를 중심으로 하는 지배자 집단의 대표라는 의미다.

왜의 5왕은 야마토정권의 왕이 아니고 규슈 북부의 왕이라는 견해도 있으나 대부분의 연구자들은 왜의 5왕을 야마토정권의 왕이며, 그 중에서도 제·흥·무는 각기 일본측 사료에 보이는 인교(允恭)·안코(安康)·유라쿠(雄略)에 해당한다는 데에는 의견이 일치하고 있다. 그러나 찬과 진에 대해서는 여러 가지 설이 공존하고 있다. 찬에 대해서는 오진(応神)·닌토쿠(仁徳) 등의 설이 있고, 진에 대해서는 닌토쿠·한제이(反正) 등의 설이 있다.

그런데 여기에서 지적해야 할 것은 왜의 5왕이 혈통적인 연관성에 문제가 있다는 점이다. 즉 찬·진, 그리고 제·흥·무는 각각 같은 혈통으로 분류할 수 있으나 진과 제 사이에는 혈통적으로 아무런 연관성이 없다는 입장이 유력하다. 이와 같은 입장에 동조한다면, 5세기 일본열도에는 적어도 2개의 오키미가(大王家)가 공존하였다는 설이 유력하게 대두된다. 찬과 진이 하나의 오키미가이고, 제·흥·무가 또 하나의 오키미가가 되는 것이다. 그것은 4세기에 조성된 대형고분은 한곳에 모여 있는데, 5세기에 조성된 대형 고분은 두 곳 이상에 분포되어 있고, 특히 오키미가의 근거지인 오사카 평원에는 두 곳의 고분군이 같은 시기에 병행하여 조성되었다는 사실에 의해서도 뒷받침된다.

두 개의 오키미가의 존재가 인정된다면, 적어도 5세기 말까지는 야마토정권에서 오키미의 지위는 특정한 가계로 고정되어 있지 않았다는 이야기가 된다.

3. 씨성제도

사이타마현(埼玉県) 이나리야마(稲荷山)에서 철검이 출토되었는데, 그 철검에 115자의 명문이 새겨져 있었다. 그 내용은 오와케노오미(乎獲居

이나리야마고분 출토 철검

臣)라는 인물이 471년 7월(辛亥年七月)에 자기의 7대조부터의 이름을 기록하면서 자신의 집안은 대대로 ‘杖刀人首’로서 ‘獲加多支鹵大王’에게 봉사하며 도검을 만들었다는 것을 기록하여 놓은 것이었다. 여기에서 ‘獲加多支鹵大王’은 왜의 5왕 중의 하나였던 무왕, 즉 유라쿠(雄略)였을 것으로 추정된다.

명문에 ‘大王’이라는 글자가 명확히 드러남으로써 야마토정권의 왕이 유라쿠 때부터는 오키미(大王)라고 불려졌다고 추정할 수 있게 되었다. 그리고 철검의 명문은 씨성제도의 성립에 대해서도 중요한 실마리를 제공하고 있다. 즉 ‘乎獲居臣’ 이전의 7대에 걸치는 조상들의 대부분은 와케(ワケ)라고 불렸으나 ‘乎獲居臣’ 자신의 대에 이르러 오미(臣)라고 표기하였던 것이다. 물론 이것을 가바네(姓)라고 하는 데에는 신중하지 않으면 안되나, 유라쿠 때부터 가바네가 정비되었던 것으로 생각된다. 또한 이 시점부터 야마토정권의 왕은 다른 호족의 위에 군림하여 오키미(大王)라고 칭하면서 호족들에게 가바네를 수여하기 시작하였던 것이다.

야마토정권은 통일 기반이 확립되어 감에 따라서, 우지(氏)와 가바네(姓)의 제도로 정비된 독특한 지배조직을 만들어 각 지역의 지배자인 호족을 이 제도에 편입하려고 하였다. 세월이 지나면서 종래에는 각 지역을 독자적으로 지배하였던 호족들도 야마토정권의 통치조직에 서서히 편입되기 시작하였다.

야마토정권에 복속한 호족들은 우지(氏)라는 동족집단 조직을 거느리면서 우지노카미(氏上)라고 불렸다. ‘우지’란 수장인 우지노카미를 중심으로 하여 그와 혈연관계가 있는 소집단들과 실질적인 혈연관계가 없는 소집단까지도 포함한 우지비토(氏人)라고 일컬어지는 사람들로 구성된 지연적 동족집단이다. 우지노카미는 우지의 조상신을 제사하는 것을 통하여 동족의식을 고취시켰다. 우지비토의 생활을 밑에서부터 지탱하고 있었던 것은 베(部) 또는 가키베(部曲)라고 일컬어졌던 예속민이었는데, 이들은 우지의 공동재산으로 여겨졌으며, 그들의 대부분은 다도코로(田莊)라고 하는 우지의 사유지에서 생산에 종사하는 농민이었다. 우지카미와 우지비토는 각자의 집에 얏코(奴)라고 하는 가내노예도 소유하고 있었다.

가바네(姓)란 국가로부터 각 씨족의 지위를 나타내는 칭호로서 수여된 것이다. 원래는 씨족에 대하여 자연적으로 붙여지게 된 존칭이었지만, 국가로부터 제도적으로 수여됨으로써 신분서열을 표시하는 것이 되었다. 오미(臣), 무라지(連), 기미(君), 미야쓰코(造), 아타이(直), 오비토(首), 스구리(村主), 후히토(史) 등이 그것이다.

이와 같이 우지라는 동족집단 조직을 근간으로 하고, 가바네라는 신분서열로 정비된 야마토정권의 지배조직을 씨성제도(氏姓制度)라고 한다.

유력한 호족으로는 오미의 가바네를 가진 가스라기(葛城), 헤구리(平郡) 등의 우지와 무라지의 가바네를 가진 오토모(大伴), 모노노베(物部) 등의 우지가 있었다. 그 중에서 행정의 중심 역할을 담당했던 유력자를 오오미(大臣), 오무라지(大連)라고 하였다. 이들의 휘하에 미야쓰코, 오비토 등의 가바네를 가진 도모노미야쓰코(伴造)가 있었고, 후히토, 스구리 등의 가바네를 가진 도모(伴)가 있었다. 그들은 주로 중·하위급의 호족들이었는데, 각기 정부의 직무를 분담하였다. 그 밑에는 도모노미야쓰코나 도모에 의하여 통솔되면서 노역이나 공납에 종사하는 베민(部民)이 있었다. 특히 도모노미야쓰코는 시나베(品部)라고 일컬어지는 베민을 거느리고 직무를 수행하였다. 시나베는 각종 물품을 생산하였는데 가라카누치베(韓鍛冶部), 니시고리베(錦織部), 스에쓰쿠리베(陶部), 하토리베(服部), 다마쓰쿠리베(玉造部), 하지베(土師部) 등이 있었으며, 그 중에는 인베(忌部)와 같이 제사에 종사하는 자도 있었다. 이러한 조직은 한반도의 제도를 모방한 것으로 여겨진다. 문필에 능하거나 고급기술을 갖고 있는 도래인 중에는 도모노미야츠코나 도모가 되는 자가 많았다.

4. 진신의 난

668년에 나카노오에(中大兄)가 즉위하여 덴지(天智)라 칭하였다. 덴지와 왕비 사이에는 자식이 없었다. 후비가 4명 있었으나 역시 자식이 없었다. 후비 중 1명이 아들을 낳았으나 8세 때 요절하였고, 3명의 후비는 한 명의 자식도 낳지 못하였기 때문이다. 그러나 궁녀들과의 사이에서는 아들을 얻었다. 그 중의 하나가 오토모 왕자(大友王子)였다. 그러나 어머니가 비천한 신분 출신이었기 때문에 오토모 왕자의 왕위계승은 처음부터 많은 문제점을 안고 있었다. 하지만 오토모 왕자는 두뇌가 명석하였을 뿐만이 아니라 문재도 갖추고 있었기 때문에 덴지는 그를 총애하였다. 그래서 궁정내에서는 오토모 왕자를 후계자로 하려고 하는 움직임이 일찍부터 있었다. 오토모 왕자를 명문 왕족의 딸과 결혼시키고, 다이조다이진(太政大臣)에 임명한 것도 오토모 왕자의 문벌을 높이고, 후계자로서의 위치를 공고히 하려고 의도하였기 때문이다.

당시에 유력한 왕위 계승자로 덴지의 아우인 오아마(大海人王子) 왕자가 있었으나 유력한 관료들이 오아마를 싫어하여 오토모 왕자를 옹립하려고 하는 분위기가 무르익어 가고 있었다. 조정의 움직임이 자신에게 불리하게 돌아간다는 것을 눈치챈 오아마는 다른 수단을 동원하여 왕위를 찬탈할 야심을 품고 있었다. 덴지가 임종하면서 오아마에게 후사를 부탁했음에도 불구하고 오아마는 덴지의 명복을 빌기 위하여 불도에 귀의한다고 관료들을 안심시키고 요시노(吉野)로 피신하였다.

671년에 덴지가 사망하자 다음 해에 덴지의 아들인 오토모 왕자가 즉위하였다. 그러자 오아마 왕자는 672년 6월 22일 돌연 요시노를 출발하여 동쪽 지방으로 가서 미노(美濃) 지방에 있는 자신의 사령(私領)을 기지로 하여 병력을 결집하였다. 오아마는 동부 일본의 요충지를 장악하고, 자신을 추종하는 동부 지방 호족들의 군사를 이끌고 남하하여 수도가 있는 오미(近江) 지방으로 쳐들어왔다. 오아마가 이끄는 군대는 연전연승하면서 파죽지세로 오토모가 있는 오쓰경(大津京)을 함락하였다. 오토모 왕자가 자살하자 난은 평정되었다. 이것을 진신의 난(壬申の乱)이라고 한다.

진신의 난에서 오아마군이 승리할 수 있었던 것은 오미 정권에 충심으로 복속하지 않고 있었던 많은 호족들이 오아마측에 가담하였기 때문이었다. 진신의 난의 직접적인 원인은 말할 필요도 없이 권력 승계 문제였으나 대란으로 발전했던 이유에 대해서는 학설이 분분하다. 그러나 진신의 난을 통해서 알 수 있는 것은 그때까지도 지배자 집단의 대표로서의 오키미의 권위가 절대적이 아니었으며, 또 중앙정부로서의 지배력도 매우 약했고, 권력 승계의 전통도 확립되지 않았다는 점이다.

오아마가 아스카쿄미하라궁(飛鳥浄御原宮)에서 즉위하니 그가 덴무(天武)였다. 덴무가 즉위하면서 정부의 지배력이 강화되었다. 진신의 난에서 오미 정부를 구성하고 있었던 명망있는 호족들은 처벌되거나 몰락하여 그 세력이 현저하게 위축되었기 때문이다. 덴무는 진신의 난에서 자기편에 가담했던 호족들에게 공전(功田)과 관위를 수여하여 불만을 잠재워 놓고, 지배체제를 강화하여 매우 강력한 전제정치를 시행하였다. 10여 년간의 재위 기간 중에 한 사람의 고관도 두지 않고, 가족들의 보좌만으로 정치를 시행하였다는 점이 인상적이다.

중앙집권이 확립되면서, 덴무 시대부터는 오키미(大王)라는 칭호 대신에 스메라미코토(天皇)라는 칭호를 사용하기 시작하였던 것으로 여겨진다. 덴무는 자신의 아들들에게 처음으로 친왕(親王)이라는 칭호를 사용하게 하였다.

덴무는 율령과 역사의 편찬에도 착수하였다. 681년 3월, 천황의 계보를 중심으로 하는 구전과 신화, 그리고 영웅을 소재로 한 전설을 검토하여 기록하게 하였다. 이것은 국사 편찬사업의 출발점이 되었다. 동년에 율령 제정에 착수하였다. 아스카쿄미하라령(飛鳥浄禦原令)이라고 일컬어지는 것이 그것이다. 천황이 기나이(畿內)를 중심으로 하는 지배자 집단의 대표에서 일본인 전체의 지배자로서 군림하는 지배자가 되기 위

『니혼쇼키』 진신난조

해서는 역사를 편찬하여 정당성을 주장함과 동시에 율령체제를 조속히 도입하려고 의도하였을 것이다. 그렇게 함으로서 일본국 지배자로서의 법적 지위가 확립되기 때문이었다.

그런데 율령은 체계적인 성문법이기 때문에 이것에 기반하여 정치를 시행하기 위해서는 문자해독이 가능하고, 관리로서 지휘 계통에 복종하며, 천황에게 충성하는 관리집단의 존재를 전제로 한다. 그러나 일본에는 아직 그러한 기반이 형성되지 않았었다. 그리하여 덴무천황은 호족의 자제를 일단 도네리(舍人)라고 하는 일종의 견습관리로 채용한 후에 근무 성적에 따라서 관위에 나아가게 하였다.

관리 집단이 형성되기 시작하자 관리의 관위와 승진 제도를 정하고, 호족들을 정부의 관리로 조직하였다. 684년에는 야쿠사노 가바네(八色の姓)를 제정하여, 마히토(真人)·아소미(朝臣)·스쿠네(宿禰)·이미키(忌寸)·미치노시(道師)·오미(臣)·무라지(連)·이나기(稲置)의 8단계로 재편하였다. 이것은 진신의 난 후의 정치 사회의 변화에 대처하기 위하여 여러 호족의 신분질서를 재편한 것이었다. 특히 왕족에게 최고의 지위인 마히토의 지위를 수여함으로써 천황과 왕족을 중심으로 하는 서열이 명확하게 되었다.

테마 4

율령제도

1. 율령의 성립

686년에 덴무가 사망한 후 황후가 즉위하니 지토(持統)천황이었다. 지토에게는 유일한 소생인 구사카베(草壁) 황자가 있었다. 지토는 덴무 사후에 정치적인 실력자이며 인망을 모으고 있었던 오쓰(大津) 황자를 제거하면서까지 구사카베를 즉위시키기 위하여 노력하였으나 불행히도 그가 요절하자 권력을 지키기 위하여 자신이 즉위하였던 것이다. 지토는 즉위한 후, 덴무의 유업을 계승하여 율령을 시행하고, 당의 도성을 모방한 후지와라경(藤原京)을 건설하여 천도하는 등 빈틈없이 정치를 주도하면서 구사카베의 아들이 성장할 때까지 기다려 그에게 정권을 물려주었다. 697년에 구사카베의 아들이 즉위하니 그가 몬무(文武)천황이었다. 몬무가 즉위하면서 드디어 일본에서도 적자가 왕위를 계승하는 전통이 세워졌다.

덴무천황의 통치기인 681년에 제정에 착수하였던 아스카쿄미하라령

(飛鳥浄禦原令)은 그가 사망하고 지토천황이 즉위한 지 3년째인 689년부터 시행되었지만, 율령 편찬사업은 그 후에도 계속 진행되었다. 즉 몬무천황이 즉위하면서 오사카베(刑部) 친왕, 후지와라노 후히토(藤原不比等)가 중심이 되어 율령의 개수작업에 착수하였다. 그 사업은 다이호(大宝) 원년인 701년에 완성되었는데, 이 법전을 다이호율령이라고 한다. 다이호율령은 율(律) 6권, 영(令) 11권으로 구성된 법전으로 다음해인 702년부터 시행된 것으로 알려져 있다. 다이호율령은 율과 영이 함께 편찬된 최초의 법전으로 당의 영휘율령(永徽律令)을 모방하여 편찬되었다고 하나 전해지지 않는다.

718년에는 후지와라노 후히토가 중심이되어 율 10권, 영 10권으로 구성된 요로(養老)율령이 편수되었다. 이 율령은 다이호율령을 부분적으로 수정하고 자구를 고친 정도로 그 내용은 다이호율령과 큰 차이가 없었을 것으로 생각된다. 요로율령은 『료노기게(令義解)』, 『료노슈게(令集解)』라고 하는 주석서의 형태로 후대에 전해졌다. 『료노슈게』의 인용서 중에는 다이호령의 주석서가 포함되어 있어 다이호령의 복원이 어느 정도는 가능하다.

율령이라고 할 때, 율은 오늘날의 형법전에 해당하고, 영은 현재의 행정법·민법·상법·민사소송법 그리고 그 밖의 여러 법전에 해당하는 것으로 국가가 필요한 모든 조항에 대하여 규정한 것이다. 일본의 율령은 당의 율령을 모방하였으나 편수과정을 거치면서 일본의 실정이나 정치현실에 맞게 수정되었다.

2. 율령제도

1) 관제

중앙 행정기관으로는 진기칸(神祇官)과 다이조칸(太政官)이 있었다.

진기칸은 국가의 제사를 담당하고 다이조칸은 일반 행정사무를 담당하
였다. 다이조칸에는 최고 관직으로 다이조다이진(太政大臣)을 두었는데
적임자가 없을 경우에는 공석으로 하였다.

　다이조다이진 밑에는 상설관으로서 사다이진(左大臣)과 우다이진(右
大臣)을 두고 정무를 감독하게 하였다. 이것을 보좌하는 것이 다이나곤
(大納言)으로, 그 밑에는 쇼나곤(少納言) 및 좌·우 벤칸(弁官)이 있었
다. 쇼나곤은 궁중의 사무를 담당하고, 좌 벤칸은 나카쓰카사(中務)·시
키부(式部)·지부(治部)·민부(民部)의 사무를 총괄하고, 우 벤칸은 효부
(兵部)·교부(刑部)·오쿠라(大蔵)·구나이(宮内)의 사무를 총괄하였다.
별도의 조직으로는 단조다이(彈正台)와 에후(衛部)가 있었다. 단조다이
는 기풍을 문란하지 않게 하고 관리를 감찰하는 것을 업무로 하였다. 에
후는 주로 궁정의 경비를 담당하였다.

　지방은 기나이(畿内)와 시치도(七道)로 나누었다. 기나이는 수도 주변
의 여러 지역(国=구니), 즉 야마토(大和), 야마시로(山城), 가와치(河内),
셋쓰(摂津) 지역을 4기나이라고 하였으나 757년에 이즈미노쿠니(和泉
国)가 가와치노쿠니(河内国)에서 분리되어 설치되면서 5기나이가 되었
다. 시치도는 도카이도(東海道), 도산도(東山道), 호쿠리쿠도(北陸道),

조근행행(朝覲行幸) 연초에 천황이 부모의 처소를 찾아가는 장면

산인도(山陰道), 산요도(山陽道), 난카이도(南海道), 사이카이도(西海道)인데 원래는 중앙과 지방을 연결하는 간선도로의 이름이었으나 후에 이것을 포함하는 일대의 여러 지역을 의미하게 되었다. 그리고 행정구역은 특별한 지역을 제외하고는 구니(国), 고오리(郡), 사토(里)의 3단계로 구분하고 구니에는 고쿠시(国司), 고오리에는 군지(郡司), 사토에는 리초(里長)를 두었다. 고쿠시에는 중앙의 귀족이 파견되었고, 군지에는 지방의 호족이, 그리고 리초에는 그 마을의 인망있는 자가 임명되었다. 행정의 기본단위인 리는 50호를 하나의 행정부락으로 하여 편성되었다.

중요한 지역에는 특별한 관청이 설치되었다. 수도에는 좌우 두명의 교시키(京職)을 두고 외교상의 요지인 셋쓰에는 셋쓰시키(摂津職), 국방상의 요충지인 규슈 북부에는 다자이후(大宰府)를 두었다. 다자이후는 규슈 전반의 민정과 군사사무를 총괄하는 중요한 관직이었다.

중앙과 지방의 관청은 각기 가미(長官)·스케(次官)·조(判官)·사칸(主典)의 사등관(四等官)과 다수의 하급관리로 구성되었다. 사등관의 명칭은 관청에 따라 각기 표기 방법이 다른 경우도 있었다.

관직은 그 자체가 위계질서였기 때문에 관리 또한 위계에 상당한 자가 아니면 임명될 수 없었다. 이러한 제도를 관위상당제(官位相当制)라고 하였다. 천황의 직계혈족은 1품(一品)부터 4품(四品)까지, 천황의 방계혈족은 정1위(正一位)부터 종5위(從五位)까지 사이의 위계에 임명되었다. 그 밖의 신하는 정1위(正一位) 이하 30단계의 관위에 나아갈 수 있었으며, 공로가 있으면 승진할 수 있었다.

율령국가의 행정기구는 정연하게 편제되어 있었다. 그러나 행정이 이러한 제도를 통하여 일사분란하게 시행되었다고 보기는 어렵다. 실제로 현실적인 정치는 율령체제와는 이질적인 전통과 관례를 존중하였다. 특히 지방의 호족을 군지(郡司)로하여 국가 지배의 말단에 편성하기는 하였으나, 그들에 의하여 지배되는 공동체의 질서는 전적으로 율령과는 무관한 전통적인 지배방식에 의존하지 않을 수 없었다. 그런 의미에서 율령국가는 율령법 체계에 보이는 집권적 측면과 사회 내부에 뿌리 깊게

온존하는 전통적 측면이 모순을 내포하면서 공존하는 이중구조를 형성하고 있었다고 보아야 할 것이다.

2) 사법제도

사법권은 특별히 독립되어 있지 않았으며, 행정관청이 사법부의 기능을 담당하였다. 형벌에는 태(笞)·장(杖)·도(徒)·유(流)·사(死)의 5형이 있었다. 태형과 장형은 범죄자에게 매를 때리는 형벌인데, 횟수에 따라서 10회에서 50회까지를 태라고 하고, 60회에서 100회까지를 장이라고 하였다. 태형과 장형은 범죄의 경중에 따라서 각각 5단계로 나누어 한 단계에 10회씩 체벌을 더하였다. 도형은 범죄자를 일정한 기간 동안 옥에 가두는 것을 말한다. 옥에 가두는 기간은 대개 1년에서 3년까지인데, 이 또한 범죄의 경중에 따라서 5단계로 나누어 1단계에 6개월씩 수형기간을 연장하는 형식이었다. 유형은 중앙에서 벗어난 지역으로 유배를 보내는 형벌을 말한다. 범죄자가 유형지에 도착하면 그곳에서 1년 동안 노역에 복무하지 않으면 안되었다. 그런 다음에는 그 지역에 정착하는 것이 허락되었다. 유형도 중앙에서 유배지까지의 거리에 따라서 근류(近流), 중류(中流), 원류(遠流) 이렇게 3단계로 구분되었다. 무거운 죄를 지은 사람은 변방의 오지나 섬으로 유배되는데, 그것이 말하자면 원류였던 것이다. 사형에는 교수형과 참형이 있었다. 참형이 교수형보다 더욱 무거운 형벌이었다. 관위가 5위 이상인 자는 자기 집에서 자살할 수 있는 특권이 주어졌다. 그리고 7위 이상의 관직자 및 부인의 경우에는 공개적인 장소에서 처형하지 않았다. 그 밖에는 사람이 많이 모이는 곳에서 교수형에 처하였다.

일본의 형벌은 중국의 그것과 비교해 보면 상당히 완화된 것이었다. 그러나 팔학(八虐)이라고 해서 천황을 위해하고, 왕궁을 침범하고, 국가에 반역하고, 부모를 살상하고, 친족을 죽이고, 사원을 침범하여 보물을 훔치고, 부모를 매도하고, 윗사람이나 관리를 죽이는 죄를 지은 자는 특히 무거운 형벌에 처하였다.

3) 신분제도

율령체제하의 신분관계는 양민(良民)과 천민(賤民)으로 구분되었다. 양민이란 자유인으로서 대부분의 일반농민 외에 황족, 관리, 승려도 여기에 포함되었다. 그 중에서도 특히 일반농민은 공민(公民)으로 불리었는데, 이들은 주로 농업에 종사하면서 조용조(租庸調)와 기타의 의무를 부담하였다. 수적으로 양민의 대부분을 점하고 있었던 공민은 율령국가의 근간이었으나 정치적인 권리는 없었다.

양민 내부에서도 신분서열이 있었다. 베민(部民)의 계보에 속하는 도모베(品部) · 잣코(雜戶)가 천대를 받았다. 그들은 천민은 아니었으나 반자유민으로 특수한 공예기술을 보유하고 있으면서 교대로 관청에서 사역하고 용조(庸調)의 대신에 수공업 제품을 납부하였다. 특히 잣코는 천민과 다름없는 대우를 받았다.

천민은 부자유민으로 료코(陵戶) · 간코(官戶) · 게닌(家人) · 구누히(公奴婢) · 시누히(私奴婢)의 5종류가 있었다. 이들 중 게닌과 시누히는 민간에 소속되어 있었으나 그 외는 관청에 소속되어 있었다. 료코는 천황의 능을 지키는 자였고, 간코는 관청에 소속된 게닌이었다. 게닌이란 노비와 같은 면이 있으나 노비보다는 상등의 신분으로 가족생활을 영위할 수 있었고, 매매의 대상이 되지 않았다. 이에 대하여 노비는 소유자의 재산으로 취급되어 상속 · 매매의 대상이 되었다. 물론 가족을 구성하는 것도 금지되었다. 게닌이나 시누히 등과 같은 개인에 속한 천민에게는 구분전이 양민의 3분의 1밖에 지급되지 않았다. 그러나 조세를 부담하지 않았으며 군역이나 요역에 동원되지 않았다. 노비의 수는 양민에 비하여 그렇게 많지는 않았으나 대사원을 비롯한 지방의 유력한 호족은 상당히 많은 노비를 소유하고 있었다. 노비를 많이 소유하면 소유할수록 경제적으로 유리하였기 때문이다.

천민과 양민의 결혼은 금지되어 있었다. 처음에는 양민과 천민 사이에 자식이 태어나면 천민으로 취급하였는데, 789년에 이 제도를 고쳐서 양민과 천민 사이에 태어난 자식은 양민으로 구분하게 되었다.

4) 호적제도와 토지제도

전근대 사회의 권력은 무엇보다도 토지와 경작자를 효율적으로 장악하기 위하여 노력하였다. 왕권이 성립되면 가장 먼저 토지조사사업을 시행하고 호적제도를 정비했던 것은 토지와 백성을 장악하는 것이 가장 중요한 과제였기 때문이다. 당연히 국가권력은 토지와 백성을 공지공민(公地公民)으로 자리매김하여 철저하게 파악하고 있었다. 일본의 율령제 국가도 예외는 아니었다. 토지와 백성을 파악한 율령국가는 전국의 백성을 호적에 등록시켰다.

정부는 호적을 정리하고, 남녀에게 구분전(口分田)이라고 하는 토지를 지급하였다. 토지는 그 대상자가 사망하면 국가가 회수하였다. 이러한 법을 반전수수법(班田收授法)이라고 하였다.

호적은 백성에게 토지를 지급하기 위한 기초자료이기도 하였다. 즉 호적은 율령제도가 제기능을 하기 위해서는 가장 먼저 작성되지 않으면 안 되었던 중요한 자료였던 것이다. 국가는 6년에 한 번, 전년의 11월 상순에 호적을 작성하기 시작하여 당해 연도의 5월중에 종료하였다. 호적을 작성할 때 기본 자료가 되었던 것은 계장(計帳)이었다. 계장은 조세를 징수하기 위한 대장으로 매년 다시 작성되었다. 계장에는 그 해의 출생자, 사망자 등의 정보가 기록되어 있었기 때문에, 이 자료를 참조하여 호적을 일제히 정비하였던 것이다.

호적은 복수로 작성되어 1부는 국가의 서고에 보관하고 1부는 다이조칸으로 보내어 실제로 활용하도록 하였다. 호적에는 호주를 비롯한 구성원의 이름, 호주와의 관계, 연령, 질병의 유무, 역(役)의 부담을 지고 있는지의 여부, 호(戶)의 등급, 관위가 있는 자는 위계 등이 기록되어 있었다. 호적에 기재되는 호는 향호(鄕戶)라고 불리는 대가족인 경우가 일반적이었다. 그 범위는 호주의 직계혈통, 방계혈통, 노비, 그리고 몰락한 양민과 그 가족 등으로 구성되어 그 인원이 100명을 넘는 경우도 있었다. 하지만 일반적으로 향호의 구성원은 25명 내외였다. 토지의 지급은 호주를 통하여 행하여졌으며, 조세도 호주가 책임을 지고 모아서 납부하였다.

농민이 6세가 되면 남자에게는 2반(反), 여자에게는 그 3분의 2의 구분전이 지급되었다. 관청에 예속된 천민에게는 양민과 동등한 기준으로 구분전이 지급되었으나 민간에 소속된 천민에게는 양민의 3분의 1의 구분전이 지급되었다. 토지가 척박한 경우에는 넓은 면적의 토지가 지급되었다. 구분전은 토지를 지급받은 자가 사망할 때까지 사용할 수 있었다. 하지만 사용자는 어디까지나 경작권을 가지고 있었을 뿐 소유권을 가진 것은 아니었다. 즉 구분전의 소유권은 국가에 있었기 때문에 매매가 금지되어 있었다.

국가에서 지급되는 토지에는 구분전 외에 위전(位田), 직전(職田), 공전(功田)이 있었다. 그리고 큰 공로가 있는 자, 혹은 높은 관위에 있는 자에게 천황의 명령에 의하여 규정 외에 특별히 수여하는 사전(賜田)이 있었다. 그 밖에 사원이 소유하는 사전(寺田), 신사(神社)가 소유하는 신전(神田)이 있었다. 이러한 토지는 귀족과 사원·신사의 경제적 기반이 되었다.

구분전은 나누어 주기에 편리하도록 국가에 의하여 바둑판 모양으로 정리되었다. 이것을 조리제(条里制)라고 하였다. 조리제는 경작지를 600미터 사방으로 구획하여, 그 한 변을 조(条), 다른 한 변을 리(里)라고 하였다. 그리하여 경작지의 소재는 몇 조 몇 리로 표시하였다. 국가가 지급하는 토지에는 경작지 외에 택지나 원예지가 있었는데 호구별로 지급되었다. 이것은 구분전과는 다르게 영구히 지급된 것이기 때문에 허가를 얻으면 자유롭게 매매할 수가 있었다. 산천과 임야는 모든 사람들이 공유하는 토지로 인식되어 누구라도 자유롭게 출입하면서 땔감을 구하고, 풀을 베어 가축을 먹일 수 있었다.

5) 조세제도

국가로부터 구분전을 지급받은 경작자는 국가에 대하여 조(租)·용

(庸)·조(調)·잡요(雜徭)와 그 밖의 부담을 지고 있었다. 조(租)는 생산량의 3퍼센트 정도를 현물로 납부하는 것으로 부담이 그렇게 과중한 것은 아니었다. 조(租)가 토지세에 해당된다면, 조(調)와 용(庸)은 주로 성인 남자를 대상으로 하여 부과되는 인두세에 해당하였다. 성인 남자란 21세에서 60세까지의 남자를 일컫는 것으로 율령에서는 이들을 정정(正丁)으로 분류하였다. 61세에서 65세까지의 양민 남자 및 질병에 걸린 남자, 그리고 가벼운 불구의 남자는 노정(老丁) 혹은 차정(次丁)으로 분류하였다. 17세에서 20세까지의 양민 남자는 소정(少丁)이라고 하였다. 참고로 3세 이하의 어린아이는 연아(緣児), 4세에서 16세까지의 남자는 소자(小子)로 분류하였다.

조(調)는 각 지방의 특산물을 납부하는 것인데 운반에 편리하도록 비단, 포목, 견사 등으로 납부하게 하였다. 조(調)도 과세의 기준이 정해져 있었다. 차정은 정정의 2분의 1, 소정은 정정의 4분의 1을 납부하도록 되어 있었다.

용(庸)은 정정을 기준으로 1년에 10일간 소집되어 정부의 노역에 종사하는 대신에 2장 6척의 포목을 납부하는 것이었다. 잡요는 고쿠시(国司)의 명령에 의하여 1년간 일정한 일수에 한해서 도로 및 관개용수의 보수 기타 관공서의 잡역에 동원되는 것이었다.

그 밖에 흉작에 대비하여 일정량의 벼를 납부하게 하는 의창(義倉)이나, 봄에 국가가 벼를 대출하고 가을에 이자를 더하여 징수하는 스이코(出挙) 제도가 있었다. 스이코는 이자가 연 5할이나 되었기 때문에 농민에게 부담이 되었다. 스이코는 점차로 일종의 조세의 성격을 띠게 되어 국가의 중요한 재원의 하나가 되었다.

6) 병역제도

병역은 징병제의 원칙에 의하여 정정(正丁) 3인에 대하여 1인의 비율로 병사를 징집하였다. 징집된 병사는 각지의 군단에 배속되어 일정기간 동안 훈련을 받도록 되어 있었다. 군단은 전국에 걸쳐서 140여 개가 있었던 것으로 파악된다. 여기에서 훈련을 마친 병사들 중의 일부는 에시(衛士)가 되어서 1년간 교토로 배치되어 궁성과 교토 시내의 주요 시설물을 지키는 임무를 수행하였다. 그리고 또 어떤 병사들은 규슈의 다자이후(大宰府)에 배속되어 3년간이나 규슈 북부의 해안선을 방위하는 임무를 수행하였다.

한국의 경우 국경이라고 하면 거의 북쪽을 의미하였다. 그러나 일본의 경우에 국경은 한반도와 가까운 서쪽, 특히 규슈의 북쪽을 의미하였다. 국경에 배치되어 해안을 방위하였던 이들 병사들을 사키모리(防人)라고 하였다. 사키모리로 선발된 사람들은 거의가 일본의 동북부 출신의 농민들이었다. 일반 병사들은 용과 잡요가 면제되었고, 에시와 사키모리는 조(調)와 용 그리고 잡요가 면제되었다. 그러나 병역은 농민에게 큰 부담을 안겨주었다. 가족 구성원 중에서도 노동의 중심이 되어야 마땅한 정정(正丁)이 징집되었을 뿐만이 아니라, 징집된 자는 무장과 식량을 비롯하여 여행 비용도 스스로 부담하지 않으면 안되었기 때문에 경제적으로 큰 타격을 받았다. 병사를 낸 집안은 망한다는 말이 생겨날 정도였다.

테마 5
불교의 전래와 발전

1. 불교의 전래

인도에서 성립된 불교는 기원전 1세기 경에 중국으로 전래되었다. 불교는 남북조 시대에 접어들면서 융성하였다. 남조는 귀족사회였기 때문에 불교는 비교적 권력을 의식하지 않으면서 발전하였다. 그러나 북조는 황제의 권력이 강력했던 사회였기 때문에 불교는 권력에 봉사하면서 발전을 모색하지 않을 수 없었다.

북조에서 숙성된 불교는 4세기 후반에 고구려로 전해졌고, 6세기 초에 다시 신라로 전해졌다. 이에 비하여 남조에서 숙성된 불교는 4세기 후반에 백제로 전해졌다. 불교가 일본으로 전해진 것은 공식적으로는 6세기 중기였다. 백제의 성왕(聖王)이 왜의 긴메이(欽明)에게 상표문과 함께 금동제의 석가상, 깃발, 불경 등을 전했다는 기록이 있다. 그러나 한반도에 전해진 불교는 5세기경부터 도래인들을 통하여 자연스럽게 일본열도로 전해졌을 것으로 생각된다. 그렇다면 일본에 전해진 불교는 공식적으로는 중국의 남조에서 성숙되고 백제를 경유한 것이었으나, 북조의 영향을 받은 불교도 도래인들을 통하여 일본에 전해졌을 가능성이 크다.

불교가 일본에 전해진 후, 불교의 수용문제를 둘러싸고 유력한 씨족 사이에 격렬한 논쟁이 전개되었다. 원래 한반도에서 건너온 도래인이고 또 국제정세에 밝았던 소가씨(蘇我氏)는 불교의 수용에 적극적인 자세를 보였다. 이에 대하여 전통적인 입장을 고수하고 있었던 씨족인 모노노베씨(物部氏)와 나카토미씨(中臣氏)는 다른 나라의 신인 부처를 숭배하면 일본의 토착신들의 노여움을 살 것이라고 하여 불교의 수용을 강력하게 반대하였다. 그러자 일본 왕은 소가노 이나메(蘇我稲目)에게 불상을 주었다. 이나메는 그 불상을 자신의 저택에다 안치하고 예배하였다.

그렇다고 하여 불교의 수용 문제가 일단락되었던 것은 아니었다. 불교 수용에 적극적이었던 소가씨와 이에 반대하는 모노노베씨가 서로 대립하는 정치적인 양상으로 전개되었기 때문이었다. 소가노 이나메와 모노노베노 오코시(物部尾興)의 불교의 수용을 둘러싼 대립은 대를 이어가면서 전개되었다. 배불론을 계승한 오코시의 아들인 모노노베노 모리야(物部守屋)는 점점 강성해지는 소가씨를 견제하기 위하여 소가씨와 그들에 의하여 숭배되던 불교를 탄압하였다. 이러한 긴장관계가 계속된 끝에, 587년 모노노베노 모리야가 소가노 우마코(蘇我馬子)의 기습으로 사망하였다. 그 이후 모노노베씨는 쇠퇴하였고, 불교는 공인되었다. 불교수용 논쟁은 최종적으로 숭불파의 승리로 귀결되었던 것이다.

소가노 이나메의 아들인 소가노 우마코는 모노노베씨를 기습할 때, 싸움에서 이길 경우에 사원을 건립하겠다는 발원을 한 적이 있었다. 소가노 우마코는 정치적인 실권을 장악하게 되자 588년에 나라(奈良)의 아스카(飛鳥)에 법흥사(法興寺)의 건립을 시작하였다. 백제에서 목공, 와공, 화공 등을 초빙하여 공사를 맡겼다. 백제의 최신 측량 기술에 의하여 1탑 3금당 양식으로 건물이 배치되었다. 이 사원은 20여 년간 공사를 계속하여 609년에 완공되었다.

6세기 후반에는 백제로부터 승려들이 건너왔고, 587년에는 일본 최초로 한 여성이 출가하여 선신니(善信尼)라고 하였다. 선신니는 다음 해에 백제로 건너가서 불교의 계율을 배운 후에 귀국하여 포교의 성과를 거두었다.

왕족으로서 처음으로 불교에 귀의한 인물은 다름아닌 쇼토쿠 태자였다. 그는 불교를 깊이 신앙하였을 뿐만이 아니라 야마토의 법륭사, 나니와(難波)의 사천왕사(四天王寺) 등 7개의 대사찰을 건립하였다. 무엇보다도 불교를 정책에 반영시켰다.

호족 중에서도 우지데라(氏寺)를 세우는 자가 많아졌다. 그 중에서도 하타노 가와카쓰(秦河勝)가 603년에 쇼토쿠 태자로부터 불상을 하사받아 건립했다고 하는 야마시로(山城)의 광륭사(広隆寺)가 유명하다. 호족들이 다투어 우지데라를 세우게 되면서, 고분을 대신하여 사원이나 불상이 호족의 권위를 상징하게 되었다.

『니혼쇼키』에 의하면 624년에는 46개소 이상의 사원이 있었고, 비구가 816명, 비구니가 569명이었다. 이렇게 사원이 수적으로 증가하였다고 하여도, 당시의 일본인들은 불교 철학의 심오함을 이해하지 못하고 있었다. 쇼토쿠 태자를 비롯한 몇몇 사람들을 제외하면, 불교는 단지 토속신앙보다 우월한 능력이 있는 다른 세계의 신으로서 인식되어, 대부분이 조상의 명복을 빌고, 병을 치료하고, 재앙을 피하는 데 효험이 있는 일종의 주술로서 수용되었던 것으로 여겨진다. 그러나 불교는 자연을 모태로 하는 전통적인 조상신(氏神)과는 다른 보편적인 종교였기 때문에 점차로 보급되기에 이르렀다. 불교는 훗날 일본인의 정신생활과 문화형태를 규정하는 데 결정적인 역할을 하게 되었다.

2. 국가권력과 불교

7세기 후반, 덴무천황은 불교의 보급에 특히 공헌하였다. 그는 쿠데타에 의하여 왕위에 오른 다음 당시로서는 가장 큰 규모의 사원인 대관대사(大官大寺)를 건립하였다. 또 그는 황비가 병석에 눕자 약사사(薬師寺)를 건립하여 쾌유를 기원하기도 하였다. 덴무가 사망하기 1년 전인 685년에는 지방의 관아에 불상과 불경을 안치할 수 있는 시설을 만들고 그것에 예배하도록 명령하였다.

덴무가 사망한 후에도 국가권력은 불교의 보급에 노력하였다. 694년에는 『금광명경(金光明経)』 100부를 각 지역에 보내어 독송하도록 하였다. 『후소랴키(扶桑略記)』에 의하면 692년에는 전국에 542개의 사찰이 있었다고 한다. 그것도 전국적으로 분포되어 있었다. 7세기 말에는 불교가 이미 전국적으로 보급되었던 것이다.

이와 같이 율령국가의 성립과 더불어 불교는 국가의 보호를 받아 빠른 시간 내에 큰 발전을 이룩하였으나, 사원과 승려는 국가의 감독을 받게 되었다. 그리고 국가의 수호와 천황과 그 일족의 평안을 기원하는 호국법회가 정례화되었다. 그것은 불교가 국가불교의 성격을 띠게 되었다는 것을 의미한다. 7세기 전기의 불교는 유력한 호족을 중심으로 한 씨족불교로 발전하였는데, 7세기 후기에는 국가불교로서의 면모를 갖추게 되었던 것이다. 그것은 불교의 발전이 국가의 지원에 힘입은 바가 컸지만, 다른 한편으로는 불교가 율령체제 속에 편입되어 통제되기 시작하였다는 것을 보여주는 것이기도 하다.

국가권력과 불교와의 관계는 8세기 이후에도 지속되었다. 불교는 권력에 의하여 철저하게 이용되었다. 승려들은 권력을 위하여 법회를 열고 기도를 드렸다. 승려의 활동은 권력에 의하여 엄격하게 통제되었다. 승려는 오직 사원 안에서 생활하며 권력을 위하여 봉사하여야 하였으며 사원 밖으로 나아가 백성들과 접촉하는 것도 허락되지 않았다. 사원과 그 속에서 생활하고 있는 승려는 권력을 장엄하는 수단에 불과하였을 뿐, 백성이 불교의 교리에 접하는 일은 원천적으로 금지되어 있었던 것이다.

쇼무(聖武)천황은 741년에 전국 각지에 국분사(国分寺)를 건립하도록 명령하였다. 각 국(国)마다 비구가 거주하는 사원과 비구니가 거주하는

사원을 각각 하나씩 세우고 승려들로 하여금 매월 8일에 『금광명최승왕
경(金光明最勝王経)』을 강독하도록 하였다. 『금광명최승왕경』은 호국경
전의 대표적인 경전이었다. 쇼무천황은 전국에 사원을 세워 불교를 지방
에 전파함과 동시에, 불보살의 보살핌으로 혼란스러운 사회가 안정되기
를 기원하였다. 호국경전을 읽는 소리가 전국적으로 울려퍼지기를 희망
하였다.

3. 화엄사상과 동대사의 대불 건립

쇼무천황은 신라의 승려인 심상(審祥)의 『화엄경』 강론을 듣고 매우
기뻐하며 동대사(東大寺)에 대불을 건립할 것을 발원하였다. 대불은 당
나라 낙양(洛陽)의 용문석굴에 안치된 비로사나불(毘盧舎那仏)을 모방하
였다. 쇼무천황은 견당사나 유학생들을 통하여 용문석굴의 대불에 대한
이야기를 듣기도 하고, 일본내의 다른 사찰에 안치된 비로사나불을 친히
살펴보기도 하였다.

비로사나불은 화엄(華嚴)의 근본부처다. 비로사나는 무한한 빛을 널
리 비춘다는 뜻이다. 비로사나불은 무한한 수행을 거쳐서 궁극의 깨달
음을 얻고 연화장 세계의 주인이 된 부처로 광명 그 자체를 의미하기도
한다. 불상은 연좌 위에 앉아서 오른손은 시무외인(施無畏印)을 짓고,
왼손은 여원인(与願印)을 짓고 있는 모양이다. 시무외인은 중생의 두려
움을 없애준다는 의미이고, 여원인은 중생이 바라는 바를 들어준다는
의미다.

화엄사상에서는 모든 중생은 불성을 갖추고 있다고 본다. 화엄의 세계
에서는 부처와 중생 사이에 아무런 차별이 없다. 부처와 중생은 본디 같
다. 부처라도 순간적으로 마음을 어지럽히면 중생이고, 중생이라도 마음
을 깨달으면 곧 부처라는 것이다. 마음을 어지럽힌다는 것은 번뇌망상에
마음을 빼앗기는 것, 즉 망심(妄心)한다는 것이고, 깨닫는다는 것은 마

동대사 대불

음이 맑고 깊고 또 생생하게 각성되어 있는 상태에 머무른다는 뜻이다.

화엄사상을 더욱 입체적으로 조명하려면 법상종의 가르침과 비교해 보는 것이 유용하다. 법상종이 주로 망심의 구조를 밝히려고 한다면, 화엄종은 마음과 깨달음의 상태를 설명하는데 중점을 두고 있다. 법상종은 인간의 마음이 번뇌에 뒤덮여 있다는 사실을 강조하고, 화엄종은 인간의 마음은 원래 청정하다고 강조한다. 법상종의 대표적인 사찰은 나라의 흥복사(興福寺)와 교토의 청수사(清水寺)였고, 화엄종의 대표적인 사찰은 교토의 동대사(東大寺)였다.

쇼무천황이 동대사에 대불을 건립하려고 한 것은 동대사가 일본의 화엄사상을 대표하는 곳이었기 때문이었다. 대불의 건립 사업은 국가의 총력을 기울여 추진되었다. 대불은 8개의 부분으로 나누어 제작되었다. 주조하는 데에만 3년이라는 세월이 걸렸고, 300톤이 넘는 구리와 주석이 사용되었다. 그리고 도금을 위하여 60킬로그램에 달하는 금과 수은이 조달되었다. 대불의 주조와 대불전의 건축을 위하여 동원된 인원은 연 230만 명에 이르렀던 것으로 추정된다. 대불의 높이는 16여 미터였다. 대불은 세계 최대의 목조 건축인 대불전에 안치되었다.

대불 개안식은 752년에 성대하게 거행되었다. 일본에 불교가 전래된 이래 가장 규모가 큰 행사였다. 이 행사에는 상황(上皇) 내외, 천황, 그리고 문무백관이 참가하였다. 일본 전국에서 수많은 승려들이 집결하였다. 멀리 인도의 승려가 초빙되어 개안식을 거행하였다. 대불 건립을 발원하였던 장본인은 이미 천황에서 물러나 상황의 신분으로 참석하여 감개무량하게 의식을 지켜보고 있었다.

4. 천태종과 진언종

1) 나라 불교에서 헤이안 불교로

나라시대의 불교는 귀족불교였으며, 천황과 귀족들은 질병의 치료나 사망한 부모의 영혼을 위로하기 위하여 사원을 건립하고 불상을 조성하였으며 또 불경의 사본을 제작하였다.

승려들은 다양한 불교 이론을 연구하였다. 나라에서는 남도육종(南都六宗)이라고 불리는 학파가 형성되었다. 남도육종은 원래 중국에서 발전한 교학(敎學)을 그대로 수입하여 성립되었다. 남도육종은 후세의 종파를 의미하는 것은 아니었다. 어디까지나 불교의 이론을 연구하는 학파였다. 각 종은 대립하여 논쟁도 하였으나 서로 협력하여 연구하기도 하였다. 여러 분야의 이론에 관심을 가진 승려도 있었다. 수입된 이론은 당시의 일본 승려들의 입장에서는 수준이 높은 교학이었다. 그렇기 때문에 승려들은 이론을 이해하는 데 급급하였다고 할 수 있다.

불교 이론의 연구는 신앙의 깊이를 더하는 데 유용하였을 것이다. 그러나 신앙은 지식이 아니라 실천이라는 사실을 자각하지 않는 한 불교의 정신에 근접하였다고 볼 수 없다. 승려들이 이러한 점을 깨닫지 못하는 한, 권력과 유착하여 위세를 부리고 편을 갈라서 대립하는 상황은 계속될 것이다. 나라시대의 불교가 처한 상황이 바로 이와 같았다.

이러한 문제점이 드러나자 불교계 일각에서는 불교를 개혁하고자 하는 움직임이 일어났다. 이러한 움직임은 사이초(最澄)와 구카이(空海)가 804년에 견당사 일행을 따라 당나라로 가서 불교를 배우고 귀국하면서 구체화되었다. 사이초는 805년에 귀국하여 천태종을 열었고, 구카이는 806년에 귀국하여 진언종을 열었다.

나라시대의 사원은 모두 도시에 있었다. 승려들은 정치와 깊이 관련되어 있었다. 그러나 사이초와 구카이는 산 속에 사원을 건설하였다. 사이초는 히에이잔(比叡山)에서, 구카이는 고야산(高野山)에서 수행에 전념

하였다. 이리하여 불교는 정치에서 멀리 떨어져 수행을 해야 바람직하다
는 전통을 세웠던 것이다.

2) 천태종

전교대사(伝教大師)라고 일컬어지는 사이초는 804년에 당나라에 들
어가 천태교학(天台教学)과 선(禅) 그리고 밀교(密教)를 조금씩 배우고
다음 해에 귀국하였다. 그리고 히에이잔에 연력사(延暦寺)를 세우고 수
행하였다. 천태교학은 중국의 천태선사 지의(智顗)가 지관(止観)을 중시
하는 방법을 제시하면서 뿌리를 내렸다. 지관이란 마음을 평정하게 하고
대상의 본질을 본다고 하는 일종의 인식론이다. 천태종에서는 『법화경
(法華経)』을 근본경전으로 삼고 있는데, 이 경전을 『묘법연화경(妙法蓮
華経)』이라고도 한다. 묘법이란 최고 절대의 진리를 의미한다.

사이초가 시작한 일본의 천태종은 원래의 방법에다가 계(戒)·선
(禅)·밀(密)의 방법을 더한 것이다. 사이초는 사람은 누구라도 깨우침을
얻을 수 있는 가능성이 있다는 실유불성(悉有仏性), 일체개불성(一切皆
仏性)을 주장하면서, 어떠한 가르침도 결국은 하나라고 하는 일승주의
(一乗主義)의 입장을 취하였다. 사이초는 이와 같은 입장에서 사람에 따
라서 깨우침에 도달하는 경지가 정해져 있다고 주장하는 법상종의 도쿠
이쓰(德一)와 논쟁을 전개하였다.

또 종래의 계(戒)는 250계였는데, 사이초는 이 계가 너무 엄격하다고 생각하여 원래는 재가 수행자들을 위하여 마련된 비교적 엄격하지 않은 계를

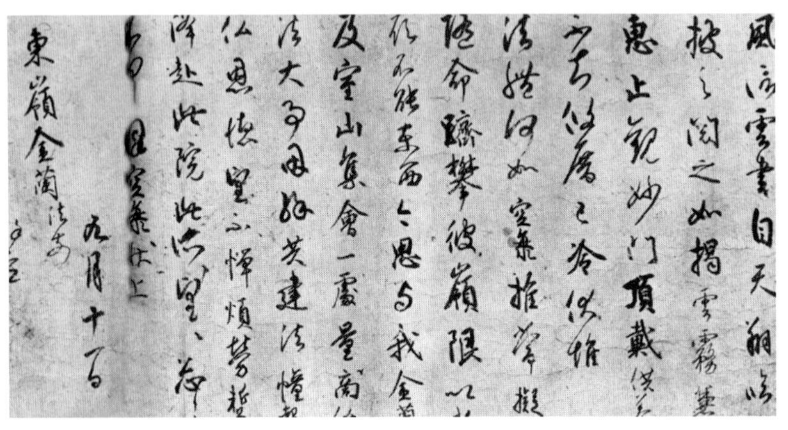

구카이(空海) 필적

대승계(大乘戒)로 정하였다. 사이초는 천태종의 계가 기존의 계단(戒壇)에서 독립해야 한다고 주장하였다. 원래 계단은 753년에 중국의 승려 간진(鑑真)이 일본으로 건너오자 나라(奈良)의 동대사에 계단을 세우는 동시에 간진으로 하여금 수계(受戒)를 전담하도록 하였다. 지금의 도치기현(栃木県) 지역인 시모쓰케(下野)의 약사사(薬師寺)와 규슈의 관세음사(観世音寺)에도 계단을 설립하였다. 그리고 이 세 곳에서만 승려들에게 수계를 할 수 있도록 하였다. 이러한 전통에 대하여 사이초는 이의를 제기하였던 것이다. 히에이잔 연력사의 대승계단 설립이 인정된 것은 사이초가 사망한 뒤의 일이지만, 대승계단의 설립에 의하여 천태종의 승려가 되고자 하는 자는 나라의 동대사로 가지 않고 히에이잔의 연력사에서 계를 받을 수 있게 되었던 것이다. 이리하여 천태종은 독립하게 되었다.

3) 진언종

홍법대사(弘法大師)라고도 하는 구카이(空海)는 804년에 당나라로 건너가서 밀교을 배우고 806년에 귀국하여 일본 진언종을 창시하였다. 그는 고야산(高野山)에 금강봉사(金剛峰寺)를 세우고 밀교를 수행하였다.

불교 수행의 목표는 부처가 되는 것이다. 수행에는 여러 가지 방법이 있다. 그런데 밀교(密教)에서는 오로지 한마음으로 수행을 하면 이 세상에 살아 있으면서 부처가 될 수 있다고 가르친다. 즉 즉신성불(即身成仏)을 위한 수행 방법을 제시하고 있는 것이다.

밀교에서는 즉신성불하기 위해서 제시된 방법에 따라 엄격한 수행을 하도록 하고 있다. 그 수행 방법은 일반인들에게는 비밀로 하고 있다. 그 방법을 수용할 수 있는 자에게만 가르쳐 주고 있

양계만다라 (両界曼荼羅) 태장계(胎蔵界)

다. 구카이의 밀교에서는 수행의 실천을 강조하고 있다. 일본에 불교가 수입된 이래, 기복신앙의 수준을 벗어나지 못하고 있었고, 또 경전을 연구하는 학문의 수준에서 벗어나지 못하고 있었는데, 밀교에 이르러서 처음으로 수행자로서의 승려상이 제시되었던 것이다.

밀교라는 말은 '비밀스러운 가르침'이라는 뜻으로 현교(顯教)와 대립된다. 현교는 '공개된 가르침'이라는 뜻으로 밀교 이외의 모든 가르침이 현교인 셈이다. 말할 필요도 없이 현교의 교주는 석가모니다. 그러나 밀교는 법신불인 대일여래(大日如来)를 교주로 삼고 있다.

법신불은 영원한 법 그 자체, 본래 자리, 즉 절대적인 부처를 의미한다. 이런 시점에서 본다면 석가모니도 절대적인 부처가 인간의 몸으로 나타난 것에 불과하다. 물론 석가모니도 부처가 된 이상 본래 자리에서 벗어나지 않고, 그런 의미에서 절대적이지만, 현상으로 드러나 있는 것임에는 틀림이 없다. 이와 같이 드러난 현상으로서의 부처에 대하여 본체로서의 부처가 바로 법신불인 것이고, 그 본래자리에 의지해야 한다는 것이 밀교의 입장인 것이다.

부처의 실재를 체험하고 본래 자리와 하나가 되는 것, 즉 부처가 되는 것을 가지(加持)라고 한다. 밀교는 가지기도(加持祈祷)로 즉신성불할 수 있다고 가르치고 있다. 밀교는 의식을 진행할 때 진언(真言)을 외운다. 진언이라 함은 글자 그대로 '진실한 말'이라는 뜻으로 일반적으로 다라니(陀羅尼)라고 한다. 그것은 대일여래, 즉 본래의 부처자리인 깨우침의 세계를 나타내는 말이다. 밀교에서는 여러 부처의 형상에 마음을 집중하고, 진언을 외우고, 손으로 인계를 만들면서 순서에 따라 의식을 행하면 절대적인 경지와 하나가 될 수 있다고 말한다. 그것이 즉 즉신성불인 것이다.

테마 6
나라시대에서 헤이안시대로

1. 나라 천도

조정은 710년에 후지와라경(藤原京)에서 현재의 나라(奈良)인 헤이조경(平城京)으로 천도하였다. 이때 여러 사원도 함께 이전하였다. 헤이조경는 훗날 헤이안경(平安京)으로 천도할 때까지 약 80년간 수도였기 때문에 이 시대를 나라시대라고 한다.

후지와라경이 자리하였던 아스카 지방은 사방이 산으로 둘러싸여 좁고, 또 남쪽으로 치우쳐 있어서 교통도 불편하였다. 그래서 조정은 새로운 도성의 건설을 계획하고 있었는데, 때마침 흉작이 계속되고 질병이 유행하였기 때문에 넓고 교통이 편리한 야마토 북부 지역에 도성을 건설하였던 것이다.

708년 2월, 겐메이(元明)천황은 헤이조경을 건설하고 천도한다고 선언하였다. 동년 9월에는 수도 건설을 위한 관리가 임명되어 도시구역의 정비가 시작되었고, 동년 12월에는 왕궁터에 제사를 지내고 즉시 성의 건축이 시작되었다. 그리고 공사가 마무리되기도 전인 710년 3월에 천도하였다. 그러나 공사는 차질을 빚어 계획대로 진행되지 않았다. 성을 건설하기 위하여 동원된 백성들이 도망하는 바람에 다음해가 되어도 성을 에워싸는 담장도 완성하지 못하였다. 714년이 되어서야 헤이조경이 위용을 드러내기 시작하였다.

헤이조경은 동서로 약 4.2킬로미터, 남북으로 약 4.7킬로미터로 후지와라경의 약 3배가 되었다. 북쪽 중앙에 왕궁이 자리잡았다. 왕궁은 동서로 약 1.2킬로미터, 남북으로 약 1킬로미터 정도였다. 왕궁에서 남쪽으로 일직선의 주작대로를 넓게 건설하고, 그 좌우에는 시가지를 건설하였다. 시가지의 동서에는 동시(東市)와 서시(西市)가 설치되었다. 도시는 도로에 의하여 바둑판 모양으로 질서정연하게 구획되어 있었다. 관청은 왕궁 안에 두었고, 성 내의 여러 곳에 사원이 건설되었다.

경성 내에는 남북으로 9조(条), 동서로 좌·우경 각 4방(坊)의 조방(条坊)을 두고, 종횡으로 통하는 크고 작은 도로에 의하여 거의 120미터 사방의 정(町)이 구획되었다. 주작대로는 폭이 약 85미터, 대로의 폭은 약 24미터, 소로의 폭은 약 12미터를 기준으로 설정되었다. 주작대로의 남단에는 성의 남쪽 대문인 나성문(羅城門)이 있었다. 나성문을 지나 넓은 주작대로를 따라 북쪽으로 나아가면 왕궁의 정문인 주작문에 도달하였다.

헤이조경은 당나라의 수도였던 장안성(長安城)을 모방하여 건설되었다. 바둑판 모양의 도로, 동시와 서시의 설치, 성의 중앙 북단에 위치한 왕궁, 성내에 배치된 사원 등은 그 규모가 적은 것 외에는 장안성의 모습과 다르지 않았다. 그러나 장안성이 남북의 길이보다 동서의 길이가 긴 장방형이었다면, 헤이조경은 동서의 길이보다 남북의 길이가 긴 장방형이었다. 장안성이 성을 에워싸는 성벽을 쌓았는데, 헤이조경은 성벽이라고 할 만한 것이 없었다. 또 장안성은 황제가 생활하는 공간과 행정관청이 분리되어 있었으나, 헤이조경의 경우에는 천황이 생활하는 건물을 중심으로 관청이 배치되어 있었다. 요컨대, 헤이조경은 기본적으로는 장안성의 설계도를 모방하면서도 성이 위치한 지리적 특성, 경제적인 한계, 그리고 기타 일본의 실정에 의하여 약간 설계가 변경되었다고 여겨진다.

　성의 북단에 위치한 왕궁의 주위에는 높은 담장이 둘러져 있었고 정문인 주작문을 비롯한 12개의 문이 있었다. 왕궁 내의 건물은 국가의 의식을 집행하는 곳, 천황이 거주하는 곳, 황태자를 비롯한 천황의 일족이 거주하는 곳, 관청가 등으로 나뉘어져 있었다.

　시가지에는 귀족의 저택이나 사원이 배치되었는데, 붉은색 기둥에 흰색의 벽 그리고 개와로 지붕을 덮은 화려한 건물이 많았다. 헤이조경에는 15만이 넘는 인구가 집중되어 있었을 것으로 추정된다. 왕궁에 출입할 수 있는 상급 귀족은 100여 명 정도였는데, 이들 극소수의 귀족층이 특히 화려한 생활을 영위하였다.

2. 나라시대의 정쟁

　몬무(文武)천황의 사후에는 겐메이(元明), 겐쇼(元正) 이렇게 여성이 이어서 천황에 즉위하였으나 정치적으로는 비교적 안정되어 있었다. 이러한 시대를 배경으로하여 후지와라노 가마타리의 아들인 후지와라노 후히토가 두각을 나타내게 되었다. 그는 율령제도의 정비에 힘쓰는 한편, 황실과 혼인관계를 맺으면서 후지와라씨 발전의 기초를 확립하였다. 그러나 720년 후히토가 사망했을 때, 그의 4명의 아들은 아직 정치적으로 성장하지 못하고 있었다. 이러한 구도 속에서 실력자로 부상한 것은 나가야노오(長屋王)였다. 평소에 후지와라노 후히토의 정치에 비판적이었던 나가야노오는 정치적인 기반이 튼튼하였을 뿐만이 아니라 정책적인 면에서도 주도권을 쥐고 있었다. 삼세일신법을 시행한 것도 그였다. 후지와라씨에게는 강력한 경쟁 상대였다.

　이러한 정세 속에서 일어난 것이 나가야노오의 변이었다. 729년 2월, 나가야노오가 모반을 획책한다는 밀고가 있었다. 조정은 후지와라노 우마카이(藤原宇合)를 시켜서 나가야노오를 체포하여 조사하게 하였고 결국 나가야노오를 자살하게 하였다. 이 사건은 나가야노오를 제거하기 위한 후지와라씨의 책모에 의하여 일어난 것이었다. 사건 직후, 후지와라노 후히토의 딸인 고묘시(光明子)는 쇼무(聖武)천황의 황후가 되었다. 고묘시의 비호 아래 후지와라노 무치마로(藤原武智麻呂)가 다이나곤(大納言)에 임명되는 등, 후히토의 4명의 아들이 정권의 요직을 독점하였다. 그러나 737년, 후히토의 4명의 아들은 때마침 유행한 천연두에 감염되어 잇달아 사망하면서 후지와라씨는 다시 좌절을 경험하였다.

정치의 주도권은 다시 다치바나노 모로에(橘諸兄)를 중심으로 한 반후지와라씨 세력이 장악하였다. 모로에는 당에서 귀국한 후 쇼무천황의 신임을 얻고 있었던 기비노 마키비, 겐보 등과 손잡고 참신한 정치를 시행하면서 정치적인 입지를 넓혔다. 후지와라씨가 초조하였을 것은 당연한 일이었다. 740년에 일어난 후지와라노 히로쓰구(藤原広嗣)의 난은 그것을 상징하는 사건이었다. 히로쓰구는 우마카이의 아들로 규슈의 다자이후로 좌천되어 있었는데 때마침 기근과 질병이 빈발하면서 사회가 동요하자 기비노 마키비와 겐보를 제거한다는 명분으로 규슈 지역의 군사 1만여 명을 동원하여 반란을 일으켰던 것이다. 정부는 오노 아즈만도(大野東人)를 대장군으로 삼아 1만 7천여 명의 군사를 보내어 2개월여 만에 반란을 진압하였다.

후자와라노 히로쓰구의 반란에 놀란 쇼무천황은 반란이 진압된 후에도 헤이조경을 버리고 야마시로의 구니(恭仁), 세쓰(摂津)의 나니와(難波), 오미의 시가라키(紫香楽) 등으로 빈번하게 옮겨다녔다. 천황은 결국 745년에 다시 헤이조경으로 돌아왔다.

쇼무천황이 물러난 후에는 후지와라노 나카마로(藤原仲麻呂)가 고묘(光明) 황후의 신임을 얻어 두각을 나타내기 시작하였다. 나카마로는 다치바나노 모로에의 아들인 나라마로(奈良麻呂)의 반란을 진압하고 정권을 장악하였다. 나카마로는 농민의 부담을 경감하는 정책을 추진하는 등 시대에 부응하는 정치를 하였다. 사촌간인 고겐(孝謙)천황의 신임도 두

터웠다. 그러나 승려인 도쿄(道鏡)가 여성 천황인 고겐의 총애를 입어 정치에 진출하자 나카마로의 입지가 약화되었다. 불안을 느낀 나카마로는 764년에 도쿄를 제거할 목적으로 군사를 이끌고 모반을 꾀하였으나 실패하였다. 후지와라노 나카마로의 난 이후 도쿄의 정치적인 입지는 오히려 강화되었다.

도쿄는 가와치(河內) 출신으로 산악종교적인 주술을 몸에 익혔는데, 고겐이 질병을 얻자 주술력으로 치료하였다. 그러자 도쿄는 계속 득세하여 일개 승려의 신분으로 다이조다이진(太政大臣)의 지위에 오르고 법왕(法王)의 칭호도 얻어 천황에 준하는 대우를 받게 되었다. 769년 5월, 규슈의 권위있는 신사(神社)인 우사하치만궁(宇佐八幡宮)에 도쿄가 천황의 지위에 오르면 천하가 태평하게 될 것이라는 신탁이 내렸다는 소문이 돌았다. 이것은 도쿄가 한때 천황의 지위를 넘보았다는 사실을 증명하는 것이기도 한데, 쇼토쿠(称德)천황은(758년 일단 황위에서 물러난 고겐천황이 764년에 다시 즉위하여 쇼토쿠라고 칭하고 있었다) 와케노 키요마로(和気清麻呂)를 파견하여 신탁을 확인하게 하였다. 그러나 키요마로는 도쿄의 즉위를 부정하는 신탁을 복명하였기 때문에 쇼토쿠와 도쿄의 미움을 사서 유배형에 처해졌다. 그 사이에 쇼토쿠는 후사를 정하지 못하고 사망하였다.

쇼토쿠가 사망하자 도쿄는 시모스케(下野)의 약사사(薬師寺) 별당으로 좌천되었다. 쇼토쿠천황은 아마 후자와라씨의 전횡에 대항하기 위하여 도쿄와 같은 중류 호족 출신의 승려를 등용하였을 것이다. 그러나 도쿄는 불교계를 대표하는 존재도 아니었으며 정치적인 기반도 없이 오로지 여성 천황의 총애로 권세를 누렸기 때문에 770년에 쇼토쿠천황이 사망함과 동시에 정계에서 추방되었던 것이다.

쇼토쿠가 사망한 후, 후지와라씨는 다시 정계의 중심 세력을 형성하게 되었다. 후지와라씨는 고닌(光仁)천황을 옹립하였다. 천하는 다시 후지와라씨의 손으로 돌아왔다. 고닌천황은 자신을 천황으로 옹립한 공신인 후지와라씨의 눈치를 살피지 않을 수 없는 형편이었기 때문이다.

3. 헤이안 천도

고닌천황의 뒤를 이은 간무(桓武)천황은 사원 세력이 강성한 나라(奈良)를 버리고 784년에 야마시로(山城) 지역에 나가오카경(長岡京)을 건설하기 시작하였다. 간무천황이 나라의 헤이조경에서 나가오카로 천도하려고 하였던 이유의 하나로 두려움을 느낄 정도로 강성해진 사원세력의 존재를 들 수 있다. 나라시대 말기에는 사원세력이 정치에 개입하여 폐해가 적지 않았던 것이다. 이것은 헤이조경의 큰 사원을 새로 건설하는 나가오카경으로 이전하지 못하도록 한다는 것이 정부의 방침이었다는 사실을 보아도 알 수 있다.

간무천황

간무천황은 고닌천황의 장자이기는 하였지만 생모가 백제계 씨족 출신인 다카노노 니이가사(高野新笠)였다. 상식적으로는 왕위와는 인연이 없는 존재였다. 그런데 고닌천황의 정비인 이가미(井上) 황후와 태자인 오사베(他戶) 친왕이 폐위되면서 태자의 지위에 오르는 데 성공하고, 이윽고 45세가 되어서 천황에 즉위하게 되었다. 간무천황이 즉위하면서 왕통은 덴무천황계 혈통에 대신하여 덴지천황계 혈통으로 바뀌게 되었던 것이다. 그렇기 때문에 덴무계를 추종하는 세력을 누르기 위해서도 덴무천황의 혈통이 거주하면서 정치를 행하였던 수도를 폐지하는 것이 마땅하다고 생각하고 있었을 가능성이 크다.

지금의 교토(京都)의 무코이치시(向日市)에 해당하는 나가오카는 수륙 교통이 원활한 지역이었기 때문에 새로운 수도가 들어서기에 마땅한 지역으로 선정되었다. 천도를 위한 축성 사업은 급속도로 추진되었다. 784년에 6월에 건설사업이 시작되었는데, 공사가 마무리되지도 않은 상태에서 그 해 11월에 나가오카로 천도하였다. 그러나 오토모씨(大伴氏)를 비롯한 구세력이 다음해인 785년 9월에 천도사업을 총지휘하고 있었던 후지와라노 다네쓰구(藤原種継)를 암살하는 것을 시작으로 계속해서 불상사가 발생하였기 때문에 수년이 지나도 수도의 건설은 지지부진하였다.

793년에는 다른 곳으로 천도하자는 의견이 대두되었다. 1960년대 나가오카 지역이 본격적으로 발굴된 적이 있었다. 발굴 성과에 의하면 태극전(太極殿)을 비롯한 왕궁의 대부분과 시가지의 상당부분이 이미 건설되었던 것으로 판명되었다. 이와 같이 나가오카경의 건설이 상당히 추진되었음에도 불구하고 그곳을 포기하고 천도에 관한 논의가 있었던 데에는 그만한 이유가 있었을 것이다. 이제까지 그 이유에 대하여 여러 설이 제기되었지만 가장 유력한 설은 원령(怨靈)의 공포에 의한 것이라는 설이다. 후지와라 다네쓰구의 암살사건과 관련하여 황태자인 사와라(早良) 친왕이 폐위되어 아와지(淡路)로 유배되는 사건이 있었다. 그때 사와라 친왕은 분개하여 식음을 전폐하고 도중에 죽었다. 그 후, 천황 주변에 불길한 일이 계속하여 발생하였다. 황태후·황후가 잇달아 사망하고 792년에는 황태자가 큰 병을 얻었다. 점을 쳐보니 그 모든 것이 사와라 친왕의 저주 때문이라는 점괘가 나왔다. 큰 충격을 받은 간무천황은 793년 정월에 같은 야마시로 지역에 장소를 물색하였다. 천황도 새로이 선정된 지역을 시찰하였다. 그리고 곧바로 공사를 진행하여 궁전의 최소부분이 완성되자마자 동년 10월에 정식으로 천도하니 이곳이 헤이안경(平安京)이었다. 이때부터 훗날 가마쿠라막부(鎌倉幕府)가 개설될 때까지, 국정의 중심이 헤이안경에 있었던 약 400년간을 헤이안시대라고 한다.

일단 천도한 뒤에도 수도의 건설계획은 계속 추진되었다. 헤이안경은 가모가와(賀茂川)와 가쓰라가와(桂川)가 유입되는 저습지대였기 때문에 가모가와를 중심으로 수로를 정비하고, 가모가와의 서쪽에 동서 약 4.4킬로미터, 남북 약 5킬로미터의 새로운 수도를 조성하였다. 헤이안경의 설계는 당의 장안성의 설계도를 기본으로 하면서, 그 전시대의 헤이조경의 건설경험을 살려 도시를 건설하였다. 도시의 중앙 북부에 왕궁이 위치하였다. 왕궁의 남면 중앙으로부터 남쪽으로 주작대로가 관통하였고, 주작대로를 중심으로 하여 좌경(左京)과 우경(右京)이 나뉘어져 있었다. 남북으로는 9조, 동서로는 좌우 각각 4방을 두어서 바둑판 모양으로 공간을 구획하였다.

　주작대로는 폭이 약 85미터였다. 주작대로의 북쪽에 왕궁의 정문인 주작문이 위치하였고, 남단에는 남대문인 나성문(羅城門)이 위치하였다. 도시의 북단에 위치한 왕궁은 동서로 약 1.2킬로미터, 남북으로 약 1.4킬로미터의 광대한 면적을 점유하고 있었다. 왕궁의 내부에는 천황의 거주지역, 공무 집행지역, 관청 등이 배치되어 있었다. 헤이안경은 지금도 교토 시가지이기 때문에 헤이조경과는 달라서 대규모적인 발굴조사가 불가능하다. 가마쿠라시대에 그려진 그림 등을 참고하면 도시 풍경의 대략은 알 수 있으나, 천도 당시의 실태를 복원하는 것은 불가능한 실정이다.

4. 간무천황의 도호쿠 지방 경영

　간무의 정치는 도호쿠 지방의 평정과 헤이안경의 건설에 중점이 두어졌다. 나라시대 초기까지도 도호쿠 지방은 조정의 지배력이 미치지 못하는 지역이었다. 조정은 8세기 초부터 점차로 도호쿠 지방을 공략하기 시작하였다. 먼저 전진기지를 구축하고, 복속한 원주민을 공략에 앞장세웠다. 그러나 780년의 이지노 아자마로(伊治呰麻呂)의 반란이 상징하듯이, 에미시(蝦夷)라고 일컬어지는 원주민들은 끈질기게 항쟁하였다.

　간무천황의 즉위하자 전년부터 이지노 아자마로를 토벌하러 출정하였던 정동대사(征東大使) 후지와라 오구로마로(藤原小黑麻呂)는 일단 귀환하였다. 그 이후 특히 도호쿠 지방의 경영을 위하여 천황은 3회에 걸쳐서 원정을 강행하였다. 많은 물자를 준비하고 수많은 병사들을 보내지 않으면 안되었다. 원정군을 보내기 위해서는 3년 정도의 준비기간이 필요하였다. 또 간토 지방의 호족들의 부담도 적지 않았다.

첫번째의 군사행동은 789년에 있었다. 원정군은 지금의 이와테현(岩手県)의 북쪽 근방에까지 진격하였으나 결국 에미시를 물리치지 못하였다. 두번째의 군사행동은 794년에 있었다. 이때의 보고서에는 적 450여 명을 죽이고, 150여 명의 에미시와 말 85마리를 빼앗고 에미시의 근거지 75개소를 불태웠다고 기록되어 있다. 그러나 정작 가장 중요한 근거지인 이자와(胆沢) 지방은 평정하지 못하였다. 이 지방은 에미시 중에서도 가장 힘이 있는 수장의 근거지였던 것이다.

그래서 도호쿠 지방의 최후의 공격 목표라고 할 수 있는 이자와 지방의 평정은 사카노우에노 다무라마로(坂上田村麻呂)에게 맡겨지게 되었던 것이다. 다무라마로는 제2회 원정군의 부장군으로 참가한 경력이 있었다. 그는 797년 새로이 정이대장군(征夷大将軍)에 임명되었고, 801년에는 원정길에 올랐다.

다무라마로는 도래인의 자손으로, 어려서부터 무예가 출중하기로 이름이 난 인물이었다. 부하들로부터 신망을 얻고 있었다. 살아서는 국가를 수호하는 장군으로 숭앙되었고, 죽어서는 갑주와 도검도 같이 합장되었는데, 국가에 위태로운 일이 있을 때는 그의 묘가 흔들렸다고 전해지고 있다. 수많은 다무라마로 전설이 지금도 전해지고 있는 인물이다.

다무라마로는 생각했던 것보다 치열한 전투를 하지 않고 에미시 지방을 장악하는 데 성공하였다. 에미시의 수장이 500여 명의 부하들을 거느리고 항복하였던 것이다. 802년에 에미시의 본거지라고 할 수 있는 이자와에 성을 구축하면서 도호쿠 지방 공략의 목적은 달성되었다.

도호쿠 지방의 공략이 군사적으로는 성공을 거두었다고는 하나, 대규모의 군사 동원은 헤이안경의 건설사업과 함께 재정을 압박하였고, 민중은 과중한 부담으로 시달렸기 때문에 조정은 사업을 중지하지 않을 수 없었다. 2대 사업의 중지를 주장했던 후지와라노 오쓰구(藤原緒嗣)는

"오늘날 천하를 고통스럽게 하는 바는 군사와 조작(造作)이다"라고 말하였는데, 여기에서 말하는 군사란 도호쿠 지방의 공략작전이며, 조작이란 헤이안경 건설사업을 말하는 것이었다.

테마 7
국풍문화 - 산문과 그림의 세계

1. 무라사키시키부와 『겐지모노가타리』

무라사키시키부(紫式部)가 작품을 쓰기 전에 나온 산문류는 남성이 집필하였다고 하더라도 일반 여성을 대상으로 한 작품이 대부분이었다. 특히 산문류는 본래 남성과는 관계없는 부녀자들의 취향이라고 생각하고 있었기 때문이었다. 남성에게 중요한 것은 역시 관리로서 정치를 담당하는 것이었으며, 그것과 밀접하게 관련되어 있었던 한시(漢詩)를 짓는 것이었다.

한편 산문을 좋아하는 여성측에서 보면, 산문은 알지 못하는 세계, 특히 궁정과 상층귀족의 세계로 한 발 다가갈 수 있는 재미있는 이야기였다. 말하자면 여성들의 정신세계에서는 산문의 세계와 현실의 세계는 일체화되어 있었다.

일본 고대의 여성들은 일기를 통하여 삶을 진지하게 되돌아보고 있었다. 『가게로닛키(蜻蛉日記)』는 그 선구적인 성과다. 그 일기에 배어 있는 것은 불안, 초조, 질투 등으로 얼룩진 20여 년의 결혼생활의 진실이었다. 중류귀족의 딸이면서 상류귀족과 결혼한 작자는 현실의 남편이 그렇게 동경하던 상류층의 귀공자와는 너무도 동떨어진 인간이라는 사실이 견딜수 없었다. 그녀는 환멸과 비애를 맛봄과 동시에, 그때까지 그녀의 꿈과 동경을 조장하였던 이야기, 상류귀족의 세계를 이상적으로밖에 그리지 않았던 산문에 대하여 반발하지 않을 수 없었다. 그런 의미에서 『가게로닛키』는 산문 발전의 역사에서 획기적인 역할을 하였다. 즉『가게로닛키』의 출현에 의하여 그때까지 사건본위로, 아니면 이야기 본위로 무책임하게 쓰여졌던 산문이 인생의 내면적 진실을 추구하는 문학으로 한 단계 비약하였던 것이다.

무라사키시키부가 『겐지모노가타리(源氏物語)』를 쓰기 시작한 것은 1001년이나 1002년 경이었을 것으로 추정되는데, 그녀가 산문의 세계로 입문하게 된 것은 아이러니하게도 그녀의 불우한 환경 탓이었다. 1001년 4월, 24세가 된 그녀는 남편인 후지와라노 노부다카(藤原宣孝)와 사별하였다. 2년여의 짧은 결혼생활이었다. 두 사람 사이에는 딸이 있었는데, 무라사키시키부는 그 딸을 데리고 앞날을 알 수 없는 인생길을 걷지 않으면 안되었다.

『겐지모노가타리』의 주인공 히카리겐지(光源氏)는 빼어난 용모와 풍채, 그리고 자질을 타고 났다. 그는 이 세상에서 생각할 수 있는 한 모든 쾌락과 명예와 부를 가진 인물로 묘사되어 있다. 무라사키시키부는 자신의 현실이 어둡고, 어렵고, 단조로울수록 밝고, 아름답고, 풍성한 세계를 꿈꾸면서, 히카리겐지라는 인물을 통하여 인간다운 애정을 추구하였다. 무라사키시키부의 이러한 태도는 『가게로닛

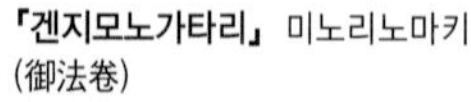

『겐지모노가타리』 미노리노마키
(御法巻)

키」 작자의 태도와 대조적이다. 무라사키시키부는 좌절된 꿈과 동경을 이야기라는 가공의 세계를 통하여 이루려고 하였다.

　현재 전해지고 있는 『겐지모노가타리』 54첩은 각각 언제 집필되었는지 확실하지 않다. 무라사키시키부가 중궁(中宮)으로 들어가는 후지와라 미치나가(藤原道長)의 딸인 쇼시(彰子)를 수행하여 궁중으로 들어가기 전에도 집필을 하였을 것이다. 그러나 본격적인 집필은 아마도 궁중생활이 시작되면서 개시되었을 것으로 생각된다. 새로이 집필한 부분도 있고 그 전에 쓴 부분에다가 덧붙인 부분도 있을 것이다. 주인공인 히카리겐지가 여러 여성들과 사랑을 나누며 서로 상처를 입히거나 혹은 깊은 반성을 하는 장면이 있다. 그것은 작가가 궁중에서 생활하면서 그 세계에서 체득한 냉철하고 비판적인 안목으로 인간 삶의 복잡성에 대하여 통찰한 결과라고 말할 수 있을 것이다.

　『겐지모노가타리』의 스토리를 전체적으로 조망해보면, 인간세상의 흥망성쇠가 마치 한 편의 자연스러운 드라마처럼 펼쳐지는 것을 가슴으로 느낄 수 있다. 제1부는 제1첩 「기리쓰보(桐壺)」에서부터 제33첩 「후지노우라바(藤裏葉)」까지라고 할 수 있다. 제1부에서는 여러 여성들과 자유롭게 사랑을 나누면서 영화를 한몸에 누리는 주인공 히카리겐지의 꿈 같은 나날이 이어진다. 이야기는 제2부라고 할 수 있는 제34첩 「와카나노조(若菜上)」에서부터 제41첩 「마보로시(幻)」까지, 제3부라고 할 수 있는 제42첩 「니오우효부쿄(匂兵部卿)」에서부터 제54첩 「유메노우키하시(夢浮橋)」까지의 진행되어 간다.

　제2부에서는 히키리겐지의 원만구족한 세계가 보름달이 기우는 것과 같이 영화를 잃어간다. 작자는 그 과정을 마치 자연스러운 흐름인 것처럼 담담하게 묘사해 간다. 히카리겐지가 지배하는 세계는 붕괴의 방향으로 진행하게 되면서 더욱 현실성을 띠게 된다고도 할 수 있다. 이윽고 무라사키노 우에(紫の上)도 죽는다. 상심한 히카리겐지도 그 뒤를 따라서 저 세상으로 간다. 그러면서 히키리겐지는 이야기의 세계에서 그 모습을 감추게 된다.

제3부에 등장하는 것은 가오루노키미(薫の君), 니오이노미야(匂の宮) 등과 같은 히키리겐지의 사후 세대의 남녀다. 이들의 만남과 사랑은 어둡고 답답하다. 다른 사람을 사랑하는 것과 다른 사람을 속이고 배반하는 것이 거미줄처럼 얽혀 있다. 어긋난 인간관계가 인과의 사슬을 더듬는 것과 같이 추구된다. 그 최후는 여주인공인 우키부네(浮舟)가 이 세상의 고통에서 벗어나려고 비구니가 되는 것으로 종결된다. 한 연약한 여성을 어쩔 수 없이 출가하지 않으면 안되게 몰아붙이는 무라사키시키부의 엄격함에 놀라지 않을 수 없다. 무라사키시키부는 귀족의 세계에서는 진실을 추구하며 살아갈 수 없고, 만약에 살려고 한다면 그곳에서 벗어나지 않으면 안된다는 인식에 도달하고 있었던 것이다.

2. 세이쇼나곤과 『마쿠라노소시』

무라사키시키부와 여러 면에서 대조되는 인물이 세이쇼나곤(清少納言)이다. 그녀가 쓴 『마쿠라노소시(枕草子)』는 『겐지모노가타리』와 나란히 대표적인 일본고대 문학작품으로 일컬어지고 있다.

세이쇼나곤은 기요하라노 모토스케(清原元輔)의 딸이었으니까 무라사키시키부와 같이 중류집안 출신이었다. 그리고 세이쇼나곤도 중궁(中宮)인 데이시(定子)를 보좌하였다. 궁중에서 생활하였던 것도 무라사키시키부와 같았다. 그러나 생활자세는 정반대였다. 무라사키시키부는 재능을 철저히 숨기고 생활하였다. 남의 앞에서는 글 한 자 쓰지 않았고, 병풍에 쓰여진 글귀를 보고도 마치 문맹인 것처럼 모른 척하였다. 표면적으로는 너무도 평범하게 생활하면서 내면에는 놀랍고 복잡한 천재성이 번득였던 무라사키시키부와 비교하면 세이쇼나곤은 모든 것을 표현하는 성격이었다. 세이쇼나곤은 아무 거리낌 없이 자신이 보좌하고 있던 중궁인 데이시의 앞에 나아가 보고 들은 것에 대하여 표현하였다.

가인(歌人)이었던 부친으로부터 남다른 재능과 감수성을 물려받은 세이쇼나곤은 그 점에 대하여 자부심을 갖고 있었다. 하지만 그렇기 때문에 오히려 그녀는 자신의 출신과 신분이 못마땅하였다. 이러한 자신의 처지에 대한 강렬한 반발심이 세이쇼나곤의 삶의 태도에 결정적인 영향을 미쳤을 것이다. 10대 후반에 평범한 집안의 남자와 결혼하여 자식까지 두었으나 남편과의 관계를 거의 청산하였던 것도 상층사회로 비약하고 싶다는 그녀의 바람 때문이었을 것이다. 나이가 들수록 중류귀족의 주부로서 평범하게 지낼 수가 없었다. 오히려 그녀는 결혼생활의 경험을 통하여 자기 자신이 가야 할 길을 발견하였을지도 모른다.

세이쇼나곤이 중궁인 데이시에게 봉사하게 되었던 것은 993년이었다. 데이시가 궁전으로 들어가 중궁이 된 것이 990년이었는데, 세이쇼나곤은 데이시의 집안과는 특별한 인연이 없었던 것 같다. 그렇다면 그 당시에 이미 세이쇼나곤의 재능과 재치가 널리 알려져 있었기 때문에 중궁의 보좌역으로 발탁되었을 가능성이 높다. 중궁인 데이시도 상당한 문학적 소양과 교양을 몸에 익힌 규수였기 때문에 세이쇼나곤의 재능과 재치를 높이 평가하였을 것이다.

현재 전해져 내려오는 『마쿠라노소시』는 4종류가 있는데, 그 중에서도 삼권본(三卷本)이 원형에 가까운 것이라고 보는 것이 일반적이다. 삼권본의 권두에는 「봄은 여명(春は曙)」의 단을 두고 권말에는 발문을 두고 있다. 3책으로 분책되어 있었기 때문에 삼권본이라고 불리나 원래에는 2책으로 분책되어 있었을 것이다. 발문의 분석에 의하면 이 책은 1001년 전반기에 성립되었을 것으로 생각되는데, 전체적으로 300여개의 길고 짧은 이야기로 구성되어 있다. 이 작품은 크게 나누어 유취장단(類聚章段), 일기적장단(日記的章段), 수상장단(隨想章段)으로 분류된다. 유취장단은 또 두 형식으로 나뉘어진다. 일기적장단은 중궁인 데이시의 동정을 중심으로 하는 기록이다. 수상장단은 글자 그대로 감상문적 성격의 장단으로 작자의 감성이 가장 선명하게 나타난 부분이다. 수상장단은 훗날 『쓰레즈레구사(徒然草)』에도 큰 영향을 미쳤다. 이 부분은 문학적으로 높은 평가를 받고 있다.

3. 야마토에의 발달

10세기 경부터 일본의 화풍은 중국적인 것에서 일본적인 것으로 변화하기 시작하였다. 중국적인 화풍을 가라에(唐絵)라고 하였다면, 일본적인 화풍은 야마토에(大和絵)라고 하였다.

그때까지는 불화(仏画)를 비롯한 모든 그림이 중국의 화법을 모방하고 있었다. 기법뿐만이 아니라 그림의 소재도 거의 중국 것이었다. 이러한 분위기가 조금씩 변화되기 시작하여 일본적인 것을 소재로 그림을 그리게 되었다. 병풍도에 그려진 풍경도 중국적인 것에서 점차로 일본적인 것으로 변화하였다. 그림의 소재는 산천의 경치를 사실적으로 그리거나 계절의 변화에 따른 일본의 풍속을 묘사하는 것이었다.

소재가 변화됨에 따라서 기법도 변화하였다. 점차적으로 일본적인 소재를 그리기에 적합한 기법이 연구되기 시작하였다. 심지어 불화에서도 표현기법이 지극히 일본적으로 변화하여 일본적인 정취가 물씬 풍기게 되었다. 이와같이 야마토에는 특정한 화가가 기법을 개발하고 화풍을 정착시킨 것이 아니라, 많은 화가들이 일본적인 것을 자각하면서 조금씩 개발해 나간 것이라고 할 수 있다.

우지(宇治) 평등원(平等院)의 봉황당(鳳凰堂)에 그려진 벽화는 다쿠마다메나리(宅磨為成)가 1051년에서 53년 사이에 그린 것이 대부분이다. 그림은 아미타여래가 상천세계에서 하천세계로 내려오는 모습을 그린 것인데, 거기에는 평화로운 일본적인 풍경이 펼쳐져 있다. 또 같은 시대에 그려진 것으로 추정되는 그림 중에도 일본 풍경을 배경으로 하는 것이 있다.

4. 모노가타리에와 에마키

헤이안 시대 중기는 산문문학이 발달했던 시대였었는데, 그것을 그림으로 그린 모노가타리에(物語絵)가 발달하였던 시대이기도 하였다. 『다케토리모노가타리(竹取物語)』, 『이세모노가타리(伊勢物語)』, 『겐지모노가타리(源氏物語)』 등의 모노가타리에가 제작되었다. 이야기라고 하는 것은 인간의 행동과 그 과정에 시간적인 변화가 따른다. 그것을 그림으로 그리기 위해서는 미묘한 움직임을 표현하기 위한 묘사와 시간적인 변화를 화폭에 담아야 한다. 바로 이런 점을 해결하려고 노력하는 과정에서 야마토에가 발달하였다. 야마토에는 에마키(絵巻)라고 하는 독특한 형식을 통하여 발달하였다. 야마토에는 주로 책자의 삽화에서부터 발달하였다. 즉 이야기를 읽는 독자가 내용을 더 선명하게 기억하도록 그림을 이야기 중간에 삽입하였다. 그러다가 그림을 늘리고 이야기는 줄이는 방향으로 발전하였던 것이다.

11세기에 그려진 에마키는 오늘날까지 남아 있지 않지만, 12세기 초에 그려진 것으로 여겨지는 겐지모노가타리에마키(源氏物語絵巻), 시기산엔기에마키(信貴山縁起絵巻), 반다이나곤에코토바(伴大納言絵詞) 등의 에마키가 남아있다. 이러한 에마키는 오래된 것임에도 불구하고 그 후에 제작된 에마키보다 뛰어난 것을 보면, 11세기경에는 얼마나 훌륭한 에마키가 많이 제작되었는지 상상하고 남음이 있다.

겐지모노가타리에마키는 『겐지모노가타리』가 대작이기 때문에 가장 많이 제작되었을 것으로 생각된다. 하지만 현재는 그 중에서도 4권 19장면밖에 남아있지 않다. 이 에마키의 화면은 그다지 넓지 않고, 어떤 화면의 폭도 일정한 것을 보면 삽화의 형식을 전하고 있는 것일 수도 있다. 또 이 에마키의 화면에는 움직임의 표현이 많지 않지만 정취의 표현이 섬세하고 그림의 색깔이 아름다운 것으로 유명하다. 이것은 겐지모노가타리가 조용한 궁정을 중심으로 한 귀족의 한적한 생활을 묘사했기 때문이다.

이 에미키에서는 지붕을 걷어내고 그림을 감상하는 사람이 위에서 들여다보게 하는 기법을 활용하여 실내에서의 생활을 교묘하게 묘사하였다. 또 이 에마키에 그려져 있는 인물은 남녀 모두 매우 간략하게 묘사되어 있다. 눈도 하나의 선을 그은 것으로 표현되어 있고, 코도 기억자 형태 만으로 표현하였다. 그러나 감상하는 사람은 간략화된 얼굴 속에서 여러 가지 표정을 상상할 수 있기 때문에 화면은 오히려 풍부한 표정을 가득 담고 있는 것으로 느껴지는 것이다. 그러한 곳에서도 사생에 치우치지 않는 야마토에의 특색이 잘 드러나고 있다. 나아가 이 에마키는 색채가 화려한 궁정생활을 묘사하고 있기 때문에 그 화면은 마치 꽃밭을 보는 것과 같이 아름답게 느껴진다. 그러나 그것은 결코 강렬한 색채가 혼합되어 있는 것이 아니어서, 차분한 조화를 이루고 있다. 그 점에서도 이 시대 사람들이 얼마나 색채감각이 세련되어 있었는지를 알 수 있다.

시기산엔기에마키는 12세기 후반의 작품이다. 겐지모노가타리에마키가 조용한 정취를 느끼게 하는 것이라면, 이것은 사건이 변화하는 재미를 만끽할 수 있는 것이 특색이다. 이 에마키는 집 밖에서 일어난 사건이 많기 때문에 겐지모노가타라에마키와는 달리 야마토에의 교묘한 풍경묘사 기법을 도입하고 있다. 또 이것은 장면의 변화와 사람의 움직임에 특색이 있기 때문에 야마토에의 묘사법이 잘 활용되고 있다. 그림 속 사람들의 표정을 보면 간략화된 묘사법 중에서 희노애락의 특징을 훌륭하게 표현하고 있다.

반다이나곤에코토바는 겐지모노가타리에마키와 시기산엔기에마키를 종합한 것과 같은 특색을 지니고 있다. 반다이나곤은 자기 손으로 방화

반다이나곤에코토바의 나카노마키 부분

하고는, 정적이었던 미나모토노 마고토(源信)가 저지른 짓이라고 말한다. 하지만 두 사람의 하인이 서로 싸우게 되면서 미나모토노 마고토는 죄가 없다는 사실이 판명되고, 반다이나곤은 섬으로 유배된다고 하는 극적인 변화과정을 생생하게 표현하고 있다. 그 밖에 교토의 고산사(高山寺)에 있는 조주기가(鳥獸戲画)는 4권 중에 원숭이, 토끼, 개구리 등이 놀고 있는 모습을 의인화시켜서 그린 부분과, 동물의 생태를 묘사한 부분이 11세기 후반의 것으로, 도바소조(鳥羽僧正)가 그린 것으로 알려져 있다. 다른 두 권은 13세기 후반의 작품으로 추정된다. 모두 색채가 없는 소묘인데 묘사가 아주 탁월하다. 일본 풍자화의 출발점이라고 할 수 있을 것이다.

테마 8
무사단과 무가의 동량

1. 무사 출현의 배경

장원이 발달하면서 반전수수법의 실시는 점점 어렵게 되었다. 무엇보다도 토지를 회수하고 지급하는 근본자료인 호적이 형식적으로 작성되는 경우가 많았다. 사료상으로 보면 902년을 최후로 반전수수법은 완전히 시행이 중지되었다.

귀족은 물론 지방의 호족이나 관리들은 황무지를 개발하여 장원을 경영하였다. 유력한 농민 중에서도 노동력을 동원하여 개간을 행하여 경작지를 넓혀 갔다. 장원에 소속되어 경작을 하던 농민 중 유력자는 어느정도 독립적인 위치에서 영주의 토지를 경작할 수 있게 되었고, 나아가 독자적으로 토지를 개간하거나 구분전을 매입하여 토지를 확대하였다. 장원이 증가하고, 국가 권력의 지배를 받지 않는 토지와 농민이 늘어나면서 율령체제는 급속도로 붕괴되어 갔다. 조정은 자주 장원 정리령을 내렸으나 효과를 거두지 못하였다.

무사의 등장 12세기에 그려진 『반다이나곤에마키』의 게이비시 일행

　율령체제의 이완과 함께 매관매직의 풍조가 일어났다. 경제력이 있는 관리나 호족은 궁정의 수리나 사원 건립의 비용을 부담하고 관직에 임명되거나 관위를 수여받았는데 이것을 조고(成功)라고 하였다. 고쿠시에 임명되어도 현지에 부임하지 않고 대리인을 임명하여 행정을 담당하게 하고, 본인은 교토에서 생활하면서 봉록을 비롯한 수입만을 취하는 경우가 있었다. 이것을 요닌(遙任)이라고 하였다. 임지로 부임하였던 고쿠시를 즈료(受領)라고 하였다. 고쿠시는 정부로부터 지배지의 조세를 청부맡는 것이 보통이었다. 그렇기 때문에 공령(公領)도 실태적으로는 고쿠시의 사유지나 다름없이 인식되었다.

　고쿠시는 재임 기간 동안에 가능한 한 많은 재산을 축적하기 위하여 수취를 강화하였다. 이에 대하여 농민들은 그 고통을 조정에 호소하는 방법, 아니면 고쿠시에게 직접 대항하는 방법을 취하였다. 날이 갈수록 지방의 치안은 문란하여지고 사회는 불안해졌다. 고쿠가(国衙)와 장원의 관리들이나 유력한 묘슈(名主)들은 치안을 유지하고 지배지를 보호하기 위하여, 본인은 물론 일족과 지배하에 있었던 농민들을 무장시켰다. 이렇게 무장한 일족의 구성원을 이에노코(家子)라고 하고, 그 농민들을 로토(郎党) 혹은 쇼주(所従)라고 하였다.

무장한 호족과 지주는 영주(領土)의 이익을 지키기 위한 세력이기도 하였지만, 한편 단지 수탈만을 일삼는 영주에 대항할 수 있는 세력이기도 하였다. 각 지역별로 형성된 이러한 세력은 중앙의 정치에서 밀려나 지방에 은거하고 있었던 명망가와 결합하면서 커다란 조직으로 발전할 가능성이 있었다. 실제로 지방에 거주하고 있었던 귀족 · 관인(官人)이 무장세력의 수령이 된 사례가 적지 않다.

2. 다이라노 마사카도의 난과 후지와라노 스미토모의 난

다이라노 마사카도(平将門)의 집안은 간토의 유력한 지방호족이었다. 마사카도는 간무(桓武)천황의 증손인 다카모치오(高望王)의 손자로 그 세력의 토대는 바로 그 조부에 의하여 구축되었다. 다카모치오는 889년경에 천황으로부터 다이라(平)라는 성을 하사받아 지금의 지바현(千葉県)인 가스사노쿠니(上総国)의 지방장관인 가스사노스케(上総介)로 부임하였다. 이리하여 다이라씨는 간토지방에서 뿌리를 내렸는데, 다키모치오의 아들들은 모두 그 일대에서 커다란 세력을 형성하였다. 관직에서 물러난 후에도 그 지역에 토착하면서 대호족이 되어, 마침내 국가권력과도 대립할 수 있는 세력을 구축하였다.

마사카도는 한때 게비이시(検非違使)가 되려고 교토에 올라간 적도 있으나 부친이 사망하자 고향으로 돌아왔다. 마사카도는 부친의 뒤를 이어서 지금의 이바라키현(茨城県) 일대를 지배하였다. 지배지역의 요지에는 지배소와 무기고를 설치하였다. 마사카도의 지배지역은 그의 백부와 숙부의 지배지역과 인접해 있었다. 아직 젊은 마사카도는 지배지역의 관리 문제, 자신의 신상문제 등으로 백부 · 숙부들과 자주 충돌을 일으켰다. 그러다가 마사카도가 히타치(常陸)의 호족인 미나모토노 마모루(源護)를 급습하면서 일족간의 치열한 전쟁으로 발전하였다. 분쟁은 938년경까지 수년에 걸쳐서 계속되었다.

이즈음 무사시(武蔵)와 히타치(常陸) 일대에서 고쿠시(国司)와 지방 호족간의 충돌이 잇달았다. 그 결과 정부에 불만을 품고 있던 세력이 마사카도에게 몸을 의탁하게 되었다. 그러자 이제까지 일족을 상대로 싸워온 마사카토의 행동은 점차로 성격을 달리하게 되었다. 939년 11월에 마사카도는 천여 명의 정병을 이끌고 히타치의 관아를 습격하여 3천여 명의 군사들을 괴멸시켰다. 마사카도는 국가와 전면전쟁에 들어갔던 것이다. 반란을 일으킨 마사카도는 먼저 간토 지방을 손에 넣은 다음에 교토로 진격한다는 계획을 세웠다. 그리하여 동년 12월 11일에는 시모스케노쿠니(下野国)를, 15일에는 고즈케노쿠니(上野国)를 공격하여 함락시켰다. 고즈케노쿠니에서는 추방된 고쿠시에 대신한 장관의 임명식을 마사카도가 직접 거행하였다. 이때 종군하고 있던 한 무녀에게 신이 내렸다. 무녀는 스가와라노 미치자네(菅原道真)의 신탁이라고 하며 왕위를 마사카도에게 수여한다고 하였다. 이에 마사카도는 스스로 신황(新皇)이라고 하였다.

정부는 후지와라노 다다부미(藤原忠文)를 정이대장군으로 삼아 마사카도 토벌에 나섰다. 그러나 토벌군이 도착하기 전에 다이라노 사다모리(平貞盛)가 시모스케의 오료시(押領使)인 후지와라노 히데사토(藤原秀郷)와 협력하여 마사카도군을 시모스케에서 격파하고 시모사(下総)에서 마사카도를 죽였다. 마사카도군은 패색이 짙어지자 스스로 괴멸되는 오합지졸에 불과하였다.

한편, 일본의 서쪽 세토나이카이(瀬戸内海)에서는 강력한 해적이 나타나기 시작하였다. 936년이 해적들은 후지와라노 후유쓰구(藤原冬嗣)의 자손으로 이요노조(伊予掾)를 역임한 후지와라노 스미토모(藤原純友)를 영주로 받들고 당을 결성하여 이요의 히부리시마(日振島)를 근거지로 맹위를 떨치고 있었다. 이 해부터 천여 척의 해적선이 세토나이카이를 무대로 하여 공물을 강탈하고 살인을 일삼았다. 정부는 기노 요시히토(紀淑人)를 추포사(追捕使)로 임명하여 해적을 소탕하려고 하였다. 해적들은 요시히토가 관대한 인물이라는 것을 알고 항복하였다. 요시히토는 항복한 해적들에게 경작지를 지급하고 농경을 장려하였다. 그러나 939년이 되자 다시 불온한 형세를 보이기 시작하였다. 스미토모는 부하들을 이끌고 바다로 나아가려고 하였다. 정부는 스미토모에게 유화적인 태도를 보였으나 스미토모는 기어이 반란을 일으켰다. 정부는 병사들을 소집하고 다시 추포장관으로 오노 요시후루(小野好古), 차관에는 미나모토노 쓰네모토(源経基)를 임명하였다. 정부군의 병선은 200여 척, 반란군의 병선은 1,500척으로 수적인 면에서도 스미토모는 절대적으로 우세하였다. 하지만 941년 2월, 스미토모군 내부의 분열이 있었기 때문에 정부군은 전투에서 승리하였다. 그러자 스미토모는 병선을 이끌고 규슈의 지쿠젠(筑前)의 해안을 습격하고 다자이후(大宰府)를 공격하였다. 사태의 심각성을 인식한 정부는 동년 5월, 후지와라노 다다부미를 정서대장군에 임명하여 오노 요시후루와 더불어 스미토모를 토벌하기로 하였다. 하지만 그 전에 요시후루는 육로와 해로에서 협공하는 작전으로 하카타(博多)에 있던 스미토모를 공격하여 적선 800여 척을 빼앗고, 적병 수백 명을 죽이는 대승을 거두었다. 한편 스미토모는 이요(伊子)로 도망하였으나 경고사(警固使) 다치바나노 도야스(橘遠安)에게 붙잡혀 죽었다.

3. 무사단을 이끄는 동량

다이라노 마사카도와 후지와라노 스미토모의 난이 일어난 지 90여 년이 지난 후에 동북지방에서 다시 다이라노 다다쓰네(平忠常)가 난을 일으켰다. 다다쓰네는 지금의 이바라키현(茨城県)과 지바현(千葉県) 일대와 도쿄(東京) 인근지역인 시모사(下総), 가즈사(上総), 무사시(武蔵) 지역을 어우르는 광역지역을 실질적으로 지배하고 있었다.

1028년에 이르러 다이라노 다다쓰네는 봉기하여 가즈사의 관아를 공격하고, 지금의 지바현 남부인 아와(安房)의 구니노카미(国守)를 살해하였다. 다다쓰네의 난은 처음부터 계획적이었다, 그 점이 일족간의 사사로운 싸움에서 반란으로 발전하였던 마사카도의 난과 다른 점이다.

난이 일어나자 정부는 게비이시인 다이라노 나오카타(平直方)를 파견하여 진압하려고 하였다. 그러나 동원할 수 있는 군병은 200기에 불과하였기 때문에 40여 일간을 기다리면서 출발을 하지 못하는 형편이었다. 반란이 일어난 지 3년이 되어서는 아와(安房)의 구니노카미 후임으로 부임한 후지와라노 미쓰나리(藤原光業)도 다다쓰네의 기세에 눌려 국인(国印)과 창고를 버려두고 교토로 도망쳐 오는 상황이었다.

위기감을 느낀 정부는 가이노카미(甲斐守)인 미나모토노 요리노부(源頼信)로 하여금 반란을 토벌하도록 하였다. 요리노부는 '살인자'라는 별명을 갖고 있었던 혈기방장한 인물이었다. 요리노부는 아들인 요리요시(頼義)와 함께 다이라노 다다쓰네를 토벌하러 떠나려고 준비를 하고 있었는데, 다다쓰네가 스스로 요리노부의 근거지인 가이까지 와서 항복을 하고 말았다. 한때 맹위를 떨치던 다다쓰네가 어떠한 이유로 갑자기 항복을 결심하게 되었는지 그 사정은 자세히 알 수는 없지만, 3년 동안 전쟁을 하는 과정에서 민심이 이반되었기 때문일 것이다. 항복한 다다쓰네는 요리노부에게 명부를 제출하고 그 신하가 될 것을 서약하였다고 전한다. 요리노부는 다다쓰네를 교토로 압송하였는데, 다다쓰네는 중간에서 병이 들어 지금의 기후현(岐阜県)인 미노노쿠니(美濃国)에서 사망하였기 때문에 요리노부는 그 목을 가지고 개선하였다. 그 목은 일족에게 돌려주었고, 그 후 일족은 모두 요리노부의 게닌(家人)이 되었다.

다이라노 마사카도의 난부터 다이라노 다다쓰네의 난까지 살펴보았는데, 무엇보다도 주목되는 것은 고대국가의 정부는 완전히 무력화되어 반란이 일어나도 효율적으로 대응할 수 없었다는 점이다. 정부는 지방의 치안을 무사단의 동량(棟梁)에 맡겨두고 있었다. 동량이란 대들보라는 말로 한 집단의 리더를 의미하는데, 다다쓰네의 항복에 의하여 미나모토씨(源氏)는 동부 일본 지역에서 무가의 동량이라는 지위를 확보하게 되었다.

그러나 다다쓰네의 일족은 다이라씨(平氏)다. 그 중에는 미나모토씨인 요리노부에게 신종하는 것을 거부하는 자들도 당연히 있었다. 그러한 반도헤이시(坂東平氏) 일파는 서부 일본 지역으로 이주하였다. 종가라고 일컬어지는 다이라노 사다모리(平貞盛)의 아들인 고레히라(維衡)도 그 중의 한사람으로 훗날 그 혈통에서 다이라노 기요모리(平清盛)가 태어나게 되는 것이다. 이세(伊勢)의 다이라씨(平氏)는 이렇게 출발하였다. 그들은 주로 서부 일본지역에서 고쿠시(国司)를 역임하였다.

마사카도의 난, 다다쓰네의 난 외에도 분란이 끊이지 않았던 동부 일본은 매우 황폐하였다. 동부 일본의 묘슈(名主)뿐만이 아니라 백성들도 신뢰할 수 있는 동량에 의지하여 황폐한 농촌을 재건하려고 하였다. 요리노부는 그 기대에 부응할 만한 믿음직한 무장이었던 것이다.

4. 전9년 · 후3년의 전쟁

간토 지방과 서부 일본 지역에서 호족이 성장하고 있을 때, 도호쿠 지방인 무쓰(陸奥)와 데와(出羽) 지역에서도 같은 현상이 진행되고 있었다. 오우(奥羽) 지방으로 일컬어지는 지역을 실질적으로 지배하는 호족들은 소위 '부수(俘囚)의 장(長)'이라고 일컬어지고 있었다. 이 지역은 정벌에 의하여 비로소 정부의 지배지역으로 편입되었는데, '부수의 장'이란 그때 귀순한 에미시(蝦夷)의 수장 또는 통솔자라는 의미이다. 전9년의 전쟁과 관련된 아베씨(安部氏)와 기요하라씨(清原氏)는 모두 이러한 에미시 민족의 수장들이었다.

아베씨는 지금의 이와테현(岩手県) 일대를 실질적으로 지배하면서 막강한 세력을 구축하고 있었다. 세력이 강성해지면서 고쿠시(国司)의 명령에 따르지 않게 되었다. 세금이나 요역(徭役)도 부담하지 않게 되었다. 그래서 11세기 중기에 무쓰노카미(陸奥守) 후지와라노 나리토(藤原

登任)가 수천의 병사를 이끌고 이곳을 공격하였으나 오히려 패배하였다. 그래서 정부는 당시 용맹하기로 이름이 난 동부 일본의 무사들을 거느리고 있었던 미나모토노 요리요시(源賴義)를 무쓰노카미(陸奧守) 겸 진수부장군(鎭守府將軍)으로 임명하여 아베씨 정벌에 나섰다.

미나모토노 요리요시는 1051년 무쓰로 진격하였는데, 아베노 요리도키(安部賴時)는 일찍부터 미나모토노 요리요시의 명망을 두려워하고 있었기 때문에 이것을 기회로 요리요시에 복종하게 되었다. 그리고 요리요시의 임기 5년 동안 지극히 평온하였다. 그러나 임기 최후의 해에 요리요시의 군영이 습격 당하는 사건이 발생하였다. 아쿠리가와(阿久利川) 사건인 것이다. 요리요시는 범인이 아베노 요리도키의 장남인 사다토(貞任)라고 지목하고 즉시 그를 벌하려고 하였다. 그러자 아베씨 측에서도 일족들이 모여 싸울 것을 결의하였다. 결국 미나모토노 요리요시와 아베씨 사이에 전투가 벌어졌다.

아쿠리가와 사건은 요리요시 측에서 조작한 사건이었다. 용의자가 사다토인 것 같다는 증언만으로 사다토를 벌하려고 하였다는 것은 상식적으로 이해가 되지 않는다. 아베씨가 반역할 의사가 있었다면 요시요리가 부임한 이래 5년간이나 복종하면서 신종하지 않았을 것이다. 그리고 요리요시도 상대가 '부수의 장'이 아니었다면 이와 같이 비겁한 방법으로 싸움을 걸지는 못하였을 것이다. 요리요시는 오우 지방

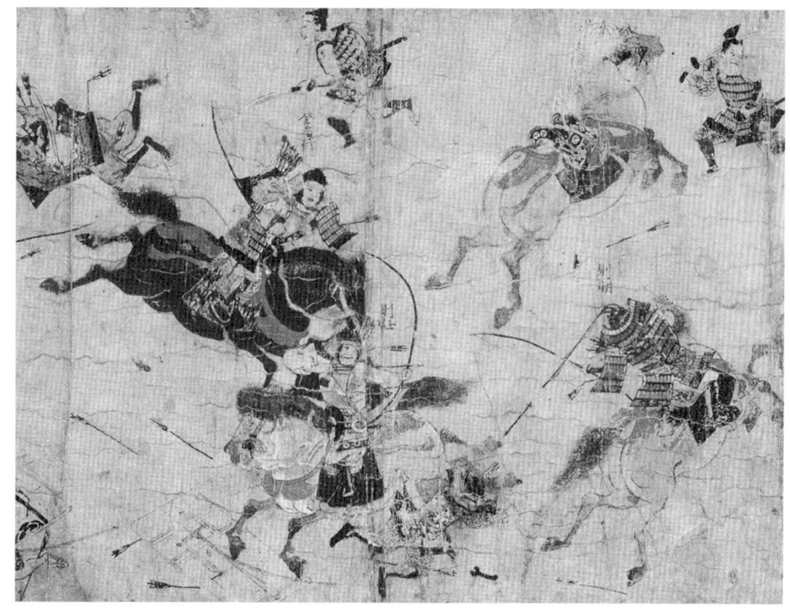

전9년전투(두루마리)

사람들을 야만인이라고 비하하고 있었다. 또 평화롭게 임기가 끝나는 것이 오히려 모양이 좋지 않았다. 미나모토씨의 이름을 빛내기 위해서는 반드시 무력으로 정복할 필요가 있었던 것이다. 그래서 임기가 거의 끝나갈 즈음에 전쟁을 도발하였고, 아베씨와의 길고도 긴 싸움이 시작되었던 것이다.

전쟁중인 1056년에 요리요시의 임기가 끝났다. 그러나 신임 고쿠시는 전쟁이 한창이라는 소식을 듣고 부임하지 않았고, 요리요시는 중임되어 전쟁이 계속되었다. 요리요시는 고전을 면치 못하였다. 1057년 아베씨의 총대장인 요리도키는 도리미노사쿠(鳥海柵)에서 전사하였으나 아베씨 일족은 사다토를 중심으로 결사적인 항전을 계속하였다. 전쟁이 계속되는 중에 다시 요리요시의 임기가 끝나고 1062년에 신임 고쿠시가 부임하였으나 전쟁중이었으므로 곧바로 교토로 돌아가고, 전쟁은 계속되었다. 그러나 사태는 진전되지 않았다. 그래서 요리요시는 최후로 데와노쿠니의 '부수의 장' 인 기요하라씨에게 예의를 갖추어 구원을 요청하였다. 기요하라씨는 1만여 군세를 이끌고 요리요시를 응원하였다. 그제서야 요리요시는 가까스로 승리할 수가 있었다.

아베씨가 멸망한 후, 도호쿠 지방에서 세력을 떨친 것은 전9년의 전쟁에서 결정적인 역할을 하였던 기요하라씨였다. 그런데 11세기 후반에 기요하라씨 일족 사이에 내분이 일어났다. 이때, 미나모토노 요시이에(源義家)는 내분에 간섭하여 기요하라노 사네히라(清原真衡)를 도와 싸웠다. 그리하여 많은 어려움 끝에 혼란을 진정하는 데 성공하였다. 이것을 후3년의 전쟁이라고 한다.

이 전란을 치른 후에 요시이에는 조정에 은상을 주청하였으나 조정은 사사로운 싸움이라 하여 인정하지 않았다. 이때 요시이에는 자신의 재산을 부하들에게 나누어 주었다고 전해지는데, 이러한 요시이에의 처신이 무사들의 절대적인 복종을 이끌어 내었다. 이러한 일이 있은 후, 요시이에의 명망은 점점 높아져 전국의 무사들이 다투어 요시이에에게 장원을 기진하게 되었다. 요시이에는 간토 이북의 무사들과 주종관계를 맺고,

그들을 조직하여 강력한 무사단을 형성하였다. 이러한 과정을 거치면서
미나모토씨는 무가의 동량으로서의 지위를 확립하였던 것이다.

일본중세 탐구

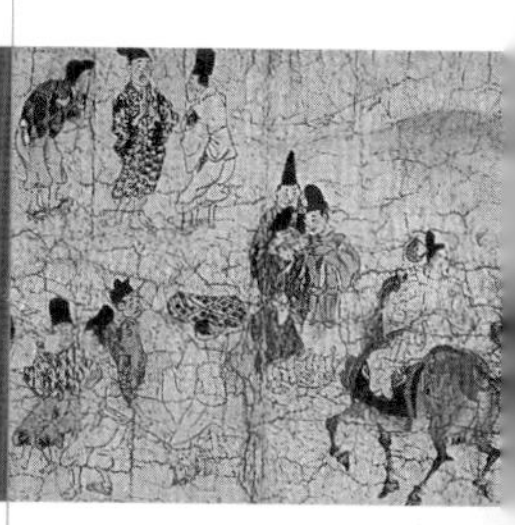

1. 무가 사회의 형성

1) 원정의 전개와 다이라씨 정권

11세기 후기에 고레이제이(後冷泉)천황의 뒤를 이은 것은 고산조(後三条)천황이었다. 그는 측근들의 보좌를 받으면서 섭정과 관백를 두지 않고 친정을 행하였다. 시라카와(白河)천황도 고산조천황의 유지를 계승하여 섭관가를 견제하면서 혁신적인 정치를 시행하였는데, 1086년에 이르러 재위 14년 만에 연소한 호리카와(堀河)천황에게 양위하고 스스로 상황(上皇)이 되었다. 그리고 자신의 거처에 원(院)을 열고 정치를 관장하였다. 이것이 원정의 시초가 되었다.

상황의 처소에는 사설기관인 원청(院庁)이 설치되었다. 사무에 능통한 실무 관료, 재력이 있는 전직 지방 관료, 승려, 무사 등 상황과 개인적으로 친근한 무리들이 측근을 구성하였다. 이렇게 시작된 원정은 시라카와 상황, 도바(鳥羽)상황, 고시라카와(後白河)상황에 이르기까지 100여 년간에 걸쳐서 계속되었다.

다이라노 다다모리(平忠盛)는 도바상황의 신임을 얻어 원(院)의 측근으로 중용되었는데, 그의 아들인 기요모리(淸盛)는 다이라씨의 세력을 반석위에 올려 놓았다. 한편 다이라씨와 함께 미나모토씨(源氏)도 중앙에서 상당한 세력을 형성하고 있었다.

호겐(保元)의 난 후에 다이라노 기요모리 세력과 미나모토노 요시토모(源義朝) 세력이 크게 성장하였다. 자연히 두 세력 사이에 긴장관계가 팽배하였는데, 다이라노 기요모리는 천황의 신임을 얻고 있었던 후지와라노 미치노리(藤原通憲)와 손잡고 미나모토노 요시토모를 압도하였다. 이에 불만을 품은 요시토모는 천황 측근의 한 사람으로 후지와라노 미치노리와 대립하고 있었던 후지와라노 노부요리(藤原信賴)와 결탁하여 1159년에 다이라노 기요모리를 제거하려고 하였으나 실패하였다. 이것을 헤이지(平治)의 난이라고 한다. 헤이지의 난에서 승리한 다이라노 기요모리는 이윽고 권력을 장악하고 다이라씨 정권을 수립하였다.

2) 가마쿠라막부의 성립

다이라노 기요모리의 전제 정치에 대하여 중앙의 귀족은 물론 지방의 무사들도 불만을 품고 있었다. 먼저 다이라씨 타도의 기치를 올린 것은 고시라카와의 아들인 모치히토오(以仁王)였다. 그러자 그의 뜻에 호응하여 전국 각지에서 무사들이 봉기하였다. 대사원의 승병들도 이에 동조하여 봉기하면서 전국적인 내란으로 발전하였다.

헤이지(平治)의 난 후에 이즈(伊豆)로 유배되었던 미나모토노 요리토모(源賴朝)도 봉기하였다. 요리토모는 간토 지방을 제압하고 가마쿠라(鎌倉)에 근거를 두었다. 1181년 봄에 다이라노 기요모리가 사망하였다. 그 아들인 무네모리(宗盛)가 뒤를 이었으나 기요모리가 없는 다이라씨는 급격하게 쇠퇴하였다. 때마침 서부 일본에서는 대기근이 발생하여 그곳

에 기반을 둔 다이라씨의 군사력이 약화되는 악조건이 겹쳤다. 요리토모는 군대를 파견하여 곤경에 처한 다이라씨를 공격하였다. 다이라씨는 1185년에는 나가토(長門)의 단노우라(壇の浦) 전투에서 멸망하였다.

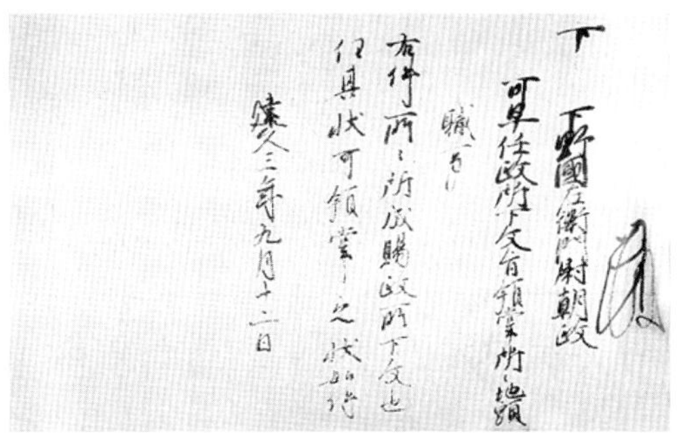

마나모토노 요리토모의 필적과 화압

요리토모는 거병한 직후인 1180년에 이미 미나모토씨와 주종관계를 맺은 무사들을 통솔하기 위한 기관인 사무라이도코로(侍所)를 설립하였다. 1184년에는 정무 일반을 관장하는 기관인 구몬조(公文所)와 재판과 소송을 담당하는 기관인 몬추조(問注所)를 설립하였다.

1185년에는 전국 각지에 슈고(守護)를 두었다. 슈고는 관할 지역의 고케닌(御家人)을 통솔하면서 요리토모의 명령에 따라 군사권과 경찰권을 장악하고, 반역자와 살인자를 단속하는 것을 그 임무로 하였다. 슈고는 1국에 1명을 두는 것을 원칙으로 하였으며, 주로 동부 일본 출신의 고게닌이 임명되었다. 지토(地頭)는 장원이나 공령(公領)에 두어졌다. 지토도 고케닌 중에서 임명하였는데 종래의 지토를 그대로 재임명하는 경우와 새로 임명하는 경우가 있었다. 지토는 조세를 징수하고, 경작지의 관리와 치안유지를 담당하였다.

미나모토노 요리토모는 1192년에 쇼군(将軍)에 취임하였다. 가마쿠라막부(鎌倉幕府)가 명실 상부하게 성립된 것이다. 가마쿠라막부는 주종관계를 근간으로 하였다. 쇼군(将軍)은 고케닌(御家人)에게 은혜를 베풀고 고케닌은 쇼군에게 충성하는 제도가 정착되었다.

3) 싯켄 정치

1199년에 요리토모가 세상을 떠나고 그의 아들 요리이에(賴家)가 쇼군에 취임하자, 요리토모의 처 호조 마사코(北条政子)의 부친인 호조 도키마사(北条時政)와 동생인 호조 요시토키(北条義時)가 실권을 장악하였다. 호조씨(北条氏)가 대두하자 유력한 고케닌들 간의 대립도 표면화되었다. 호조씨는 유력한 고케닌들을 차례로 제거하고 실권을 장악하였다.

호조 도키마사의 지위는 그 아들인 요시토키에게 상속되었다. 도키마사는 이미 1203년에 만도코로(政所)의 장관이 되었고, 이 지위는 싯켄(執権)이라고 불리었는데, 요시토키가 이 지위에 오르게 된 것이다. 이후, 싯켄의 지위는 호조씨에 의하여 독점되었다. 요시토키는 1213년에 사무라이도코로(侍所)의 장관이며 호조씨의 경쟁자인 와다 요시모리(和田義盛) 일족을 멸망시키고 스스로 사무라이도코로의 장관도 겸하여 정치의 실권을 완전히 장악하니, 싯켄의 지위가 확립되었다.

3대 쇼군 사네토모(実朝)는 2대 쇼군 요리이에의 아들인 구교(公曉)에 의하여 암살당하여 미나모토 요리토모의 자손은 전멸하였다. 미나모토씨의 혈통이 단절되자 요시토키는 교토의 섭관가 자손인 후지와라노 요리쓰네(藤原頼経)를 맞아들여 4대 쇼군에 앉혔다. 그러나 이후의 쇼군은 명목상의 쇼군으로 정치의 실권은 호조씨가 장악하였다.

호조 요시토키가 싯켄의 지위에 있을 때인 1221년에 고토바(後鳥羽) 상황의 쿠데타 사건이 있었는데 가마쿠라막부는 대군을 동원하여 진압하였다. 이것을 조큐(承久)의 난이라고 한다. 이 사건의 결과 막부의 지배력은 한층 강화되었다.

2대 싯켄 호죠 요시토키가 1224년에 세상을 떠나자 3대 싯켄에 취임한 것은 요시토키의 장자인 야스토키(泰時)였다. 야스토키는 고케닌에 의한 집단 지도체제를 수립하려고 하였다. 그리하여 1224년에 렌쇼(連署)라는 직책을 신설하고 숙부인 도키후사를 그 직책에 임명하여 싯켄을 보좌하도록 하였다. 1225년에는 막부 최고의 의결기관인 효조슈(評定衆)를 설치하였다. 야스토키는 싯켄과 유력한 고케닌들로 구성된 효조슈에서 정치와 재판에 관한 중요사항을 합의하여 처리하였다.

1232년에는 일본 최초의 무가법이라고 할 수 있는 고세바이시키모쿠(御成敗式目)가 제정되었다. 고세바이시키모쿠는 조에이시키모쿠(貞永式目)라고도 하는데, 이 법전은 중국에서 체계화된 성문법을 수입하여 제정

하는 형식을 취한 고대의 율령과는 다르게, 무가
사회 내부에서 자연스럽게 형성된 관습과 도덕
그리고 막부의 판례를 정리하여 성문화한 것이
다.

　합의제의 도입과 고세바이시키모쿠의 제정에
의하여 제시된 호조 야스토키의 정신은 그 손자이
며 제5대 싯켄인 도키요리(時賴)에 의하여 계승되
었다. 도키요리는 재판의 공정성과 신속성을 확보
하기 위하여 1249년에 효조슈 밑에 문서의 심의
와 결재의 업무를 전담하는 히키쓰케슈(引付衆)를
설치하였다. 또한 그는 고케닌의 보호에도 노력하여 지지기반을 한층 강화

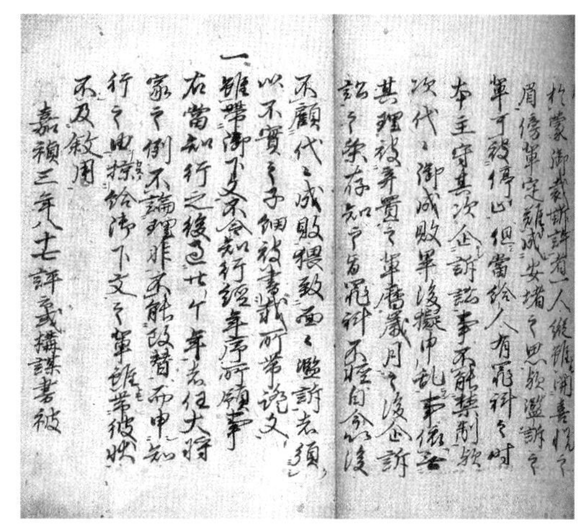

고세바이시키모쿠

하였다. 이러한 과정을 거치면서 호조씨의 지위는 점점 확고해졌다.

　원(元)은 두 번에 걸쳐서 일본을 침략하였다. 제1차 침략은 1274년에
있었다. 이 사건을 분에이노에키(文永の役)라고 한다. 제2차 침략은
1281년에 있었다. 이 사건을 고안노에키(弘安の役)라고 한다. 두 번에
걸친 원의 침략에도 불구하고 일본은 결정적인 타격은 입지 않았다. 오
히려 전쟁을 통하여 막부의 지배력이 미치는 범위가 확대되었다. 막부
내부에서는 호조씨의 독재체제가 확립되었다. 그러나 호조씨의 독재정
치는 오히려 막부체제를 동요시키는 결과를 초래하였다.

4) 가마쿠라시대의 문화

　가마쿠라시대 초기, 귀족사회에서는 와카(和歌)가 성행하였고 뛰어난
가인들이 배출되었다. 산문으로는 『우지슈이모노가타리(宇治拾遺物語)』
와 같은 설화집이 많이 편찬되었다. 가모노 조메이(鴨長明)는 『호조키
(方丈記)』라는 수필집을 남겼다. 요시다 겐코(吉田兼好)가 집필한 『쓰레
즈레구사(徒然草)』 또한 걸작으로 손꼽힌다. 그 밖에 기행문으로는 아부
츠니(阿仏尼)가 쓴 『이자요이닛키(十六夜日記)』가 전해진다.

이 시대의 문예작품 중에서 특히 주목되는 것은 무사를 주인공으로 하는 군기물(軍記物)이다. 『헤이케모노가타리(平家物語)』를 비롯하여 『호겐모노가타리(保元物語)』, 『헤이지모노가타리(平治物語)』, 『겐페이세이스이키(源平盛衰記)』 등의 군기물은 간결하면서도 힘이 넘치는 문체로 무사의 모습을 생생하게 묘사하였다. 역사 문학으로는 『이마카가미(今鏡)』와 『미즈카가미(水鏡)』가 집필되었다. 이것들은 『오카가미(大鏡)』를 본받아 가나로 쓰여진 역사물이었다.

역사서로는 지엔(慈円)이 편찬한 『구칸쇼(愚管抄)』가 전해진다. 이 책은 일본의 건국에서부터 편찬 당시까지의 역사를 서술한 것이다. 막부의 가신이 집필한 것으로 여겨지는 『아즈마카가미(吾妻鏡)』가 있다. 이것은 막부의 성립과 발전과정을 편년체로 기술한 역사서다.

『아즈마카가미』

동대사 금강역사상

이 시대에도 건축의 주류는 역시 사원 건축이었다. 미나모토씨와 다이라씨의 싸움으로 소실된 나라(奈良)의 여러 사원은 조겐(重源)이라는 승려의 노력으로 부흥되었다. 특히 동대사(東大寺) 대불의 수리와 대불전·남대문 등 건축물의 재건에 심혈을 기울였다. 그는 중국으로부터 새로운 건축양식인 천축양식을 도입하여 사업을 완성하였다.

이 시대 조각의 주류를 이루었던 것은 목각이었는데, 운케이(運慶)와 가이케이(快慶)가 대표적인 작가였다. 동대사를 재건할 때 불상과 초상의 조각을 담당한 것도 운케이와 가이케이였다. 정교한 사실성과 풍부한 인간미의 표현이 그들 작품의 특색이었다. 특히 동대사 남대문에 위치한 금강역사상은 역동성이 뛰어난 작품으로 평가되고 있다.

회화는 전통적인 에마키모노(絵巻物)가 많이 그려졌다. 에마키모노는 서책의 삽화로 발달하였는데 사원의 역사, 고승의 전기, 불교설화, 전쟁 등 다양한 주제로 표현되었다. 그리고 니세에(似絵)라고 하는 초상화가 새롭게 등장하였다.

공예분야에서는 무구(武具)가 발달하였다. 무사의 성장에 발맞추어 갑옷의 묘친(明珍), 도검의 오사후네 나가미쓰(長船長光), 아와타구치 요시미쓰(栗田口吉光), 오카자키 마사무네(岡崎正宗) 등의 명장이 출현하여 명품을 남겼다.

2. 무가사회의 전개

1) 가마쿠라막부의 멸망과 남북조 동란

가마쿠라 초기양식을 보여주는 갑옷

호조씨가 전제정치를 강화하면서 막부의 요직을 호조씨 일족이 독점하고, 미우치비토(御內人)들의 정치적인 발언권이 강화되는 체제를 구축했기 때문에 유력한 고케닌들의 불만이 점점 커지고 있었다. 이러한 분위기 속에서 14대 싯켄에 취임한 호조 다카토키(北条高時)는 무능하여 정치를 돌보지 않았다. 자연히 정치의 실권은 미우치비토가 장악하게 되었다. 무능한 다카토키는 1326년에 강제로 은퇴를 당하고, 일족인 가네자와 사다아키(金沢貞顕)가 싯켄직에 취임하게 되었다. 이와같이 정치가 혼란해지자 막부의 권위는 크게 실추되었다.

이러한 혼란스런 틈을 이용하여 고다이고(後醍醐)천황이 막부를 전복하려고 기도하는 사건이 발생하였다. 고다이고천황의 계획은 비록 실패하였으나 호조씨의 정치에 반발하는 세력들이 각지에서 거병하였다. 막부는 반란을 진압하기 위하여 아시카가 다카우지(足利尊氏)를 교토로 파견하였다. 그러나 다카우지는 도중에서 고케닌을 이끌고 반기를 들었다. 간토의 유력한 고케닌인 닛타 요시사다(新田義貞)는 주변 지역의 고케닌을 통솔하여 가마쿠라를 공격하였다. 1333년 5월 가마쿠라막부는 멸망하였다.

가마쿠라막부가 멸망한 후, 고다이고천황은 정치를 관장하였다. 천황정권이 성립된 것이다. 그러나 신정부는 2년 만에 붕괴되었다. 고다이고천황의 정치에 대하여 무사들이 승복하지 않았기 때문이다. 이러한 분위기를 감지한 아시카가 다카우지는 신정부 타도의 기치를 올렸다. 다카우지는 원래 정권을 장악하려는 야심이 있었던 인물이었다. 다카우지는 1335년에 군사행동을 개시하여 1336년에는 교토를 완전히 평정하고 실권을 장악하였다. 이윽고 아시카가 다카우지는 1338년에 교토에 막부를 열었다.

한편 정통성은 자신에게 있다고 생각한 고다이고는 야마토의 요시노(吉野)로 도망하였기 때문에 교토의 조정과 요시노의 조정이 대립하면서 공존하는 모양이 되었다. 요시노의 조정을 남조, 교토의 조정을 북조라고 하며 조정이 대립하였던 약 60년간의 역사를 남북조시대라고 한다. 남북조 동란은 1392년에 끝을 맺었다.

2) 무로마치막부의 정치

3대 쇼군 아시카가 요시미쓰(足利義満)의 시대에 이르러 무로마치막부의 정치가 안정되었다. 요시미쓰는 슈고다이묘(守護大名)를 효과적으로 통제하면서 막부의 기구도 정비하였다. 조정의 고유권한이었던 교토의 행정·재판권도 장악하였다. 요시미쓰는 1378년에 교토의 무로마치(室町)에 저택을 두었다. 그곳이 정치의 중심지였기 때문에 훗날 이 막부를 무로마치막부라고 일컫게 되었다.

무로마치막부의 정치체제는 슈고다이묘의 영국(領国) 지배를 기반으로 하여 성립되었다. 슈고다이묘는 쇼군의 권위와 무력을 배경으로 하여 영국을 지배하였으므로 쇼군에게 복종하지 않을 수 없었으며, 쇼군 또한 유력한 슈고다이묘의 뒷받침이 없이는 정권을 유지할 수가 없었기 때문에, 쇼군과 슈고다이묘는 긴장관계를 유지하면서도 타협하면서 정치체제를 유지하고 있었다.

이런 정치체제의 특성 때문에 쇼군을 보좌하면서, 쇼군과 슈고다이묘의 관계를 조정하고 중앙행정을 통괄하는 간레이(管領)의 직책이 중요시되었다. 간레이는 막부체제 유지의 중심적 역할을 수행하는 기관이라고 할 수 있는데, 그 밑에는 만도코로(政所), 몬추조(問注所), 사무라이도코로(侍所) 등의 기관을 두었다. 이들 기관은 가마쿠라막부와 비교하여 보았을 때 그 권한이 축소되어서 단지 사무기관에 불과하였다. 이들 기관 중에서도 교토 내외의 경비와 형사소송 등을 관장하는 사무라이도코로가 가장 중요시되었다. 사무라이도코로의 장관은 간레이 다음으로 실권을 장악하고 있었다.

무로마치막부는 가마쿠라에 가마쿠라부(鎌倉府)를 두고, 아시카가 다카우지의 아들인 모토우지(基氏)를 그 장관인 가마쿠라쿠보(鎌倉公方)에 임명하였는데, 이후 모토우지의 자손이 그 지위를 세습하면서 광대한 동북부 지역을 관할하였다. 가마쿠라부는 막부에 버금가는 지위를 유지하였다.

규슈와 오우(奧羽) 지역에는 단다이(探題)를 두고 그 밖의 지역에는 슈고를 두었다. 슈고 세력은 점차로 강성하여져서 한 사람이 여러 지역의 슈고를 겸임하고 그 지위를 세습하여 슈고다이묘로 발전하였다. 강력해지는 슈고다이묘 세력을 억제하기 위하여 3대 쇼군 요시미쓰는 우선 기나이의 유력한 재지영주인 고쿠진(国人)을 직할군으로 편성하여 군사력을 강화하였다. 1394년 쇼군직을 아들에게 물려준 요시미쓰는 다이조다이진(太政大臣)이 되었다. 한때는 조정에 대하여 상황의 존호까지 요구하기도 하였다. 이와 같이 요시미쓰는 군사력을 강화하고 조정의 권위를 이용하여 슈고다이묘에 대한 지배력을 강화하려고 하였다.

막부는 전국에 산재한 고료쇼(御料所)라고 하는 직할령에서 연공미(年貢米)를 징수하였다. 막부는 필요에 따라서 슈고와 지토에게도 경비를 부담하게 하였다. 그리고 일반 서민에게도 과세하는 방침을 정하여, 전국의 거주지에 부과되는 단전(段銭)과 동별전(棟別銭) 그리고 관소(関所)에서 거두어 들이는 관전(関銭) 등을 수입으로 하였다. 그리고 교토의 고리대금업자에게도 세금을 부과하였다. 그 밖에 일명무역(日明貿易)의 이윤과 임시 과세 등에 의하여 재정을 보충하였다.

3) 오닌의 난

4대 쇼군 아시카가 요시모치(足利義持)시대에는 3대 쇼군 요시미쓰에게 억압되었던 슈고다이묘 세력이 다시 고개를 들게 되면서, 상대적으로 쇼군의 지위는 저하되었다. 6대 쇼군 요시노리(義教)가 취임하면서 쇼군 권력을 강화하고 슈고다이묘를 억제하는 정책을 취하였다. 그러나 요시노리의 정책은 이미 진행된 슈고다이묘의 독립화 경향과 모순되는 경우가 있었다. 특히 독립성향이 강했던 가마쿠라부와의 대립이 격화되자 요시노리는 토벌군을 파견하는 등 강경책을 취하였고, 슈고다이묘의 처벌을 강행하였기 때문에 정국이 불안정하였다. 요시노리는 슈고다이묘의 반감을 사게 되었다. 결국 요시노리는 1441년에 중신인 아카마쓰 미쓰스케(赤松満祐)에 의하여 살해되었다. 미쓰스케는 처벌되었지만 쇼군의 권위는 크게 손상되었다.

요시노리가 사망하자 막부는 급격하게 쇠퇴하였다. 그럼에도 불구하고 8대 쇼군 요시마사(義政)는 정무를 돌보지 않고 건축사업을 추진하고, 사치스러운 생활을 계속하여 재정이 궁핍해졌다. 자연히 농민에게는 부담이 가중되었고 민심은 이반되었다. 쇼군의 측근들은 뇌물을 받고 정치에 간섭하기 시작하였다. 막부의 권위는 추락하였고 슈고다이묘들은 서로 세력을 다투었다.

막부 내에서는 호소카와 가쓰모토(細川勝元)와 야마나 모치토요(山名持豊)를 중심으로 하는 양대 세력이 대립하는 형세가 되었다. 두 세력은 쇼군 요시마사의 후사문제 그리고 간레이(管領) 가문인 하타케야마가(畠山家)와 시바가(斯波家)의 상속문제를 둘러싸고 대립하였다. 대립은 격

화되어 다이묘들이 두 세력으로 나뉘어 항쟁하
였는데 결국 두 세력은 1467년에 무력으로 충돌
하게 되었다. 이것을 오닌(応仁)의 난이라고 한
다.

　당시 무가 사회에서는 단독상속이 정착되어
장자인 소료(惣領)의 정치적·경제적 입장은 차
자에 비하여 절대적이었기 때문에 그 지위를 둘
러싸고 일족과 가신단이 서로 대립하는 경우가
있었다. 그리고 막부의 소료 공인을 둘러싸고 각
기 막부 내의 실력자와 결탁하는 경우가 많았다.
지도력을 상실하고 권위가 실추된 막부로서는 이미 슈고다이묘 가문의
상속 다툼을 해결할 수가 없었다.

아시가루들의 약탈

　동군이라고 일컬어졌던 호소카와군(細川軍)과 서군이라고 일컬어졌던
야마나군(山名軍)이 대립하는 형세로 전개된 오닌의 난은 1467년부터
11년간 계속되었다. 동군 혹은 서군에 속했던 슈고다이묘는 각기 병력을
교토에 상주시키고 상쟁하였다.

　전쟁터로 변한 교토는 용병으로 동원된 아시가루(足軽)의 약탈과 방화
로 황폐화되었다. 전란 중에 귀족이나 사원·신사뿐만이 아니라 막부도
거의 붕괴된 상태였다. 전란은 지방에까지 파급되어 장원과 공령(公領)
은 슈고다이(守護代)나 고쿠진에 의하여 탈취되어 교토에 거주하는 지배
층은 몰락하였다. 남북조의 내란으로 커다란 타격을 입은 장원제도는 이
시점에서 거의 붕괴되었다.

4) 하극상의 시대

　오닌의 난후 막부의 권력이 쇠퇴하고 슈고다이묘에 대신하여 전국다
이묘가 등장하였다. 그 과정은 극심한 혼란의 연속이었다. 혼란상태는
16세기 말에 도요토미 히데요시(豊臣秀吉)가 전국을 통일할 때까지 약 1

세기 동안 계속되었다. 이 시대를 전국시대(戰国時代)라고 한다.

1489년 9대 쇼군 아시카가 요시히사(足利義尙)가 사망하면서 쇼군의 지위는 간레이(管領)인 호소카와씨를 중심으로 하는 유력한 슈고다이묘에 의하여 좌우되었다. 간토 지역에서는 이미 오닌의 난 직전에 가마쿠라쿠보(鎌倉公方)가 분열하였고, 간토 간레이(管領)인 우에스기씨(上杉氏)도 분열하였다. 그러자 고쿠진(国人)들도 분열하여 항쟁하였다. 막부의 실력자였던 호소카와씨도 가신인 미요시 나가요시(三好長慶)에게 실권을 빼앗겼고, 미요시씨는 다시 그 부하인 마쓰나가씨(松永氏)에게 실권을 빼앗겼다. 이와 같이 부하가 무력으로 주군을 몰아내고 권력을 탈취하는 풍조가 전국을 휩쓸었다. 전국시대는 분열의 시대였을 뿐만이 아니라 하극상의 시대였던 것이다.

오닌의 난 후에는 도잇키(土一揆)의 움직임이 점점 활발하여졌다. 재지 토호인 고쿠진이 중심이 되어 주도하는 구니잇키(国一揆)가 자주 일어났다. 지역의 유력자인 고쿠진이 잇키를 일으켜서 세력을 과시함으로써 슈고다이묘의 지배를 배제하려고 하였던 것이다. 그 중에서도 가장 유명하였던 것은 1485년에 일어난 야마시로(山城)의 구니잇키였다. 고쿠진들은 그들의 의견을 관철시키고, 자치 규약을 만들어 8년간이나 자치를 실시하였다.

이러한 구니잇키보다 더욱 강력한 조직력을 갖추고 전국다이묘에 대항하였던 것은 정토진종(浄土真宗) 본원사파(本願寺派), 즉 일향종(一向宗)의 문도인 승려·고쿠진·농민이 단결하여 일으킨 잇코잇키(一向一揆)였다. 일향종은 일사분란한 조직력을 갖추고 있었다. 일향종의 문도들은 조직력을 기반으로 슈고다이묘에 대항하였다. 잇코잇키의 목적은 경제적인 요구가 아니라 권력을 요구하는 것이었다. 1488년, 가가(加賀)에서는 20여만의 잇코잇키 세력이 결집하여 슈고인 도가시 마사치카(富樫政親)와 전면전쟁에 돌입하였다. 이 전쟁에서 도가시씨는 멸망하고, 가가국(加賀国)은 본원사의 지배 지역이 되었다. 이 지역은 그후 1세기 동안 일향종의 문도에 의하여 지배되었다.

5) 전국다이묘의 영국지배

생존하기 위하여 전쟁을 하지 않으면 안되는 상황 속에서 강력한 무력을 구비하고 영국의 토지와 농민을 일원적으로 지배하는 권력자가 출현하였다. 이들은 영토를 스스로의 실력으로 획득하고, 영토의 지배를 위하여 상위의 권위와 권력을 필요로 하지 않았다. 이와 같은 지역적 통일 권력을 전국다이묘(戰国大名)라고 하였다.

전국다이묘는 슈고다이묘와는 다르게 장원체제를 완전히 부정하였다. 전국다이묘는 지배 지역을 분국(分国)이라고 하여 일원적으로 지배하였다. 전국다이묘에는 이마가와씨(今川氏), 다케다씨(武田氏), 시마즈씨(島津氏)와 같이 슈고다이묘에서 성장한 경우도 있었으나, 대부분은 아사쿠라씨(朝倉氏), 오다씨(織田氏), 도쿠가와씨(徳川氏), 모리씨(毛利氏) 등과 같이 지역의 토호나 슈고다이묘의 가신이 주군을 멸망시키고 새로이 전국다이묘가 된 경우가 많았다.

전국다이묘는 이미 막부의 통제에 따르지 않았다. 전국다이묘는 장원 영주와 재지영주의 특권을 빼앗아 그 토지를 가신들에게 나누어 주는 정책을 취하였다. 전국다이묘의 분국은 완전히 독립된 소국가가 되었다. 전국다이묘는 각 촌락의 무사를 직접생산에서 분리하여 가신단에 편성하였다. 가신들은 다이묘의 혈족인 일족중(一族衆), 토착무사인 후다이(譜代), 혹은 구니슈(国衆), 새로 편입한 무사인 도자마(外様) 등으로 분류되었다. 이들 가신단의 휘하에는 로토(郎党), 주겐(仲間), 고모노(小者) 등이 있었으며, 그 밖에 경보병으로 적진의 정찰·방화·매복 등의 임무를 수행하였던 아시가루(足軽)가 있었다.

다이묘들의 가신에 대한 통제는 엄격하였다. 가신간의 사적인 동맹은 금지되었다. 영토의 자유로운 매매와 분할상속이 금지되고, 장자단독상속이 장려되었다. 결혼도 주군인 다이묘의 허가를 받아야 했다. 형벌은 가혹하였으며 사사로이 다투었을 경우에는 시비를 논하지 않고 양편을 함께 처벌하였다. 이와 같은 처벌방식을 겐카료세이바이(喧嘩両成敗)라고 하였다. 법을 범한 자는 엄벌에 처해졌다.

전국다이묘들의 가장 중요한 목표는 부국강병이었다. 전국다이묘는 산업발달을 위하여 노력하였다. 하천에는 제방을 쌓고 산야를 개간하여 농업생산의 증대를 꾀하였다. 금·은광을 개발하고 또 상업과 도시의 발달에도 힘을 기울였다.

6) 무로마치시대의 문화

임제종(臨済宗)은 무로마치막부의 창시자인 아시카가 다카우지가 귀의한 이래로 막부의 보호를 받으면서 발전하였다. 임제종은 권력의 비호 아래 전성기를 구가하였으나, 그 활동은 정치·외교·문화 등 오히려 종교 본래의 활동에서 벗어난 경우가 많았다. 같은 선종이라도 조동종(曹洞宗)은 지방 무사들 사이에 확산되었다.

흔히 일향종(一向宗)이라고 하는 정토진종(浄土真宗)은 신란(親鸞)이 사망한 후에 본원사파(本願寺派)와 전수사파(専修寺派)로 분리되었다. 본원사파에서 렌뇨(蓮如)가 출현하였는데, 이 렌뇨의 시대에 본원사파는 눈부신 발전을 하였다. 법화종은 니치렌(日蓮)이 사망한 후, 한동안 교세가 약화되었으나 렌뇨와 거의 같은 시기에 닛신(日親)이 나타나 교세를 확장하였다.

남북조시대에는 귀족과 무사의 흥망성쇠를 그려낸 역사서나 역사문학이 발달하였다. 이 시대의 대표적인 작품으로는 『마스카가미(増鏡)』나 『바이쇼론(梅松論)』을 들 수 있다. 남조측의 중심 인물이었던 기타바다케 지카후사(北畠親房)는 『진노쇼토키(神皇正統記)』를 저술하였다. 『다이헤이키(太平記)』는 남북조의 전쟁을 묘사한 군기물이다.

이 시대의 귀족들은 정치·경제적으로 무사의 세력에 압도되어 무력한 존재에 지나지 않았으나, 문화 담당자로서의 역할을 충실히 해내고 있었다. 그들은 유직고실(有職古実)과 고전문학을 연구하였다. 특히 『만요슈(万葉集)』, 『고킨와카슈(古今和歌集)』 등의 작품에 세밀하게 주석을

다는 연구에 치중하였다. 『니혼쇼키』에 대한 연구도 진행되었다.

유학은 5산의 승려들에 의하여 연구되었는데, 일반적으로 한시문, 역사학과 함께 연구되었다. 폭넓은 교양은 선의 공부를 위해서도, 포교를 위해서도 필요하다고 생각되었기 때문이다. 5산의 학문을 5산문학이라고 하였다. 5산문학은 일본 한문학의 본산이라고 할 수 있다.

14세기 말에 3대 쇼군 아시카가 요시미쓰는 교토의 기타야마(北山)에 별장을 짓고 거기에 금각(金閣)을 세웠다. 이 시대의 문화를 기타야마문화라고 한다.

전통 예술인 노(能)는 기타야마문화를 대표하였다. 노의 기원은 산가쿠(散楽)인데, 11세기경부터 해학적인 동작이 사루가쿠(猿楽)라고 불리며 발달하였다. 14세기 말경에 간아미(観阿弥)·제아미(世阿弥) 부자가 출현하여 노를 단순한 해학에서 예술로 완성하였다. 노의 막간에 즉흥적으로 선보이는 연기가 교겐(狂言)이다.

렌가(連歌)는 귀족과 무사 사이에서 크게 유행하였다. 렌가의 유행은 렌가시(連歌師)를 출현하게 하였고, 렌가 자체의 기법도 진보하였다. 서민에게 특히 사랑을 받은 읽을거리로는 오토기소시(御伽草子)가 있었다.

오토기소시는 서민의 수준에 맞춘 통속적인 단편소설이라고 할 수 있는데, 그런만큼 소재도 주인공도 다양하였다.

8대 쇼군 아시카가 요시마사(足利義政)는 교토의 히가시야마(東山)의 산장에 은거하였는데, 그곳에 은각(銀閣)을 세웠다. 이

금각

시대의 문화를 히가시야마문화라고 한다.

　무가 주택의 건축양식인 쇼인즈쿠리(書院造)는, 무사는 물론 귀족 주택에도 도입되었다. 주택 내부에 다타미(畳)를 깔고 종이를 바른 문으로 공간을 구분하여 접객공간과 주거공간을 독립시키고 마루와 수납공간을 둔 건축양식은 일본 특유의 정갈하면서도 세련된 분위기를 자아내게 하였다. 접객공간의 후면에 도코노마(床間)라고 하는 약간 높고 깊숙한 공간의 벽면에는 족자를 걸어놓고 그 앞에는 간소한 꽃꽂이를 전시하여 한적함을 연출하였다.

　물·바위·나무를 소재로 하는 정원은 쇼인즈쿠리 건물에 조화시켜서 조성되었는데 자연의 지형을 교묘히 이용하기도 하고, 가레산스이(枯山水)라고 하여 물을 이용하지 않고 단지 지형에 의하여 산수를 표현하는 기법이 채용되기도 하였다.

무로마치 시대의 대표적인 정원
(용안사 정원)

테마 9
천황과 무가정권

1. 고시라카와상황과 무가정권

『구칸쇼(愚管抄)』의 저자인 지엔(慈円)은 호겐(保元)·헤이지(平治)의 난을 기점으로 하여 무가사회가 시작되었다고 말하였다. 지엔은 호겐·헤이지의 난이 가지는 획기성에 주목하였던 것이다. 호겐·헤이지의 난에서 최후의 승리자는 다이라노 기요모리(平清盛)였다. 무가사회의 시작은 다이라씨의 세상이 시작되었다는 것을 의미하는 것이었다.

원정체제를 구축하려고 하는 고시라카와(後白河)상황은 다이라노 기요모리를 매우 가까이 하였다. 실력자인 기요모리를 이용하여 권력을 강화하려고 하는 의도가 있었기 때문이었다. 기요모리도 또한 상황과 결탁하여 세력을 넓히려고 하였다.

기요모리의 승진은 주변을 놀라게 할 정도로 빨랐다. 곤추나곤(権中納言)을 거쳐서 1165년에는 곤다이나곤(権大納言)이 되었고, 다음 해에는 나이다이진(内大臣)이 되었다. 나이다이진이 된 지 1년 후인 1167년에는 드디어 다이조다이진(太政大臣)의 지위에 올랐다. 헤이지의 난이 있은 지 8년 만에 귀족의 반열에도 들지 못하였던 기요모리가 최고의 관직에 올랐던 것이다.

기요모리가 권력을 장악하게 되자 그의 아들 시게모리(重盛)를 비롯한 일족 수십 명이 고위관직에 오르게 되었다. 1171년에 기요모리는 자신의 딸을 다카쿠라(高倉)천황의 비로 들여보냈다. 이후 조정내에서는 더 이상 기요모리의 위세에 대항할 자가 없게 되었다.

다이라씨의 세력이 커지자 귀족들 사이에서는 다이라씨에 대하여 반감을 품는 사람이 많아지게 되었다. 그동안 출가하여 법황을 칭하고 있었던 고시라카와도 기요모리를 경계하기 시작하였다. 친밀하였던 기요모리와 고시라카와법황의 사이가 벌어지게 되었다. 양자는 1179년 섭관가 영지몰수 문제로 정면으로 충돌하게 되었다. 당시 섭관가의 영지는 대부분 상속되는 것이 관례였는데, 동년 8월에 기요모리의 아들인 시게모리(重盛)가 죽자 그 영지를 법황이 몰수하였던 것이다. 분개한 기요모리는 수천 명의 군사를 이끌고 상경하여 39명의 귀족들의 관직을 박탈하고 그 자리에 다이라씨를 임명하였다. 그리고 고시라카와를 궁중에 유폐하였다. 이 사건으로 다이라씨 정권이 확립되었고, 다음 해인 1180년에는 기요모리 자신의 외손인 안토쿠(安德)천황을 즉위시켰다.

연행되는 고시라카와법황

　　그러자 이에 분개한 고시라카와법황의 아들인 모치히토오(以仁王)는 미나모토노 요리마사(源頼政)와 함께 다이라씨 타도의 기치를 올렸다. 이것이 계기가 되어 각지에서 다이라씨에게 저항감을 갖고 있던 무사들이 연이어 봉기하였다. 미나모토노 요리토모(源頼朝)도 동부 일본지역에서 봉기하였다. 다이라씨는 1185년에 멸망하였다

　　고시라카와법황은 요리토모의 세력이 강성해지자 불안감을 느꼈다. 때마침 미나모토노 요리토모와 동생인 요시쓰네(義経)의 사이가 벌어지게 되었다. 요리토모 또한 동생인 요시쓰네를 견제하기 시작하였던 것이다. 위기에 몰린 요시쓰네는 법황에게 접근하여 요리토모 토벌의 선지(宣旨)를 얻어냈다. 이러한 사실이 밝혀지자 요리토모는 1185년에 대군을 이끌고 상경하였다. 요시쓰네는 역부족으로 도망길에 올랐다. 요리토모는 고시라카와법황을 협박하여 오히려 요시쓰네 토벌의 선지를 얻어내었다. 요리토모는 고시라카와법황에게 정치적 책임을 묻지는 않았다. 그러나 법황은 왕조국가의 멸망을 자초하는 최대의 정치적 양보를 하고 말았다. 즉 1185년 11월에 슈고(守護)와 지토(地頭)를 설치할 수 있는 권한을 요리토모에게 부여하였던 것이다. 요리토모는 궁지에 몰린 고시라카와법황을 이용하여 합법적으로 정권을 장악하는 방법을 택하였던 것이다.

2. 고토바상황의 막부 토벌 계획

　　호조 요시토키(北条義時)가 싯켄(執権)이 되었을 때, 교토의 조정에서는 가마쿠라막부를 붕괴시키고 잃어버린 권력을 되찾으려는 움직임이 있었다. 이 계획은 고토바(後鳥羽)상황을 중심으로 추진되었다. 고토바상황은 강력한 원정(院政)을 행하면서 새로이 ‘서면(西面)의 무사’를 조직하여 군사력을 증강하였다. 막부를 타도하고 원정을 확립하기 위해서는 무엇보다도 막부에 대항할 수 있는 무력이 절대적으로 필요하였던 것이다. 귀족에게도 무예를 연마하게 하였다. 그리고 교토 근교의 무사와

대사원의 승병을 포섭하였다.

이러한 때에 3대 쇼군 사네토모가 암살되었다. 이 사건을 계기로 조정은 막부토벌 계획을 구체화하였다. 1221년 5월에 고토바상황은 호조 요시토키 타도의 기치를 올리고, 서부 일본의 무사, 대사원의 승병, 호조씨 세력에 반발하는 동부 일본의 일부 무사들의 결집을 기대하였다. 그러나 가마쿠라막부의 결속은 의외로 강력하였다. 미나모토노 요리토모의 처인 호조 마사코가 눈물로 호소한 연설에 감복한 고케닌들이 호조씨를 중심으로 일치단결하여 막부에 충성을 다할 것을 서약했다는 이야기는 유명하다. 내분을 잠재운 호조 요시토키는 자신의 아들인 야스토키(泰時)를 대장으로 하고 동생인 도키후사(時房)를 부장으로 삼아 19만의 대군을 편성하여 교토로 진군하였다. 막부군은 1개월도 지나지 않아서 교토를 점령하였다. 싸움은 막부의 승리로 끝났다. 이것이 조큐(承久)의 난이다.

조큐의 난으로 고토바상황, 쓰치미카도(土御門)상황, 준토쿠(順德)상황이 유배되었다. 그리고 막부는 조정측에 가담하였던 귀족이나 무사를 처벌하고, 그들이 지배하고 있었던 영지 3천여 개소를 몰수하여 공을 세운 고케닌을 지토로 임명하였다. 이때 새로 임명된 지토는 대부분 동부 일본 출신의 무사들이었다. 이를 계기로 막부는 교토에 로쿠하라탄다이(六波羅探題)를 설치하여 조정의 동향을 감시하고 교토의 경비를 담당하게 하였다.

조큐의 난을 기점으로 하여 조정과 막부의 이원적 지배는 크게 변화하였다. 막부로 대표되는 무가정권이 조정으로 대표되는 천황정권의 우위에 서게 되었다. 천황이 왕위를 계승할 때에도 막부가 깊이 관여하게 되었다.

3. 고다이고천황의 정권회복 야망

14세기 초, 가마쿠라 막부의 정치가 혼란해지자 막부의 권위는 크게 실추되었다. 이러한 혼란스런 틈을 이용하여 고다이고(後醍醐)천황이 두 번이나 막부를 전복하려고 기도하는 사건이 발생하였다. 천황은 평소에 막부의 정치에 비판적이었으며, 천황친정을 재건하여 태평성대를 이룩해 보겠다고 하는 야망이 있는 인물이었다. 그러나 천황이 무력으로 막부를 타도하려고 결심하였던 직접적인 요인은 당시 조정을 혼란스럽게 하였던 왕위계승을 둘러싼 내분을 잠재우기 위해서였다. 당시 막부는 왕위계승 문제에 깊이 관여하고 있었다.

고다이고천황의 첫번째 계획은 기나이(畿內)의 무사와 승병들을 자기 편으로 끌어들여 로쿠하라탄다이(六波羅探題)를 기습 공격하는 것이었다. 그러나 1324년 이 계획은 사전에 발각되어 실패로 끝났다. 이때는 천황도 이 계획을 전혀 몰랐다고 발뺌하여 무사하였다. 이 사건을 쇼추(正中)의 변이라고 한다.

고다이고는 1331년에 다시 막부를 타도하기 위한 계획을 추진하였다. 이 계획도 측근의 밀고에 의하여 사전에 발각되었다. 이번에는 막부도 천황을 체포하려고 하였다. 그러자 천황은 도망하여 무력을 결집하였다. 지금까지 일본에서 충신으로 받들어지는 가와치(河內) 출

고다이고천황

신의 구스노키 마사시게(楠木正成)가 천황에게 달려간 것도 이때였다. 그러나 막부의 공격으로 천황은 체포되어 오키(隠岐)로 유배되었다. 이 사건을 겐코(元弘)의 난이라고 한다.

고다이고천황의 계획은 실패하였으나 이를 계기로 기나이를 중심으로 한 사원 세력과 호조씨의 정치에 반발하는 고케닌들이 각지에서 거병하였다. 고다이고의 아들인 모리나가(護良)와 구스노키 마사시게 등의 집요한 저항이 계속되었다. 고다이고천황이 유배지에서 탈출하면서 분위기는 고조되었고 이윽고 1333년 5월, 가마쿠라막부는 멸망하였다.

아시카가 다카우지 상

가마쿠라막부가 멸망한 후, 교토로 돌아온 고다이고천황은 의욕적으로 정치를 개시하였다. 고다이고천황의 정치 목표는 막부도 원정(院政)도 그리고 섭정(摂政)과 관백(関白)도 부정하는 복고적인 천황 중심의 정치를 실현하는 것이었다. 이러한 고다이고천황의 정치를 겐무중흥(建武中興)이라고 하였다.

신정부는 의욕적으로 정치를 개시하였다. 그러나 불안 요소들이 많이 내재되어 있었다. 그 중에서도 신정부 수립에 참가하였던 귀족과 무사들의 기대가 일치하지 않았다는 점이 치명적이었다. 귀족들은 천황정치의 부활을 꿈꾸고 있었으나 무사들은 단지 자기 영지의 확대를 목적으로 하고 있든지, 아니면 호조씨를 대신하는 무가정권의 수립을 기대하고 있었던 것이다. 특히 은상이 귀족이나 사원에 대하여는 후하게 적용되었으나 정작 무사에 대하여는 그렇지 못하였기 때문에 고다이고천황의 정치에 불만을 품는 무사들이 늘어났다.

이러한 정황을 틈타서 무가정권의 재흥을 시

도한 것은 아시카가 다카우지(足利尊氏)였다. 다카우지는 1336년 셋쓰(摂津)의 미나토가와(湊川) 전투에서 신정부의 맹장이었던 구스노키 마사시게(楠木正成)를 패사시키고 교토를 점령하였다. 다카우지는 고다이고천황과 혈통이 다른 지묘인(持明院) 계열의 고묘(光明)천황을 세우고 고다이고천황을 유폐시켰다. 이리하여 신정은 2년 만에 붕괴되었다. 1338년에는 아시카가 다카우지가 쇼군(将軍)에 취임하였다. 한편 고다이고는 1336년말에 교토를 탈출하여 요시노(吉野)로 도망하였다. 남북조시대가 시작되었다.

　이 시대는 정치적 면뿐만이 아니라 사회적으로도 변동이 시작되는 시기였다. 무엇보다도 무가사회의 혈연적 결합인 소료제(惣領制)가 붕괴되었고, 농촌에서는 소농민이 성장하면서 촌락질서의 재편이 요구되었다. 무사들이 지연적으로 결합하여 각지에서 유력한 무사단이 생겨나기 시작하였다. 이런 사회변동을 배경으로 하여 남북조의 대립은 지방의 새로운 무사단의 항쟁과 연계되어 있었다. 요시노의 고다이고천황는 각지의 무사들을 움직여서 막부와 항전하였다. 그러나 시간이 지날수록 남조의 세력은 약화되고 있었다.

　북조측이 일거에 남조측을 멸망시키지 못하였던 데에는 요시노가 교통의 요지였을 뿐만이 아니라 섯불리 공격하기 어려운 지형에 위치해 있었고, 또 남조의 정통성을 무시할 수 없었던 사정이 있었다. 그리고 막부 내부에 알력이 있었다는 점도 남조를 멸망시키지 못하는 중요한 요인이 되었다. 막부 내부에서는 가마쿠라막부식 체제의 재건을 목표로 하는 점진파와 신체제 구축을 주장하는 급진파가 대립하고 있었던 것이다. 그들의 대립은 1350년부터 첨예화되어, 일단은 급진파의 승리로 끝났으나 점진파의 저항도 만만치 않았다. 이러한 상황이었기 때문에 양파는 각기 다른 파를 경계하기 위하여 그때 그때의 상황에 따라서 남조 조정과도 내응하였기 때문에 동란은 복잡한 양상을 띠게 되었다.

　그러나 이러한 내분은 점차로 가라앉았다. 1368년 다카우지의 손자인 요시미쓰(義満)가 3대 쇼군에 취임할 무렵에는 막부의 정치체제도 안정되었다. 각지의 무사들도 점차로 북조측의 지배하에 편입되면서 남조는 명목상의 정부로 존속하는 모양이 되었다. 그러자 1392년 남조의 고카메야마(後亀山)천황이 교토로 가서 북조의 고코마쓰(後小松)천황에게 양위하는 형식으로 남북조의 통일이 실현되었다.

4. 고요제이천황과 도요토미 히데요시

1586년 도요토미 히데요시는 교토에 광대한 부지를 확보하고 주라쿠테이(聚楽第)라는 궁전을 건설하였다. 그리고 1588년에 고요제이(後陽成)천황을 주라쿠테이에 행차하게 하였다. 고요제이천황의 행차는 히데요시의 총지휘 아래 화려하기 그지없게 시행되었다. 오랫동안 폐지되었던 천황이 행차하는 장면을 지켜본 교토의 서민들은 그 화려함에 감탄하였고 그 웅장함에 눈물을 흘렸다.

그도 그럴것이 전국시대가 되면서 천황이 소유하고 있었던 영지도 전국다이묘에게 빼앗겼기 때문에 천황은 재정적으로 궁핍하였다. 15세기 후기에 재위하였던 고쓰치미카도(後土御門)천황의 장례식은 40여 일이나 연기되었고, 1500년에 즉위한 고카시와바라(後柏原)천황은 즉위한 후 21년이 지나서야 사원에서 제공한 자금으로 즉위식을 올릴 수 있었다. 고카시와바라천황 다음에 즉위한 고나라(後奈良)천황도 즉위한 지 10년이 지나서야 오우치씨(大内氏)의 헌금으로 겨우 즉위식을 올릴 수 있었을 만큼 재정이 곤궁하였다.

곤궁해진 천황의 처지에 대하여 교토의 민중들은 진심으로 동정하였다. 그런데 그렇게 곤궁했던 천황이 당당하게 행차하는 모습을 지켜본 민중들은 감개무량하지 않을 수 없었던 것이다. 천황의 화려한 외출이 히데요시의 후원금으로 연출되었다는 것을 알고 있는 교토의 민중들은 히데요시에 대하여 감사하는 마음을 갖게 되었다.

히데요시는 천황을 주라쿠테이에서 여러 날 동안 체류하게 하였다. 분위기가 무르익었을 때, 히데요시는 연회를 개최하고 천황이 지켜보는 앞에서 여러 다이묘들이 자신에게 충성을 맹세하도록 하였다. 히데요시는 무력과 천황의 권위를 배경으로 하여 다이묘들 위에 군림하려고 하였던 것이다.

5. 고미즈노오천황과 에도막부

에도막부의 쇼군은 제도적으로 조정의 관직을 가지고 있었기 때문에 조정에 대하여 표면적으로는 공순하였으나 실제적으로는 천황을 철저하게 감시하였다. 조정이 정치상의 실권을 상실하였다고 하여도 전통적인 천황의 권위는 여전히 존속하고 있었기 때문이다. 막부는 천황이 정치세력화하는 것을 내심으로 두려워하고 있었던 것이다.

1615년에는 조정과 귀족을 대상으로 하는 법령인 금중병공가제법도(禁中並公家諸法度) 17조를 제정하여 천황과 귀족의 일상생활까지 일일이 규제하였다. 금중병공가제법도는 제 1조에서 천황은 오로지 전통적인 관례에 따라서 의례를 집행하는 것이 주어진 본분이라고 말하여 천황의 정치적인 행위를 원천적으로 봉쇄하고 있는 것을 비롯하여, 의례의 장에서 천황가의 지위와 특권을 제한하고, 사원이나 신사를 대상으로 하여 전통적으로 행사하던 천황의 각종 칙허(勅許)를 제한하고, 조정대신을 임명하고 면직시키는 것과 서열을 정하는 것에 대한 원칙을 제시하고, 심지어 연호의 제정까지도 막부가 간섭하는 내용을 포함하고 있다.

당시 천황과 귀족은 이미 정치적인 영향력을 행사할 수 없었고, 경제적으로도 빈궁하였으나 도쿠가와 이에야스(德川家康)는 천황의 의례상, 영예상의 권한에도 간섭하고 전통적인 권위를 제약하려고 하였던 것이다. 이 법도에 대하여 고미즈노오(後水尾)천황과 귀족들은 매우 저항감을 갖고 있었다.

조정과 막부가 첫번째 충돌한 사건이 소위 자의사건(紫衣事件)이었다.

1613년에 막부는 금령을 내려서 대덕사(大德寺), 묘심사(妙心寺), 지은사(知恩寺) 등 유력한 사원의 주지 임명에 관한 건은 칙허를 얻기 이전에 막부에 먼저 신고하도록 규정하였다. 그리고 금중병공가제법도에도 조정은 칙허를 신중하게 내려야 한다는 내용이 포함되어 있었다. 이 내용에는 막부가 칙허에 대하여 간섭할 수 있다는 메시지가 담겨져 있었다. 그런데도 천황은 유력한 사원의 주지를 임명할 때의 관례에 따라서 칙허를 내렸던 것이다. 이에 대하여 막부는 1615년 이후에 내려진 자의칙허(紫衣勅許)를 취소하는 등 강력하게 대응하였다. 천황의 권위는 크게 실추되었기 때문에, 결국 고미즈노오천황은 양위를 결심하게 되었다.

테마 10
무가사회의 구조

1. 쇼군과 고케닌

쇼군(将軍)에 직속된 무사는 게닌(家人)에 '御'자를 붙여 고케닌(御家人)이라고 하여 다른 무사들과 구별하였다. 고케닌제도는 고대의 게닌제도를 모방하여 무가사회의 조직으로 정착되었을 것으로 생각된다.

가마쿠라시대의 고케닌은 대체적으로 3개의 계층, 즉 호족적 고케닌층, 토호적 고케닌층, 묘슈적(名主的) 고케닌층 등으로 분류할 수 있다. 호족적 고케닌층은 동부 일본의 호족들이 대부분을 차지하고 있는데, 그들은 대대로 지배해온 광대한 토지를 영유하고 있었다. 토지는 일족, 게닌, 쇼주에게 분할하여 지급하고 자신은 소료(惣領)라고 칭하며 최고의 소유권을 보유하고 있었다. 서부 일본에는 토호적 고케닌층이 많은데, 그들은 영유하고 있는 토지를 노비를 시켜서 직접 경작하고, 나머지 토지는 게닌 혹은 일반농민에게 소작을 주고 연공(年貢)을 징수하였다. 묘슈적 고케닌층은 고케닌 중에서 가장 많은 비율을 차지하고 있었는데,

미나모토노 요리토모

이들은 보유하고 있는 토지를 주로 직접 경작하고, 여유분의 토지가 있을 경우에는 영세한 농민에게 소작을 주고 간접적으로 지배하는 방식을 취하였다.

고케닌제도의 정점에는 막부의 쇼군이 위치해 있었다. 특히 미나모토씨(源氏)는 가마쿠라막부를 창설한 미나모토노 요리토모(源頼朝)의 선조들인 요리노부(頼信), 요리요시(頼義), 요시이에(義家) 등이 동부 일본에서 무명(武名)을 드날리고 무가의 동량으로서의 지위를 확립한 후, 동부 일본의 무사들과 누대에 걸쳐서 주종관계를 맺고 있었다. 이들이 미나모토씨의 고케닌들이었다. 이들은 미나모토씨가 몰락하고 다이라씨(平氏)가 융성했을 때에는 할 수 없이 다이라씨에게 복종하였으나 미나모토노 요리토모가 거병을 하자 속속 그 휘하로 모여들었다.

그러나 미나모토노 요리토모가 거병을 했을 당시의 고케닌들은 소위 게닌형 종자들은 아니었다. 요리토모가 유배생활을 할 때부터 측근으로 봉사하던 자들은 거의 없었다. 거병을 할 때 휘하로 들어온 자들이었기 때문에 언제든지 물러갈 수도 있었던 소위 가례형(家礼型) 종자들이었다. 요리토모로서는 그들의 협력을 구하는 입장이었기 때문에 처음부터 절대적인 복종을 요구할 수 있는 게닌형 종자로 취급할 수는 없었다. 그러나 요리토모가 가마쿠라를 근거지로 하면서 지배권을 확립하고, 정권의 기초로서 고케닌제도를 정비해 가려고 할 때, 가례형 종자를 그대로 방치해 둘 수는 없었다. 모든 고케닌들을 강력한 통제하에 두려고 하여, 고케닌들에게 절대적인 복종을 요구하였던 것이다. 거병 이래 요리토모와 동부 일본의 무사들간에 맺어졌던 끈끈한 인간관계는 주종관계가 제도화되어 가면서 점차로 소멸되게 되었다.

요리토모는 가이(甲斐), 시나노(信濃), 도토미(遠江) 등지에 분산되어 있던 일족들을 규합하였다. 그러나 권력이 강화됨에 따라서 일족들도 주종관계의 틀 속에 편입되지 않으면 안되었다. 일반 고케닌보다는 우대를 받는 경우가 없지는 않았지만, 일족들도 고케닌에 준하는 대우를 받았다.

막부를 창설한 후에도 요리토모는 고케닌제도를 강화하기 위하여 각지의 명망있는 호족들을 고케닌으로 받아들였다. 그리고 무용이 출중한 자들은 신분에 구애되지 않고 고케닌으로 발탁하였다. 또 다이라씨의 고케닌이었던 자들도 관대하게 맞아들여 고케닌으로 편성하였다. 이렇게 하여 형성된 고케닌의 총수는 1185년에 2,096명이 되었다. 물론 이후에도 계속하여 각지의 무사가 고케닌으로 편성되었으니까 그 숫자는 꾸준히 증가하였을 것이다.

2. 고온과 호코

종자(從者) 중에서 이에노코(家の子)는 일족의 자제들로 가장(家長)을 주인으로 받드는 자들이다. 게닌, 로토, 쇼주 등은 주인과 혈연관계는 없으나 모두 주인 가문에 예속되는 종자들이었다. 이러한 무사공동체는 가장과 그 가족, 그리고 종자들의 무력으로 단결되었다. 이러한 단위의 무력은 더욱 큰 단위의 무력집단으로 형성되고, 그 중심에는 종가의 가장이 일족을 대표하는 권위를 가지고 군사 혹은 기타 중요한 사건이 발생하였을 때에 동족전체가 하나의 조직으로서 활동하였다.

가마쿠라막부는 이러한 무사의 계층조직을 확대하여, 하나의 제도로서 강화하였다. 가마쿠라막부의 쇼군과 고케닌은 일종의 계약에 의한 주종관계를 맺고 있었다. 주종관계가 편무적 성격이 강했는가 쌍무적 성격이 강했는가는 더 깊이 탐구해야 되는 문제이지만, 쇼군과 고케닌은 고온(御恩)과 호코(奉公)라고 하는 관계를 맺고 있었다.

고케닌이 충성서약을 하면 가마쿠라도노인 쇼군은 그들을 보호할 의무를 진다. 쇼군은 고케닌의 본령(本領)을 안도(安堵)하였다. 그것은 고케닌이 조상대대로 경작하고 있었던 영지의 점유권을 승인하는 것을 말한다. 새로운 영지를 부여하는 경우도 있었다. 또 영지의 지배권을 둘러싸고 소송이 벌어지면 고케닌을 보호하였다. 나아가 슈고(守護)나 지토(地頭)에 임명하거나 조정의 관위에 취임할 수 있도록 고케닌을 천거하였다. 이와 같이 쇼군이 고케닌을 보호하고 그들을 구체적으로 보살피는 것을 고온(御恩)이라고 하였다.

그 은혜에 보답하여 고케닌은 쇼군에 대하여 충성으로 봉사하는 의무를 지지 않으면 안되었다. 이것을 호코(奉公), 혹은 고케닌야쿠(御家人役)라고 하였다. 중요한 호코의 의무로는 교토나 가마쿠라의 경비를 담당하는 것, 임시의 군역(軍役)을 부담하는 것, 평시와 전시에 군사적으로 봉사하는 것 등이 있었다. 그 밖에도 정기적 혹은 부정기적인 경제적 부담이 있었다. 이 중에서 평시에 부담해야 하는 군역의 대표적인 것은 다이리오반(內裏大番)이라고 하는 것이었다. 이 의무는 주로 교토에 있는 천황의 궁전을 경비하는 것이었다. 천황 궁전의 경비는 원래 11세기경부터 교토 인근의 무사들이 담당하기도 하고 각 지역의 무사들이 교대로 근무하기도 하였다. 그런데 막부가 성립되면서 고케닌야쿠로 제도화되었던 것이다. 다이리오반을 담당하는 일반 고케닌은 슈고의 지휘를 받고, 유력한 고케닌은 직접 막부의 명령을 받아서 소료의 통제하에 교대로 근무하였다. 1225년에는 가마쿠라반야쿠(鎌倉番役)가 제도화되었다. 이 의무는 주로 동부 일본의 무사들에게 부과되었는데, 막부의 건물을 경비하는 것이었다. 1개월 혹은 2개월 단위로 교대하여 근무하였다.

준전시의 군역은 국방의 의무였다. 이것을 이코쿠케이고반야쿠(異国警固番役)라고 하였다. 일본의 경우 최전선은 한반도가 건너다 보이는 규슈의 북부였다. 대륙으로부터 이민족이 침입할 수 있는 가능성이 있었기 때문에 특히 국경선이라고 할 수 있는 규슈의 해안선에 대한 경계를 게을리 할 수 없었다. 국경선의 경계에는 주로 서부 일본의 무사들이 동원되었다. 동부 일본의 무사라고 하여도 서부 일본에 영지를 보유하고 있는 자는 동원의 대상이 되었다.

　고케닌은 이상과 같은 군역 이외에 막부를 위하여 경제적인 부담을 지고 있었다. 경제적인 부담에는 항례적인 것과 임시적인 것이 있었다. 그 내용은 가마쿠라막부, 천황의 궁전, 막부가 지정한 사원 등을 건축하거나 수리하는 것, 대규모 토목공사, 도로공사 등 다양하였다.

3. 일본의 주종관계

　무사가 쇼군을 알현하면 주종관계가 성립한다. 이때 쇼군과 고케닌은 서로 의무사항에 대하여 어떠한 형태로든지 계약을 맺는 것은 아니다. 서양에서는 대영주(왕)는 영주를 보호하고 영주는 대영주(왕)에 대하여 충성을 한다는 선서를 하는 것이 관행이었는데, 그러한 주종관계에는 구체적인 계약의 성격이 내포되어 있다. 영주는 두 명 이상의 대영주(왕)와 주종관계를 맺는 경우도 있었다. 그러나 일본의 경우는 그러한 일은 없고, 주인과 종자 사이는 절대적인 의존관계에 의하여 결합되었다. 즉 주인과 종자는 대대로 주종관계를 맺어왔다는 인연을 중요시하였다. 종자는 주인에 대하여 절대적인 충성을 하였고, 그에 대하여 주인은 종자를 후하게 대우하고 보호하였다. 그러한 관계는 조상 대대로 그랬듯이, 후손 대대로 영속되어 간다는 것이 약속되어 있었다.

　일본의 주종관계는 서양의 주종관계보다 강하다고 설명하였는데, 이러한 강력한 주종관계는 주인과 종자 사이의 보호와 복종의 관계만으로 설명할 수 없을 것이다. 일본의 경우, 주인과 종자 사이의 혈연관계, 그리고 일상적인 생활을 통하여 형성된 도덕적 감정이 주종관계를 더욱 공고하게 하는 요인이었다. 이러한 관계는 무가사회가 동족조직을 근간으로 하고 있었기 때문에 가능하였다. 즉 족장의 권위가 곧 주인의 권위로 군림하면서 무사조직을 결속하는 힘으로 작용하였던 것이다. 이와 같이

출진하는 무사들

고케닌은 각자의 동족집단을 견고하게 이끌고, 쇼군은 이러한 고케닌 조직의 위에 군림하여 고케닌을 지배하였다. 그러니까 쇼군은 족장 중의 족장, 즉 대족장의 권위와 함께 고케닌의 주인으로서의 권위를 한 몸에 지니고 무사사회를 지배하였다. 일본의 절대적인 주종관계는 이와 같은 구조에서 형성될 수 있었다. 즉 절대적인 복종은 권력이 가족적 성격을 갖는 것에서 기인하는 속성인 것이다.

니시오카 도라노스케(西岡虎之助)는 일본의 주종관계를 설명하면서 주인의 기량(器量)은 무용(武勇), 지혜와 재능, 은덕을 갖추었을 때 발휘된다고 말하였다. 종자들은 주인의 기량에 감복하여 복종하고 죽음을 무릅쓰고 전쟁터를 누빈다. 무사도는 이러한 분위기 속에서 형성되었다. 그렇기 때문에 무사도는 이성적인 것이 아니고 정적인 것이었다.

4. 친밀했던 일족간의 관계

무사가 전쟁터로 향할 때에는 언제나 일족(一族) 단위의 부대로 편성되었다. 겐페이(源平)의 전쟁 때도 그랬지만 13세기 초에 발생한 조큐(承久)의 난 때에도 가마쿠라막부는 일족을 대상으로 하여 명령서를 하달하였다. 일족이란 원래 본가로 형성된 일가(一家)었는데, 당시 일족에는 비혈연적 존재, 요컨대 일상생활을 함께 한다고 하는 관계로 맺어진 다양한 인간존재를 포함하고 있었다.

전투는 한 편에서 가부라야(鏑矢)라고 하는 화살을 적진을 향하여 발사하면서부터 시작되었다. 그러면 쌍방에서 한 사람의 비중있는 장수가 대열의 앞으로 나와서 천천히 나노리(名乗り)를 하였다. 나노리는 적에게

자신의 가계(家系)와 이름을 큰소리로 외치던 관행이었는데, 나노리가 끝나면 화살을 쏘아대며 전투가 시작되었다. 무사는 이와 같이 전쟁터에서도 가명(家名)을 널리 알리는 것을 자랑스럽게 생각하고 있었던 것이다. 가문(家紋)이 언제부터 사용되었는지는 여러 설이 있으나, 적어도 겐페이의 전쟁 때부터는 일족의 표지로 가문이 널리 사용되기 시작하였다.

일족은 언제나 소료(惣領)를 중심으로 단결하였다. 소료는 선두에 서서 일족을 이끌었다. 소료는 일족의 족장임과 동시에 전쟁터에서는 군사지휘관이기도 하였던 것이다. 일족의 구성원들은 소료에게 복종하고, 일족을 위하여 자신을 희생하였다.

미나모토노 요리토모가 거병할 당시부터 충실한 장수였던 가사이 기요시게(葛西淸重)는 적군에 속해 있던 에도 시게나가(江戸重長)와 일족 간이었다. 요리토모는 시게나가를 자기편으로 하려고 노력하였으나 시게나가는 요리토모의 청을 거절하였다. 그래서 요리토모는 기요시게에게 시게나가를 공격하도록 명령하였다. 시게나가가 멸망한 후에 요리토모가 시게나가의 영지를 몰수하여 기요시게에게 주려고 하였을 때, 기요시게는 그것을 거절하였다. 주군의 명령을 거절할 수 없어서 일족을 공격하였지만, 일족인 시게나가의 영지를 차마 수령할 수 없었던 것이다.

다이라씨(平氏) 편에서 싸웠던 오바 가게치카(大庭景親)에게는 형인 가게요시(景義)가 있었다. 그는 일찍이 미나모토노 요리토모의 휘하로 들어가 있었다. 동생과 형이 서로 적군의 입장이었던 것이다. 형인 가게요시는 동생인 가게치카와 헤어지면서 "나는 미나모토씨(源氏) 편에서 싸우지만, 만약에 다이라씨(平氏)가 여전히 번영하면 나를 보살펴 다오. 반대로 미나모토씨가 승리하면 내가 너를 보살펴 주마." 라고 말했다. 일족으로서 친근감은 이와 같이 긴밀하였던 것이다.

일족간의 관계가 친밀하였기 때문에 연좌제가 적용되었다. 미나모토노 요시쓰네(源義経)가 반역자로 몰리자 그의 장인인 가와고에 시게요리(河越重頼)는 영지가 몰수되고 결국은 사형에 처해졌다. 그가 반역의 의사가 있었기 때문이 아니고 단지 요시쓰네의 일족이었기 때문이었다. 또

시게요리의 사위인 시모코베 마사요시(下河辺政義)도 영지가 몰수되었
고, 마사요시의 동생까지 화를 입었다.

5. 무사의 생활

무사들은 대부분이 농촌에 토착하여 생활하고 있었다. 그들은 교통의
중심지에 저택을 마련하고 생활하였다. 그 저택을 야카타(館)라고 하였
는데, 야카타는 무사의 거주지였을 뿐만이 아니라 방어진지이기도 하였
다. 야카타의 주변, 특히 전면에는 가도타(門田)라고 하는 직영지가 자
리하였다.

야카타는 수천 평에서 수만 평에 이르는 광대한 면적으로, 해자와 울
타리로 둘러싸여 있었다. 그 내부에는 주인이 거주하는 모야(母屋)를 중
심으로 예속인들의 숙소, 마굿간, 보초가 근무하는 망대, 훈련장 등이 있었다. 창고에는 전투에 필요한 무기, 갑옷류, 소모품 등이 비축되어 있었다. 훈련장에서는 일상적으로 군사 훈련을 실시하였다.

무사의 일상생활은 검소하였다. 주택은 실용성이 강조되었으며 간결하면서도 검소하게 꾸며졌다. 의복

무사의 저택과 가족

도 화려한 복장을 경계하였다. 주식으로는 쌀이나 잡곡을 섞어 끓인 죽을 먹었고, 부식으로는 야채 외에 닭고기, 토끼고기 등을 먹었다. 무사는 평소에도 최악의 상황에 대비 하였기 때문에 식단은 매우 간단하였다.

무사는 10살 전에 활을 쏘고 말을 타는 연습을 하였다. 전투원으로서의 기량만이 강조되는 생활이었기 때문에 무사는 책을 가까이 하지 않았다. 이러한 독특한 생활 속에서 독자적인 무사의 도덕이 형성되기 시작하였다. 그것은 무사된 자가 마땅히 지켜야 할 무용, 예절, 정직, 검약 등의 덕목이었다. 이러한 도덕은 무사가 싸움터를 전전하며 주군과 생사를 같이하고, 또 평상시에도 전투태세를 갖추고 긴장감을 늦추지 않는 생활 속에서 형성되었다.

무가사회에서 여성의 지위는 남성에 비하여 결코 낮지 않았다. 여성의 상당수는 차남과 마찬가지로 재산을 분할 상속하였다. 남성과 동일하게 재산을 소유하였고 경제적으로도 독립할 수 있었다. 여성이 지토(地頭)에 임명되는 경우도 있었다. 이러한 제도하에서는 여성이 결혼하면 그녀가 소유하고 있는 재산과 토지가 무사단에서 분리되는 문제점이 있었다. 그리하여 가마쿠라시대 후기에는 여성이 사망한 후에는 그녀의 재산을 일족에게 반환하는 상속 방법이 일반화되기 시작하였다. 그리고 종국에는 분할상속을 하지 않고 소료만이 전재산을 상속하는 단독상속의 방향으로 나아가게 되면서 여성의 지위는 점차로 저하되었다.

테마 11

원의 침입

1. 원의 조공 요구와 호조 도키무네

12~13세기는 북아시아 유목민족들이 발흥한 시기였다. 그 중에서도 몽골민족의 발전은 괄목할 만한 것이었다. 12세기 말에 테무친이 출현하여 여러 부족을 통일하고, 1206년에는 제위에 올라 칭기스칸이라고 칭하고, 중국 대륙을 비롯하여 중앙 아시아, 인도의 북서부, 러시아의 남부 지역으로 계속 영토를 확장하여 광대한 몽골제국을 건설하였다. 칭기스칸의 뒤를 이은 태종(太宗) 오고타이는 동쪽으로 나아가 1234년에 여진족이 세운 금(金)을 멸망시키고, 고려를 침략하였고, 서쪽으로는 동유럽 지역까지 침략하였다. 정복사업은 4대 헌종(憲宗) 몽케 시대에도 계속되었다. 5대 세조(世祖) 쿠빌라이가 제위에 오르면서 수도를 현재의 북경으로 옮기고, 1271년에는 국호를 원(元)이라고 하였다. 그리고 남송을 압박하고, 고려를 지배하여 넣었다.

원의 세조 쿠빌라이는 1266년에 고려를 통하여 조공을 권고하는 국서를 일본에 보내면서, 고려에게 일본을 설득하도록 하였다. 국서의 내용을 보면 일본을 침략하고 싶은 의도가 없었고, 단지 형식적인 조공을 요구하려고 했던 것 같다. 그러나 가마쿠라막부는 이 국서에 대하여 민감하게 반응하였다. 당시 원은 이미 고려를 지배하고 있었으며, 송나라를 강력하게 압박하고 있던 상황이었다. 이러한 국제정세의 변화를 지켜본 막부의 위정자는 원이 일본을 침략할 가능성이 있다고 판단하기에 이르렀다. 이러한 결정을 주도한 것은 당시 싯켄(執權)의 지위에 있었던 호조 도키무네(北条時宗)였다. 가마쿠라막부의 실질적인 통치자는 싯켄이었으며, 그가 막부의 최고의사결정권을 행사하였는데, 당시 도키무네의 나이는 혈기방장한 18세였다.

일본은 원의 요구를 거절하였다. 그 후에도 원의 사자가 고려의 안내로 일본에 왔지만 일본의 태도는 변함이 없었다. 막부는 1268년부터 원의 침입에 대비하여 규슈를 중심으로 한 해안의 경비를 강화하기 시작하였다. 방위를 담당하는 중심 무력은 역시 규슈의 고케닌들이었다. 막부는 전쟁에 필요한 비용을 마련하기 시작하였다. 비용은 고케닌은 물론 각지의 무사·장원·사원들에게도 부과한다는 방침을 정하였다.

2. 원의 제1차 침입

1270년 쿠빌라이는 일본침략을 위한 준비에 들어갔다. 원의 군대를 고려로 보내어 둔전병으로 10개소에 분산 배치하는 계획을 세웠다. 여진족 출신의 조양필(趙良弼)을 사신으로 하여 일본에 최후통첩을 보낼 준비를 하였다. 침략의 전진기지라고 할 수 있는 고려의 김해에 원의 군대를 주둔시키고, 고려의 함선도 집합시켰다.

1271년 초에 조양필은 고려에 도착하였고, 그 후 2회에 걸쳐서 일본을 왕복하였다. 일본에 건너왔을 때는 규슈의 다자이후(大宰府)에 장기간 체류하면서 가마쿠라막부의 회답을 기다렸으나 그의 노력은 물거품이 되고 말았다. 원을 출발한 지 4년째되는 해에 원으로 돌아가 그동안의 사정을 복명하였다. 그 당시 고려에서는 삼별초의 저항운동이 끝내 원의 군대에 의하여 진압되었기 때문에 쿠빌라이는 이윽고 일본을 침략하기로 결심하고 구체적인 준비에 들어갔다.

1274년 초에 고려는 원으로부터 함선을 건조하라는 명령을 받고, 전라도에 두 곳의 조선소를 건립하였다. 기술자를 포함한 부역자 3만 5천 명이 동원되어 5월 말까지 함선 9백 척을 건조하였다. 함선의 노를 젓고 안내하는 인원 1만 5천 명 중에서 6천 7백 명은 고려인이었다. 출정하는 군대는 2만 5천 6백 명이었는데, 원에서 1만 5천의 정예부대가 도착하였고, 이미 고려에 배치되었던 둔전병 5천 명, 그리고 고려군 5천 6백 명으로 편성되어 있었다. 군대는 몽골인을 중심으로 하여 여진인·한인·고려인으로 편성된 소위 제민족혼성군의 성격을 띠고 있었다. 원정군은 일본에 둔전병을 주둔시킬 계획을 가지고 있었기 때문에 각종 경작용구도 함선에 적재하였다. 몽골인인 흔도(忻都)가 도원수, 홍다구(洪茶丘)와 유복형(劉復亨)이 부원수, 그리고 고려의 김방경(金方慶)이 도독사로서 군대를 지휘하였다.

1274년 10월 3일, 원정군은 지금의 마산인 합포(合浦)를 출발하여 5일에는 쓰시마를 공격하고, 14일에는 이키(壱岐)를 비롯한 여러 섬을 공략하고, 19일에는 하카타만(博多湾)으로 진격하였다. 드디어 20일에는 하카타를 비롯한 3곳으로 상륙하여 진격을 개시하였다. 이미 동원되어 전투태세를 취하고 있던 일본의 무사들도 전투에 돌입하였다. 원정군의 공격으로 일본군은 많은 사상자를 내었다. 저녁때가 되어 일본군은 할 수 없이 다자이후 방면으로 후퇴하기 시작하였다.

일본군은 대외전쟁의 경험이 없었다. 특히 이민족이 대규모로 침략해온 적이 없었고, 또 적정에 어두웠다. 일본군을 괴롭혔던 것은 전투방법의 생소함이었다. 일본군은 전통적인 기마전 전법이었고, 원정군은 간편한 군장을 한 보병이 집단전법을 구사하였다. 일본군은 관행대로 가부라야(鏑矢)를 날려 전투 개시를 선언하였을 때, 원정군은 빗발

치듯 화살을 퍼부었
다. 또 하나, 일본군
을 괴롭혔던 것은 원
군대의 신병기였다.
특히 독화살은 가공
할 만한 무기였다. 그
리고 긴 창을 겨누면
일본군이 다가갈 수
없었다. 무엇보다도
일본군을 놀라게 하
였던 것은 화약을 이

원군과 일본군의 전투 그림 중앙 윗부분의 작열하는 것이 화약을 이용한 무기

용한 무기였다. 이와 같은 새로운 전법과 신병기 앞에서 가마쿠라 무사는 전의를 상실하였다. 전장을 이탈하여 도망하는 자가 속출하였다. 일본군은 통제가 불가능할 정도로 붕괴되고 있었다. 일본군의 총지휘관이었던 쇼니 가게스케(少弐景資)도 도망하는 다급한 상황이었다.

밤이 되자 원정군은 함선으로 철수하였다. 그날 작전회의에서 고려의 김방경은 공격을 속행할 것을 강조하였지만, 도원수 흔도는 이 말에 귀를 기울이지 않았다. 그날밤, 폭풍우가 몰아닥쳤다. 다수의 전함이 암벽에 부딪쳐 난파하였고, 물에 빠져죽는 자가 속출하였다. 원정군은 큰 피해를 입었다. 원정군은 할 수 없이 철수하였는데, 이때 돌아가지 못한 자가 1만 3천 5백여 명으로 알려지고 있다.

3. 원의 제2차 침입

일본 침략에 실패한 직후부터 원은 고려의 둔전군을 보강하는 등, 재차로 일본을 침략할 준비를 하는 한편, 일본에 두세충(杜世忠)을 사자로 보내 항복을 권고하였다. 그러나 싯켄 호조 도키무네는 두세충을 목베어

죽이고, 규슈의 무사들을 동원하여 지휘 체계를 확립하고, 연안을 경비
하게 하였다.

원은 일본이 두세충을 처형하였다는 소식을 4년 동안이나 듣지 못하
고 있었다. 그 사이에 원은 남송을 멸망시키고 중국의 통일을 달성하였
고, 남송의 수군을 접수하여 해상으로 진출할 수 있다는 자신감을 갖고
있었다.

한편, 가마쿠라막부의 권력은 더욱 강화되었다. 원이 다시 침략해 온
다는 정보를 입수하자 방어지휘관의 한 사람이었던 붕고(豊後)의 슈고
(守護) 오토모 요리야스(大友賴泰)에게 고케닌이 아닌 무사, 즉 막부의
지배에 속하지 않는 무사도 소집하여 전투에 참가시킬 것을 명령하였다.
침략지역의 확대에 대비하여 지금의 히로시마 지역인 아키(安芸)의 슈고
다케다 노부토키(武田信時)에게도 같은 명령을 내렸으며, 그리고 서부
일본에 영지를 보유하고 있는 무사들에게 현지에서 방어에 전념할 것을
명령하였다. 방어지역을 규슈에서 혼슈(本州)의 서부까지 확대하고, 함
선을 징발하였다.

원정군이 상륙하기 쉬운 해안지역에 석축을 쌓아 방어진지를 구축
하였다. 방어진지는 1276년 3월부터 쌓기 시작하였는데, 서쪽으로는
하카타만에서부터 동쪽으로는 가시이하마(香椎浜)까지 이르렀다. 이
방어진지는 고케닌만이 아니라 장원, 사원, 그리고 각 지역의 유력자
에게 구축하게 하였다. 이때 쌓은 석축의 높이는 약 2미터, 폭은 하부
가 약 3미터, 상부가 1미터에서 1.8미터 정도였다. 석재는 인근의 산
에서 채취하였다.

원의 침략에 대비하는 과정에서 무엇보다도 주목되는 것은 규슈 일원
에 대한 막부의 장악력이 강화되었다는 점이다. 그때까지 규슈는 헤이안
시대 이래, 실질적으로 지역을 지배하면서 반독립적인 기풍을 유지하고
있는 호족들이 많았다. 그들은 가마쿠라시대에 부임한 동부 일본 출신의
슈고에 대하여 비협조적이었다. 심지어 고케닌 신분인 호족들도 용이하
게 슈고의 통제에 따르려고 하지 않았다. 그래서 막부는 규슈의 슈고를

강력하게 통제하면서 슈고에게는 재판권을 위임하는 등 다른 지역의 슈고에게는 허용하지 않았던 강력한 권한을 부여하였고, 동부 일본의 무사를 규슈로 파견하여 규슈의 무사를 제압하는 방침을 취하였다. 막부는 경계지역을 확대하면서 이들 지역의 슈고를 대폭 교체하였다. 새로 슈고에 임명된 자들은 태반이 호조씨의 일족들이었다. 그 중에는 싯켄인 호조 도키무네의 동생 두 명도 포함되어 있었다. 호조씨 이외의 슈고도 호조씨와 인척관계에 있는 자들이 대부분이었다. 예를 들면 지금의 구마모토현(熊本県) 지역인 히고(肥後)의 슈고로 임명된 아다치 야스모리(安達泰盛)는 싯켄인 도키무네의 장인이었다. 그리고 지금의 후쿠이현(福井県) 지역인 에치젠(越前)의 슈고로 임명된 기라 미쓰우지(吉良満氏), 지금의 도토리현(鳥取県) 지역인 호키(伯耆)의 슈고로 임명된 아시나 요리쓰라(葦名頼連) 두 사람은 아다치 야스모리의 측근이었다. 이러한 인사는 막부의 통제력을 강화함과 동시에 호조씨의 권력 강화를 의도한 것이었다.

원도 침략을 준비하고 있었다. 1280년 가을, 쿠빌라이는 원정군 총지휘자인 흔도와 홍다구, 그리고 송나라 출신 군사고문관인 범문호(范文虎)를 불러서 최후로 대책을 숙의하였다. 본격적인 침략태세에 돌입하면서 동정원수부(東征元帥府)를 확장하여 정수일본행중서성(征収日本行中書省)을 창설하였다. 이번 원정의 목적은 일본을 원의 속국으로 편입시키는 것이었다.

1281년 정월, 쿠빌라이는 동원령을 내렸다. 함선에는 경작에 필요한 도구, 볍씨 등도 다량으로 적재하게 하였다. 장기간에 걸

무장하고 출진하는 무사

쳐서 둔전병을 주둔시키기 위한 전략의 일환이었다. 원정군은 동로군과 강남군으로 나누어서 필승의 태세로 출진하였다. 병력은 제1차 침략 때의 5배에 달하였다. 고려의 합포에서 출발한 동로군은 함선 9백 척에 약 4만의 병력이 탑승하였다. 멸망한 송나라의 해군인 강남군은 함선이 3천 5백 척에 약 10만의 병력이 탑승하였다. 동로군은 제1차 침입 때와 같은 지휘관에 의하여 통제되면서 5월 3일에 합포를 출발하였다. 동로군과 강남군은 6월 15일에 이키(壱岐)에서 합류하기로 되어 있었다.

강남군은 범문호와 하귀(夏貴) 등이 지휘하고 있었는데, 출발이 예정보다 늦어져 6월 하순이 되어서야 일본 근해에 도착하였고, 동로군과 연락을 취하면서 7월 하순에 지금의 사가현(佐賀県) 지역인 히젠(肥前)이 건너다 보이는 섬인 다카시마(鷹島)에 결집하여 본격적인 상륙작전을 전개하려고 하였다. 그러나 윤7월 1일 밤에 갑자기 폭풍우가 거세게 일어나기 시작하였다. 원정군은 속수무책이었다. 선단은 서로 부딪치면서 난파하였다. 하카다만 인근에 배치되어 있었던 일본군은 다카시마 부근으로 달려가서 수일에 걸쳐서 해상의 잔적들을 섬멸하였다. 원정군은 전 병력의 70~80퍼센트가 수장되거나 일본군에게 살해되었다. 패잔병은 고려의 합포로 퇴각하고 말았다.

4. 가미카제

일본에서는 원의 제1차 침입이 있기 전부터 이미 조정도 막부도 신불(神仏)에게 일본의 승리와 적국의 파멸을 기원하고 있었다. 가메야마(亀山)상황은 이세신궁(伊勢神宮)에 전승을 기원하면서, 본인의 목숨을 국난과 바꾸고 싶다고 빌었다. 싯켄인 호조 도키무네는 피로 경문을 써서 국가의 안태를 기원하였다. 임제종의 선승인 무가쿠소겐(無学祖元)은 경문의 한 자 한 귀 한 획까지 모두 신병(神兵)으로 변하여 적에게 승리할 수 있도록 해달라고 빌었다. 이러한 기도의 열풍은 일본열도를 뜨겁게 달구었다. 원이 두 번이나 일본을 침략했지만, 일본군이 싸움다운 싸움 한 번 하지 않고 폭풍의 위력으로 원정군에게 괴멸적인 타격을 입히고 전쟁에 승리하였다는 소식에 접한 일본인들은 틀림없이 신불의 가호가 있었다고 믿기 시작하였다. 신불에의 신뢰가 점점 깊어지고, 일본은 신국(神国)이라고 하는 관념이 형성되기 시작하였다. 이때 두 번이나 적군을 괴멸시킨 폭풍을 가미카제(神風)라고 하였다.

5. 전후의 정치상황

두 번에 걸친 원의 침략에도 불구하고 일본은 결정적인 타격은 입지 않았으나, 언제 다시 원이 침략해 올지 알 수 없었다. 막부는 원의 3차 침입에 대비하여 경계태세를 늦추지 않았다. 규슈의 무사에게 계속하여 연안을 경비하게 하는 한편, 고케닌이 아닌 무사도 동원하는 체제를 확립하였다. 그 결과 막부의 지배력이 미치는 범위가 확대되었다.

막부 내부에서는 호조씨의 독재 경향이 두드러졌다. 호조씨는 원의 침략 이후 한층 표면화된 국내의 여러 모순, 특히 막부에 대한 고케닌층의 불만에 대하여 합의제를 폐지하고 전제정치를 강화함으로써 대응하려고 하였다. 원의 침입을 기회로 하여 호조 도키무네는 자신의 저택으로 가신들을 불러모아 회의를 열었고, 또 정무를 독단으로 결정하였다. 이리하여 호조씨의 적자, 즉 도쿠소(得宗)를 중심으로 하는 전제체제가 확립되기에 이르렀다. 자연히 호조씨 일족이 중앙기관의 요직에 많이 임명되었다. 슈고들 중에서도 호조씨 일족이 압도적으로 많이 임명되었다. 특히 원의 침입이 계속되면서 전방의 방위를 이유로 규슈를 포함한 한반도를 마주보는 지역의 슈고에 호조씨를 임명하였다. 이리하여 전국적으로 50퍼센트에 가까운 슈고직(守護職)을 호조씨가 차지하게 되었다. 또한 호조씨는 전국 각지의 주요 도시, 항만, 장원 등도 직접 지배하에 두었다.

　도쿠소의 권력은 호조 도키무네의 아들인 사다토키(貞時) 대에 이르러 더욱 강화되었다. 도쿠소 정치의 인적 기반은 호조씨의 가신인 미우치비토(御內人)였는데, 중요한 직책에는 이들이 등용되었다. 미우치비토의 세력이 증대되면서 그 이외의 고케닌을 도자마(外樣)라 하여 구별하였다. 미우치비토가 정치의 실권을 장악하게 되면서 이들과 도자마 고케닌의 대립이 격화되었다. 도자마 고케닌들의 불만은 점점 심화되었다. 미우치비토를 기반으로 한 도쿠소 전제정치는 확립되었으나 그것은 오히려 막부체제를 동요시키고, 호조씨를 더욱 고립시키는 결과를 초래하였다.

　표면적으로는 막부의 권력이 강화된 것처럼 보였으나, 고케닌제도에 커다란 변화가 일어나고 있었다. 고케닌들은 원의 침입으로 막대한 전비를 부담하였다. 군공이 있었던 고케닌들은 당연히 그 대가로 은상을 기대하고 있었지만, 막부는 고케닌들의 기대에 부응하지 못하였다. 은상을 베풀려면 토지가 있어야 하는데, 원과의 전쟁은 외세의 침략을 방어한 전쟁이었으므로 몰수한 토지가 있을 리 만무하였다. 상상 이상의 희생을 감수하면서 전쟁을 치른 고케닌들은 경제적으로 궁핍에 시달리면서, 막부에 대한 불신이 쌓이게 되었다.

　이미 원의 침략이 있기 전부터 고케닌의 생활은 궁핍해지고 있었다. 특히 교토나 가마쿠라에 근무하면서 고급문화에 접할 수 있는 기회를 가졌던 고케닌들일수록, 화폐경제가 발달하고 소비생활이 향상되면서, 상대적으로 더욱 궁핍함을 느끼게 되었다. 게다가 분할상속이 계속되면서 토지는 세분화되었기 때문에 수입은 줄어들었다. 고케닌들 중에는 상인이나 고리대금업자에게 토지를 저당잡히거나 매매하는 자들이 늘어나고 있었다. 이러한 정세 속에서 발발한 원의 침입은 고케닌들을 더욱 궁핍하게 하는 데 결정적인 역할을 하였던 것이다.

　막부는 궁핍한 고케닌들을 구제하기 위하여 1297년에 덕정령(德政令)을 내렸다. 고케닌이 토지를 저당잡히거나 매매하는 것을 금지하는 한편 고케닌이 지토나 다른 고케닌에게 매각한 토지로 매각한지 20년이 지나

지 않은 토지는 무조건 원래의 주인에게 돌려주도록 하고, 일반 서민에
게 매각한 토지는 모두 무조건 원래의 소유주에게 돌려주도록 명하였다.
그리고 고케닌의 금전거래에 관한 소송도 일체 접수하지 않기로 하였다.
그러나 이러한 폭력적인 조치로도 고케닌의 궁핍을 근본적으로 해결할
수는 없었다. 오히려 덕정령이 내려진 이후에는 고케닌에게 금전을 융통
해 주는 자가 없었기 때문에 경제적으로 궁핍한 고케닌은 더욱 곤경한
지경에 처하게 되었다. 이러한 역효과에 당황한 막부는 다음해인 1298
년에 서둘러 덕정령을 폐지하지 않으면 안되었다.

테마 12
왜구와 동북아시아

1. 14~15세기의 왜구

14세기 후반, 남북조 동란의 와중에서도 무로마치막부가 그 기반을 구축해가고 있을 때, 동아시아 지역은 크게 변화하고 있었다. 중국에서는 원이 멸망하고 명이 건국되었다. 한반도에서는 고려가 멸망하고 조선이 건국되었다. 오키나와에서는 15세기 전반에 중산왕국의 상씨(尚氏)가 남산·중산·북산의 3왕국을 통일하여 유구국(琉球国)을 세웠다.

일본 내 무사들 중에는 집단을 이루어 밀무역을 행하면서 한반도와 중국 연안 지역에 출몰하여 약탈과 살륙을 일삼는 무리들이 나타났다. 이들의 근거지는 주로 쓰시마(対馬), 이키(壱岐), 마쓰우라(松浦)제도 등 서부 일본의 도서지방이었다. 이 지방은 지형이 험준하고 땅이 척박하여 농업에 적합하지 않았다. 즉 경작지가 적어서 농민의 생활이 궁핍하였기 때문에 해적이 되는 경우가 많았다. 그들은 유력한 무사에 의하여 조직화되었고, 집단을 이루어 행동하였다. 이들은 왜구라고 일컬어졌는데, 특히 무로마치시대 초기의 왜구를 전기 왜구라고 한다.

왜구가 바다를 건너 한반도에서 도적질과 노략질을 일삼기 시작한 것은 1350년경부터였다. 『고려사』와 『고려사절요』에도 1350년 2월에 고성(固城)에 왜구가 침략하였다는 기록이 있고, 이 사건을 시작으로 하여 왜구가 출몰하기 시작하였다고 기록되어 있다. 왜구는 동년 4월과 5월에 대규모 선단을 구성하여 순천(順天)에 쳐들어왔고, 6월에는 합포(合浦)와 장흥(長興)을, 11월에는 동래(東萊)를 침략하였다. 왜구는 이 해부터 매년 한반도를 침략하여 살인과 약탈을 일삼았다.

왜구는 주로 쌀과 생활용품을 약탈하기 위하여 침략하였다. 그들은 상륙하여 빠른 시간내에 약탈을 하고, 주민을 사로잡아 포로로 끌고 갔다. 주로 습격을 하는 곳은 농촌의 창고였는데, 조세를 운반하는 조운선을 습격하기도 하였다. 왜구는 때로는 3천여 명이 무리를 이루고 400여 척의 선박을 구성하여 한반도를 습격하여 고려의 수도인 개성을 위협하기도 하였다. 특히 1370년대와 80년대에 한반도를 침략한 왜구는 극악하기 이를 데 없었다. 침략할 때마다 부녀자와 어린아이까지 몰살하였다. 『고려사』에 의하면 왜구의 침입이 잦았던 전라도 일대의 해안선 연변의 마을은 인기척이 없을 정도였다고 한다.

왜구는 점점 대담하게 살육과 약탈을 자행하였다. 한반도의 북쪽으로는 의주(義州)까지 침략하였고, 전라도와 경상도 지역은 내륙 깊숙이 침입하였다. 그 중에는 대규모 기마대까지 편성하여 침략하는 집단도 있었다.

고려는 무력으로 왜구를 제압하는 것은 불가능하다는 것을 인식하고, 외교적 절충에 의하여 왜구를 진압하려고 의도하였다. 일본의 무로마치 막부에 여러 차례 문서를 보내서 왜구의 금지를 요구하기도 하였다. 왜구에게 납치되어 일본으로 끌려간 포로들의 송환을 위하여 외교적인 노력도 하였다. 외교에 의하여 왜구의 침입을 저지하려고 하는 고려의 정책은 조선시대에 계승되었다. 조선 태조 이성계는 즉위하자마자 사신을 일본의 무로마치막부에 파견하였다. 당시의 무로마치막부의 쇼군(将軍)은 아시카가 요시미쓰(足利義滿)였는데, 조선은 일본에 대하여 왜구의 금지와 납치된 포로의 송환을 요구하였다.

한편, 조선은 해안선의 경비를 강화하였다. 태종 때에는 병선이 600척이 넘었으며 수군도 5만 5천 명에 이르렀다. 조선은 1419년에 병선 200여 척과 1만 7천여 명의 군사를 동원하여 왜구의 본거지인 쓰시마(対馬)를 치기도 하였다.

조선은 외교면과 군사면에서 왜구대책을 게을리 하지 않는 한편, 회유정책을 쓰기도 하였다. 왜구의 수령이 항복하여 귀순하면 경작지와 가산을 지급하고 결혼하여 정착하도록 우대하였다. 이렇게 하여 귀순한 왜인들은 항왜(降倭), 향화왜인(向化倭人) 등으로 불렸다. 이들은 관직에 등용되기도 하였다.

조선정부는 일본인들에게 통상을 허가하였다. 쓰시마의 소씨(宗氏)를 비롯하여 규슈 지역의 여러 다이묘들이 조선과 사실상의 군신관계를 맺고 조선과 통교하였다. 여러 다이묘들의 사자였던 자들 중에는 이전에 왜구로 활동했던 자들이 다수 포함되어 있다. 그들은 조선으로부터 사송왜인(使送倭人), 객왜(客倭) 등으로 불려지면서 무역에 종사하였다.

2. 명의 왜구 대책과 감합무역

한반도에서 약탈을 일삼던 왜구는 중국까지 활동범위를 넓혔다. 원(元)의 경우에는 기록이 남아있지 않아 왜구에 관한 구체적인 사정을 잘 알 수 없는데, 『원사(元史)』에 의하면, 왜구가 자주 원의 지배지역을 침범하였던 것을 알 수 있다.

명(明)을 건국한 주원장(朱元璋)은 즉위하자마자 일본으로 사신을 파견하였으나 사신은 서부 일본지역에서 살해되었다. 명은 즉시 또 사신을 파견하여 명의 건국을 알리고 일본의 조공을 요구하면서, 일본측에게 왜구의 단속을 요청하였다. 이때 일본은 남북조시대였다. 무로마치막부의 지배력이 일본 전역에 미치지 못하였다. 사신은 무로마치막부의 쇼군(将軍)을 만난 것이 아니라 남조측의 정서장군(征西将軍)이었던 가네요시(懷良)를 만났다. 그런데 명나라의 사자들은 7명 중 5명이 가네요시에 의하여 처형되는 수모를 당하였다. 명나라는 1370년에 세번째의 사자를 일본에 파견하였다. 이번에도 사신은 정서장군에게 파견되었다. 명나라는 무로마치막부와 정식으로 접촉하지 못하였던 것이다.

명나라와 일본의 정식 외교관계가 성립되었던 것은 무로마치막부의 3대 쇼군이었던 아시카가 요시미쓰 치세의 후반이었다. 명나라의 해금정책으로 무역의 길이 막혀 있었던 일본 상인들은 명과 통교할 수 있는 기회라고 생각하여 막부에게 명의 요청을 수락할 것을 간청하였고, 쇼군 요시미쓰도 막부 재정의 확립에 도움이 된다고 생각하여 명과 국교를 개시하려고 결심하였다. 요시미쓰는 1401년에 규슈를 통제하기 위하여 설치한 규슈탄다이(九州探題)에게 왜구의 단속을 명하는 한편, 사신을 명에 파견하여 명과 통교하기를 원한다는 뜻을 밝혔다. 명은 이에 대하여 요시미쓰를 '일본국왕(日本国王)'으로 책봉하였다.

아시카가 요시미쓰

요시미쓰는 명의 책봉을 받고, 명의 연호를 사용하였다. 요시미쓰가 명의 연호를 사용한 것은 굴욕적이라는 비판이 있었으나, 요시미쓰는 정치적인 권위를 높일 수 있었을 뿐만이 아니라 명과 무역을 행하여 많은 이익을 얻을 수 있었다. 1404년부터 막부의 파견선이라는 형식으로 일명무역(日明貿易)이 개시되었는데, 1404년에서 1410년까지 6회에 걸쳐서 교역선이 파견되었다.

견명선

무역은 4대 쇼군 요시모치(義持)시대부터 일시적으로 중단되었다. 그러나, 6대 쇼군 요시노리(義敎)시대에 이르러 재정이 궁핍해지자 막부는 무역을 재개하였다. 무역의 규정도 이 기회에 개정하여, 10년에 1회로 정하였고 그 규모도 무역선 3척, 승선 인원 300명으로 한정하고, 감합부(勘合符)를 사용하여 무역을 하기로 하였다. 이것을 감합무역이라고 하였는데, 대체로 규정보다 많은 규모의 무역선이 파견되었다. 1434년에는 6척, 1451년에는 9척의 무역선이 파견되었다. 무역선은 1547년까지 17회 파견되었다.

처음에는 막부가 직접 장악하고 있었던 감합무역의 실권이 후에는 오우치씨(大內氏)와 하카타(博多) 상인, 그리고 호소카와씨(細川氏)와 사카이(堺) 상인의 손으로 넘어갔다. 오우치씨와 호소카와씨는 무역의 주도권을 둘러싸고 팽팽히 대립하였다. 1523년에는 호소카와씨와 오우치씨가 각각 명에 사절을 파견하였는데, 양 사절이 중국의 영파(寧波)에서 심하게 충돌하는 사건으로까지 발전하였다. 이런 과정을 거쳐서 감합무역은 결국 오우치씨가 독점하게 되었다. 감합무역은 1551년에 오우치씨가 멸망하면서 단절되고 말았다.

3. 16세기의 왜구

15세기 후반부터 동아시아 해역에서는 새로운 움직임이 일어나고 있었다. 감합무역의 단절과 때를 같이하여 다시 왜구가 활동하기 시작하였던 것이다. 왜구들은 16세기에 들어서면서 극성하였는데, 이 시기의 왜구를 무로마치 전기의 왜구와 구별하여 후기 왜구라고 한다. 이들은 주로 중국의 동남해 연안에서 활동하였는데, 왜구들 중에는 중국인이 많이 포함되어 있었고 포루투갈인들도 있었다. 왜구 집단 중에서 가장 포악한 것은 진왜(眞倭) 혹은 흉왜(凶倭)라고 일컬어지는 일본인들이었다.

왜구의 우두머리 중에서 특히 유명했던 자는 중국인 왕직(王直)이었다. 그는 근거지를 일본의 규슈에 두고 휘왕(徽王)이라고 칭하며 일본의 다이묘들과도 친교를 맺고 있었다. 왕직은 재능도 있었고, 협객의 기질도 있었고, 교양도 있었던 인물이었다.

16세기 중기에 왜구는 특히 기승을 부렸다. 1555년에는 60여 명의 왜구가 중국 대륙 깊숙이 침입하여 80여 일 간에 걸쳐서 절강·안휘성을 공포에 떨게 하고, 남경을 거쳐 강소성을 공격하여 4천여 명의 중국인을 살해하는 만행을 저지르기도 하였다. 동년 5월에 왜구는 70여 척의 선단을 구성하여 조선의 제주도를 거쳐 전라도를 습격하였다. 그들은 병영

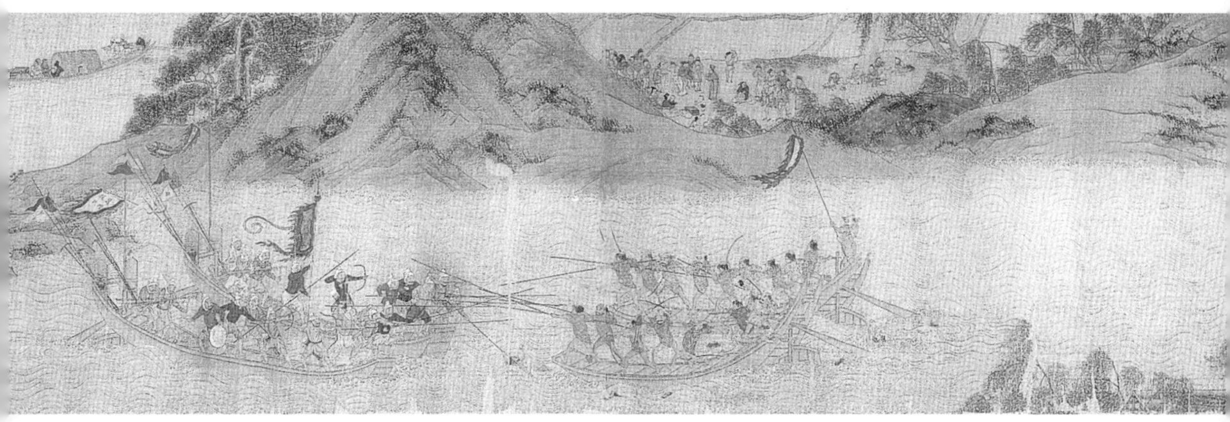

왜구와 명군의 전투

을 함락하고 노략질을 감행하였다.

왜구의 수가 급증하고 또 활동범위도 넓어지다보니, 중국인을 비롯한 다른 나라 사람들도 왜구의 무리에 합류하게 되었다. 특히 왜구의 구성원은 상당 수가 중국인이었다는 점에 주목할 필요가 있다. 왜구 중에서 '진왜'라고 불리는 일본인의 비율은 40퍼센트를 넘지 않았을 것으로 추정된다. 왜구 중에는 위왜(僞倭), 가왜(假倭), 장왜(裝倭)라고 불리는 중국인이 대세를 이루고 있었다고 할 수 있다.

왜구가 극성하다보니 명나라의 관리들 중에는 공적을 올리기 위하여 왜구의 숫자와 잔인성을 부풀린다든지, 중국인의 도적행위를 왜구의 행위로 처리하여 보고한다든지 하는 경우도 있었다. 어떤 경우에는 중국인이 스스로 왜구를 칭하며 반란을 은폐하기도 하였고, 그것을 관리가 교묘하게 이용하기도 하였다.

조선과 명은 왜구의 대책에 부심하였다. 명은 왜구의 수괴로 알려진 왕직을 체포하여 처형하였다. 조선과 명의 노력에 의하여 왕직과 그의 일당이 괴멸적인 타격을 입었다. 물론 그 후에도 왜구의 활동은 계속되었지만 16세기 후반에는 세력이 현저하게 쇠퇴하였다. 왜구가 쇠퇴하게 된 근본적인 이유의 하나로 해금정책이 이완된 것을 들 수 있을 것이다. 명의 상선이 복건성에서 상세를 납부하기만 하면 남해의 각 지역에서 공공연하게 무역을 할 수 있는 길이 열리자 왜구의 활동이 위축되었던 것이다.

4. 오닌의 난 이후의 조일관계

오닌(応仁)의 난 이후에 막부가 사실상 붕괴되자 조일(朝日) 관계에도 새로운 경향이 나타났다. 하타케야마(畠山), 교고쿠(京極), 시바(斯波), 야마나(山名), 호소카와(細川), 오우치(大內) 등의 슈고다이묘들은 독자적으로 조선과 관계를 맺었다. 일본인들은 명분만 있으면 기회를 놓치지 않고 조선으로 건너가 접대를 받고 교역을 하려고 하였다. 그들이 조선에 요구했던 것은 조선에 있는 대장경(大蔵経)과 반야경(般若経) 등의 불교서적과 전국의 사찰에 널려 있던 불교용품 및 유적들이었다. 그리고 사찰을 재흥한다는 명목으로 비용의 원조를 요구하였다.

초량왜란

　조선과 일본의 교역품의 내용을 살펴보면, 정상적인 통교관계가 지속되면서 면직물과 불교서적이 수입품의 주종을 이루었다. 식량은 쓰시마를 대상으로 하여 겨우 미곡과 콩이 공급되는 데 불과하였다. 특히 고려시대에 제작되었던 대장경이 대량으로 일본으로 수입되었던 것이 조일무역의 특색이었다. 조선에서는 유교를 장려하고 불교를 탄압하였으므로 수천 권이 넘는 대장경은 조선국내에서는 그 가치를 상실하였기 때문에 손쉬운 수출품이 되었던 것이다. 고려말부터 16세기 중기까지 일본이 대장경을 요구한 것은 83회였는데, 일본으로 가져오는 데 성공한 것은 43부였다.

　일본의 수출품으로는 일본 국내에서 생산된 물품을 수출하는 경우와 중계무역이 있었다. 일본 국내의 생산품으로는 동(銅), 유황(硫黄), 금 등의 광산물이었는데, 16세기 중기 이후에는 은이 다량으로 수출되었다. 도검과 부채도 중요한 수출품목의 하나였다. 중계무역은 염료, 향료, 약재 등으로 동남아시아나 명나라에서 일본으로 건너온 것들이었다. 이러한 물자를 조달하였던 것은 하카타(博多)와 사카이(堺)의 상인들이었다.

5. 삼포의 왜란

　조선의 세종 이후에는 일본과의 통교 질서를 확립하였다. 조선은 세종 때 삼포(三浦)를 개방하여 일본인의 거주를 허가하였다. 처음에는 거주인 수를 한정하려고 하였으나 성과를 얻지 못하고 일상적으로 삼포에 거주하는 일본인을 가리키는 항거왜(恒居倭)의 수는 계속 증가하여 15세기 말에는 3천 명 이상의 일본인이 삼포에 거주하게 되었다. 쓰시마의 영주인 소씨는 삼포에 관리를 파견하여 조세를 징수하였다. 일본인은 한성의 관리나 상인들과 교류하면서 밀무역을 행하였다. 일본인의 세력은 벌써 위험 수위를 넘어 있었다.

　1508년 11월에는 왜선이 돌연 가덕도(加德島)를 습격하는 사건, 또 다음해 3월에는 왜선이 제주도의 공마선(貢馬船)을 약탈하는 사건이 발생하였다. 이 사건에 대한 조선측의 조치에 대하여 일본인이 반발하여 무기를 들고 집단으로 시위하기 시작하였다. 제포와 부산포의 일본인은 쓰시마의 지원하에 무장봉기를 계획하였다. 이때 쓰시마 영주였던 소 요시모리(宗義盛)는 200척 이상의 선단을 파견하고 2천여 명의 일본인을 조선으로 보내어 항거왜의 폭동을 지원하였다. 1510년 4월 4월, 일본인은 5천여 명의 집단을 이루어 제포와 부산포를 급습하여 관리를 살해하고 감금하였다. 거제도 방면에서는 100여 척의 왜선이 영등포를 공격하였다. 이어서 웅천(熊川)과 동래(東萊)를 함락하고 제포에 결집한 일본인은 조선 정부와 협상을 시도하였다. 조선정부는 정토군을 파견하려고 하였으나 그 전에 황형(黃衡), 유담년(柳聃年) 등의 방어사가 일본인 폭도들을 무찔렀다. 폭도들은 할 수 없이 19일에 쓰시마로 철수하였다. 이것이 삼포왜란이었다. 이 사건으로 쓰시마와 조선의 관계는 단절되었고, 일본의 선박도 조선에 입항하는 것이 금지되었다.

　그 후, 우여곡절 끝에 쓰시마와의 관계는 임신약조에 의하여 회복되었다. 임신약조의 내용은 쓰시마 영주의 세견선을 반감하여 25척으로 하고, 세사미(歲賜米)와 대두(大豆)를 반감하여 100석으로 하고, 특송선을 폐지하고 세견선을 이용하도록 하였다. 그리고 쓰시마 영주의 자식 및 대관(代官), 그리고 조선과 특별한 관계를 유지하고 있었던 일본인에게 지급되었던 미곡과 대두, 그리고 세견선을 폐지하였다. 이와 같이 쓰시마 영주인 소씨가 그동안 보유하고 있었던 특권은 제한되었다.

삼포왜란 이후에도 조일관계는 결코 평온하지 않았다. 1544년에 또다시 일본인들에 의한 조선인 공격사건이 일어났다. 왜선 20여 척이 경상도 사량에 침입하여 10여 명을 살상하였던 것이다. 이 사건은 규모는 크지 않았지만 그 영향은 매우 컸다. 조선에서는 일본인의 도항을 일체 금지하자는 의견이 힘을 얻고 있었기 때문에 조일관계는 3년여 동안 단절되었다. 1555년에는 왜구가 70여 척의 선단을 구성하여 제주도와 전라도의 달량(達梁)을 급습하여 조선 전역을 공포에 떨게 하였다.

조일관계가 긴장감이 감도는 가운데 쓰시마의 영주는 왜구에 대한 정보를 조선에 제공하면서 관계 개선을 모색하였다. 그리고 조선과 쓰시마의 관계를 임신약조 이전의 상태로 회복하기 위하여 끈질기게 노력하였다. 드디어 1557년 4월에 정사약조(丁巳約条)를 맺어 관계를 회복하는 데 성공하였고, 이러한 관계는 임진왜란이 일어날 때까지 계속되었다.

가마쿠라시대의 불교

1. 말법사상과 불교의 새로운 모색

10세기에 들어서면서 승려의 세속화에 대하여 중생구제의 이상을 실천하려고 하는 사람들의 활동이 두드러지기 시작하였다. 그들은 제도적인 교단의 태도에 불만을 품고, 민중 속으로 직접 들어가 민중에게 구원의 길을 제시하려고 하였는데, 이러한 사람들을 히지리(聖)라고 하였다. 대표적인 인물로는 민중에게 나무아미타불을 외울 것을 권하며 시정을 편력하여 민중들로부터 아미타 히지리라고 추앙되었던 구야(空也)를 들 수 있다.

히지리들의 운동은 개별적으로 고립되어 진행된 것이 아니었기 때문에 사회적으로 커다란 영향력을 미쳤다. 특권을 가진 자들이 거의 독점하고 있었던 불교를 민중의 불교로 만들려고 하였던 그들의 의도에 갈채를 보내는 사람들이 예상했던 것보다 많았다. 제도적인 교단에 안주하고 있었던 승려들에게 저항감을 갖고 있었던 귀족과 불교의 이상을 실현하려고 하였던 학승들도 지지층을 형성하였다. 이리하여 불교는 일본인이 평등하게 접할 수 있는 종교로 거듭나는 실마리를 마련하였던 것이다.

이와 같은 히지리의 운동과 함께 종교계를 뒤흔든 계기가 되었던 것은 말법사상(末法思想)이었다. 고대사회가 해체되면서 표면화되기 시작한 사회 모순은 말법사상의 확대를 더욱 촉진시켰다.

특히 1052년이 말법 제1년이라는 생각이 널리 퍼지게 되었다. 그것은 장원제에 안주하고 있었던 귀족, 그러한 귀족과 밀접한 관계를 가지고 있었던 대사원의 승려들에게 절망과 공포를 선사하였다. 이러한 절망과 공포는 현실의 정치체제의 파탄, 사회불안과 더불어 단지 관념적이 아니라 실제적으로 체험되었다. 이러한 분위기는 새로운 사회와 새로운 가치체계의 형성의 토양이 되었다. 승려들 중에는 말세의 혼탁한 사회에서 죄 많은 중생들을 구제하는 방법을 탐구하기 시작하였다. 말법사상은 말세의 승려의 자성과 자각을 촉진하여 한층 불도에 정진하도록 하였다.

불교는 주술적인 기도를 거부하고, 불교의 주체성을 확립하는 방향으로 발전하였다. 인간을 관조하는 태도가 심화되고, 불교의 본질에 접근하려는 정신이 발현되었다. 특히 동시대가 말법시대에 들어갔다는 것을 주체적으로 수용하려고 했던 승려들은 스스로 반성하면서 불교의 혁신을 실현하고, 계율의 중요성을 강조하였다.

2. 전수염불

1) 호넨과 정토종

처음에 호넨(法然)은 천태종의 본산인 히에이잔(比叡山) 연력사(延曆寺)에 들어갔다. 그러나 히에이잔은 이미 세속화되어 있었다. 고위 승직은 권문귀족에 의하여 독점되어 있었고, 승려들은 서로 다투었고, 때로는 조정에 강소(强所)를 하는 등 한마디로 소란하기 그지없는 풍경이었다. 그러한 분위기에 절망한 호넨은 이윽고 히에이잔과 결별하고 그 당시 넨부쓰히지리(念仏聖)들이 모여 있던 지금의 교토에 있는 구로다니(黒谷)로 가서 에이쿠(叡空) 밑에서 수행생활에 들어갔다.

호넨은 이후 1175년에 구로다니를 떠날 때까지 약 20여 년을 에이쿠 밑에서 생활하였다. 당시의 구로다니에는 겐신(源信)의 『오조요슈(往生要集)』에서 비롯된 정토교(浄土教)의 염불이 수용되어 있었다. 호넨은 그곳에서 치열하게 공부하여 '지혜제일'이라고 일컬어지게 되었으나, 그는 귀족적인 정토교에 진정한 구제를 확신할 수 없었다. 그때, 호넨은 당나라의 선도(善導)가 쓴 『관경소(観経疏)』에 있는 한 문장을 읽고 홀연히 깨우친 바가 있었다. 수행에 관계없이 아미타여래(阿弥陀如来)를 부르면 정토에 왕생할 수 있다는 것을 확신하게 되었던 것이다.

만약에 불상을 조성하고, 탑을 세우고, 적선을 베풀어야 구제될 수 있다면, 재산이 없는 가난한 사람들은 구제되기가 사실상 불가능하다. 또 현실은 부귀한 자는 적고 빈천한 자는 많다. 만약에 총명하고 지혜가 있는 자가 구제된다면, 미련하고 지혜가 없는 자는 구제될 가능성이 없다. 또 현실은 총명하고 지혜로운 자는 적고 미련하고 지혜가 없는 자들이 많다. 만약 견문이 많은 사람이 구제된다면 견문이 없는 사람은 구제될 수 없다. 또 현실은 견문이 많은 사람은 적고 견문이 없는 사람은 많다. 만약에 계율을 지키는 사람만 구제된다면 계율을 지키지 못하는 사람은 구제될 수 없다. 또 현실은 계율을 지키는 사람은 적고 계율을 지키지 못하는 사람은 많다. 그렇다면 어떻게 하면 정토에 왕생할 수 있을 것인가? 분명하게 알아야 할 것은 불상이나 탑을 조성하고, 적선을 하고, 지식을 쌓고, 경험을 쌓아서 정토에 가려고 원한다면 왕생하는 사람은 적고 왕생하지 못하는 사람은 많다는 사실이다. 그러한 행위는 잡된 행위에 불과한 것이다. 단지 아미타불 한 귀절만 일심으로 외우면 왕생하는 사람은 많고 왕생하지 못하는 사람은 적을 것이다. 호넨은 이렇게 외쳤다. 그리고 오로지 아미타불을 외우는 전수염불(専修念仏)의 길을 제시하였다. 가마쿠라 신불교는 이렇게 해서 성립되었다.

호넨의 교설은 1186년경부터 상층귀족 사이에 널리 알려지게 되었다. 호넨은 법상종·삼론종·천태종과 자신이 주장하는 정토종과의 차이에 대하여 자세하게 설명하였다. 다른 종파의 법은 모두 훌륭하여 사람과 가르침이 상응하면 깨우치기 용이하지만, 자신과 같은 완고하고 우매한 사람은 그러한 그릇이 되지 못하기 때문에 단지 전수염불을 통하여 미혹에서 벗어날 수밖에 없다고 말하였다. 호넨은 훌륭한 사람들의 수행을 방해하는 것이 아니라고 하면서, 말법의 시대에 왜 정토종의 방법이 필요한가에 대하여 설명하여 수많은 사람들에게 감명을 주었다.

호넨의 전수염불이 일반 민중들 사이에 널리 퍼지기 시작하자 다른 종파로부터 압박이 심하였다. 조정에 대하여 전수염불의 금지를 요청하기도 하였다. 히에이잔 연력사의 승려들이 공격해오자 호넨은 1204년에 7개조의 제계(制誡)를 작성하여 천태종에 제출함으로써 구불교의 공격을 피하려고 하였다.

1205년에 흥복사의 승려들이 호넨의 9개조의 과실을 열거하여, 전수염불의 금지를 고토바(後鳥羽)상황에게 요청하였다. 1207년 호넨은 도사(土佐)에 유배되었다. 그는 반년 정도 유배생활을 한 후에 사면되었지만 교토에 돌아오지 못하였다. 유배 중의 호넨은 변방의 비천한 사람들에게 염불의 공덕에 대하여 설법하였다. 교토에서 벗어나지 않았던 호넨은 변방 사람들에게 염불의 공덕을 설파하게 된 인연을 기뻐하였다.

2) 신란과 정토신종

신란(親鸞)은 처음에 히에이잔의 연력사에서 부단염불(不斷念仏)을 수행하고 있었다. 이것은 3일 내지는 7일간 쉬지 않고 염불을 행하여 삼매의 경지에 들어가 마음이 안정되었을 때 하나의 대상에 집중하면 바른 지혜가 생겨 진리를 깨우칠 수 있다고 하는 수행법이었다. 수행자가 삼매의 경지에 도달하려면 계율을 지키는 생활을 하지 않으면 안되었다.

1201년 29세 때 신란은 호넨을 찾아갔다. 이후 백일 동안 호넨을 방

신란 상

문하여 법을 듣고, 이윽고 잡행을 버리고 오로지 정진에 매달리게 되었다. 신란은 점차로 호넨의 문하에서 두각을 나타내게 되었다. 1207년의 법난으로 호넨이 시고쿠(四国)에 유배되었을 때, 신란도 에치고(越後)로 유배되었다. 신란은 매일 7만 번 아미타불을 외우는 수행을 일생 계속하였다. 그러나 신란은 스승인 호넨과는 달리 결혼을 하였다. 신란은 사면된 후에도 교토로 돌아오지 않고 에치고에 거주하고 있었으나, 1214년에 처자를 데리고 지금의 이바라키현(茨城県)의 히다치(常陸)로 이주하여 생활하면서 염불의 공덕에 대하여 설파하였다.

그는 수학(修学)과 지계(持戒)를 부정하고, 우매하고 악함을 자각하는 것이야말로 진실로 불도에 들어가는 것이라고 생각하였다. 그는 평생 강렬한 염불에 대한 믿음과 날카로운 비판정신을 가슴에 품고, 권력에 접근하지 않고, 시정의 한 승려로서의 삶을 살았다.

신란은 호넨의 염불을 순화하여 계승하고, 그것을 더욱 철저한 이론으로 정립하였다. 그는 특히 '믿음'을 강조하여, 정토 왕생의 인연은 아미타불로부터 주어진 타력의 신심이며, 염불을 하는 자가 스스로 일으키는 것이 아니라고 하였다. 아미타불을 부르는 것은 구제에 대한 보은의 행위라고 주장하였다.

3) 잇펜과 시종

호넨의 정신을 계승하면서 특이한 정토교를 형성한 것이 잇펜(一遍)이었다. 그는 시종(時宗)을 열고 민중들에게 염불을 보급하였다. 시종의

'時'란 평생이 임종이며, 임종이 평생으로 '지금'의 일각일각(一刻一刻)이 죽음이며 살아있음이라는 의미다.

그는 기도중에 일체 중생의 왕생은 십겁의 옛날에 아미타여래가 정각을 성취하였을 때 이미 결정되었다는 것을 깨달았다. 잇펜은 일체의 자력의 상념에서 일탈하여 나무아미타불이라는 6자의 명호를 생각할 때, 아미타불의 세계에 들어가, 부처도 없고 나도 없는 경지에 이르렀을 때, 살아있으면서 왕생을 실현할 수 있다고 하였다. 특이하게 잇펜의 염불사상에는 선(禅)의 정신과 상통하는 면이 있음을 알 수 있다.

4) 니치렌과 일련종

니치렌 상

16세에 출가한 니치렌(日蓮)은 여러 종파 중에서 어떤 것이 석가의 진의를 담고 있을까라는 의문을 품고 공부하던 중에 특히 『법화경』에 대한 신심을 굳건히 하였다. 그리하여 1253년 4월 바다 위로 떠오르는 태양을 향하여 '나무묘호렌게교(南無妙法蓮華経)'라는 불경의 제목을 크게 외우며 법화행자로서의 입장을 정하였다. 그리하여 가마쿠라로 옮겨 니치렌이라고 칭하였다. 그리고 다른 종파들을 신랄하게 비난하면서 창제성불(唱題成仏)을 설하였다. 그러나 너무 도에 지나친 자신과 과격한 언행으로 박해를 받았다.

『묘법연화경(妙法蓮華経)』이라는 불경의 제목만 외우면 누구라도 성불할 수 있다고 하는 그의 교설은 독송·사경 등을 강조한 종래의 법화신앙, 심원한 이치를 가르치는 천태종에 비하여, 매우 간단하고 현실적이며 또 서민적이었다. '법화창제(法華唱題)'는 니치렌 이전에도 일부에서 행하여져 왔으나 '신심창제(信心唱題)'와 즉신성불을 강조하여 다른 행위를 배제하였다는 점에 니체렌의 특색이 있었다. 니체렌은 다른 종파를 배척하였지만, 그의 가르침에는 타종의 영향과 구불교의 잔재가 있었음을 부정할 수 없다.

3. 선의 전래

1) 에이사이와 임제종

일본에 처음 선을 전한 인물은 에이사이(栄西)였다. 에이사이는 지금의 오카야마현(岡山県)인 빗추(備中)의 기비쓰신사(吉備津神社)의 신관 가야씨(賀陽氏)의 집안에서 태어났다고 전해지나 확실하지는 않다. 1153년 13세 때, 히에이잔(比叡山)에서 에이사이라는 법명을 받았다. 그 후 천태교학과 밀교를 수행하다가 『법화경』을 읽고 송나라로 유학할 결심하고 27세 때인 1168년에 송으로 건너갔다. 그곳에서 조겐(重源)을 만나게 되었다. 조겐은 정토관련 서적과 불사리를 구하기 위하여 송에 왔었다. 에이사이는 조겐과 함께 천태산(天台山)과 육왕산(育王山)을 순례하고 반년 만에 귀국하였다. 그는 히에이잔의 전통 속에 선맥이 이미 흐르고 있었다는 것을 알았다. 에이사이는 귀국한 후에는 본격적으로 선과 밀교를 공부하게 되었다.

그는 한동안 규슈 일대에서 활동하기도 하였으나, 인도까지 건너가 불교의 성지를 순례하고자 하였다. 그래서 1187년에 다시 중국으로 건너갔다. 중국에서 해로로 인도로 건너가려고 하였으나 풍랑을 만나 남방의 온주(溫州)로 돌아오고 말았다. 그는 인도행을 포기하고 천태산 만년사(万年寺)로 가서 허암회창(虛菴懷敞)선사에게 배웠다. 1191년 귀국할 때까지 회창선사를 따라서 수행하였다.

에이사이가 회창선사로로부터 전수받은 것은 중국의 임제종(臨済宗)이었다. 그는 귀국 후 규슈에 머물러 포교에 전념하였다. 선종이 퍼지기 시작하자 1194년에 히에이잔의 천태종단은 선종의 금지를 조정에 요구하기 시작하였다. 조정은 천태종단의 요구를 수용하여 선종을 금지하는 명령을 내렸다. 그러나 에이사이는 조금도 굴하지 않고 규슈 지방을 중심으로 포교활동을 전개하면서 천태종의 승려들의 잘못을 논박하였다. 이러한 반론을 논리적으로 정리한 것이 1198년에 저술한 『고젠고코쿠론(興禅護国論)』이다. 천태종을 창시한 사이초(最澄)도 중국에서 선을 공부하였으므로 선을 무시한다면 사이초를 무시하는 것이며 그것은 천태종의 근본을 부정하는 것이다. 천태종이 부정되는데 천태종의 승려들은 왜 선을 공격하려고 하는가? 에이사이는 자신을 비방하는 천태종의 승려들에게 이렇게 반론하고 있는 것이다. 그리고 불법의 내적인 생명은 선이며 계율이다. 이 불법을 수호하는 것이 국가다. 즉 왕법과 불법은 서로 의존하는 관계다. 왕법이 불법을 보호하고 나라에 계율을 지키는 사람들이 많으면 불보살이 국왕을 수호하는 것이라고 에이사이는 논파하였다.

『고젠고코쿠론』을 저술한 후에 에이사이는 1199년에 가마쿠라로 갔다. 거기에서 에이사이는 막부의 실력자들과 접촉하였다. 이윽고 막부의 후원을 얻어 에이사이는 다시 교토로 진출하게 되었다. 막부는 건인사(建仁寺)를 세우고 에이사이를 맞아들였다. 신앙의 근거지를 마련한 에이사이는 교토와 가마쿠라를 왕래하면서 본격적인 포교활동을 전개하였다. 결국은 에이사이는 권력과 유착하여 포교활동을 전개하지 않을 수 없었다.

2) 도겐과 조동종

13세의 어린 나이에 히에이잔에 출가한 도겐(道元)은, 불교에서는 일체에 법성(法性)이 있다고 하는데, 인간은 왜 다시 진리를 얻으려고 수행을 하지 않으면 안되는가라는 의문을 가지고 정진하며, 고승들에게 가르침을 청했지만 해답을 얻지 못하였다.

그러다가 1223년 송으로 건너갔다. 중국 각지의 선원을 찾아가 수행하였다. 그 동안에 중생을 구제한다는 대승불교는 단순히 문자와 지식만으로 접근해서는 안되고 실천에 의한 엄격한 인격의 완성을 통하여 달성될 수 있다는 것, 즉 선의 진리는 철저한 자력본원(自力本願)에 있다는 것을 깨달았다. 세상이 무상함을 철저하게 인식하면 오히려 철저한 현실주의의 입장에 서게 된다. 그 단계에서는 현실의 생활이 그대로 수도의 장이 된다. 특히 도겐은 오로지 좌선을 행하여 크게 깨친다는 입장을 견지하였다.

중국 각지에서 공부한 도겐은 다시 천동산으로 가서 장옹여정(長翁如淨) 밑에서 수행을 하였다. 여정(如淨)은 남송 말기에 전통적인 선수행의 가치를 강조한 복고적인 혁신가였다. 그는 종래의 유·불·도 삼교일치설을 부정하고 선을 기초로 한 불법을 확립하려고 노력하고 있었다. 준엄한 종풍을 세우고, 그 당시 귀족화하여 세속에 물든 선승들을 호되게 비판하였던 인물이다. 이러한 여정 밑에서 오로지 좌선에 몰두하는 선수행을 한 도겐은 1227년에 귀국하였다. 헤어질 때 여정은 귀국하여 도시에 거주하지 말고, 권력을 가까이 하지 말며, 심산유곡에 살면서 오로지 수행에 전념하여 선의 전통을 이어나갈 것을 당부하였다. 도겐이 일본에 전한 조동종(曹洞宗)은 일본에 있어서 순수한 선종의 시작을 의미한다.

귀국한 도겐은 교토의 건인사에서 잠시 지낸 후에 지금의 후시미(伏見)의 후카쿠사(深草)에 관음도리원(観音導利院)을 세우고 엄격한 좌선을 행하면서, 1233년에는 『후칸자젠기(普勧坐禅儀)』를 저술하였다. 도겐은 1243년 에치젠(越前)으로 내려가서 대불사(大仏寺)를 세웠다. 1231년부터 1253년 그가 사망할 때까지 도겐은 법어인 『쇼보겐조(正法眼蔵)』를 집필하였다.

테마 14
농촌의 변용과 서민의 대두

1. 저항하는 농민

14세기 중기에 농촌에서는 소(惣) 혹은 소무라(惣村)라고 하는 자치 조직이 발달하였다. 소무라는 공동체를 방어하고 장원 영주의 부당한 요구에 저항하기 위하여 유력한 농민이 소농민을 구성원에 포함시켜 구성하였다. 소무라의 중심적 존재는 무사적 성격을 지닌 상층 농민이었다. 그들 중에서 반토(番頭), 사타닌(沙汰人), 도시요리(年寄) 등의 지도자가 선출되었다.

소무라에서는 회의를 열어서 소무라의 수호신에게 제사를 지내고 공유지와 관개용수의 관리나 정비를 행하였다. 또 무라오키테(村掟)라고 하는 자치규약을 만들어 위반자는 소무라에서 추방하는 등 경찰권과 재판권을 행사하였다. 무력도 보유하고 있었다. 소무라의 지도자들은 장원 영주와 교섭하여 연공의 면제나 감면을 요청하기도 하였다. 때로는 여러 소무라가 연합하는 경우도 있었다. 이것을 향촌제라고 하였다.

중세의 농촌풍경 분뇨통을 메고 가는 농부의 모습이 보인다.

14세기 중기, 지금의 효고현(兵庫県) 지역인 하리마(播磨)의 야노노쇼(矢野荘)라고 하는 장원에서는 농민이 장원의 쇼칸(荘官)인 와키타 쇼한(脇田昌範)의 악행을 지적하면서 소송을 제기하여 그의 파면을 요구한 사례가 발견된다. 소송의 내용을 보면, (1)말과 되의 크기를 속여서 연공을 무리하게 거두어 들이려고 한다. (2)연공률이 낮은 경작지를 마음대로 연공률이 높은 토지로 둔갑시켜 연공을 부과하고 있다. (3)농민의 전답을 약탈하고 슈고의 사자와 연락을 취하면서 농민을 압박하고 있다. (4)농민과 관계없는 사사전(社寺田)에 대해서도 이제까지는 없었던 부역을 부과하여 농민을 괴롭히고 있다고 말하고 있다.

농민들은 쇼칸의 불법적이고 부도덕한 압박에 반대한다고 하소연하기 위하여 소송을 제기하였던 것만은 아니다. 농민들은 더욱 적극적으로 매년 정해진 연공이나 부역에 대해서도 부담의 경감을 요구하기 위하여 소송을 제기하였던 것이다. 1347년 그들은 흉년이 들었다는 이유로 야노노쇼의 지배자인 사원에 대하여 연공의 감면을 요구하여 연공미 30석분을 줄이는 데 성공하였다. 다음 해에는 수해를 이유로 29명의 농민이 서명하여 연공미의 감면을 청원하였다. 다시 4년 후에는 부역을 면제하고 연공미도 40석을 감면해 달라고 요구하였다. 이러한 요구는 그 후에도 연중행사처럼 되풀이되었고, 영주측이 수용하지 않으면 연공을 체납하는 방식으로 저항하였다. 물론 다른 장원에서도 농민의 저항은 끊이지 않았다.

농민의 저항 중에서 특히 주목되는 것은 토지의 측량을 거부하는 것이었다. 현재의 미에현(三重県) 지역인 이세(伊勢)의 소네노쇼(曾禰荘)는 제호사(醍醐寺)의 영지였는데, 1347년에 토지를 측량하려고 하였다. 토지를 측량하여 생산량을 파악하는 것은 장원을 관리하기 위한 기초조사였다. 소네노쇼는 수십 년간 토지를 측량하지 않았기 때문에 연공이 오히려 해마다 감소하고 있었다. 그래서 제호사는 할 수 없이 토지조사를 시행하여 연공을 현실화시키려고 하였다. 그때 농민들은 온갖 이유를 들어 토지조사를 반대하였다. 농민의 조직적이고 적극적인 저항에 부딪친 제호사는 결국 향후 연공을 성실하게 납부한다는 약속을 받고 토지조사를 포기하지 않을 수 없었다.

이러한 농민의 조직적인 저항의 중심에는 아이러니하게도 영주가 임명하여 장원을 관리하고 있었던 쇼칸이 있었다. 쇼칸은 농민의 투쟁을 은근히 부추기면서 토지조사를 반대하였는데, 그 이유는 토지대장에 기록되어 있지 않은 은전(隱田)을 자기의 사유지와 같이 소유하고 이것을 자신의 게닌들에게 경작시키거나 나누어주어 세력을 확대하고 있었기 때문이었다. 토지조사의 거부로 이익을 쇼칸이 독점했던 것은 아니다. 농민들도 상당한 이익을 얻을 수 있었음은 두말할 필요도 없다.

쇼칸은 원래 장원영주에 의하여 파견된 대리인에 불과하였다. 그러나 시간이 지나면서 장원 내의 유력한 지주이면서 무력을 행사할 수 있었던 쇼칸은 장원영주로부터 서서히 독립하여 영주화하기 시작하였다. 쇼칸은 어떤 경우에는 농민과 연합하여 장원영주를 압박하기도 하였고, 어떤 경우에는 새로운 지배자로서 농민 위에 군림하기도 하였다. 그런만큼 쇼칸의 입장은 미묘하였다. 그렇기 때문에 그들의 전술은 유연하였다. 어떤 때에는 장원 외부에 있는 슈고다이묘(守護大名)와 결탁하여, 그들의 무력을 빌려서 장원영주와 농민을 압박하였다. 쇼칸은 장원영주의 영향력에서 벗어나서 소영주로 독립하려고 모색하고 있었던 것이다.

한편, 농민은 조금이라도 연공의 부담을 더는 것이 과제였다. 부담이 적어진다면 영주는 누구라도 상관이 없었다. 농민의 이러한 입장을 쇼칸은 교묘하게 이용하였다. 그래서 결국에는 쇼칸의 모색도 농민의 투쟁도 장원영주에게 심각한 타격을 입히게 되었던 것이다.

2. 무너지는 장원제

장원은 율령체제하의 토지국유제가 붕괴된 헤이안시대에 발달하였다. 그 결과 헤이안시대 말기에서부터 가마쿠라시대 초기에는 일본 전토의 반 이상이 장원으로 되었다. 그러나 가마쿠라시대에는 막부가 성립되었기 때문에 그때까지 장원의 기진(寄進)을 받고 있었던 귀족의 권위가 실추되어 기진의 관행도 시들해졌기 때문에, 가마쿠라시대 이후의 일본은 장원과 고쿠가(国衙)의 지배지인 고쿠가령(国衙領)으로 크게 나뉘어져 있었다. 이러한 구분은 남북조시대에도 큰 변화는 없었는데, 무로마치시대 중기 이후, 슈고영국제(守護領国制)의 진전이라는 시대의 변화 속에서 그 내용은 크게 변화하고 있었다.

그 중에서도 가장 큰 변화는 고쿠가령이 점차로 슈고다이묘의 지배지로 변화하고 있었다는 점이다. 고쿠가령은 형식상 고쿠시(国司)가 관리하도록 되어 있었으나 실질적으로는 호족들이 실권을 장악하고 있었다. 내란이 계속되면서 고쿠시는 더욱 무력하게 되었고, 고쿠가의 권한을 실질적으로 슈고가 행사하면서 고쿠가령의 호족들은 일찍부터 슈고의 가신이 되어 있었다. 그렇기 때문에 고쿠가령도 실질적으로는 슈고다이묘의 지배하에 들어가게 되었고, 연공의 극히 일부분만이 고쿠시에게 운반되는 지경에 이르렀다. 이에 비하여 장원은 귀족과 사원의 사적인 영지였기 때문에 장원영주도 관리에 힘을 기울이고 있는 편이었다. 그렇기 때문에 아무리 무력을 행사할 수 있는 슈고다이묘라고 하여도 장원에 침략의 손길을 뻗치는 것은 그렇게 간단한 일을 아니었다. 그러나 슈고다이묘가 연공미 징수의 청부를 맡게 되면서 장원의 운명은 서서히 그 종말을 고하게 되었다.

1402년 지금의 히로시마현(広島県) 지역인 빈고(備後)의 슈고였던 야마나 도키히로(山名時熙)는 고야산령(高野山領)의 오타쇼(太田莊)의 연공미 징수를 청부 맡았다. 이때 고야산과 야마나의 약속으로는 이 장원의 관리권을 야마나에게 맡기는 조건으로 매년 연공미 1천 석을 고야산에 납부하기로 되어 있었다. 그때까지 연공미는 1천 8백 석이었으니까 야마나는 약 반액으로 연공미 징수를 청부 맡았던 것이다. 그러나 그 청부 계약이 성립된 직후부터 야마나는 이것을 성실히 실행하지 않았다. 그때부터 37년간 매년 평균 450석 정도만 겨우 고야산으로 실어 보냈다. 슈고의 연공미 청부의 실체가 이렇다면 표면적으로는 계약이었지만 실질적으로는 횡령이었다. 전국의 모든 장원이 오타쇼와 같은 운명을 맞이하고 있었다고 생각된다.

3. 도잇키

농민의 지역적 결합의 성장은 이윽고 장원영주와 슈고다이묘, 그리고 무사의 부당한 처사에 대하여 강력하게 저항하게 되었다. 처음에 농민들은 장원 영주에게 가혹한 관리의 파면이나 연공의 감면을 요구하는 수소(愁訴)나 강소(強訴)를 행하였다. 도산(逃散)이라고 하여 마을에서 도망하여 산야에 숨어 경작을 포기하는 소극적인 방법을 택하는 경우도 있었다. 그러나 슈고나 영주의 지배가 강화되자 농민들은 집단행동을 하였다. 그것을 잇키(一揆)라고 하였다. 경작지를 포기하고 도망할 때에도 산야로 숨지 않고 다른 마을로 도망하여 숨는 적극적인 행동을 취하게 되었다. 그리고 여러 소무라(惣村)가 연합하여 무력으로 봉기하는 경우도 있었다. 이것을 도잇키(土一揆)라고 하였는데, 그 세력은 슈고 다이묘에게 실력으로 대항할 만큼 성장하였다.

흉작이나 질병이 유행할 때에는 농민이 집단으로 덕정령(德政令)이나 연공의 감면을 요구하며 잇키를 일으켰다. 1428년 교토를 중심으로 하여 발생한 쇼초(正長)의 도잇키는 덕정령의 시행을 강요한 최초의 대규모적인 잇키였다. 이 도잇키는 오미(近江)의 운송업자였던 바샤쿠(馬借)가 고리대금업자를 습격한 것에서 발단이 되어 야마시로(山城)·야마토(大和)를 비롯한 기나이(畿內) 일대에 확산되었다. 잇키 세력은 고리대금업자인 도소(土倉)와 양조업자인 사카야(酒屋) 그리고 사원을 습격하여 차용증서를 불태우고 스스로의 힘으로 덕정을 실시하였는데, 막부는 그것을 진압하지 못하였다. 그 후로도 교토 일대에서 도잇키가 자주 발생하였다.

1429년에는 지금의 효고현(兵庫県) 지역인 하리마(播磨)에서 도잇키가 발생하였다. 잇키 세력은 슈고인 아카마쓰씨(赤松氏)의 무사들과 전투를 벌여서 그들을 하리마 지역에서 내어 몰았다. 1441년에는 가키쓰(嘉吉)의 잇키가 일어났다. 교토 일대의 운송업자와 농민이 교토에 있는 사원을 점거하고 고리대금업자를 습격하며 덕정령을 요구하였다. 진압에 실패한 막부는 잇키 세력의 요구를 받아들이지 않을 수 없었다. 1457년에는 조로쿠(長禄)의 도잇키가 일어났는데 호소카와씨(細川氏)의 군사를 중심으로 한 슈고다이묘군이 도잇키 세력에게 패배하였다.

4. 산업의 발달

정치·사회적 전환기였던 15세기는 산업경제의 발전기이기도 하였다. 농업에서는 경영의 집약화와 다각화가 진전되었고 벼의 품종도 여러 품종으로 개량되었다. 전국 시대의 농업서인 『세이료키(清良記)』에는 조도(早稲) 12종, 중도(中稲) 24종, 만도(晩稲) 24종이 있다고 기록되어 있다. 벼와 보리를 번갈아 심어 수확하는 2모작이 일반적으로 시행되어 후진지역인 간토 지방에까지 보급되었다. 재배기술의 발달과 관개시설의 확충, 비료의 이용 등에 의하여 선진 지역에서는 미곡의 수확이 증가되었다. 과일, 잡곡, 채소, 뽕나무, 옷나무 등 다양한 작물이 재배되면서 시비법(施肥法)도 발달하였다. 땅을 비옥하게 하기 위하여 논에다 풀을 깔고 재를 뿌리고 인분도 거름으로 사용되었다. 외양간의 두엄도 퇴비로 이용되었다.

각지에서 상품작물이 재배되었다. 옷감의 재료가 되는 마와 모시풀이 동부 일본 지역에서 많이 재배되었고, 면화도 미카와(三河) 지역에서 재배되기 시작하였다. 그리고 염료의 재료인 쪽이 서부 일본 지역에서, 꼭두서니 · 지치 · 잇꽃이 동부 일본 지역에서 재배되었다. 들깨는 주로 태평양 연안 지역에서 재배되었으며, 종이의 원료인 닥나무도 각 지역에서 재배되었다. 교토 · 나라 등 대도시 근교에서는 다양한 종류의 야채가 재배되었다. 특산물로는 우지(宇治)의 차, 고슈(甲州)의 포도, 기슈(紀州)의 밀감 등이 유명하였다.

수공업은 국내 수요의 증가와 대외 무역의 성황에 힘입어 크게 발전하였다. 수공업자는 점차로 장원의 예속에서 벗어나 독립하였고, 수공업의 분화도 진전되면서 주문생산과 아울러 시장의 수요를 예측하여 상품을 생산하였다. 농민의 수요에 대응하여 낫, 쟁기, 호미 등의 농기구나 냄비, 솥 등의 일용품이 생산되었다. 도검은 국내 수요가 많았을 뿐만이 아니라 주요 수출품이기도 하였기 때문에 대량으로 생산되었다. 대량생산된 관

중세의 시장풍경 비젠(備前)의 후쿠오카 시장

계로 가마쿠라시대에 제작된 물건보다 조잡하였다. 이 밖에 각 지역에서 특산품이 생산되었다. 교토·가가(加賀)·에치젠(越前)·시모쓰케(下野)의 견직물, 에치고(越後)·시나노(信濃)의 마포가 특히 유명하였다. 또 야마구치(山口)·하카타(博多)·사카이(堺)·교토에서는 중국에서 기술자가 건너와서 고급 견직물을 생산하였다. 제지업도 각지에서 발달하였다. 하리마(播磨)·에치젠(越前)·미노(美濃)·나라(奈良)는 고급 종이의 산지로 유명하였다. 미노 지방에서는 종이만을 취급하는 전문시장이 생겨났다. 그리고 양조업도 전국적으로 확산되었다. 가와치(河內)·야마토(大和)·셋쓰(摂津)·교토 등은 술의 산지로 유명하였다. 15세기 전후에 교토에만 350개소에 가까운 양조장이 있었다는 것이 확인된다.

5. 상업의 발달

수공업과 농업의 발달은 시장의 발달을 촉진하였다. 각지에서 장이 서게 되었으며, 장이 서는 횟수도 가마쿠라시대에 비하여 증가하였다. 15세기 후기에는 보통 월 6회 장이 서게 되었다. 이렇게 각지에서 장이 서게되자 각 지역별로 장이 서는 날을 엇갈리게 정하기에 이르렀다.

시장에는 상품의 종류에 따라 판매하는 자리가 지정되어 있는 것이 보통이었다. 시장은 장원영주 또는 슈고다이묘가 파견한 감독관이 통제하였다. 시장의 상인은 장원 영주와 슈고다이묘에게 시장세를 납부하고 판매의 독점권을 보장받았다. 대도시 주변과 특산물 산지에서는 특정 상품만을 취급하는 전문시장이 생겨났다. 미노의 종이 시장, 교토의 미곡 시장, 오사카의 어시장과 소금 시장이 유명하였다. 이 시대에는 행상도 증가하였다. 행상은 개인이 짐을 지고 다니며 물건을 파는 상인과, 시장에 일

중세의 상인 쌀을 파는 상인과 콩을 파는 상인이 대화하고 있다.

정한 근거를 두고 일정 지역을 순회하며 물건를 파는 상인이 있었다. 상인 중에는 대규모 행상단을 조직하여 활약하는 대상인도 있었다. 대도시에는 상설점포가 개설되었다. 점포는 수십 개의 상점이 처마를 맞대고 줄지어 늘어섰으며, 상품을 진열하여 놓고 장사를 하였다. 이렇게 한곳에 정착하여 상업활동에 종사하는 상인들은 가마쿠라시대 말부터 조닌(町人)이라고 불렸다.

이 시대의 상공업에서 특히 눈에 띄는 현상은 자(座)가 발달했다는 것이다. 자란 중세시대의 특권적 동업조합을 말하는 것이다. 자는 헤이안시대 말기부터 사원과 귀족의 보호하에 동업자조합을 조직하면서 발달하였는데, 상업이 미발달한 단계에서는 이러한 동업조합이 조직됨으로써 상업발달을 촉진하였던 것이다. 무로마치시대가 되면서 교토나 나라에는 여러 상공업 분야에 걸쳐서 다양한 형태의 자가 발달하였다. 자의 규모가 커졌을 뿐만이 아니라 그 숫자도 증가하였다.

자의 구성원은 자신들의 영업 행위를 보호해주는 사원이나 신사 혹은 귀족에게 각종 금전이나 노동을 제공하고 그 대가로 관전, 영업세, 시장세를 면제받고 일정 지역에서 매매를 독점하는 특권을 부여받았다. 그러나 오닌의 난 이후에는 자의 보호자인 사원이나 귀족이 몰락하면서 특권이 제약되고, 상품 유통의 규모가 커지면서 신흥 상공업자가 등장하자 그들과 대립하면서 자는 점점 폐쇄적인 성격을 띠게 되었다. 그러자 원래는 상업의 발달에 기여해왔던 자는 오히려 상공업의 자유로운 발달을 가로막게 되었다.

상품경제의 발달과 함께 화폐가 유통되었다. 세금도 동전으로 납부할 수 있게 되면서 화폐는 더욱 활발하게 유통되었다. 그리고 연공의 수납액을 화폐, 특히 영락전(永楽銭)으로 환산하여 표시하는 관고제(貫高制)가 일반화되었다. 그러나 막부는 화폐를 주조하지 않고 중국에서 송전(宋銭)이나 명전(明銭)을 수입하여 유통시켰다. 세월이 지나면서 상품유통의 규모가 커지고, 또 수입 동전이 감소되면서 통화가 부족하게 되었다. 그러자 일본 국내에서 사사로이 주조된 품질이 조악한 동전이 유통

되게 되었다. 당연히 통화유통에 혼란이 일어났다. 상인들이 거래할 때
에 조악한 동전을 꺼리고 양질의 동전만은 선별하여 받는 풍조가 확산되
면서 혼란이 가중되었다. 막부와 다이묘는 화폐간의 교환비율을 정하고
품질이 특히 조악한 화폐를 지정하여 유통화폐의 종류를 제한하는 등 혼
란을 줄이려고 노력하였다. 그러나 이러한 혼란은 양질의 화폐가 대량으
로 유통되기 전에는 완전히 진정될 수 없는 것이었다.

6. 교통의 발달

 육상교통과 해상교통이 발달하였다. 특히 상품의 운송에 중요한 역할을
수행한 것은 해상교통이었다. 서부 일본의 태평양 연안 지역을 정기선이 왕
래하였다. 이 선박으로 항구까지 운반된 상품은 바샤쿠(馬借), 샤샤쿠(車借)
등의 운송업자의 손에 의하여 각지로 운반되었다. 오미(近江)의 오쓰(大津)
와 사카모토(坂本)의 바샤쿠는 호쿠리쿠(北陸) 지방으로부터 비와코(琵琶
湖)를 거쳐 교토까지 미곡을 운반하였다.

 교통이 발달하면서 서민의 여행도 증가하였다. 각지의 사원이나 신사를
참배하는 것이 유행하였기 때문이다. 특히 이세신궁(伊勢神宮)을 참배하는
사람들이 급격하게 증가하였다. 이세 가도가 발달한 것은 이 때문이었다.
그런데 이 시대에 서민들이 여행한다는 것은 결코 쉽지 않은 일이었다. 각
지에 도적들이 도사리고 있었을 뿐만이 아니라, 관소(関所)가 많이 설치되
어 있어서 관세만도 상당한 부담이 되었기 때문이다. 관소의 설치는 여러
가지 목적이 있었겠지만, 가장 중요한 설치 목적은 역시 관세를 징수하기
위해서였다. 각지에 설치된 관소의 수는 상상 이상으로 많았다. 15세기 중
기 이세 가도의 구와나(桑名) · 히나가(日永)간 약 16킬로미터 거리에 60여
개소의 관소가 있었던 것을 보아도 알 수 있다. 이렇게 많은 관소에서 왕래
하는 상인들과 여행자들에게 통행세를 부과하였던 것이다.

테마 15
전국시대 다이묘와 천도사상

1. 하극상의 논리와 천도사상

일본에서 하극상이라는 말은 헤이안 시대에 등장하였다고 일컬어지고 있으나, 그것이 사상적인 의의를 갖게 된 것은 일본 사회가 극도로 혼란해지기 시작하는 남북조 내란기였다. 이 시대에는 재지 세력이 대두하면서 전통적 권위와 충돌하는 경우가 빈발하였다. 이러한 풍조에 편승하여 수단과 방법을 가리지 않고 신분의 상승을 꾀하는 자들이 늘어났다.

전국시대가 되면서 가신이 주군을 몰아내고 권력을 찬탈하는 하극상 풍조가 일상적인 일이 되었다. 15세기 말에는 신분도 확실하지 않은 호조 소운(北条早雲)이 이즈(伊豆) 아시카가씨(足利氏)의 내분을 교묘히 이용하여 세력을 넓혔다. 시바씨(斯波氏)가 지배하던 광대한 영지는 오다씨(織田氏)·아사쿠라씨(朝倉氏)의 독립과 이마가와씨(今川氏)의 침략으로 분할되었다. 도키씨(土岐氏)는 신원도 확실하지 않은 가신 사이토 도산(斉藤道三)에게 추방되었으며, 교고쿠씨(京極氏)는 가신 아사이씨(浅

井氏)에게 실권을 빼앗겼다. 전국 각지에서 이와 같은 일이 일어났다. 무력에 의존하는 극단적인 실력주의와 현실주의는 무가사회의 주종관계를 변질시켰을 뿐 아니라, 일반사회의 질서를 혼란스럽게 하였다.

그런데 상위 권력을 실력으로 몰아내고 새로 대두한 세력은 하극상을 정당화하는 논리적 근거를 천도(天道)사상에서 구했다. 원래 천도사상에는 지배자에게 복종을 요구하는 측면과 함께 덕치주의의 입장에서 방벌혁명(放伐革命)을 용인하는 논리가 내재되어 있었다. 전자는 왕토사상(王土思想)이요, 후자는 천하사상(天下思想)이었다. 조큐의 난이 발생하였을 때, 가마쿠라막부의 실력자였던 호조 요시토키(北条義時)·야스토키(泰時) 부자는 천하사상에 내재되어 있는 인정(仁政)의 원리를 내세워 자신들이 천황측에 반항하는 것을 정당화하였다. 결과적으로 천황군이 막부군에게 패배함으로서 왕토사상의 권위는 사실상 실추되었다. 이 난을 계기로 하여 무사계층 내부에서도 천하사상의 정신이 점차로 정착되었다. 이러한 분위기는 당시에 출간되었던 역사서나 산문문학에 반영되었다. 특히, 『다이헤이키(太平記)』에는 천황의 권위를 무시하고 구체제를 방약무인으로 유린하는 무사의 군상이 생생하게 묘사되어 있다.

2. 천도 – 보이지 않는 신비한 힘

전국시대 당시의 일본인이 인식하고 있었던 천도사상은 일본 중세 후기의 사회 상황에서 형성된 것이었기 때문에 천도사상 속에는 신비적이면서도 운명적인 요소가 많이 가미되어 있었다. 천도란 인간의 운명을 좌우하는 어떤 보이지 않는 힘이라고 생각되는 경우가 있었다. 실제로 오케하자마(桶狹間)전투에서 오다 노부나가(織田信長)가 이끄는 소수의 군대가 열세한 전력으로 기습공격을 감행하여 이마카와 요시모토(今川義元)의 대군을 괴멸시켰듯이, 전쟁이란 때로는 무력과는 관계없이 승패가 결정되는 경우가 있었다. 천도가 관장하는 운명은 인간으로서는 예측하기 어려운 면이 있었다. 실제로 전국시대의 다이묘들은 선악이라고 하는 윤리적 기준으로서는 측정할 수 없는 운명의 힘을 강하게 느끼고 있었다. 우에스기 사다마사(上杉定正), 아사쿠라 다카카게(朝倉孝景), 사가라 나가쿠니(相良長国), 모리 모토나리(毛利元就) 등 다이묘들은 전쟁에서 승리하고 자신들이 생존해 있는 것이 신기한 일이라고 느끼고 있었으며, 오타 규이치(太田牛一)도 『신초코키(信長公記)』에서 자주 다이묘들의 승리와 생존을 "희대의 신비한 일이다"라고 말하고 있다. 그 중에서도 특히 모리 모토나리는 운명의 신비함을 절절하게 느끼고 있었다.

모리 모토나리는 형이 사망한 후 가문의 운명을 어깨에 짊어지고 40여 년을 살아왔는데, 그 사이에 다른 다이묘들의 침략은 큰 파도와 작은 파도가 밀려오듯이 그칠 날이 없었다. 무어라 말할 수 없는 황망한 나날이었다. 그런 속에서 단지 자기 자신만이 위기를 헤쳐나와 현재에 이르렀다는 것은 신기하다고 말할 수밖에 없었다. 자신을 돌아보건대, 무용이 출중한 것도 아니고, 힘이 센 것도, 지혜와 재능이 다른 사람보다 출중한 것도, 정직하기 그지없어 신의 가호를 입을 만한 위인도 전혀 아님에도 불구하고 위기를 극복하고 살아있다는 것이 스스로 생각해도 전혀 알 길이 없다고 솔직하게 고백하고 있다.

3. 승전과 패전 − 천도의 심판

천도의 신비적 측면은 오히려 전국다이묘들에게 현상타개의 활력을 제공했다. 즉 위기적 상황에 직면해서도 절망하지 않고 천도의 보살핌을 기대하였고, 기회가 도래하면 모든 것을 천도에 맡기고 전쟁을 감행하였다. 도쿠가와 이에야스(德川家康)는 1572년 교토로 향하던 다케다 신겐(武田信玄)을 미가타가하라(三方原)에서 맞아서, "싸움은 군사가 많고 적음에 의하지 않는다. 천도에 의할 따름이다"라고 말하며 8천의 군사로 3만이 넘는 다케다군과 대적하였다. 신겐이 사망한 후,

다케다 신겐

다케다씨(武田氏)도 ‘천도’가 다했음인지 그 전설적인 군단은 끝내 괴멸되고 말았지만, 맹장으로 이름이 높았던 신겐의 아들인 가쓰요리(勝賴)도 “운을 천도에 맡기고” 적진으로 돌진하였다. 전국의 다이묘들은 이와 같이 모든 것을 천도에 맡기고 전쟁을 감행하여, 전쟁에서 승리하면 천도가 자기편이라고 기뻐하였고, 패배해도 천도의 뜻에 따라 쉽게 체념하였다. 즉, 천명(天命)을 전제로 하여 정당성을 다투었고, 어느 편이 승리하거나 패배하여도 그 결과는 천명에 의하여 긍정되었다.

전국다이묘들은 전쟁에 임할 때, 상대방의 도의성이나 윤리성을 공격하여 상대방이 천도에 역행한 자라는 것을 강조하였다. 자신은 천도를 위배한 자를 정벌한다는 논리를 내세우며 침략을 정당화하였다. 무로마치막부의 쇼군 아시카가 요시아키(足利義昭)의 밀명을 받고, 오다 노부나가를 치기 위하여 군사를 일으킨 다케다 신겐은 노부나가가 “성현의 도에 의한 정치의 실현을 꿈에도 생각하려 하지 않는다”고 경고하고, 그것은 곧 천도에 역행하는 것이기 때문에 결국 천도의 버림을 받을 것이라고 비난하면서 자신이 노부나가를 공격하는 것을 정당화하였다. 천도에 역행하면 곧 천도에 의하여 버림을 받는다는 생각은 결국 천도에 역행하면 전쟁에서 패배한다는 생각의 다른 표현일 뿐이다. 그러한 생각은 승리가 곧 천도의 소재를 파악할 수 있는 유일한 증거라는 생각에서 나온 것이다.

이러한 생각은 승리하는 자가 곧 천도에 의하여 선택된 자라는 생각으로 발전된다. 그렇기 때문에 전국다이묘들은 전력을 강화하는데 온 힘을 기울였다. 승리는 그들의 목표였으며, 명예이기도 하였다. 아사쿠라 도시카게(朝倉敏景)의 손자로, 아사쿠라군의 중신으로 활약했던 백전노장인 아사쿠라 노리카게(朝倉教景)는 “전투에 임하는 자는 개(犬)라고 불

리든, 축생이라고 불리든, 어쨌든 이기는 것이 가장 중요한 것이다.”라
고 단언하면서, 인품의 여하를 막론하고 전투원으로서의 자질이 있는 무
사가 천도의 보살핌을 받아야 한다고 주장하였다. 즉 천도사상은 실력주
의 정신을 밑받침하고 있었던 것이다.

4. 충성 – 천도속에 내재하는 윤리

이런 시대를 헤쳐나오면서 승리를 쟁취한 사람들이야말로 사실은 하
극상을 능란하게 실천한 사람들이었다. 오다 노부나가는 겉으로는 쇼군
(將軍)에게 충성을 다하는 것처럼 하였으나 실제로는 천하는 자기가 관
장한다는 의지를 표명하여 쇼군을 압박하였고, 급기야는 쇼군을 추방하
여 무로마치막부를 멸망시키는 하극상을 자행하였다. 도요토미 히데요
시는 노부나가 생전에는 주군에게 충성을 다하는 것처럼 행동하였다. 그
러나 노부나가가 그 부하인 아케치 미쓰히데(明智光秀)에게 기습당하여
사망한 후, 그 자신이 일본 최고의 실력자로 부상하자 노부나가의 삼남
인 노부다카(信孝)를 공격하여 죽게 하였다. 또 노부나가의 차남인 노부
카쓰(信雄)를 자신의 부하로 삼아서 주종관계를 전도시켰다. 이러한 하
극상 시대의 실상을 꿰뚫고 있었던 모리 모토나리는 자손들에게 남긴 유
훈서에서 “우리 가문을 마땅하게 생각하는 사람은, 다른 가문의 사람은
말할 것도 없고 우리 가문 내부에도 한 사람도 없다”고 말하여 경계심을
늦추지 말 것을 당부하였던 것이다.

전국다이묘들은 자기 자신이 하극상을 거듭하면서 성장하였기 때문에
부하가 하극상을 꿈꾸는 것을 경계하였다. 난폭한 정복자이며, 질서의
파괴자로 알려져 있었던 오다 노부나가도 윤리를 강조하면서 지배권의
신장을 꾀하였다. 노부나가가 불의에 사망하자 도요토미 히데요시(豊臣
秀吉)는 주군의 원수를 갚는다는 명분을 앞세워서 세력을 규합하여 전쟁
에 임하였다. 아울러 부하들에게도 충성을 요구하였다.

오다 노부나가

오미(近江) 지방의 영주 가모 우지사토(蒲生氏鄕)의 가신이었던 가모 겐자에몬(蒲生源左衛門)은 가훈서에서 주인이 되고 부하가 되는 것도 모두 천도에 의한 것이라는 점을 강조하고 있다. 모리 모토나리는 가신들에 대해서도 주군의 은혜를 잊어버리는 자는 천도도 이를 벌한다고 훈계하였다.

하극상시대에는 주군에게 진심으로 충성하는 신하들이 없었다고 해도 주군에 대한 충성은 무가사회 질서의 기반을 형성하는 근본 규범이었다. 윤리·규범은 수용기반이 조성되어 있지 않으면 위에서부터 강제할 수도 없고, 또 그것은 무의미한 일이다. 비록 하극상시대라고 하여도 가부장제의 원리와 주종제의 원리가 그 저류에 면면히 흐르고 있었기 때문에 전국다이묘 권력도 부하들에게 충성을 요구할 수 있었던 것이다.

오다씨의 가신이었던 하야시 미치카쓰(林道勝)는 노부나가와 원만한 관계를 유지하지 못하였다. 항간에 미치카쓰가 반역을 계획하고 있다는 풍문이 돌 정도였다. 이러한 풍문이 노부나가의 귀에 들어가면 미치카쓰 자신뿐만이 아니라 하야시씨가 안전하다고 장담할 수는 없었다. 이러한 분위기 속에서 노부나가가 미치카쓰의 세력하에 있는 나고야성(那古野城)을 방문하게 되었다. 이때 미치카쓰의 동생이 노부나가를 구금하여 죽이려고 하였다. 그러자 미치카쓰는 "3대에 걸쳐 은혜를 입은 주군을 불공하게도 여기서 공격하여 죽게 하면 천도가 두렵다"라고 말하며 동생을 만류하고 노부나가를 무사히 돌아가게 하였다.

오쿠보 히코자에몬(大久保彦左衛門)이 저술한 『미카와모노가타리(三河物語)』에는 다음과 같은 이야기가 전해진다. 도쿠가와 이에야스의 가신 중에 오가 야시로(大賀弥四郎)가 있었는데, 그는 다케다 가쓰요리(武田勝頼)와 내통하여, 도쿠가와 이에야스를 암살하려고 하였다. 그는 그 계획을 사전에 아내에게 발설하였다. 그러자 그의 아내는 소스라치게 놀라면서 "정말로 그러한 모반을 계획하고 있는가? 아이고 저런 천도가 이미 다하였구나. 주군의 은혜를 태산같이 입고서, 무엇이든지 부족함 없이 지내는 것조차 천도를 두려워해야 하는 것이거늘" 이라고 말하고, 만약에 주군에 대한 충성을 저버리려면 자기와 아이들을 먼저 죽이라고까지 극언하면서 모반을 만류하였다. 남편의 반역과 그를 만류하는 부인의 충성이 팽팽한 긴장관계를 유지하고 있었던 것이다.

5. 멸망 – 천도가 내리는 벌

도쿠가와 이에야스는 1590년에 측근들과 환담하면서 다케다씨(武田氏)를 평하였는데, 『도쿠가와짓키(德川実紀)』에 실려있는 그 내용은 다음과 같다.

> 다케다 신겐(武田信玄)은 우리 시대의 양장(良将)이었는데, 자기의 아버지인 노부토라(信虎)를 쫓아낸 업장이 자식에게 앙갚음되어, (신겐의 아들인) 가쓰요리(勝頼)는 걸출한 맹장이지만 운이 기울게 되었으니, 대대로 은혜를 입은 신하마저 이반하여 허무하게 멸망하게 된 것은 천도가 그 친애의 은의(恩義)가 없음을 미워했기 때문이라.

일찍이 다케다 신겐은 신하들의 지지를 얻어 포악하기 그지없었던 아버지 노부토라를 추방하고 영국을 경영하였다. 신겐은 인간관계의 달인이었을 뿐만이 아니라, 전술·전략에도 능하여 전국다이묘들 중에서 천하를 쟁취할 수 있는 가장 유력한 다이묘 중의 한 사람이었다. 오다 노부나가도 다케다 신겐을 무척 두려워할 만큼 강력한 군단을 거느리고 있었다. 신겐은 천하를 놓고 한판 승부를 벌이려고 출진하였는데, 전장에서 병으로 쓰러지고 말았다. 다케다 군단은 정신적 지주였던 신겐이 사망하면서 전의를 상실하였다. 신겐의 아들인 가쓰요리가 가신단을 단합시키기 위하여 혼신의 노력을 다하였으나 결국 멸망하고 말았다. 이러한 비운을 이에야스는 신겐이 지신의 아버지를 추방하는, 천도에 반하는 행위를 하였기 때문이라고 말하고 있는 것이다.

이에야스는 1614년과 15년, 2회에 걸쳐서 오사카성을 공격하여 도요토미 히데요시의 아들인 히데요리(秀頼)를 죽게 하니 도요토미씨(豊臣氏)는 멸망하였다. 숙원을 달성한 이에야스는 슨푸(駿府)에 은거하였다. 이때, 이에야스는 도요토미 히데요시가 오다 노부나가의 가족들과 자손들에게 행한 행위를 회고한 적이 있었다.

히데요시는 비천한 신분임에도 불구하고 오다 노부나가의 각별한 은혜를 입고 출세하여 종국에는 일본 최고의 실력자가 되었다. 그러나 히데요시는 평생을 주군과 그 가족들에게 머리를 조아린 것이 한이 되었던지 정치의 주도권을 잡고 나서는 노부나가의 자손들을 죽게 하거나 치욕스럽게 하였다. 이에야스는 그러한 사정을 소상하게 알고 있었다. 그 중에서도 오다 노부나가의 3남인 노부다카(信孝)를 히데요시가 공격하여 죽게 한 사건을 떠올리며, 측근들에게 다음과 같이 말하였다.

도쿠가와 이에야스

두터운 은혜를 입은 옛날의 주군, 혹은 주군의 자손 등에게 도리에 어긋난 거동을 하는 것은, 한때는 그때의 권세에 의하여 무사하다고 하여도 자손 대에 이르러서는 반드시 그 응보가 있는 것이다. (중략) 이번 오사카에서 히데요리가 자살한 것은 8일이었지만, 도요토미씨의 멸망은 7일이었다. 노마(野間)에서 노부다카가 자결한 것도 5월 7일이었다. 천도의 이치가 두렵기 그지없다.

위의 내용도 역시 『도쿠가와짓기』에 실려 있는 내용이다. 이에야스는 히데요시가 주종제 원리를 위반하였기 때문에 천도가 내리는 응당한 벌을 받아서 가문이 멸망하게 되었다고 말하고 있는 것이다.

제3부

일본근세 탐구

1. 막번체제의 성립과 구조

1) 오다 노부나가의 정치과정

전국시대(戦国時代) 후기부터 통일의 기운이 조성되기 시작하였다. 전국다이묘 중에서 두각을 나타내기 시작한 것은 오와리(尾張) 지방에 근거하고 있었던 오다 노부나가(織田信長)였다.

오다 노부나가는 이마가와씨(今川氏)의 지배에서 해방되어 미카와(三河) 지방을 탈환한 도쿠가와 이에야스(徳川家康)와 동맹을 맺어 배후의 우환을 없앤 다음, 서부 일본 지역의 공략에 전념하였다. 1567년에는 본거지를 기후(岐阜)로 옮겼다. 1568년에는 오미(近江) 지방의 전국다이묘인 롯가쿠씨(六角氏)를 멸망시키고 교토로 입성하였다.

유리한 입장에 선 노부나가는 1570년 도쿠가와 이에야스와 연합하여 오미 지방의 아사이씨(浅井氏)와 에치젠(越前) 지방의 아사쿠라씨(朝倉

아즈치성 1896년에 전사된 것

氏)를 아네가와(姉川) 전투에서 격파하였다. 다음해에는 히에잔(比叡山)의 연력사(延曆寺)를 불태워 중세 이래의 강대한 사원세력을 타도하였다. 그리고, 본원사(本願寺) 세력인 잇코잇키(一向一揆)와 싸워서 그들의 세력도 굴복시켰다. 1573년에 노부나가는 그와 사이가 벌어져 대립하게 되었던 쇼군 아시카가 요시아키(足利義昭)를 교토에서 추방하니 형식상으로 명맥을 유지하던 무로마치막부는 멸망하고 말았다.

노부나가는 1575년에 다케다 가쓰요리(武田勝頼)를 미카와 지역의 나가시노(長篠)전투에서 도쿠가와 이에야스군과 연합하여 무찔렀다. 나가시노전투는 밀집대형을 이룬 오다·도쿠가와 연합군의 보병대가 다케다군의 기마대를 괴멸시킨 전투로 유명한데, 이 전투에서 오다군은 화승총으로 무장하고 있었다.

노부나가는 1576년에 교통의 요지인 오미 지역에 거대한 아즈치성(安土城)을 건설하였다. 노부나가는 웅장한 천수각(天守閣)을 중심으로 하는 성을 건설하고 그곳을 통일사업의 거점으로 삼으려고 하였다.

노부나가는 1582년에 다케다씨를 멸망시켰다. 천하통일을 눈 앞에 둔 노부나가는 동년 6월 초에 소수의 병력만을 이끌고 교토의 본능사(本能寺)에서 숙박하던 중에 가신인 아케치 미쓰히데(明智光秀)의 기습을 받고 처참하게 최후를 마쳤다.

노부나가는 자신이 지배하는 지역의 경제력을 강화하기 위하여 조카마치(城下町)에 상공업자를 불러들였다. 그리고, 라쿠이치(楽市)·라쿠자(楽座) 제도를 시행하여 상업을 촉진하고, 새로 형성된 도시를 번영하게 하였다. 도요토미 히데요시(豊臣秀吉)도 이 제도를 계승하였다.

2) 도요토미 히데요시의 정치과정

오다 노부나가의 통일사업을 계승한 것은 도요토미 히데요시였다. 천하통일을 지향하는 히데요시는 1585년에 시코쿠(四国) 지방의 조소카베 모토치카(長宗我部元親)를 굴복시켰다. 이어서 주고쿠(中国) 지방의 모리씨(毛利氏), 호쿠리쿠(北陸) 지방의 우에스기씨(上杉氏) 그리고 히데요시에 필적하는 실력자인 도쿠가와씨(徳川氏)를 힘겹게 복속시켰다. 이러한 과정이 진행되는 중인 1585년 7월에 히데요시는 관백(関白)의 지위에 오르고, 다음해 12월에는 다이조다이진(太政大臣)에 취임하였다.

검지장 일부

1587년부터 1590년까지 규슈, 간토(関東), 도호쿠(東北) 지방의 여러 다이묘들을 차례로 굴복시켰다. 1587년에 제일 먼저 규슈의 시마즈씨(島津氏)를 복속시켰다. 그 후, 히데요시는 오다와라(小田原)에 근거하면서 간토 지역을 영유하고 있었던 고호조씨(後北条氏)를 멸망시켰다. 고호조씨를 공략하는 중에 도호쿠 지방의 실력자인 다테 마사무네(伊達政宗)를 복속시켰다. 도요토미정권에 끝까지 저항하였던 것은 잇키(一揆) 세력이었으나 결국은 진압되었고, 전국이 통일되었다.

히데요시의 정책 중에서 후세에 가장 영향을 많이 미친 것은 검지(検地)라고 하는 토지조사 정책과 가타나가리(刀狩)라고 하는 무기 소지 금지정책이었다.

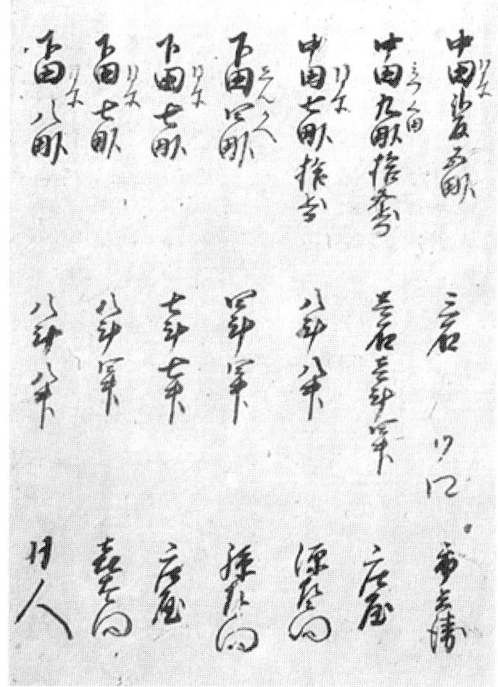

검지는 전국시대 말기부터 몇몇 다이묘들이 이미 시행하였는데, 히데요시는 이를 더욱 구체적으로 실시하였다. 검지는 1582년에 시작되어 1598년까지 계속되었다. 1594년에는 검지조목(檢地条目)이 제정되었고, 중앙에서 관리가 파견되어 전국에 걸쳐서 거의 동일한 기준으로 경작지와 택지에 대한 조사가 시행되었다. 먼저 경작지의 면적을 파악한 다음에 생산량에 따라 등급을 매겼다. 그리하여 전국의 생산량을 완전하게 장악하려고 의도하였다. 토지와 함께 경작자도 파악하였다. 검지 결과 전국의 생산량과 농민이 산술적으로 파악되게 되었다. 이와 같이 히데요시가 실시한 토지조사사업은 하데요시의 관직명을 빌어서 특히 다이코검지(太閤檢地)라고 하였다.

다이코검지는 히데요시 군단이라는 무력을 배경으로 전 일본열도를 대상으로 엄격하게 시행되었다. 검지의 결과는 장부에 등록되었다. 장부에 등록된 경작자는 세역(稅役)의 부담자로 확정되었다. 다이코검지에 의하여 근세 봉건제의 기초가 확립되었다.

검지정책을 통하여 구체화된 병농분리 정책이 더욱 명확한 형태로 시행된 것은 가타나가리(刀狩)정책이었다. 가타나가리는 농민이 도검을 비롯한 무기를 소지하지 못하도록 하는 것이었다. 히데요시는 농민이 무기를 소지하고 있으면 무장봉기를 일으키는 원인이 된다고 생각하여, 1588년 가타나가리령을 내려서 농민의 무기 소지를 금지하였다. 가타나가리 정책의 시행에 의하여 무기는 원칙적으로 무사신분에 의하여 독점되었다. 병농분리가 한 단계 진전되었던 것이다.

3) 모모야마 문화

이 시대를 대표하는 문화는 다이묘들의 거성(居城)이었다. 성은 기본적으로는 군사시설이었으나 다이묘의 주거를 겸한 공간으로서 권력을 가시적으로 과시한 조형물이었다. 성의 안쪽에는 여러 용도의 건축물과 방어 시설이 있었다. 성의 중앙에는 천수각이 높이 솟아 있는 것이 특색이었다. 아즈치성, 오사카성, 후시미성(伏見城), 히메지성(姫路城) 등의 천수각이 유명하였다. 건물의 내부는 호화스러운 조각과 그림으로 장식되었다. 그림은 주로 가노 에이토쿠(狩野永徳)를 비롯한 가노파(狩野派)의 화가들에 의하여 그려졌다.

예능 방면에서도 대중화의 경향이 두드러졌다. 특히 다도(茶道)의 센노 리큐(千利休)는 와비차(わび茶)의 형식을 완성하였다. 오다 우라쿠(織田有楽), 후루타 오리베(古田織部) 등의 다이묘도 각기 다도의 유파를 열었다. 17세기 전기에 이르러서 무가와 상층 조닌 사이에서 차 문화가 유행하였다. 후루타 오리베의 제자인 고보리 엔슈(小堀遠州), 그리고 가타기리 세키슈(片桐石州)가 각각 유파를 열었다. 이에 대하여 리큐의 와비차는 리큐의 손자인 센노 소단(千宗旦)에 의하여 계승되었다.

다도의 유행에 의하여 다실, 다기, 정원도 함께 발달하였다. 그 밖에 꽃꽂이, 향도(香道), 바둑, 장기 등이 서민층에도 보급되었다. 노가쿠(能楽)도 서민들에게 애호되었는데, 그 대사와 율동이 한층 저속화되었다.

17세기 전기의 건축과 미술을 상징하는 것은 화려하게 조성된 닛코(日光)의 동조궁(東照宮)과 고요제이(後陽成) 천황의 별장으로 간소한 미의 극치를 이루는 계리궁(桂離宮)이었다.

4) 에도막부의 성립과 지배질서의 형성

도요토미 히데요시가 사망한 후에 국가를 장악한 것은 도쿠가와 이에야스(德川家康)였다. 이에야스는 1600년에 벌어진 미노(美濃)의 세키가하라(関ヶ原)전투에서 반대파들을 물리치고 실권을 장악하였다. 1603년에는 도쿠가와 이에야스가 쇼군(將軍)에 취임하여 에도(江戸)에 막부를 열었다. 이후 260여 년간 도쿠가와씨가 일본을 통치하였는데, 이 시대를 에도시대라고 한다.

이에야스는 쇼군의 지위를 2년 만에 아들인 히데타다(秀忠)에게 물려주었다. 그리하여 쇼군의 지위는 도쿠가와씨가 세습하는 것이라는 것을 상징적으로 선언하였다. 그리고 1614년과 15년에 걸쳐서 오사카성을 공격하여 도요토미씨를 멸망시켰다.

막부의 조직은 3대 쇼군 도쿠가와 이에미쓰(德川家光)시대에 이르러 정비가 완료되었다. 그 이전의 이에야스·히데타다 시대에는 측근정치를 벗어나지 못하였으나, 시간이 지나면서 관료정치 체제가 정비되기 시작하였다. 1635년에는 쇼군을 정점으로 하여, 로주(老中)와 와카도시요리(若年寄), 오메쓰케(大目付), 메쓰케(目付), 3부교(三奉行)라고 하는 직제가 정비되었다. 행정부 최고의 직제로는 다이로(大老)가 있었으나 그것은 비상시에만 두는 직책이었다. 평상시에는 로주가 정치를 관장하였는데, 로주의 정원은 5명이었다. 로주를 보좌하면서 하타모토(旗本)와 고케닌(御家人)을 지배하는 와카도시요리는 3~6명이었다.

행정의 실무를 관장하는 3부교에는 지샤부교(寺社奉行), 간조부교(勘定奉行), 에도마치부교(江戸町奉行)가 있었다. 지샤부교는 사원과 신사 관계의 업무를 총괄하였고, 간조부교는 덴료(天領)의 통제와 막부의 재정사무를 담당하였다. 에도마치부교는 에도의 행정을 총괄하였다.

감찰기관으로서는 다이묘의 동태를 감시하는 오메쓰케가 있었고, 하타모토와 고케닌을 감독하는 메쓰케가 있었다. 그 외에 로주, 3부교, 오

세키가하라전투

메쓰케, 메쓰케로 구성되는 효조슈(評定衆)라는 재판기관이 있었다. 로주·와카도시요리 등의 요직에는 후다이(譜代) 다이묘만이 취임할 수 있었다. 하타모토는 마치부교, 간조부교 등의 직책에 취임할 수 있었다. 주요 관직에는 복수로 임명하여 매월 교대하여 정무를 관장하면서 중요한 사항은 합의하여 처리하도록 하였다.

지방에는 교토쇼시다이(京都所司代), 오사카(大坂)와 슨푸(駿府)에는 조다이(城代)를 두었다. 그리고 주요 도시 지역에는 마치부교를 두었고, 그밖의 주요 지역에는 온고쿠부교(遠国奉行)를 두었다. 직할령인 덴료에는 군다이(郡代) 혹은 다이칸(代官)을 두어 민정 일반을 관장하게 하였다. 이들은 3부교의 하나인 간조부교에 의하여 통제되었다.

막부는 다이묘의 배치에 신중을 기하였다. 경우에 따라서는 영지를 이전시켰다. 17세기 전기에는 그동안 관행적으로 시행되어 오던 참근교대가 제도화되었다. 군역제도 또한 치밀하게 정비되었다. 쇼군은 다이묘의 통제를 강화하였다.

조정과 사원·신사도 막부의 통제하에 놓여 있었다. 쇼군은 조정에 대하여 표면적으로는 공순하였으나 실제적으로는 천황이 정치권력화하는 것을 철저하게 감시하였다. 1615년에는 조정과 귀족을 대상으로 하는 법령인 금중병공가제법도(禁中並公家諸法度) 17조를 제정하여 천황과 귀족의 일상생활까지 규제하였다. 교토쇼시다이의 가장 중요한 임무는 조정과 귀족의 동태를 감시하는 것이었다.

막부는 사원과 신사를 대상으로 하는 법도도 정하여 엄격하게 통제하였다. 막부는 지샤부교를 두고 사원에는 종파별로 본사·말사(本寺·末寺)의 조직을 정비하고 그리스도교 금지정책의 일환으로 데라우케(寺請) 제도를 정하여 모든 사람들은 반드시 일정한 사원에 속하게 하였다.

5) 근세적 신분질서

17세기 중기에는 사농공상(土農工商)의 신분질서가 확립되었다. 무사는 사민(四民)의 최상위에 자리잡고 있었다. 무사는 원칙적으로 쇼군·다이묘·하타모토를 정점으로 하는 가신단에 소속되어 있었는데, 그들은 가추(家中), 쇼시(諸士), 시분(士分) 등으로 불리는 상급무사와 가치(徒士), 도신(同心), 아시가루(足輕) 등으로 일컬어지는 하급무사로 대별되었다.

농민 중에는 경작지와 주택을 소유한 혼뱌쿠쇼(本百姓)와 타인의 경작지를 소작하는 미즈노미뱌쿠쇼(水呑百姓), 혼뱌쿠쇼에 예속되어 있는 나고(名子)·히칸(被官) 등의 계층이 있었다. 농민은 자유롭게 거주를 이전할 수 없었다. 1643년에 막부는 농민이 경작지 매매를 금지하는 법을 제정하였다.

도시 상공업자는 조닌(町人)이라고 일컬어졌다. 그들은 직업별로 일정한 장소에 집단으로 거주하고 있었다. 엄밀한 의미의 조닌은 택지와 건물을 소유한 상공인이었다. 그들은 택지와 건물을 임차하여 생활하는 다나코(店子)와 엄격하게 구분되었다.

일반 민중과는 엄격히 차별되는 존재로, 에타(穢多)·히닌(非人)이라고 하는 천민이 있었다. 에타는 주로 피혁제품을 생산하는 사람들이었고 히닌은 주로 걸식하는 사람들이었다. 그들은 거주지와 복장은 물론 일상생활에서 차별을 받았고, 일반 민가와 동떨어진 장소에 특정한 거주지역을 형성하였다. 그 지역을 일반적으로 부락(部落)이라고 하였다.

2. 막번체제의 전개와 문화의 흥륭

1) 산업 경제의 발달과 도시의 번영

봉건사회의 경제적 기초가 되는 농업은 에도시대에 이르러 크게 발전하였다. 막번권력은 개척사업을 장려하였다. 각지에서 관개시설이 정비되고 새로운 경작지가 개간되었다. 농업기술도 발달하였다. 가장 중요한 농업용수를 확보하기 위하여 각지에서 저수지가 만들어졌다. 논에다 물을 대는 후미구루마(踏車), 밭을 일구는 빗추구와(備中鍬)라고 하는 쇠스랑과 같은 농업용구들이 발명되었다. 센바코키(千歯扱)라고 하는 탈곡용 농기구도 발명되어 탈곡하는 데 걸리는 시간과 노력이 절약되었다.

화폐경제가 발달하면서 도시 근교에서는 야채나 과일 등의 상품작물이 재배되었다. 면화, 생사, 마, 유채, 벌꿀, 차, 담배 등의 특산물이 각지에서 재배되었다. 17세기 말에는 미야자키 야스사다(宮崎安貞)가 편찬한 『노교젠쇼(農業全書)』를 비롯한 농서가 간행되어서 농업생산에 도움을 주었다.

농업의 발달에 발맞추어 여러 산업도 발달하였다. 당시까지 어업은 주로 셋쓰(摂津)·이즈미(和泉), 기이(紀伊) 지방의 인근 연안을 중심으로 이루어졌었으나, 17세기 이후에는 이 지역 어민이 시코쿠(四国)·규슈 지방까지 진출하여 활동을 하였고, 멀리는 홋카이도(北海道)까지 출어하는 경우도 있었다. 어획의 방법도 어망의 사용이 보급되면서 대량어획이 가능하게 되었다. 포경업에 종사하는 사람들도 나타났다.

센바고키 탈곡용 농기구

도시가 발달하면서 건축 자재의 수요가 증가하자 기소(木曾), 아키타(秋田)가 나무 산지로 유명하게 되었다. 광업은 전국시대 이래 채굴법과 제련법이 진보되었는데, 에도시대 초기에는 금·은 채굴이 특히 성행하였다. 사도(佐渡)의 금광, 이쿠노(生野)·오모리(大森)의 은광, 아시오(足尾)·벳시(別子)의 동광, 이즈모(出雲)의 철광 등의 광산이 발달하였다. 금·은의 산출액은 점차로 감소하였으나, 17세기 후반부터는 동의 채굴이 현저한 발달을 보였다.

17세기에는 수공업이 특히 발달하였다. 처음에는 주로 농업과 연계된 농촌 가내공업이 주류를 이루었는데, 기술도 진보하여 각지에서 특산품이 생산되게 되었다. 다이묘들이 재원을 확보하기 위하여 특산품을 보호하고 전매정책을 취하게 되자 생산이 더욱 증가하였다. 교토의 니시진(西陣)에서는 중국이나 조선에서 수입된 생사를 원료로 하여 고급 견직물이 생산되었다.

상업의 발달은 화폐 수요의 증가를 초래하였다. 이러한 수요에 발맞추어 막부는 화폐제도를 정비하고 화폐의 주조권을 독점하였다. 막부가 발행한 화폐는 금화·은화·철화가 있었다. 화폐는 간조부교의 통제하에 주조되었는데, 금화는 오반자(大判座)와 킨자(金座), 은화는 긴자(銀座), 철전은 데쓰자(鉄座)에서 주조되었다. 상인이 화폐의 주조를 대행하였기 때문에 화폐가 새로 주조될 때마다 상인들은 커다란 이익을 얻었다. 금화에는 오반(大判), 고반(小判), 이치부킨(一分金), 은화에는 조긴(丁銀), 마메이타긴(豆板銀), 그리고 철전이 있었다. 에도시대 중기 이후에는 다이묘들이 한사쓰(藩札)라고 하는 지폐를 발행하는 경우도 있었다. 화폐는 각기 단위가 상이하였으며 교환비율도 일정하지 않았다. 동부 일본은 금본위제였고 서부 일본은 은본위제였기 때문에 불편한 점이 많았다. 특히 은화는 칭량화폐였기 때문에 거래할 때에는 매번 저울에 달지 않으면 안되었다. 도시에서는 화폐의 환전과 칭량을 직업으로 하는 상인이 출현하였다. 이들을 료가에쇼(両替商)라고 하였다. 서민의 금융기관으로는 시치야(質屋)가 있었다.

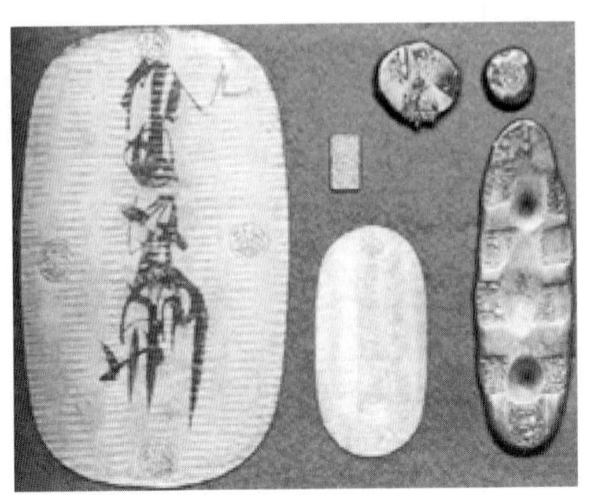

에도시대의 **화폐** 왼쪽이 큰것부터 금화 오반, 고반, 이치부킨이고, 오른쪽이 은화 조긴, 마메이타킨이다.

도시와 상업이 발달하면서 에도를 중심으로 하는 교통망과 통신망이 정비되었다. 막부는 도카이도(東海道), 나카센도(中山道), 닛코카이도(日光街道), 고슈카이도(甲州街道), 오슈카이도(奧州街道)의 5가도를 직접 관장하였다. 10리마다 거리를 표시하였고, 20~30리 마다 숙역(宿駅)을 두고 그곳에 숙박시설을 두었다. 각 역에는 막부의 공문서를 신속하게 전달하기 위해서 히캬쿠

(飛脚)라는 발이 빠른 인부를 항상 대기시켰다.

수륙의 교통망은 에도와 오사카를 중심으로 발달하였다. 오사카·교토 지역의 수로는 옛부터 개발되어 이용되고 있었지만, 17세기 초에 스미노쿠라 료이(角倉了以)에 의하여 호즈가와(保津川), 다카세가와(高瀬川), 후지가와(富士川) 등의 수로가 정비되었다. 에도와 오사카를 연결하는 남해로는 가장 중요한 간선항로였으며 정기 화물선이 취항하였다. 17세기 중기 이후에는 가와무라 즈이켄(河村瑞賢)에 의하여 무쓰(陸奧)와 에도를 연결하는 동회항로, 데와(出羽)와 오사카를 연결하는 서회항로가 개통되었다. 그 후에는 오사카와 홋카이도 서남부의 마쓰마에(松前)를 연결하는 항로도 개통되었다. 교통의 발달에 의하여 전국의 물자는 에도와 오사카를 중심으로 집산되었다.

2) 17세기 말·18세기 초의 정치

에도막부 초기에는 무단통치를 시행하였다. 그 때문에 영지가 몰수된 다이묘가 많았으며, 그 다이묘에 속하였던 무사는 순식간에 실업자로 전락하였다. 이러한 무사를 로닌(牢人)이라고 하였는데, 로닌의 발생은 사회 불안의 요인이되었다.

17세기 중기에 막부는 다이묘에 대한 정책을 완화하였다. 로닌이 대량 발생하는 것은 다이묘의 영지를 몰수하는 데서 기인하는 것이라고 생각하였기 때문이다. 또 순사(殉死)를 금지하고 인질제도를 폐지하였다. 막부는 무력을 배경으로 하는 무단통치에서 법령과 제도를 배경으로 하는 문치정치로 전환하였던 것이다.

1680년 4대 쇼군 도쿠가와 이에쓰나(德川家綱)가 사망하고, 도쿠가와 쓰나요시(德川綱吉)가 5대 쇼군에 취임하였다. 그의 정치는 쇼군의 권력을 강화하는 데 초점이 맞추어져 있었다. 무가사회의 무사안일주의와 부패를 척결하기 위하여 신상필벌주의를 견지하였다. 조닌의 사치풍조에 대하여도 일벌백계로 다스렸다

문치정치는 쓰나요시시대에 이르러 정착되었다. 쓰나요시는 유학을 장려하였다. 1690년에는 유시마(湯島)에 성당을 세우고 하야시 라잔(林羅山)의 후손인 하야시 호코(林鳳岡)를 다이가쿠노카미(大学頭)에 임명하여 공자를 제사하도록 하였다. 유학자인 기노시타 준안(木下順庵)도 등용하였다.

쓰나요시는 추상 같은 태도로 정치에 임하였기 때문에 다이묘도 두려워할 정도였다. 쇼군이 상식에 벗어난 정치를 하여도 아무도 직언을 하지 못하였다. 1687년에 공포한 쇼루이아와레미령(生類憐令)은 상식을 벗어난 정치의 대표적인 것이었다. 쇼루이아와레미령은 모든 생물을 죽여서는 안된다는 금령, 즉 살생금지령이었다. 이 법령은 쓰나요시가 사망할 때까지 20여 년간 시행되었다.

1709년 쓰나요시가 사망한 후에 6대 쇼군에 취임한 도쿠가와 이에노부(德川家宣)는 아라이 하쿠세키(新井白石)를 등용하였다. 아라이 하쿠세키는 이후, 6대 쇼군 이에노부와 7대 쇼군 이에쓰구(家継) 대에 걸쳐서 실권을 장악하였다. 그는 유교와 정치를 조화시키려고 노력하였다.

하쿠세키의 정치는 주로 쓰나요시시대의 정책을 폐지하는 데 주력하였다. 하쿠세키는 먼저 쇼루이아와레미령을 폐지하였다. 그리고 1714년에는 화폐의 재개주를 시행하여 금의 함유율을 높였다. 하쿠세키는 금·은이 해외로 유출되는 것을 우려하여 해외무역을 통제하였다. 유학자로서의 하쿠세키의 진면목은 제도와 의례를 정비하면서 유감없이 발휘되었다. 복제와 관위를 비롯한 여러 제도를 정비하여 막부의 권위를 높이는 데 주력하였다. 그러나 그의 정치는 형식에 치중하고 이상을 추구하는 면이 있었다. 측근정치에 염증을 느끼고 있었던 다이묘들의 불만이 고조되었다.

3) 겐로쿠의 사회와 문화

조닌문화가 꽃을 피웠던 17세기 말의 시대를 겐로쿠(元禄)시대라고 한다. 이 시대에는 무사의 생활도 크게 변화하였다. 무사의 대부분은 봉급생활자와 다름없는 생활을 하고 있었다. 상품경제가 발전하고 물가가 상승하면서 무사의 생활은 점점 궁핍하여졌다. 무사는 신분적으로는 조닌의 상위에 위치하였으나 경제적으로는 조닌이 우위를 점하게 되었다.

17세기 후기가 되면서 조닌은 사치스러운 생활을 하게 되었다. 일상적으로 입는 옷도 매우 고급스러워졌다. 면직물이 보급되면서 옷감의 소재도 다양해졌고, 평상시에도 비단옷을 착용하는 사람들이 늘어났다.

이 시대에는 미곡생산량이 증가하여 조닌들은 쌀을 주식으로 하였으며, 도시 인근 지역에서 야채가 재배되어 공급되었기 때문에 부식도 다양해졌다. 소바를 전문으로 하는 음식점도 생겼고, 익힌 야채나 생선 등을 파는 가게도 생겼다. 1일 3식의 식생활이 일반화된 것도 이 시대였다. 담배와 술이 기호품으로 자리잡았고, 과자류가 상품화되었다.

에도나 오사카에는 2~3층 건물도 들어섰다. 화재를 방지하기 위하여 흙으로 벽을 쌓은 집이 보급되었다. 17세기 말부터는 다타미(畳)를 까는 집이 늘어났다. 또 솜이불이 보급되고 난방용 숯이 대량으로 생산되었다. 등잔용 기름이 보급되면서 서민들의 저녁시간이 길어지게 되었다.

합리적이고 현실적인 시대정신을 반영하듯이, 이 시대에는 본초학, 농학, 의학, 수학, 천문학 등 실증적인 학문이 발달하였다. 가이바라 에키켄(貝原益軒)의 『야마토혼조(大和本草)』, 이노 자쿠스이(稲生若水)의 『쇼부쓰루이산(庶物類纂)』 등은 본초학의 집대성이었다.

수학 분야에서는 세키 다카카즈(関孝和)가 대수학에서 뛰어난 연구 성과를 남겼다. 야스이 산테쓰(安井算哲)는 천문학을 연구하였다. 그는 당시 일본에서 사용되고 있던 월력인 선명력(宣明曆)에 상당한 오차가 있는 것을 발견하고, 새로운 월력인 정향력(貞享曆)을 만들었다. 막부도 정향력을 채용하였다.

역사학과 국문학도 발달하였다. 대표적인 역사서로는 『혼초쓰간(本朝通鑑)』이 있는데, 이것은 일본의 건국에서부터 17세기 초까지의 역사를

기온마쓰리

편년체로 기술한 것으로 도쿠가와막부 성립의 정당성을 증명하려는 의도에서 편찬되었다. 미토번(水戸藩)에서는 1657년에서부터 『다이니혼시(大日本史)』가 편찬되기 시작하였다. 그 밖에 야마가 소코(山鹿素行)는 고문서를 인용하여 『부케지키(武家事記)』를 편찬하였고, 아라이 하쿠세키는 『도쿠시요론(読史余論)』과 『고시쓰(古史通)』를 저술하여 무가 정권의 발전을 단계적으로 고찰하였다.

국문학 분야에서는 승려인 게이추(契沖)가 『만요슈(万葉集)』을 연구하여 『만요다이쇼키(万葉代匠記)』를 저술하였다. 기타무라 기긴(北村季吟)은 『겐지모노가타리(源氏物語)』와 『마쿠라노소시(枕草子)』를 기존의 입장에 구애됨이 없이 해석하였다.

에도시대의 불교는 막번권력의 말단기관으로 자리잡고 있었다. 불교는 권력에 의하여 강력하게 통제되고 있었기 때문에 종교활동은 매우 침체되었다. 특히 막번권력의 그리스도교 탄압정책의 결과 일본인은 누구나 특정한 사원에 소속되어야 했기 때문에 불교는 본연의 신앙활동을 게을리하게 되었다.

민중의 연중행사는 신앙과 밀접하게 관련되어 있었다. 정월에 행해지는 도시카미(年神)는 그 해의 풍작을 기원하는 행사였다. 여름에 행해지는 오봉(お盆)은 불교의 우란분제 행사가 일본 고래의 정령신앙과 결합된 것이다. 특히 봉오도리(盆踊り)는 농민들의 오락으로 정착되었다. 도시에서는 유명한 사원과 신사의 행사가 조닌의 오락으로 자리잡았다. 교토의 기온마쓰리(祇園祭)는 오사카의 덴만마쓰리(天満祭), 에도의 산노마쓰리(山王祭)와 함께 일본 3대 마쓰리로 일컬어지게 되었다.

3. 막번체제의 동요와 문화의 성숙

1) 무가사회의 궁핍과 농촌의 동요

18세기에 들어서면서 막번체제는 붕괴의 조짐이 보이기 시작하였다. 막부는 재정난에 시달리고 있었다. 연공(年貢)의 수취가 벌써 한계에 달해 있었기 때문이다. 이러한 사정은 여러 번의 경우도 마찬가지였다. 다이묘가 금융업자로부터 차용하는 금전은 해마다 증가하였다.

일반 무사의 궁핍은 더욱 심각하였다. 상급 무사도 금융업자로부터 자금을 융통하여 겨우 생활을 유지하였다. 하급무사의 빈궁한 모양은 극에 달하였다. 18세기 중기에는 선조 대대로 전해 내려오는 무구를 매매하거나 저당잡히고 자금을 융통하는 사례가 빈번하였다.

17세기 중기 이후, 화폐 경제가 농촌에 침투하면서 농촌의 구조가 변화하기 시작하였다. 농민은 비료와 농기구를 구입하고, 생활용품을 구입하기 위하여 더 많은 화폐를 필요로하였다. 그래서 부업으로 가내수공업에 종사하였다.

농민생활을 더욱 어렵게 한 것은 과중한 연공의 수취였다. 막번체제는 경비의 대부분을 연공 수입으로 충당하는 체제였는데 막부와 각 번은 재정이 어려울수록 연공을 증수하는 손쉬운 방법을 선택하였다.

상업 고리대금업이 농촌에 침투하면서 생활이 어려운 농민은 소작인으로 전락하는 경우가 많았다. 부유한 농민은 토지를 사들여 소작을 주었다. 경작지의 개발을 청부맡은 상인들이 부재지주가 되는 경우가 많았다. 농민의 계층분해는 급속하게 진행되었다.

2) 8대 쇼군 도쿠가와 요시무네와 교호(享保)개혁

1716년 도쿠가와 요시무네(德川吉宗)가 8대 쇼군으로 취임하였다. 그는 소바요닌(側用人) 제도를 폐지하고 쇼군 독재정치를 시행하였다.

요시무네는 무사와 도시상공인의 생활이 사치스러워졌다고 판단하여 엄격한 검약령을 내렸다. 재정의 지출을 삼가고, 대규모 행사나 건축도 억제하였다. 그래도 막부의 재정은 여전히 빈약하였기 때문에 다이묘들에게 미곡을 상납하도록 하였다. 또한 연공증진책의 일환으로 수확량에 관계없이 일정한 양의 연공을 수취하는 정면법(定免法)을 시행하였다.

요시무네는 다시다카(足高)제도를 시행하였다. 이 제도는 무사가 관직에 재직하는 기간에 한하여, 직책에 해당하는 야쿠다카(役高)와 그 무사가 원래 지급받았던 가록(家禄)의 차액만을 지급하는 제도였다. 이 제도를 시행함으로써 재정지출의 증대를 억제하는 한편, 유능한 인재를 발탁하여 등용할 수 있게 되었다.

요시무네는 연공증진책의 일환으로 고구마, 사탕수수, 조선인삼 등 상품작물의 재배를 장려하였다. 또 실학을 장려하기 위하여, 한문으로 번역된 서양의 실용서적 수입을 허용하였다. 이때, 그리스도교와 관계없는 서양 서적이 일본으로 수입되었다. 학자들에게는 서양 학문인 난학(蘭学)을 연구하게 하였다.

법제도 정비하였다. 산적한 소송사무를 신속하게 처리하기 위하여 금전대차에 관한 소송을 접수하지 않고 당사자들이 타협하여 해결하도록 하여 판결업무의 효율성을 높였다. 민중의 소리를 직접 청취하기 위하여 시중에 메야스바코(目安箱)라고 하는 투서함을 설치하였다.

정치체제가 안정되기 위해서는 무엇보다도 미곡가가 안정되지 않으면 안되었다. 영주 경제는 연공의 대부분을 미곡으로 수취한 후, 그 미곡을 화폐로 교환하여 다시 생활에 필요한 물자를 구입하는 구조였기 때문이다. 그래서 요시무네는 '쌀쇼군'이라고 일컬어질 정도로 미곡가 정책에 부심하였다.

교호개혁은 미곡가를 안정시키고, 막부의 재정을 튼튼히 하였다. 그런 측면에서는 교호개혁은 성공하였다고 하여야 할 것이다. 그러나 막부재정이 충실해 진 것은 결국 농민의 희생을 전제로 하고 있었다. 당시 막부

의 간조부교(勘定奉行)였던 가미오 하루나카(神尾春央)가 "농민과 참기름은 짜면 짤수록 나온다"라고 했다는 말을 깊이 음미하여야 할 것이다.

3) 다누마시대의 정치와 사회

요시무네의 뒤를 이은 9대 쇼군 도쿠가와 이에시게(德川家重)는 본래 병약한 사람이었다. 그는 1760년에 은퇴하고 도쿠가와 이에하루(德川家治)가 10대 쇼군에 취임하였다. 이에하루도 무기력한 쇼군으로 정치에 직접 간여하지 않았다. 실제 정치는 권신인 다누마 오키쓰구(田沼意次)가 행하였는데, 그가 정치를 담당하였던 시대를 다누마시대라고 한다.

다누마 오키쓰구는 원대한 이상은 없었지만 현실적인 정치가였다. 그는 연공징수에 한계가 있다는 것을 알고 있었기 때문에, 막부의 재정을 충실히 하기 위한 방법을 상품경제의 유통과정에서 찾으려고 하였다.

그는 새로운 정책을 적극적으로 추진하였다. 막부가 직접 경영하는 기관을 설립하여 동·철·조선인삼 등을 전매하였다. 일반 상공업자의 동업조합을 공인하여 각종 명목으로 헌납금을 징수하였다. 해산 자원을 개발하여 중국으로 수출하였다. 하지만 그는 정책을 추진하는 과정에서 공공연하게 뇌물을 받았기 때문에 정치는 부패하였고, 막부의 통제력은 약화되었다.

1760년대 이래 흉작이 이어졌다. 1783년에는 아사마산(浅間山)이 대폭발을 일으켜 주변 지역에 커다란 피해를 안겨 주었다. 이때 분출된 용암은 인근의 마을을 덮쳐서 1천여 명의 사망자를 내었다. 분출된 화산재는 오랜 세월 동안 성층권에 머물면서 햇빛을 차단하여 농작물에 피해를 주었다. 그 결과 수년에 걸쳐서 흉작이 계속되었다. 도호쿠 지방에서는 수십만 명이 굶어 죽었다. 이것을 덴메이(天明) 대기근이라고 한다.

천재지변이 계속되자 전국 각지에서는 농민봉기가 빈발하였다. 1787년에는 에도와 오사카를 비롯한 도시에서도 폭동이 일어났다. 다누마는 이미 1786년에 재직 중의 실정의 책임을 지고 정치에서 물러났으며, 이

어서 영지가 몰수되었다. 반란과 폭동의 소용돌이 속에서 다누마 시대는 종언을 고하게 되었다. 이때, 다누마 오키쓰구의 배척에 앞장섰던 인물은 요시무네의 손자이며 시라카와번(白河藩)의 번주였던 마쓰다이라 사다노부(松平定信)였다.

4) 마쓰다이라 사다노부와 간세이개혁

1787년 6월, 마쓰다이라 사다노부가 난국 수습의 임무를 띠고 로주(老中)에 취임하였다. 그는 11대 쇼군인 도쿠가와 이에나리(德川家齊)의 보좌역이 되어 비장한 결의로 막정 개혁에 착수하였다. 이 개혁을 간세이(寬政)개혁이라고 한다.

덴메이 기근의 참상

마쓰다이라 사다노부의 이상은 교호개혁을 모범으로 하여 막정을 재건하는 것이었다. 그는 무엇보다도 농촌을 부흥하는 데 힘을 기울였다. 사다노부는 농민의 부담을 줄이고, 식목과 개간을 장려하였다. 영리만을 추구하는 부업을 금지하고, 벼농사에 주력하게 하여 농민생활의 안정을 꾀하였다. 농민이 다른 지역으로 진출하는 것을 막고, 도시로 진출하여 임금노동자로 생활하고 있었던 농민들을 고향으로 되돌려 보내어 농업 인구를 확보하려고 하였다. 귀농하는 자에게는 여비와 농기구, 그리고 식량을 지급하여 자립할 수 있도록 하였다.

1789년에는 곤궁한 무사의 생활난을 구제하기 위하여 기엔령(棄捐令)을 내렸다. 이것은 6년 이전까지의 채무는 완전히 파기하고, 그 이후의 채무는 저리의 이자만을 붙여 상환하게 한 조치로, 중·하급 무사를 상대로 미곡의 매매와 고리대금업을 하고 있었던 후다사시(札差)에게 커다란 타격을 안겨준 조치였다.

그리고 덴메이 대기근과 같은 재앙이 닥쳤을 때를 대비하여 사창(社倉)이나 의창(義倉)을 각지에 설립하고 미곡을 저장하도록 하였다. 에도에서는 상공인이 부담하고 있었던 공동관리금 중에서 일정액을 저축하여 두었다가 화재나 기근이 발생하였을 때에 사용하도록 하였다.

교호개혁 때와 마찬가지로 엄격한 검약령을 실시하였다. 호화로운 생활로 막대한 경비를 소비하고 있었던 에도성의 살림살이 예산을 3분의 2로 줄이고, 조정(朝廷)의 경비도 대폭 줄였다. 다이묘는 물론 민중의 생활도 검약이 요구되었다.

검약령을 엄격하게 실시함과 동시에 퇴폐적인 풍속을 강력하게 단속하였다. 사창가가 단속되었으며, 남녀 혼욕의 풍속도 풍기가 문란하다는 이유로 금지하도록 하였다. 호색적인 출판물도 단속되었다. 샤레본(洒落本)의 작가로 유명하였던 산토 교덴(山東京伝)이 형벌에 처해진 것도 이때였다.

마쓰다이라 사다노부

유학중에서도 주자학만을 정학으로 삼아 장려하고, 다른 학파의 학문은 이학(異学)으로 규정하였다. 성당학문소에서는 정학인 주자학 이외의 학파는 강의를 하지 못하도록 하고, 관리의 등용시험도 주자학으로 시행하여 다른 학파들이 크게 반발하였다. 그때까지 하야시 라잔의 자손들에 의하여 관리되던 성당학문소를 막부의 정식 학교로 지정하여 관리하고 이름도 쇼헤이코(昌平黌)로 칭하였다.

사다노부는 서민들이 막부의 정치에 비판을 가하는 것을 좋아하지 않았기 때문에 언론을 통제하였다. 문학 작품 속에서도 정치를 비판하거나 풍속을 어지럽히는 것을 금지하였다. 하야시 시헤이(林子平)가 『산고쿠쓰란즈세쓰(三国通覧図説)』에 이어 『가이코쿠헤이단(海国兵談)』을 저술하여 해안 방위의 필요성을 제기하자 사다노부는 근거 없는 설을 유포하여 민심을 동요시켰다고하여 그를 처벌하였다.

간세이개혁은 엄격하기 그지없이 시행되었기 때문에 새로운 정책이 시행될 때마다 심한 저항에 부딪쳤다. 민중은 민중 나름대로 엄격한 규제를 고통스러워 하였다. 1793년 사다노부는 돌연히 실각하였고, 개혁은 중단되었다.

5) 각 번의 개혁

간세이개혁이 미완의 개혁으로 끝났다고는 하여도 개혁의 필요성은 누구나가 공감하는 것이었다. 개혁은 막부뿐만이 아니라 각 번(藩)의 과제이기도 하였다. 각 번은 18세기 중기 이래 번정(藩政)의 개혁에 착수하였다.

각 번도 부족한 재정을 보충하기 위하여 연공을 증수하였다. 그리고 식산흥업을 추진하고 전매제도를 강화하여 재정난을 타개하려고 노력하였다. 또 농민층의 분해를 방지하기 위하여 다양한 정책을 시행하였다. 18세기 중기에 구마모토번(熊本藩) 번주인 호소카와 시게카타(細川重賢)는 기존의 관행에 구애되지 않고 유능한 관료를 발탁하여 실로 광범위한

개혁을 단행하였다. 마쓰에번(松江藩) 번주인 마쓰다이라 하루사토(松平治郷)도 농촌의 부흥을 꾀하는 한편, 재정의 긴축에 노력하였다. 그리고 인삼·도자기·종이 등을 생산하게 하여 큰 성과를 올렸다.

18세기 후기에는 도호쿠 지방의 다이묘들도 의욕적으로 개혁을 추진하였다. 특산물을 장려하고 전매제도를 강화하여 재정난을 극복하려고 하였다. 요네자와번(米沢藩) 번주인 우에스기 하루노리(上杉治憲)는 능력있는 인재를 발탁하고, 농업과 특산품을 장려하여 치적을 올렸다. 특히 양잠과 제사업을 장려하여 무사의 재정난을 해소함과 동시에 번의 재정도 튼튼히 하였다. 아키타번(秋田藩) 번주인 사다케 요시마사(佐竹義和)도 양잠과 직물을 장려하고, 삼림과 광산을 개발하여 성과를 올렸다. 인재 양성에도 남다른 관심을 보였다.

6) 오고쇼시대와 덴포개혁

마쓰다이라 사다노부가 실각한 후, 쇼군인 도쿠가와 이에나리(徳川家斉)가 19세기 초의 정치를 직접 관장하였다. 50여 년간에 걸친 그의 치세를 오고쇼(大御所) 시대라고 한다.

이 시대는 국내외적으로 정치가 긴박해지고 있었는데, 이에나리의 측근에는 탁월한 인물이 없었다. 정치는 부패하고 치안도 문란해졌다. 정치 담당자는 적극적인 대책을 내어놓지 못하고 임시 방편으로 위기를

오시오의 난

넘기고 있었다.

19세기 중반에는 극심한 흉작이 계속되었고, 농촌에서는 굶어죽는 사람이 늘어났다. 도시에서는 식료품 가격이 급등하였다. 각지에서 농민 반란과 도시폭동이 증가하였다. 경제 선진지역이라고 할 수 있는 기나이(畿內)조차도 미곡 부족 현상이 심각하였다. 그런데도 막부는 적절한 구제수단을 강구하지 못하고 있었다. 이러한 상황을 지켜보다 못해 1837년에는 막부의 전직 관리였던 오시오 헤이하치로(大塩平八郎)가 난을 일으켰다. 오시오의 난은 실패하였지만 그 여파는 전국으로 전파되었다.

1841년 도쿠가와 이에나리가 사망한 후, 12대 쇼군 이에요시(家慶)의 신임을 얻은 미즈노 다다쿠니(水野忠邦)가 로주에 취임하여 개혁을 추진하였다. 미즈노가 추진한 개혁을 덴포(天保)개혁이라고 한다. 개혁의 내용은 교호개혁과 간세이개혁의 그것과 대동소이하였다.

다다쿠니는 우선 검약령을 내렸다. 서민이 사치스러운 의복을 착용하는 것을 금지하고, 풍속의 단속을 강화하였다. 값비싼 과자나 요리를 금하고, 하쓰모노(初物)라고 하여 제철보다 일찍 출하하여 비싸게 팔리는 과일의 판매를 단속하였다. 에도 시중에 있는 극장을 변두리 지역으로 옮기게 하고, 극장의 공연도 제한하였다. 흥행장과 오락시설도 대폭 정리하였다. 출판도 통제를 가하여 음란물이라고 판단되는 작품을 쓴 작가들을 처벌하였다. 가부키 배우를 비롯한 연예인을 차별하였다.

다다쿠니는 1841년에는 동업조합을 해산하여 자유경쟁을 유도하였다. 유통과정에서 상인들이 가격을 통제하여 물건값이 비싸졌다고 생각했기 때문이었다. 그러나 동업조합을 해산한 후에도 물가는 생각했던 것만큼 내리지 않았고, 오히려 유통질서가 문란하게 되어 혼란만 가중시키는 결과를 초래하였다.

간세이개혁 때와 같이 농민이 도시로 진출하는 것을 금지하는 한편, 도시에 거주하는 주거가 불안정한 자들을 농촌으로 되돌려 보냈다. 또 아게치령(上知令)을 내려서 에도와 오사카 주변의 다이묘령과 하타모토령의 토지를 막부의 직할령으로 편입시키려고 하였다. 그러나 이 정책은 강력한 저항에 부딪쳤다. 결국 미즈노는 실각하였고, 개혁은 중단되었다.

7) 가세이(化政)문화와 민중생활

겐로쿠시대 이후, 18세기 중기까지는 닌교조루리(人形淨瑠璃)가 성행하여 다케모토자(竹本座), 도요타케자(豊竹座)가 번영하였다. 특히 다케모토자의 다케다 이즈모(竹田出雲)는 『요시쓰네센본자쿠라(義経千本桜)』, 『가나데혼추신구라(仮名手本忠臣蔵)』 등 명작을 만들어 유명해졌다. 그러나 이즈모가 사망한 후, 조루리는 쇠퇴기를 맞이하였다. 겨우 18세기 말에 지카마쓰 한지(近松半二)가 『혼초니주시코(本朝二十四孝)』, 『이가고에도추스고로쿠(伊賀越道中双六)』 등의 작품을 내어 놓은 후에는 급격하게 쇠퇴하였다. 그 후, 조루리는 가부키(歌舞伎)에 압도되었다.

닌교조루리의 쇠퇴와는 정반대로 가부키는 그 연극적인 요소가 서민에게 애호되어 18세기 후반기부터 눈부신 발전을 이룩하였다. 1790년대에는 극장의 구조도 정비되어 에도에만도 나카무라(中村), 이치무라(市村), 모리타(森田) 등의 3개의 극장이 번영하였다. 전문적인 교겐(狂言) 작가도 출현하였다. 19세기 초에는 쓰루야 난보쿠(鶴屋南北)가 『도카이도요쓰야카이단(東海道四谷怪談)』 등의 작품을 써서 전성기를 맞이하였다.

또한 19세기 초에는 유명배우가 많이 출현하였다. 이치카와(市川), 오노에(尾上), 나카무라(中村), 사와무라(沢村), 이치무라(市村) 등의 종가를 설립하였다. 그러나 가부키의 내용은 쓰루야 난보쿠의 작품 중에서도 괴기물이나 퇴폐물이 인기를 모으고 있었다. 쓰루야 난보쿠가 사망한 후에는 이렇다할 작가가 출현하지 않았으나 19세기 중기에 가와타케 모쿠아미(河竹默阿弥)가 출현하여 『시라나미고닌오토코(白浪五人男)』, 『산닌키치사쿠루와노하쓰가이(三人吉三廓初買)』 등 도둑을 주인공으로 하는 작품을 써서 메이지시대 가부키로 발전하는 징검다리 역할을 하였다.

이 시대의 도시생활은 신분계층에 의하여 커다란 차이가 있었다. 중·하급 무사의 생활은 여전히 곤궁하였다. 특히 하급무사는 부업으로 겨우 생활을 유지할 수 있었다. 무사의 부업으로는 화초 재배, 분재, 금붕어 기르기, 우산 제작, 붓 제작 등이 있었고, 가족이 협력하여 베틀을 놓고 옷감을 짜는 경우도 있었다.

조닌도 상층 조닌은 비단옷을 입고, 고급 생활용품을 소지하고, 유흥가를 출입하며 거금을 소비하는 사람들이 많았으나, 대부분의 조닌은 생활이 넉넉하지 못하였으며, 검소한 생활을 하였다. 도시에는 많은 수의 도시 하층민이 형성되어 있었다. 무가(武家)나 상가(商家)의 봉공인, 목수, 토수, 행상, 부정기적인 일당 노동자 등이 생활하고 있었다. 도시에는 서민층을 대상으로 하는 극장, 목욕탕, 이발소 등의 오락 장소가 많이 있었다.

도시에는 민중들이 오락을 즐길 수 있는 시설이 많았다. 가부키 극장을 비롯하여 역사 이야기나 인물 이야기를 주로 하는 고단(講談)과 만담

유곽 풍경

의 일종인 라쿠고(落語) 등을 관람할 수 있는 시설이 19세기 초에 100여 개소가 있었다. 그 밖에 특별한 기술이나 재능을 보여주는 소규모 시설도 많았고, 스모도 인기를 끌었다.

나나쿠사(七草), 히나마쓰리(雛祭), 단고(端午), 다나바타(七夕), 조요(重陽) 등이 연중행사로 정착한 것도 이 무렵이었다.

서민들은 도시와 농촌을 막론하고 옛부터 지켜져 내려온 생활 속의 신앙에 지배되고 있었다. 풍년을 기원하는 농민은 논과 물의 신령을 섬겼다. 또 지역마다 특별한 효험이 있다고 알려진 신령이 신앙의 대상이 되었다. 갖가지 민간신앙도 성행하였다. 도로변에 서 있는 도소진(道祖神), 복을 가져다 준다고 하는 시치후쿠진(七福神)은 민간신앙의 한 예인데, 고신(庚神)신앙도 널리 전파된 대표적인 민간신앙이었다.

현세 이익을 추구했던 민중은 전국적으로 영험이 있다고 알려진 사원과 신사에 참배하였다. 그 중에서도 특히 성행했던 것은 이세신궁(伊勢神宮)의 참배였다. 서민의 평생 소원이기도 하였던 이세신궁 참배는 에도 중기 이후에 일정 기간마다 오카게마이리(御蔭参)라고 하는 열광적인 유행 현상으로 나타났다.

막말에는 특정한 신이나 교주를 섬기는 신흥종교가 일어났다. 구로즈미 무네타다(黑住宗忠)가 창시한 흑주교(黑住教), 여성 교주인 나카야마 미키(中山 みき)가 창시한 천리교(天理教), 가와테 분지로(川手文治郎)가 창시한 금광교(金光教) 등은 대표적인 신흥종교다. 이러한 종교들은 모두 사회가 극도로 혼란했던 막말에 성립되었다는 공통점이 있다.

8) 웅번의 형성과 정치사상의 발달

여러 번 중에서도 서부 일본의 다이묘들이 적극적인 정책을 추진하였다. 특히 사쓰마번(薩摩藩)과 조슈번(長州藩)은 해외사정에 익숙하였기 때문에 번정(藩政) 개혁에 성공을 거두었다.

사쓰마번은 당시 심각한 재정난에 고심하고 있었는데, 즈쇼 히로사토

(調所広郷)가 중심이 되어 번의 부채를 거의 탕감하였고, 유구(琉球)와 무역하고, 특산품인 사탕의 전매제도를 실시하여 1840년 경에는 재정이 충실해졌다. 이어서 하급무사의 등용, 서양식 포술의 채용, 기계공장의 설립 등 혁신적인 정책을 시행하여 군사력을 강화하고 경제 기반을 튼튼히 하였다. 특히 시마즈 나리아키라(島津斉彬)시대에 이르러서 적극적인 식산흥업 정책을 추진하였다.

조슈번은 다른 지방에 비하여 상품경제가 발달하였고, 일찍부터 종이·꿀 등을 전매하고 있었다. 그러나 막대한 채무를 지고 있었고, 또 19세기에 들어서면서 대규모 농민폭동이 발생하여 번정은 위기에 직면해 있었다. 번주인 모리 다카치카(毛利敬親)는 무라타 세이후(村田清風)를 등용하여 부채를 정리하였다. 특산품의 전매제도를 시행하는 한편, 세금을 경감하여 농민의 부담을 덜어 주었다. 그리고 사쓰마번과 같이 서양식 군비를 갖추고, 하급무사를 발탁하여 군사·경제면에서 내실을 다졌다.

사가번(佐賀藩), 도사번(土佐藩) 등에서도 재능이 있는 무사가 번의 실권을 장악하게 되었다. 특히 사가번은 여러 번 중에서도 가장 먼저 근대식 대포를 주조하였다. 이와 같이 서부 일본의 여러 번은 모두 새로운 지식과 군사력을 배경으로 하여 권력을 강화하고 중·하급 무사를 정치에 참여시켰으며, 지주 및 상인 세력과도 관계를 강화하였다. 그리하여 막말에 정치적으로 커다란 발언권을 갖는 웅번(雄藩)으로 성장할 수 있는 기초를 다지고 있었다.

19세기 초에 가이보 세이료(海保青陵)는 상거래를 멸시하는 무사의 편견을 비판하여 영주의 재정은 마땅히 상공업에 의하여 재건되어야 한다고 역설하였다. 그는 상거래는 자연스러운 도리이며, 심지어는 군신관계조차도 엄밀한 의미에서 상거래라고 주장하였다.

외세의 일본 접근에 대하여 민감하게 반응한 지식인들도 있었다. 혼다 도시아키(本多利明)는 서양 관련 저서를 출간하여 서양 여러 나라의 정세를 설명하였다. 서양 세계와 적극적으로 무역할 필요성이 있음을 역설하였다. 사토 노부히로(佐藤信淵)도 산업의 국영화와 무역의 진흥을 주장하면서, 막부의 쇄국정책을 비판하였다. 사쿠마 쇼잔(佐久間象山)은 앞서서 서양의 학문과 기술을 도입할 것을 주장하였다. 그는 특히 '동양의 도덕, 서양의 기술'이라는 목표를 제시한 지식인으로 유명하다.

의사인 안도 쇼에키(安藤昌益)는 이미 18세기 전반에 『시젠신에이도(自然真営道)』를 저술하여 만인이 평등하게 경작하는 자연세계를 꿈꾸었으며 신분제도를 부정하였다. 오사카의 가이토구도(懷徳堂)출신인 도미나가 나카모토(富長仲基)와 야마가타 반토(山片蟠桃)는 기성의 종교나 학문의 권위에 의문을 품고 있었다. 봉건제도의 틀 속에서 합리적인 사고가 성장하고 있었던 것이다.

9) 에도막부의 멸망

18세기 말 이래, 서양의 선박이 자주 일본 근해에 나타났으나 막부는 쇄국정책을 고수하고 있었다. 그러던 중, 1840년에 아편전쟁이 일어났다. 이 소식을 전해 들은 막부는 동년에 외국선 격퇴 방침을 완화하였다. 하지만 막부는 여전히 쇄국정책을 유지하고 있었다.

1853년 6월, 미국의 동인도 함대사령관 페리(M. C. Perry)가 이끄는 4척의 군함이 에도만 입구의 우라가(浦賀)에 내항하여 개국을 요구하였다. 막부는 페리의 무력에 굴복하여 1854년 3월에 미국과 화친조약을 체결하였다. 1858년에는 미국과 통상조약을 체결하였고, 이어서 네덜란드 · 러시아 · 영국 · 프랑스 등과도 같은 내용의 조약을 체결하였다.

13대 쇼군 도쿠가와 이에사다(德川家定)는 병약하였을 뿐만이 아니라 후사가 없었기 때문에 조속히 후계자를 결정하지 않으면 안되었다. 사쓰마번 번주 시마즈 나리아키라(島津斉彬)와 후쿠이번(福井藩) 번주 마쓰다이라 요시나가(松平慶永) 등은 쇼군의 후사에 미도번(水戸藩) 번주 도쿠가와 나리아키(德川斉昭)의 아들로 인망을 모으고 있었던 도쿠가와 요시노부(德川慶喜)를 내세워 막부의 개혁을 주도하려고 하였다. 이에 대하여 다이로(大老)인 이이 나오스케(井伊直弼)는 연소하기는 하나 쇼군과 혈통이 가까운 기이번(紀伊藩) 번주 도쿠가와 요시토미(德川慶福)를 후계자로 정하고 독재를 계속하였기 때문에, 조정과 반대파 다이묘, 그리고 지사(志士)들이 저항하였다. 이이(井伊)는 반대파를 강력하게 처벌하여 이에 맞섰다. 이때 조슈번의 요시다 쇼인(吉田松陰)과 후쿠이번의 하시모토 사나이(橋本左內)가 사형에 처해졌다. 이 사건을 안세이(安政)대옥이라고 한다.

1860년 3월, 이이 나오스케가 미도번(水戶藩)의 무사들에게 암살되었다. 이 사건 이후, 정국의 중심은 에도에서 교토로 옮겨갔다. 막부는 로주인 안도 노부마사(安藤信正)를 중심으로 실추된 권위를 회복하려고 노력하였다. 막부는 반대파를 탄압하지 않고, 조정과 막부의 화합을 꾀하려고 하여, 소위 공무합체운동(公武合体運動)을 전개하였다. 그리하여 1862년 고메이(孝明)천황의 여동생인 가즈노미야(和宮)를 쇼군인 이에모치(家茂)의 부인으로 맞아들이는 데 성공하였다. 그러나 이 운동은 급진적인 존왕양이론자들의 반감을 샀다.

공무합체운동의 진행과 때를 같이 하여, 하급 무사층을 중심으로 한 급진적인 존왕양이운동(尊王攘夷運動)이 전개되었다. 각 번의 존왕양이파 지사들은 노골적으로 막부의 정책을 비판하였다. 조슈번은 막부가 미국과 맺은 조약을 파기할 것을 주장하였다.

한편 사쓰마번에서는 사이고 다카모리(西鄕隆盛), 오쿠보 도시미치(大久保利通) 등 하급무사가 번정의 실권을 장악하게 되면서 점차로 반막부의 분위기가 형성되었다. 조슈번에서는 1865년에 다카스기 신사쿠(高杉晉作)를 비롯한 하급무사가 중심이 되어 시모노세키에서 거병하여 번정의 주도권을 장악하였다.

1865년 4월, 조슈번의 주도권이 다시 토막파(討幕派)에 의하여 장악되는 것을 지켜본 막부는 조슈정벌령을 내렸다. 이러한 급박한 상황 속에서 조슈번과 사쓰마번이 제휴하도록 중재한 인물이 도사번(土佐藩)의 무사인 사카모토 료마(坂本竜馬)와 나카오카 신타로(中岡慎太郎)였다. 1866년 1월, 조슈번의 가쓰라 고고로(桂小五郎)와 사쓰마의 사이고 다카모리가 중심이 되어서 비밀리에 동맹을 맺고, 막부를 타도하는 운동을 추진하기로 하였다.

  이러한 사정을 알지 못하는 막부는 동년 6월에 제2차 조슈 정벌을 감행하였으나, 사쓰마를 비롯한 많은 번이 출병을 거부하였기 때문에 막부군의 사기는 저하되었다. 이에 대하여 조슈번은 농민과 조닌도 포함하여 편성된 기헤이타이(奇兵隊)를 앞세워 각지에서 막부군을 격파하였다. 막부군은 7월에 쇼군 이에모치가 오사카에서 사망하였기 때문에 전투를 중지하고 철수하고 말았다. 설상가상으로 각지에서 폭동이 일어났기 때문에 막부군의 사기는 극도로 저하되었다. 막부는 이 단계에서 이미 붕괴되었다고 하여야 할 것이다.

테마 16
일본과 서양의 만남

1. 뎃포의 전래

뎃포(鉄砲)라고 하면 주로 가스의 압력에 의하여 탄환을 발사할 수 있는 휴대용 총을 의미하는데, 옛날에는 화기를 총칭하는 말로 사용되었다. 뎃포는 대통(大筒)·화포(火砲) 등으로 일컬어지는 구경이 큰 대포, 장통(長筒)·협간통(夾間筒) 등으로 일컬어지는 총신이 긴 장총, 중통(中筒)·수총(手銃) 등으로 일컬어지는 휴대가 가능한 소총, 단통(短筒)·마상통(馬上筒) 등으로 일컬어지는 총신이 짧은 단총, 화시통(火矢筒)·단화시통(短火矢筒) 등으로 일컬어지는 총신이 짧은 포 등 그 종류가 실로 다양하였다.

일본 역사에서 뎃포라는 말이 처음으로 등장하는 것은 1274년 원의 침입 때였다. 그때의 뎃포는 화약이 폭발하도록 한 것으로 오늘날의 총과 같은 것은 아니었다. 근대의 총과 같은 개념으로서의 뎃포는 1543년 일본에 전해진 것이 처음이었다.

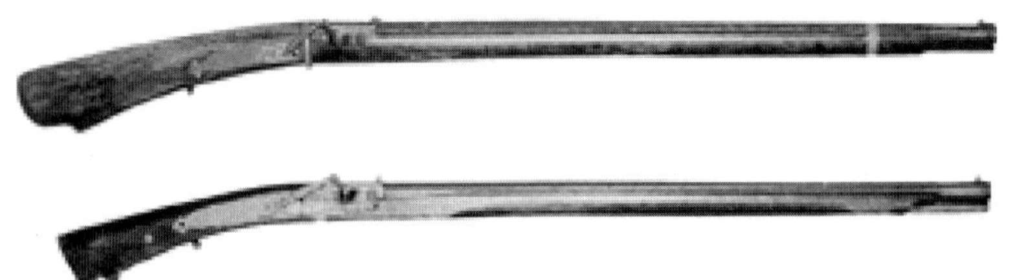

다네가시마 박물관에 전시되어
있는 뎃포(화승총)
(상) 처음전래된 뎃포
(하) 일본 제1호 뎃포

1543년 8월, 명나라로 향하던 포르투갈의 화물선이 규슈의 남쪽에 위치한 섬인 다네가시마(種子島)에 표착하였다. 화물선에는 오봉(五峰)이라고 하는 중국인 유생 한 사람이 타고 있었는데, 그 사람과 일본인 무사가 필담으로 대화를 나누었다. 그 배에는 포르투갈 상인 두 사람이 승선하고 있었는데, 그 사람들의 이름은 키리시타다모다(喜利志多佗孟太)와 무라슈쿠샤(牟良淑舍)였다. 그들은 손에 한 물건을 들고 있었는데 길이는 2~3척으로 반듯하고 속은 비어 있었다. 그 밑은 밀폐되어 있고, 그 옆으로는 형상이 괴이한 불이 통하는 구멍이 있었다. 그 물건을 사용할 때에는 묘약(妙藥)을 그 속에 넣고 또 연환(鉛丸)을 첨가하여 넣었다. 그리고 멀리 떨어진 곳에 표적을 놓고 조준하여 그 구멍으로부터 불을 발사하면 명중하지 않는 것이 없었다. 발사할 때에 그 빛은 번개와 같고 그 소리는 천둥과 같았다. 그 소리를 듣는 자는 귀를 막지 않을 수 없었다. 뎃포의 위력에 놀란 다네가시마 영주인 다네가시마 도키타카(種子島時尭)는 즉시 2천금(二千金)이라고 하는 거금을 주고 두 정의 뎃포를 손에 넣었다. 도키타카는 가신인 시노카와 쇼시로(篠川小四郎)에게 화약의 제조법을 배우게 하였다. 그리고 제철기술자들에게 총기의 제조법을 배우게 하였다. 그리하여 뎃포를 제작하려고 하였는데, 뎃포의 하단부를 막는 방법을 알 수 없었다. 마침 다음해에 내항한 포르투갈 선원 중에 철공기술자가 한 사람 있어서 뎃포의 제조, 특히 하단부를 막는 방법을 배우는 데 성공하였다. 그 후 1년 정도 지나서 수십 정의 뎃포를 제작하는 데 성공하였다.

이것이 1606년에 사쓰마(薩摩)의 시마즈씨(島津氏)의 가신인 난보 분시(南浦文之)가 저술한 『뎃포키(鉄砲記)』의 내용이다. 『뎃포키』에는 다네가시마에 전해진 뎃포가 얼마 지나지 않아서 기슈(紀州)의 네고로(根来), 이즈미(和泉)의 사카이(堺)로 전해졌고, 그곳에서 대량으로 생산되어 일본 전역으로 보급되었다는 내용도 기록되어 있다. 특히 사카이의 상인인 다치바나야 마타사부로(橘屋又三郎)가 다네가시마까지 와서 뎃포의 제조법을 배워갔기 때문에 그를 뎃포마타(鉄砲又)라고 하였다는 이야기는 유명하다.

서양의 기록에도 뎃포의 일본 전래에 관한 기록이 있으나, 거기에는 전래된 연대가 1542년으로 되어 있다. 『뎃포키』에 기록된 연대보다 1년 빠른데 어떤 기록이 사실인지 단정하기 어렵다. 그리고 일본인이 뎃포를 처음 알게 된 것이 사료에 기록된 연도였는지도 확정할 수는 없다. 이 시대에는 왜구들이 해양을 누비며 중국 연안은 물론 동남아시아 방면까지 원정하며 활동하고 있었기 때문에, 1543년 이전에 이미 왜구들 중에는 뎃포를 손에 넣고 조작법을 습득한 자들도 있었을 것으로 생각된다.

2. 전국다이묘의 뎃포 수용과 전술의 변화

뎃포가 일본에서 대량으로 제작되기 시작하였던 것은 역시 공식적인 전래 이후의 일이었다. 뎃포가 일본에 전해진 지 10여 년이 지나면서 뎃포는 대량으로 생산되었다. 『니혼잇칸(日本一鑑)』에 의하면 뎃포는 사카이 뿐만이 아니고, 오미(近江)의 구니토모(国友), 규슈의 히라도(平戸) 등에서도 본격적으로 생산되었다는 것을 알 수 있다. 1549년에는 오다 노부나가(織田信長)가 500정의 뎃포를 주문하였다는 기록이 보인다. 같은 해 전투 중에 뎃포로 저격당하여 사망한 기록이 확인된다. 이러한 자료를 참고하면 뎃포가 일본에 전해진 지 얼마 지나지 않아서 전쟁터에서 뎃포가 사용되기 시작하였다. 뎃포가 일본에 전래된 지 약 30년 후에는 실전에서 그 위력을 발휘하기 시작하였다.

시마즈, 오우치, 모리, 이마가와, 조소카베 등의 전국다이묘들은 뎃포대를 편성하였다. 그러나 처음에는 뎃포가 중요한 공격용 무기로 활용되지 못하였다. 뎃포를 전투에 활용하기 위해서는 해결하지 않으면 안되는 여러 가지 기술적인 문제가 있었기 때문이다. 당시의 뎃포는 말이나 사람과 같은 커다란 표적물이라도 유효사거리는 100미터가 한계였다. 그이상의 거리에서는 명중률이 현저하게 떨어졌다. 특히 발사 속도가 아무리 빨라도 1분간에 4~5발이 한계였다. 탄환 1발이 발사되는 데 소요되는 시간은 12초에서 15초가 걸리는 셈이다. 발사하기까지 수순이 복잡하기 때문이었다. 생사를 가르는 전쟁터에서 12초 내지 15초라는 시간은 긴 시간이었다. 전투장소가 산악지대가 아니고 기마군단이 작전을 수행할 수 있는 평원이라면 기마부대가 100미터 이상을 진격할 수 있는 시간이었다. 뎃포가 전쟁터에서 공격용 무기로 활용되려면 발사 시간을 단축시키는 것이 급선무였던 것이다.

뎃포에 가장 관심이 많았고, 또 그 유용성에 주목했던 것은 오다 노부나가였다. 『신초코키(信長公記)』에는 노부나가가 뎃포를 직접 다루는 연습을 하였다는 기록이 보이고, 1554년 4월, 노부나가가 장인인 사이토 도산(斎藤道三)과 회견하기 위하여 떠날 때, 노부나가의 친위대가 보유하고 있는 뎃포의 수량은 활과 합하여 500정이었다는 기록이 보인다. 실은 동년 1월, 이마가와군(今川軍)이 오와리(尾張)를 침입한 적이 있었는데, 이때 노부나가는 뎃포대를 교대하면서 사격을 하였다. 노부나가의 뎃포대가 위력을 발휘한 것은 1575년 5월에 현재 아이치현(愛知県) 지방인 미카와(三河)의 나가시노(長篠)에서 벌어진 전투에서였다. 오다 노부나가·도쿠가와 이에야스 연합군과 다케다 가쓰요리(武田勝頼)의 군단이 격돌한 이 전투에서 뎃포대가 맹활약을 하였다. 노부나가는 3천 정의 뎃포를 3단으로 나누어 맨 앞 열이 사격을 하고 있는 동안에, 다음 열은 심지에 점화를 하여 대기하고, 그리고 최후의 열은 탄환을 장전하는 전법을 취하였다고 전해진다. 노부나가의 탁월한 전술이 돋보이는 장면이다. 그러나 정작 『신초코키』의 나가시노전투에 관한 기록에는 노부나가가 3단계로 사수대를 편성하였다는 기록은 보이지 않는다. 그것은 이미 1570년대에는 3단계 사수대 편성이 신전술이 아니고 상식이었다는 것을 의미하는 것은 아닐까? 어쨌든 분명한 사실은 나가시노전투가 있

나가시노전투 도쿠가와 이에야스군의 뎃포대가 다케다 가쓰요리군단을 뎃포로 공격하고 있다.

기 15년 전부터 노부나가는 이미 사수대에게 교대로 사격을 하도록 하였다는 것이다.

　나가시노전투의 역사적 의의는, 뎃포대의 3단계 편성에 있는 것이 아니라, 뎃포를 중심으로 밀집대형을 이루어 배치된 오다·도쿠가와 연합군의 보병이, 전설적인 다케다군의 기마군단을 괴멸시켰다는 데 있지 않을까? 노부나가와 이에야스는 뎃포대를 전면에 배치할 때, 기마대의 속공에 대비하기 위하여 각종의 장애물을 설치하여 놓았고, 뎃포대는 장애물 뒤에서 공격해오는 기마대를 조준 사격하였기 때문에 아무리 기동력이 뛰어난 다케다군의 기마대라고 하여도 효율적인 공격을 할 수 없었다. 뎃포대를 운용하는 전술이 개발되면서 이미 기마대를 중심으로 하는 전술 운용은 많은 취약점을 노출하고 있었던 것이다. 나가시노전투는 뎃포대를 중심으로 하는 전술과 기마대를 중심으로 하는 전술의 한판 승부였다. 그 결과는 기마대를 중심으로 하는 전술의 대패였다.

나가시노전투 이후, 일본에서 전통적인 전술과 전법이 크게 변화하였다. 전국 다이묘들은 다투어 군편제를 개편하였다. 기마대를 중심으로 하는 전술과 전법에서 뎃포대를 중심으로 하는 전술과 전법으로 전환하였다.

축성문화에도 변화가 있었다. 산성보다는 군사를 자유롭게 운용하기에 편리한 평지에 다이묘의 거주지를 겸한 요새인 성을 축조하기 시작하였다. 특히 다이묘가 거주하는 성의 중심부는 적의 화기에 노출되지 않도록 하였다. 성의 외곽도 새로운 전술과 전법에 대응할 수 있도록 설계되었다.

3. 그리스도교의 전래

1549년 예수회 소속 선교사 프란시스코 자비엘(Francisco Xavier)이 규슈의 가고시마에 도착하면서부터 그리스도교가 전파되기 시작하였다.

자비엘은 가고시마의 영주인 시마즈 다카히사(島津貴久)의 허가를 얻어서 포교를 시작하였으나, 불교계의 강력한 반발로 포교가 금지었다. 그는 가고시마를 떠나서 교토로 가서 포교의 가능성을 탐색하였다. 그러나 그 당시의 교토는 매우 불안한 정황이었기 때문에, 자비엘은 다시 야마구치(山口)로 향하였다. 야마구치의 영주인 오우치 요시타카(大內義隆)의 보호하에 그곳에 교회를 세우고 전도사업을 개시하였다. 그리하여 인근 영주의 지배지역까지 포교의 범위를 넓혔다. 그가 1551년 10월 일본을 떠날 때까지 확보한 신자 수는 1000여 명에 이르렀다.

그가 개시한 전도사업은 다른 선교사들에 의하여 계승되었다. 전도사업은 계속 확대되었고, 이윽고 분고(豊後)의 영주인 오토모 소린(大友宗麟), 히젠(肥前)의 영주인 아리마 하루노부(有馬晴信) 등의 다이묘들을 신자로 삼는 데 성공하였다. 이들 외에도 열렬한 신자가 된 다이묘들이 많았다. 이들을 크리스천다이묘라고 한다.

선교사들 중에서 특히 루이스 프로이스(Louis Frois)는 교토를 중심으로 전도사업을 전개하였다. 1560년에는 무로마치막부의 쇼군 아시카가 요시테루(足利義輝)에게 접근하여 포교를 허가받았다. 그리고 1569년에는 당시의 실력자인 오다 노부나가로부터도 포교를 허가받았고, 이어서 1576년에는 교토에 교회를 설립하였다. 그 교회는 일본인들이 남만사(南蛮寺)라고 하였다.

이 후에 그리스도교는 전도 조직을 정비하고, 선교사 양성기관을 세우는 등 발전을 거듭하였다. 이러한 분위기 속에서 4명의 일본 소년이 1585년에 로마에 도착하여 당시의 교황인 그레고리우스 13세를 알현하기도 하였다.

이와 같이 매우 짧은 기간 내에 그리스도교가 급성장하게 된 이유는 무엇일까? 일본인이 서양의 문명에 매력을 느꼈기 때문이기도 하였을 것이고, 유능한 선교사들의 적극적인 전도사업 때문이기도 하였을 것이다. 그러나 무엇보다도 중요한 것은 남만무역과 포교가 밀접하게 관련되어 있어서 다이묘가 적극적으로 그리스도교를 보호하였기 때문이었다.

그러나 그리스도교의 전도는 도요토미 히데요시 시대에 금교정책이 내려지면서 장애에 부딪치게 되었다. 그리스도교의 유일신 사상과 일본의 전통적인 신관념과의 충돌도 있었지만, 히데요시는 그리스도교의 전도가 겨우 확립되려고 하고 있었던 봉건질서의 기반을 붕괴시킬 수도 있다는 위기감을 느끼고 있었기 때문에 그리스도교를 탄압하였던 것이다. 이러한 히데요시의 정책은 에도막부로 계승되었다. 에도막부의 3대 쇼군인 도쿠가와 이에미쓰(德川家光)는 1639년에 쇄국령을 내리면서 그리스도교 신자를 지속적으로 탄압하였다. 이후 그리스도교 신자는 일본에서 거의 그 모습을 감추게 되었다.

프란시스코 자비엘

4. 남만무역

1543년 포르투갈선이 다네가시마에 표착한 사건을 계기로 포르투갈선은 매년 규슈의 여러 항구를 방문하게 되었다. 1584년에는 에스파니아선도 규슈의 북쪽에 있는 히라도(平戶)에 출현하였다. 이후로 남만무역이 활발하게 전개되었다. 무역은 히라도를 비롯한 규슈의 여러 항구에서 이루어졌다. 그러나 무역의 중심은 점차로 나가사키(長崎)로 옮겨지게 되었다.

이 무역은 중계무역 형식으로 이루어졌다. 무역의 주체였던 포르투갈은 명나라의 생사와 견직물을 일본으로 들여오고, 일본으로부터는 은을 손에 넣어 막대한 이윤을 얻었다. 일본은 은 이외에 도검, 해산물, 칠기 등을 수출하였고, 포르투갈은 뎃포, 화약, 납, 철, 약재, 향료 등을 일본으로 들여왔다. 전국다이묘들은 앞다투어 뎃포와 화약을 확보하려고 노력하였다.

남만무역의 중요한 특징 중의 하나는 무역이 그리스도교의 포교와 밀접하게 관련되어 있었다는 것이다. 무역선의 입항지는 선교사의 의향에 의하여 결정되는 경우가 많았다. 무역의 중심지가 히라도에서 나가사키로 옮겨진 것도 히라도를 지배하는 영주인 마쓰우라씨(松浦氏)가 그리스도교에 호의적이지 않았기 때문이었다. 무역선의 내항을 원했던 다이묘들은 지배지역내에서 포교하는 것과 교회를 세우는 것을 허용하고 적극적으로 그리스도교를 보호하는 자가 많았다.

5. 남만문화

포르투갈을 비롯한 그리스도교 국가의 유럽인들이 일본을 왕래하게 되면서 일본 근세사회 초기에 일본에서 개화했던 이국정서의 문화를 남만문화(南蛮文化)라고 한다.

남만문화가 일본인들의 일상생활에 미친 영향은 지대한 것이었다. 1591년에 선교사인 루이스 프로이스가 작성한 보고서에는 "교토에는 포르투갈풍의 의복과 물건을 가지지 않은 사람은 사람 취급을 받지 못할 정도였다. 많은 다이묘들이 서양식 외투, 서양식 모자, 샤츠, 즈봉 등을 몸에 걸치고 있었다."라고 기록하고 있다. 그리고 "도요토미 히데요시도 계란과 소고기를 먹고, 포

상륙하는 남만인(포르투갈인)

르투갈풍의 복장을 즐겨한다."라고 기록하고 있다. 히데요시는 훗날 그리스도교 포교 금지령을 내린 장본인이지만, 남만문화에 대해서는 상당한 호기심을 가지고 있었다. 히데요시는 남만음식을 즐겨했을 뿐만이 아니라 남만풍의 의복도 좋아하였다. 임진왜란 기간중이었던 1594년에 요시노(吉野)에서 꽃놀이를 할 때, 그 놀이에 초대된 여러 다이묘들에게 모두 남만 복장을 하도록 명령할 정도였다. 히데요시 외에도 우에스기 겐신(上杉謙信), 오다 노부나가(織田信長), 도쿠가와 이에야스(德川家康) 등도 남만풍의 옷을 즐겨 입었다.

다이묘들뿐만이 아니라 일반 서민들도 서양의 의복을 입고 물건을 소지하는 것이 유행하였다. 오늘날 일본에서 사용되고 있는 만토, 즈봉,

갑파, 메리야쓰, 보단, 비로도 등 의복과 관련된 용어들이 이 시대에 서양에서 일본에 전래된 것이다. 그 중에서 만토, 갑파, 보단 등의 말은 포르투갈어가 그대로 일본에 전해진 것이다. 메리야쓰는 원래 남유럽에서는 긴양말을 의미하는 것이었는데, 그 말이 일본에 전래되면서 견사나 면사 혹은 털실로 짠 웃옷의 의미로 변질되었다.

음식과 관련된 말로 이 시대에 전래된 것으로는 빵, 비스킷, 카스테라, 덴뿌라 등이 있다. 일본인이 계란을 먹게 된 것도 바로 남만문화의 영향이었다. 두부요리의 일종으로 오뎅의 재료로 일본 각지에서 사용되는 것 중에 '히료즈'라고 하는 것이 있는데, 이것의 어원도 포르투갈어라고 알려져 있다. 또 스시(すし)의 일종인 밧테라는 작은 배를 의미하는 포르투갈어의 바테이라(bateira)에서 유래하였다.

남만문화 중 일본에서 유행한 것으로 가장 대표적인 것은 아마 담배일 것이다. 담배는 일본에서 다바코라고 불리는데, 기록에 의하면 다바코가 일본에 처음 전해진 것은 1601년이었다. 포르투갈인 선교사가 도쿠가와 이에야스에게 약용으로 다바코를 헌상한 것으로 기록되어 있다. 그 이후에 다바코는 약용에서 기호품으로 바뀌면서 크게 유행하게 되었다. 막부는 자주 연초금지령을 내렸지만 효과가 거의 없었다.

화투를 의미하는 가루타도 원래 포르투갈어였다. 시계도 일찍부터 일본에 전래되었지만 일본에서는 해가 뜨고 지는 시각으로 낮과 밤을 나누는 부정시법이 채용되고 있었다. 유럽인이 가지고 들어온 시계는 그렇게 유용하지 않았기 때문에 보급되지 않았다. 그러나 침대, 의자, 안경 등이 일본인의 생활 속에 자리잡게 되었다.

도요토미 히데요시의 인물과 성격

1. 도요토미 히데요시의 출생과 성장

도요토미 히데요시의 성장과정에 대하여는 『다이코스조키(太閤素生記)』에 다음과 같이 기록되어 있다. 히데요시의 아버지는 기노시타 야에몬(木下弥右衛門)이고, 그는 원래 오다 노부나가의 부친인 노부히데(信秀)의 뎃포(鉄砲)대에 편성되어 있었던 하급무사였다. 그런데 그는 전투 중에 부상을 입고 고향인 오와리(尾張) 아이치군(愛智郡) 나카무라(中村)에 돌아와 농민이 되었다. 히데요시의 출생과 관련된 것 중에서 위의 이야기가 아마 가장 널리 알려져 있을 것이다.

도요토미 히데요시는 1598년에 62세의 나이로 사망하였으니까, 출생 연도는 1537년이 된다. 뎃포는 1543년에 일본에 전래되었다. 전래된 후에도 뎃포가 대량생산되어 보급되기까지 시간이 걸렸고, 또 다이묘의 군단에 뎃포대가 편성되는 데에는 상당한 시간이 경과한 후의 일이었다. 그렇다면 『다이코스조키』의 기록은 신용할 수 없게 된다. 그 기록을 사실로 인정한다면 일본에 뎃포가 전래되기 이전에 이미 오다 노부히데의 군단에서는 뎃포대를 편성하여 운용하였다는 이야기가 되기 때문이다.

실은 히데요시가 누구의 아들인지는 알 수 없다. 히데요시의 어머니가 기노시타 야에몬과 동거한 사실이 인정된다고 하더라도 야에몬은 히데요시의 실부가 아니고 계부일 가능성이 크다. 하지만 기노시타 야에몬도 일찍 사망하고 히데요시의 어머니는 다시 오다가(織田家)에 봉공하고 있었던 쓰쿠아미(筑阿弥)라는 예능인과 동거하게 되자 어린 히데요시는 계부 밑에서 불우한 어린 시절을 보내게 되었다. 히데요시의 굴절되고 왜곡된 심리상태도 이러한 성장과정과 무관하지는 않을 것으로 생각된다.

2. 오다 노부나가의 부하 시절

히데요시는 계부와 사이가 좋지 않아 한때는 절에 맡겨진 적도 있으나 15세경부터 일본 각지를 전전하게 되었다. 그러다가 1554년 히데요시가 18세가 되었을 때 오와리(尾張)로 돌아와 오다 노부나가를 섬기게 되었다. 히데요시는 노부나가의 눈에 들기 위하여 피나는 노력을 하였다. 그의 일상은 연출에 가까울 만큼 처절하고도 집요하였다. 보통 사람이라면 낯이 간지러워서 차마 할 수 없는 추종과 아부도 히데요시는 아무 거리낌 없이 하였다.

당시 히데요시는 기노시타 도기치로(木下藤吉郎)라고 불리고 있었다. 그는 노부나가의 말을 사육하게 되었는데 주야로 말에게 사료를 주는데 게으름이 없었다. 틈이 나면 손으로 말의 몸을 문질렀다. 얼마 되지 않아 그 털이 윤기가 나게 되었다. 그러자 노부나가의 눈에 들어 신발담당 봉공인에 임명되게 되었다. 어느 추운 겨울날 아침 노부나가의 신발을 가슴에 품어 따뜻하게 하였다는 일화가 생긴 것도 이 시절이었다.

어느 날 이누야마성(犬山城) 부근에서 화재가 발생하여 노부나가가 미명에 출동하려고 하는데 말고삐를 잡고 대기하고 있는 자가 있었다. 누구냐고 물으니 도기치로라고 대답하였다. 그 후에 노부나가가 매사냥을 나가기 위하여 새벽에 일어나 '거기 누구 없는가'라고 하자 '도기치로 여기 있습니다'라고 대답하였다.

히데요시는 단지 충직했던 것이 아니고 두뇌도 명석하여 노부나가의 인정을 받았다. 기요스성(清州城)의 수리공사를 할 때, 히데요시는 100간(間)의 성벽을 10조로 나누어 각기 분담 책임자를 정하여 경쟁적으로 수리하도록 하여 단기간에 완성하였다. 땔감을 담당하는 부교(奉行)에 임명되었을 때에는 연간 비용을 3분의 1로 삭감하는 등 재능을 발휘하여 노부나가의 신뢰를 얻었다.

문헌에 의하여 히데요시의 활동을 알 수 있게 되는 것은 1560년대 이후다. 1564년 노부나가가 미노(美濃) 지방의 사이토씨(斎藤氏)를 공략

도요토미 히데요시

할 때에 히데요시는 전선의 수비대에 배치되어 있었다. 이때 사이토씨의 유력한 가신을 이간하여 노부나가 편으로 끌어들이는 공작을 벌여 성공하였다. 히데요시는 첩자를 이용하여 적진을 교란하고 유언비어를 퍼뜨리는 공작에 능하였고, 또 성공을 거두어 노부나가의 신임을 얻게 되었다. 2년 후에는 스노마타성(墨俣城)의 축성공사를 지휘하였다. 최전선의 축성공사로 매우 위험하고 곤란한 공사였으나 히데요시는 단기간 내에 공사를 성공리에 완료하였다. 이때 인근의 농민들을 동원하여 분담작업 방식으로 공사를 진행시켜 화제가 되었다.

1570년부터는 무장으로서 두각을 나타내게 되었다. 이때 노부나가는 에치젠(越前)의 아사쿠라씨(朝倉氏)를 공략하려고 가네가사키(金ケ崎)로 진군하였다. 그러나 매제인 아사이 나가마사(浅井長政)의 배반으로 퇴로를 차단당한 노부나가는 겨우 목숨을 부지한 채 철군하였다. 노부나가의

생애를 통하여 최대의 위기였던 이때, 가장 곤란한 신가리군(殿軍)의 역할을 자처한 것이 히데요시였다. 신가리군이란 아군이 안전하게 철수할 때까지 적의 공격을 방어하는 부대다. 히데요시는 죽음을 각오하고 그 일을 자처하였고 이 작전에서도 성공하였다. 노부나가의 신임을 얻은 것은 말할 것도 없고, 히데요시의 출세를 시기하던 동료들도 입을 다물었다.

노부나가는 즉시 전렬을 가다듬어 다시 아사쿠라씨 · 아사이씨를 공격하였고, 히데요시는 아사이 나가마사가 멸망할 때 노부나가의 여동생과 세 자녀를 구출하여 다시 노부나가의 신임을 얻었다. 그는 전공에 의하여 다이묘로 임명되었다. 성명도 하시바 히데요시(羽柴秀吉)라고 바꾸었다. 히데요시 37세 때의 일이었다.

다이묘의 지위에 오른 히데요시는 지장(智將)의 면모를 과시하기 시작하였다. 서부 일본을 공략하면서 히데요시가 보여준 돗토리성(鳥取城)과 빗추(備中) 다카마쓰성(高松城)의 포위작전은 유명하다.

1581년 돗토리성을 포위한 그는 성을 포위하기 훨씬 전부터 양편의 군량미를 치밀하게 계산하고 있었다. 그 위에 수 개월 전부터 상인들을 시켜 그 지역의 미곡을 비싼 값에 매입하고 있었다. 그리고 군사들을 시켜서 일부러 그 지역 농민들에게 가혹행위를 하게 하여 한 사람이라도 더 돗토리성으로 들어가도록 조장하였다. 적이 군량미를 많이 소비하게 하기 위해서였다. 수 개월이 지나자 과연 성안에는 식량이 바닥나고 아사자가 속출하였다. 말은 물론 사람의 시체를 먹는 처참한 광경이 벌어졌다. 결국 11월에 적은 항복하였다.

다음해인 1582년에는 다카마쓰성을 포위하였다. 이 성의 3면이 늪으로 둘러싸인 저습지대에 위치해 있다는 것을 확인한 히데요시는 이번에는 물을 끌어들여 성을 고립시키는 작전을 전개하였다. 성 가까이에 있는 하천에 제방을 쌓아 물을 끌어들이기로 한 것이다. 동년 5월 8일부터 2만 5천의 군사가 밤낮으로 제방공사에 동원되었고, 길이 2.8킬로미터, 높이 7미터의 제방은 19일 만에 완성되었다. 제방이 완성되자 장마철에 접어들었다. 비가 오자 성은 물에 잠겨 고립되었고 견디다 못한 적은 히데요시의 강화교섭에 응하였다.

돗토리성과 다카마쓰성 포위작전을 통하여 전쟁은 결국 경제력을 배경으로 하는 총력전이라는 사실이 입증되었다. 전쟁에 상인과 기술자 집단이 대거 동원되었다는 점이 주목된다.

3. 히데요시의 성격과 심리

히데요시의 체구는 왜소하였고 용모는 원숭이를 닮아 있었다. 1590년 조선통신사가 히데요시를 만났을 때 "히데요시는 관을 쓰고 검은 예복을 입고 있었는데, (피부)색은 검고 체구는 왜소하였다. 지위에 전혀 어울리지 않는 모습이었다"라고 말하고 있는 것에서도 알 수 있다. 그의 몸은 전투에 숙련되어 있었기 때문에 행동이 민첩하였으나 기품은 없었다. 언행에는 과장된 면이 있었으나 항상 명랑하고 부지런하였으며 활기에 넘쳐 있었다.

자신의 과거에 대하여 열등의식을 갖고 있었던 히데요시는 위대한 인물로서 역사에 남고 싶어 하였다. 그래서 생전에 가신인 오무라 유코(大村由己)에게 명하여 자신의 전기를 집필하게 하였는데, 이때 히데요시는 자신을 천황의 사생아라고 기록하게 하였다.

히데요시의 열등의식은 자신보다 위대한 것에 대한 억압으로 표현되었다. 특히 평생 머리를 조아렸던 오다 노부나가의 가족들을 억압하거나 치욕스럽게 하였다. 히데요시는 노부나가의 차남인 노부카쓰(信雄)의 영지를 몰수하고 대신에 약간의 급료를 주면서 자신의 부하로 삼았다. 노부나가의 3남인 노부다카(信孝)는 히데요시와 대립하다가 패배하였는데, 히데요시는 노부다카를 자살하도록 하였다.

노부나가의 부인과 딸은 나무에 매달고 창으로 찔러 죽이는 형벌인 하리쓰케(磔)에 처하였고, 또 다른 딸은 첩으로 삼았다. 히데요시는 노부

나가의 차녀까지도 첩으로 삼으려고 자신의 처소로 불러들였으나 그녀
는 머리를 깎고 승려가 되어 겨우 화를 면하였다. 심지어는 노부나가의
차남으로 이미 자신의 신하가 된 오다 노부카쓰의 딸도 첩으로 삼았다.
히데요시는 여자에 관한한 절조가 없었고, 수많은 명문 가문의 어린 규
수들을 첩으로 맞아들여 자신의 권위를 과시하려고 하였다는 것은 널리
알려진 사실이다. 그러나 노부나가의 가족에게 치욕을 선사하고, 마침내
는 노부나가 가문을 흔적도 없이 사그러지게 한 것은 정말 가혹한 짓이
었다.

히데요시는 자신의 용모와 풍채에 대해서도 심한 열등감을 갖고 있었
는데, 그러한 열등감은 자신이 최고권력자의 지위에 오른 후에도 여전히
해소되지 않았다. 히데요시는 초상화를 그릴 때 옷을 크게 그리도록 하
였다. 신체가 실물보다 크게 보이게 하기 위해서였다. 여러 사람 앞에
나설 때, 특히 행군을 할 때는 위엄을 갖추기 위하여 커다란 인조 수염
을 붙이고 상대방을 위압하려고 하였다.

그의 열등의식은 자신을 위대하게 보이려고 하는 것을 가로막는 것에
대한 공격으로 표현되었다. 히데요시는 하극상의 시대였기 때문에 권력
의 정점에 도달할 수 있었던 장본인이었다. 그렇기 때문에 그는 하극상
의 움직임에 대해서는 특히 민감하였고, 그러한 운동에 대한 탄압은 가혹하였다.

주라쿠테이 도요토미 히데요시가 교토에 건축한 저택

1589년 교토의 히데요시 거소인 주라쿠테이(聚樂第)의 외벽에 히데요시의 정치를 비판하는 대자보가 나붙었다. 그 내용은 자세히 전해지지는 않으

나 『다몬인닛키(多聞院日記)』에는 대자보를 붙인 17명이 체포되어 첫째 날에는 코를 베이고, 둘째날에는 귀를 베이고, 드디어 셋째날에는 거꾸로 매달고 창으로 찔러 죽이는 사카다치하리쓰케(倒磔)에 처해졌다고 기록되어 있다.

1595년 히데요시 자신이 관백(関白)의 지위를 물려준 조카 히데쓰구(秀次)도 자신의 마음대로 움직일 수 없게 되자 권좌에서 몰아내고 자살하게 하였다. 그의 가족 38명도 교토의 냇가에서 몰살시키고 큰 구덩이를 파고 함께 파묻었다. 히데요시의 권위에 도전하는 자의 말로가 어떻다는 것을 보여준 사건이었다.

의사인 고세 후안(小瀬甫庵)이 저술한 『후안타이코키(甫庵太閤記)』에는 다음과 같은 내용이 있다. 히데요시가 8세가 되었을 때, 한때 광명사(光明寺)라는 절에 맡겨진 적이 있었다. 히데요시는 불경공부에는 관심이 없고 다른 것에 관심을 기울이고 있었다. 특히 무용담을 좋아하였다. 그래서 절에서는 히데요시를 본가로 돌려보내려고 하였다. 이 사실을 안 어린 히데요시는 의붓아버지에게 혼날 것이 두려웠다. 히데요시는 자기를 돌려보내자고 말한 승려는 한 사람도 남기지 않고 때려 죽이고 절을 모두 불태우겠다고 협박하였다. 그러자 승려들은 새 옷과 선물을 주고 히데요시를 잘 달래서 집으로 돌려보냈다. 20세쯤 되었을 때에는 마쓰시타 가베에(松下加兵衛)를 주인으로 섬겼다. 어느날 주인이 갑옷과 투구를 사오라고 하면서 황금 5~6냥을 주자 히데요시는 그 돈을 갖고 도망하여 오다 노부나가의 하인으로 취직하게 되었다.

서양 선교사의 기록 중에도 히데요시의 성격을 엿볼 수 있는 내용이 있다. 히데요시는 서양인의 후스타선을 보자 서둘러 배를 저어 순식간에 선교사들이 타고 있는 배에 접근하여 스스로 옮겨탔다. 그는 식품창고로 되어 있는 배 밑에 이르기까지 선내를 두루 순찰하였다. 그리고 방으로 돌아오자 손짓으로 선교사와 무장들을 불러서 장시간 환담하고 매우 만족한다는 뜻을 표명하였다. 또 히데요시는 포르투갈어에 대하여 질문하고 그 말들을 일본문자로 쓰게 하여 가신들에게 소리내게 하고 자신도

되풀이하여 그것을 발음하였다. 그리고 "내가 선교사의 제자야"라고 두 세 번 농담을 하였다.

4. 히데요시와 그의 아들 히데요리

히데요시가 아들을 얻은 것은 53세 때였다. 측실인 요도도노(淀殿)가 남아를 낳아서 쓰루마쓰(鶴松)라고 하였으나 3세 때에 죽었다. 그로부터 2년 후 요도도노가 두번째 아들을 낳았는데 그가 히데요리(季頼)였다.

히데요시가 병상에 눕게 된 것은 히데요리가 6세 때인 1598년 5월이었다. 병세는 호전되지 않았고, 7월부터는 병상에서 일어나지 못하였다. 히데요시는 죽음이 임박하였음을 직감하였다. 그럴수록 아들 히데요리가 걱정이 되었다. 그는 약육강식의 시대를 치열하게 살아왔고 그 자신이 주군이었던 오다 노부나가의 아들들과 손자를 비정하게 축출하고 권력을 쟁취한 장본인이었기 때문에 어린아이가 후계자가 되는 일이 얼마나 위험하고 어려운 일인가를 누구보다도 잘 알고 있었다. 양자로 삼아 관백의 지위까지 물려주었던 히데쓰구와 그의 가족 38명을 잔혹하게 살육한 것도 모두 자신의 아들인 히데요리를 위해서였던만큼 히데요시의 걱정은 태산과 같았다.

히데요시는 사후의 체제를 정비하였다. 5다이로(五大老)와 5부교(五奉行)의 합의체를 만들어 히데요리를 보좌하게 하였다. 그래도 마음이 놓이지 않은 히데요시는 5다이로 5부교를 여러 차례 불러 혈판으로써 히데요리에게 충성을 맹세하도록 하였다. 8월 5일에는 5다이로 앞으로 유언장을 썼다. 히데요리의 앞날을 간곡하게 부탁하는 내용이었다. 사망하기 일주일 전에도 다시 한번 5다이로와 5부교에게 히데요리에게 충성을 맹세한다는 서약서를 제출하게 하였다. 그리고 8월 18일 62세의 생애를 마감하였다.

히데요시가 사망한 후 도쿠가와 이에야스가 실권을 장악하고 막강한 영향력을 행사하기 시작하였다. 이에야스는 1603년 에도(江戸)에 막부를 열었다. 이에야스는 도요토미씨를 멸망시키려고 호시탐탐 기회를 엿보고 있었다. 드디어 1614년 겨울, 소위 방광사(方広寺) 종명사건(鐘銘事件)을 일으켜 히데요리의 거성인 오사카성을 공격하였다. 그러나 오사카성은 난공불락의 요새였다. 이에야스는 오사카성의 외호(外濠)를 메우는 조건으로 화의를 하고 일단 물러났으나 다음 해 여름에 다시 오사카를 침공하였다.

이때 히데요리는 23세의 나이로 건장한 청년이 되어 있었다. 이에야스의 공격에 위기감을 느낀 히데요리의 어머니인 요도도노(淀殿)는 이에야스에게 화의를 요청하였다. 오사카성 내에서

히데요시의 측실 요도도노

도 일단 화의를 하여 도요토미 가문을 존속시켜야 한다는 여론이 설득력을 얻고 있었다. 그러나 히데요리는 반대하였다. 오사카성은 자신의 아버지인 히데요시가 심혈을 기울여 쌓은 성이기 때문에 절대 성에서 퇴거할 수 없다고 하였다.

다시 전투가 벌어지자 히데요리는 갑옷을 입고 히데요시가 생전에 사용하였던 깃발을 앞세우고 혼마루(本丸)의 성문을 나와서 군사들의 사기를 앙양시키는 등 분전하였다. 그러나 전세는 기울었고 히데요리는 자결하였다. 히데요시가 그렇게 애지중지하였던 히데요리가 죽으면서 도요토미 가문은 멸망하였다. 히데요시가 눈을 못 감고 죽은 지 17년째 되던 해 여름이었다.

테마 18
임진왜란 전야의 일본

1. 도요토미 히데요시 군단

오다 노부나가의 통일사업을 계승한 것은 노부나가의 가신이었던 도요
토미 히데요시였다. 노부나가가 사망하였을 때, 히데요시는 빗추(備中)의
다카마쓰성(高松城)에서 모리군을 공격하고 있었는데, 노부나가의 사망
소식에 접한 히데요시는 즉시 강화를 맺은 후, 군대를 이끌고 회군하여
교토의 서쪽 야마자키(山崎)전투에서 아케치 미쓰히데군을 무찔렀다. 이
어서 1583년에는 동료였던 시바타 가쓰이에(柴田勝家)를 오미 지역의 시
스가다케(賤ケ岳)전투에서 물리치고 최고 실력자의 지위를 확립하였다.

히데요시가 실권을 장악하는 과정에서 군단이 정비되었다. 1584년경
에 히데요시 군단은 3군단으로 편성되어 있었다. 군단을 크게 동군과 서
군 그리고 친위군으로 나누고, 각 군단을 다시 각각 4~5단으로 나누어
각 단에는 5천 내지 7천의 병력을 배치하였다. 원래 오다 노부나가 군단
에 속해 있던 다이묘들과 히데요시와 친분이 있었던 다이묘들이 각 단의

주력을 형성하고 있었다.

군단의 중추라고 할 수 있는 히데요시의 친위군은 1만 명 정도였다. 전위대에 2천여 명의 뎃포부대가 특별히 배치되어 있었다. 그리고 5천의 정예병이 히데요시를 에워싸고 있었다. 그리고 후위대는 2천여 명의 병력이 작전을 마무리하는 역할을 담당하고 있었다. 히데요시 군단의 핵심 전투력은 히데요시의 동생인 하시바 히데나가(羽柴秀長)가 지휘하는 7천의 정예, 그리고 히데요시의 양자인 히데쓰구(秀次)가 지휘하는 1만여의 군세였다. 이때 히데요시의 직속군단에는 훗날 조선침략의 선봉장이 되었던 가토 기요마사(加藤淸正)가 도라노스케(虎介)라는 이름으로 약간의 병력을 지휘하며 배치되어 있었다.

2. 도요토미정권의 통일전략과 히데요시 군단의 실력

히데요시가 동부 일본 지역에서 독자적인 정권을 구축하고 있었던 호조씨(北条氏)에 대하여 선전포고를 한 것은 1589년 11월이었다. 선전포고에서 히데요시는 호조씨가 칙명을 무시한 것을 힐책하면서 여러 가지 죄상을 열거하고 정벌을 선언하였다. 히데요시가 호조씨 정벌을 선언할 당시, 호조씨와 다테씨(伊達氏)의 위세에 눌려서 지내고 있었던 동부 일본의 중소 다이묘들은 오로지 히데요시의 동정(東征)만을 기다리고 있는 분위기였다.

호조씨 정벌을 위한 동원은 대규모였고, 동원방식도 단지 다이묘 군단의 소집편성 형태가 아니었다. 개개의 다이묘에 대한 군역은 도요토미정권의 검지정책에 의하여 파악된 각 다이묘의 고쿠다카(石高)를 기준으로 하여 부과되었다. 부담은 100석(石)에 대하여 5인의 군역이라고 하는 기준이었다.

동원태세에 들어가면서 전 다이묘들에게 처자를 인질로 제출할 것과 검지의 강력한 시행을 요구하였다. 다이묘의 처자들은 교토의 주라쿠테

시스가다케전투 도요토미 히데요시는 이 전투에서 시바타 가쓰이에를 물리치고 최고실력자의 지위를 확립하였다.

이(聚楽第)에 수용되었고 다이묘 가신들의 처자는 다이묘의 거성에 수용되었다. 전 영주계급의 통제가 다이묘 영국의 말단에까지 관철되었다.

호조씨 정벌시 군역은 동부 일본에 영지를 보유하고 있었던 다이묘에게 과중하게 부과하였고, 서부 일본 다이묘들에게는 부과되지 않았다. 대륙침략에 대비하여 규슈의 군사력과 경제력을 보전하려는 정책의 일환이었다.

치밀한 계획에 의하여 편성된 히데요시 군단은 물량과 군역뿐만이 아니라 기능면에서도 정연한 역할분담하에 편성된 빈틈없는 통일군단이었다. 한편 호조씨도 본격적인 농성태세에 들어갔다. 그러나 히데요시 군단에 상대가 될 수 없었다.

이 전쟁에서 히데요시가 선택한 작전방식은 경제력을 배경으로 한 포위작전이었다. 즉 적의 성에 양식이 다 떨어질 때까지 포위하여 적이 스스로 항복하도록 하는 작전이었다. 히데요시는 호조씨의 지성(支城)을 차례로 함락하게 하고 자신은 호조씨의 본성(本城)이 내려다보이는 곳에 하룻밤 사이에 엄청난 규모의 성을 쌓고 장기전 태세에 들어갔다. 호조씨는 4개월여 항전했으나 1590년 7월에 항복하였다.

3. 도요토미 히데요시의 침략구상

1586년 3월, 선교사인 루이스 프로이스 서한에는 히데요시 자신의 말이라고 하여, "나는 일본 전국을 정복하고 현재의 지위에 올랐으며 국토도 금·은도 충분히 소유하고 있기 때문에, 다른 어떤 것도 원하지 않고 단지 죽은 후에 본인의 이름과 권세의 평판을 남기고자 할 뿐이다. 일본 국내가 진정되면, 이곳을 동생인 히데나가에게 양도하고 나는 조선과 중국의 정복에 전념하고자 한다"고 하는 기록이 있다.

실은 히데요시가 대륙침략 계획을 발표한 것은 그가 관백에 취임한 직후인 1585년 9월 3일이었다. 히데요시는 측근인 히토야나기 이치스케(一柳市介)에 내린 주인장(朱印狀)에서 중국대륙의 침략계획에 대해서 언급하고 있다.

히데요시가 침략을 공언한 지 7개월 후인 1586년 4월 중순, 규슈의 시마즈씨를 정벌하기 위하여 진격하는 도중에 프로이스를 비롯한 선교사들과 만난 히데요시는 "전국을 평정하고 질서를 세운 뒤에 대량의 선박을 건조하여 20만~30만의 군세를 몰아 중국에 건너가 그 나라를 정복할 생각인데, 포르투갈인들은 이것을 어떻게 생각하느냐"고 물었다. 중국을 침략한다는 소리를 들은 주위에 있던 다이묘들과 중신들은 환성을 지르며 갈채하였다.

이러한 소문은 이미 비밀이 아니었다. 나라(奈良)에 거주하고 있던 승려가 남긴 1587년 3월 3일자 『다몬인닛키(多聞院日記)』에는 "고려, 남만, 대당(大唐)까지도 쳐들어간다는 소문이다. 대저 웅대한 기도(企圖), 전대미문이다"라고 시정의 소문에 놀라움을 감추지 못하고 있다. 히데요시가 부인에게 보낸 동년 5월 28일자 서한에도 "잇키, 쓰시마도 인질을 내어 출사(出仕)할 것, 고려까지도 일본의 다이리(天皇)에게 출사할 것을 전갈을 보내어 명령하였다. 입공(入貢)하지 않으면 내년에 처벌할 것이라고 말하였다. 당국(唐国)까지도 내 일생 동안에 친다고 하였다"라고 말하여 대륙침략이 단지 계획이 아니라 벌써 구체적인 단계에 들어갔음을 말하고 있다.

4. 침략 외교

히데요시의 대륙침략 계획은 규슈정벌의 연장선상에서 추진되었다. 히데요시는 1587년 3월 규슈 정벌에 나서자 곧 쓰시마의 영주에게 조선 국왕이 스스로 일본에 입조(入朝)하도록 요청하라고 명령하였다. 이에 대하여 쓰시마 영주는 양국간의 분쟁을 야기할 것이므로 공물과 인질을 취하는 선에서 마무리하는 것이 어떠냐고 진언하였으나 히데요시는 듣지 않았다.

동년 5월에 더 구체적인 지시가 쓰시마에 하달되었는데, 이때 명령은 히데요시 군단의 수군 지휘관에 해당하는 고니시 유키나가(小西行長)·구키 요시타카(九鬼嘉隆)가 하달하고 있다는 것이 주목된다. 히데요시는 일찍부터 현해탄 도해계획을 이 두 사람에게 입안하게 하고 있었다는 것을 의미한다. 지시의 내용은 신속하게 조선국왕과 교섭을 개시할 것, 만약 조선측의 대답이 늦어지면 모든 병선을 쓰시마에 집결시키겠다. 그러나 조선국왕의 대답 여하에 따라서 일본군의 침공을 유보하는 것도 고려한다는 내용이었다. 교섭의 핵심은 '조선국왕의 입공(入貢)' 즉 조선국왕이 일본 천황에게 복종하기 위하여 일본에 건너올 것을 요구하는 것이었다.

한편 조선과의 교섭에 나섰던 쓰시마 영주 소 요시시게(宗義調)가 사망하고 요시토시(義智)가 대를 이어서 조선과의 교섭에 임하였다. 요시토시는 히데요시의 성화에 못이겨 1589년의 여름에는 조선 국왕을 입조시키겠다는 약속을 히데요시에 하였기 때문에, 그 해 3월에 요시토시 자신이 부사의 신분으로 가장하여 조선에 입국하여, 동년 8월에 한성에서 교섭에 들어갔다.

그러나 조선정부는 국왕의 도일은 말할 것도 없고, 조선통신사의 파견도 응하지 않으려고 하였다. 그래서 조선정부는 반란민인 사화동(沙火同)과 손죽도를 침입한 왜구에 의하여 납치된 조선인의 송환을 조건으로 하여, 국왕이 사절을 접견하기로 하였다. 이에 대하여 요시토시는 즉석에서 약속하였고, 그 약속을 지켰다. 그러자 조선은 비로소 조선통신사의 파견을 결정하였다. 정사는 황윤길, 부사는 김성일이었다.

조선통신사는 1590년 4월에 부산을 출발하여 쓰시마에서 약 1개월간 머문 다음, 7월에 교토에 도착하였다. 이때 히데요시는 부재중이었다. 호조씨(北条氏)를 정벌하는 중이었기 때문이다. 호조씨는 7월에 항복하였으나 히데요시는 오우(奧羽) 지방을 돌아보고 9월에 교토로 돌아왔다. 그러나 히데요시는 조선통신사를 곧 만나지 않고, 2개월이 넘게 기다리게 하였다. 11월 7일에 이르러서야 자신의 저택인 주라쿠테이(聚楽第)에서 통신사를 접견하였다.

이때 히데요시는 통신사가 일본에 건너온 것은 곧 조선국왕의 복종을 의미하는 것으로 생각하고 있었다. 이 자리에서 히데요시는 통신사에게 명을 침략할 계획을 말하고, 조선이 협력할 것을 요청하는 내용의 서신을 조선국왕에게 보냈다.

5. 침략기지 규슈와 히데요시의 병참기지 건설

대륙침략 계획은 오로지 조선침략에 집중하여 전쟁 준비태세와 외교를 병행하여 시행되었다. 히데요시는 시마즈씨가 항복한 뒤에도 규슈에 머무르면서 침략의 전진기지 건설 공사에 착수하였다. 우선 히데요시는 규슈의 군사기지화를 축으로 한 논공행상을 실시하였다. 거의 대부분의 다이묘령 내에 구라이리치(蔵入地)를 설정하였다. 그리고 하카타(博多)의 부흥을 꾀하였다. 히데요시는 하카타에 자신의 지휘소를 건설하여 조선침략의 기지로 한다고 공언하고 있었다. 하카타는 대외무역의 창구였던만큼 그곳의 호상들은 조선의 정보에 정통하고 있었고 히데요시는 그 점을 알고 있었다.

침략 도시의 건설은 히데요시가 직접 지휘하였다. 하카타의 호상인 시마이 소시쓰(島井宗室), 가미야 소탄(神屋宗湛) 등이 실무의 중심이 되었다. 그런만큼 완전한 상인도시의 건설을 목표로 하였다. 특히 시마이 소시쓰는 고니시 유키나가, 쓰시마 영주 등과 긴밀하게 연락을 유지하면서 조선과 교섭하기 위하여 조선에 건너오는 등 침략 주역의 한 사람으로 동

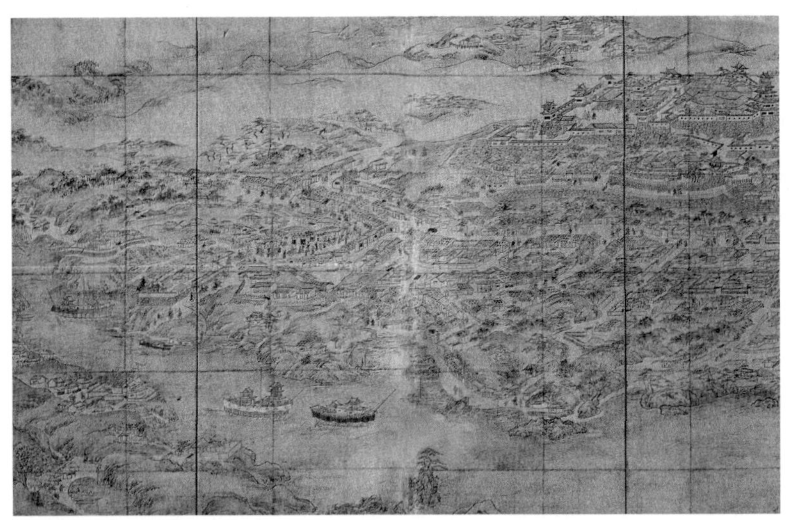

규슈의 나고야성 조선침략의 전진기지로 건설되었다.

분서주하고 있었다.

총생산량 200만석이 넘는 도요토미정권의 직할령이 설정되었다. 구라이리치(藏入地)의 위치는 긴키(近畿)와 규슈 지방에 집중되어 있었다. 특히 규슈의 북부에 설정한 구라이리치는 침략군을 위한 물자보급 근거지 확보라는 의미가 있었다.

히데요시는 다이묘들로부터 광산을 구라이리치로 접수하였다. 그리고 다이묘들에게 금과 은을 납부하도록 요구하였다. 히데요시는 광산을 장악한 다음 그곳에 자신의 신임하는 부하를 파견하였다.

조선침략 7년간에 걸쳐서 구라이리치의 확대는 계속되었다. 특히 규슈는 거의 전역에 히데요시의 구라이리치가 설정되었다. 1591년 5월, 가토 기요마사(加藤清正)에게 히데요시로부터 자신의 구라마이(蔵米)를 조선 침략을 위한 군량으로 충당하고, 자세한 것은 병량총책임자(兵糧奉行)인 데라자와(寺沢)의 지시를 받도록 하라는 명령이 내려졌다. 규슈의 구라이리치가 무엇을 목적으로 설치되었는지는 다시 설명할 필요도 없다.

6. 조선침략과 일본상인들

조선침략의 그늘에는 군수품을 타고 암약하는 상인들이 있었다. 특히 병량 수송을 청부맡은 상인들은 막대한 이윤을 얻었다. 외국침략이라고 하는 공전의 동원태세하에서 상공인들은 거의 모두 군수산업에 종사하였다. 1588년 영주가 되어 히젠(肥前)에 들어간 가토 기요마사(加藤清正)의 구마모토성(熊本城)과 조카마치(城下町)의 건설은 처음부터 침략태세 구축의 일환으로 추진되었다. 특히 군수품 제조를 위한 마을(細工町)의 건설이 강제적으로 추진되었고, 기술의 선진지역인 오사카, 사카이, 나라 지역에서 공인들을 초치하여 군수품 생산에 전념하도록 하였다. 오토모씨(大友氏), 모리씨(毛利氏), 사다케씨(佐竹氏) 등 여러 다이묘들도 침략태세에 만전을 기하기 위하여 교통의 요지에 성을 건설하여 본거지를 옮기고, 기술의 선진지역으로부터 상공인들을 초치하였다.

히젠의 나고야(名護屋)에 침략을 위한 전진기지가 건설되자, 인근에 위치하고 있었던 하카타(博多)는 군수물자와 병량미를 조달하는 병참기지로서, 그리고 물자수송 항구로서 비약적으로 발전하였다. 히데요시는 조선사정에 밝은 규슈의 상인들을 침략에 이용하려고 우대하였다. 상인과 권력은 조선침략을 위하여 긴밀하게 결탁하였던 것이다. 특히 납과 초석 등 중요한 전쟁물자는 대외 의존도가 높았고, 다이묘들은 다투어 그 물품들을 확보하려고 하였다.

침략의 본영인 나고야성은 거대하고 화려하게 건설되었다. 무구상, 도검상, 소금상, 목재상, 어물상, 석재상 등이 직종별로 정연하게 배치되었다. 교토 · 오사카 · 하카타 등에서 상인들이 모여들었다. 상인들은 이곳에 근거하면서 전쟁특수를 구가하였고, 그들 중에는 전쟁이 터지면 전장을 누비면서 장사하려고 준비하고 있는 자들도 있었다.

7. 군역과 민중

규슈에 영지를 보유하고 있는 다이묘는 100석당 5인을 동원하는 본역(本役), 시고쿠(四国)와 쥬고쿠(中国)의 다이묘는 100석당 4인을 동원하는 4인역이 부과되었다. 그리하여 규슈의 고니시 유키나가는 7천 명, 가토 기요마사는 1만 명, 시고쿠의 하치스카 이에마사(蜂須賀家政)는 7천2

백 명, 이런 식으로 군역이 부과되었다. 검지에 의한 생산량의 장악이 체계적인 군역부과를 가능하게 하였던 것이다.

농민도 전쟁에 인부로 동원되었다. 동원된 인부의 경작지 관리는 촌락에 연대책임을 지웠다. 인부와 수부 등으로 동원된 인구는 실로 전체 동원인원 수의 3분의 2를 차지하였다. 즉 전쟁에 동원된 인원은 전투원인 무사보다 일반 서민이 많았던 것이다.

8. 침략군, 출발

1592년 3월 히데요시는 약 16만의 군세를 9군으로 편성하여 조선을 침략할 것을 명령하였다. 여러 다이묘들에게 군단편성을 명령하기에 앞서 히데요시는 가토 기요마사(加藤淸正), 구로다 나가마사(黑田長政), 모리 요시나리(毛利吉成) 등 제2군, 제3군, 제4군의 지휘관들에게 "조선에 사신으로 고니시 유키나가(小西行長)를 파견하였으니 전갈이 있기 전까지는 이키시마(壱岐島), 쓰시마(対馬)에서 군세를 거느리고 기다릴 것"을 지시하고 있다.

그러나 이 시점에서 쓰시마 영주인 소 요시토시(宗義智)와 제1군 사령관인 고니시 유키나가(小西行長)는 조선에 들어가지 않고 있었다. 고니시는 3월 중순 군단을 이끌고 쓰시마로 도해하고 있던 중이었다. 될 수 있는 한 신중하게 침략을 연기하려고 하고 있었던 고니시 유키나가와 소 요시토모는 뒤에서 대기하고 있던 일본군에게 밀리는 모양으로 부산 앞바다에 이르렀다.

1592년 4월 12일 저녁, 고니시가 지휘하는 제1군을 실은 일본의 군선이 부산 앞바다를 새까맣게 덮었다. 그때 절영도에서 사냥을 하고 있던 부산진 수군 첨사 정발(鄭撥)은 이 광경을 보고 황급히 부산진으로 돌아왔다. 일본군은 다음날 새벽에 상륙하였다. 이리하여 임진왜란이 시작되었다.

1. 쇼군의 경제력과 군사력

에도막부(江戸幕府)의 쇼군(將軍)은 일본열도의 지배자라고 하는 성격과 함께 최대의 다이묘라는 성격도 지니고 있었다. 그러나 쇼군은 다이묘와 비교될 수 없는 군사력과 경제력을 보유하고 있었다. 특히 직속 가신단을 많이 거느리고 다이묘들을 군사적으로 압도하였다.

경제면에서는 덴료(天領)라고 하는 쇼군의 직할령을 보유하고 있었다. 에도막부를 개설하고 나서 여러 다이묘들의 영지를 몰수하면서 쇼군의 직할령은 비약적으로 증가하여 17세기 말에는 400만 석 정도로 늘어났다. 덴료는 동부 일본을 중심으로 하여 여러 지역에 산재해 있었다. 여기에 하타모토에게 나누어준 영지 약 300만 석을 더하면 쇼군이 직접 혹은 간접적으로 지배할 수 있는 영지는 700만 석에 달하였다. 에도시대 전국의 고쿠다카(石高)를 약 3천만 석으로 계산한다면, 전체 생산량의 약 4분의 1을 쇼군이 지배하였다고 할 수 있다.

사도금광 1598년 이후 금 생산량이 비약적으로증가하였다.

당시 최대의 다이묘였던 가가(加賀)의 마에다씨(前田氏)가 102만 석이었는데, 마에다씨와 단순 비교하여도 쇼군의 경제력이 어느 정도였는지 짐작할 수 있다. 마에다씨는 다이묘 중에서도 쇼군에게 절대적인 충성을 다하였기 때문에 특별히 광대한 영지의 지배가 허용되었으나, 과반수 이상의 다이묘는 그 경제력이 5만 석 이하였다. 이와 같이 다이묘의 경제력은 도저히 쇼군의 그것과 비교될 수 없었던 것이다.

쇼군은 에도, 교토, 오사카, 나라, 나가사키, 그리고 미에현(三重県) 지역에 있는 야마다(山田) 등의 중요한 도시들을 직접 지배하였다. 이러한 직할도시에는 조다이(城代), 쇼시다이(所司代), 부교(奉行), 다이칸(代官) 등을 두고 지배하였다. 막부는 특히 나가사키를 지배함으로써 대외무역 창구를 완전히 장악하고 무역의 이익을 독점하였다. 도시의 상인이 납부하는 기부금, 상납금 등도 막부의 중요한 수입원이었다.

막부는 유명한 광산을 직접 지배하였다. 막부는 니이가타현(新潟県)의 사도(佐渡), 시마네현(島根県)의 이와미(石見), 교토 부근의 이쿠노(生野)의 금·은 광산을 직영하고, 시즈오카현(静岡県)의 은광을 개발하였다. 제련기술이 발달하면서 금·은의 산출량이 급속히 증가하였다. 에도막부는 산출된 금과 은을 이용하여 금화와 은화를 주조하였다. 주조권은 막부가 장악하고 있었다.

군사력의 중핵은 지키산(直参)이라고 일컬어지는 쇼군에 직속된 가신이었다. 그 중에서 메미에(目見) 이상, 즉 직접 쇼군을 알현할 수 있는 자격이 있는 무사를 하타모토(旗本)라고 하였다. 하타모토는 1만 석 이하 100석 정도까지 실로 폭넓게 분포되어 있었는데, 그들은 영지 혹은 구라마이(蔵米)를 지급받았다. 고케닌(御家人)은 쇼군을 알현할 수 있는 자격이 없는 무사로 급지(給地)를 받는 자도 있었지만 대부분이 봉록을 받았다.

쇼군이 거느리는 하타모토는 8만 기(騎)라고 일컬어졌다. 그러나 실제로 하타모토는 그 숫자에는 훨씬 미치지 못하였다. 1722년의 자료에 의하면 하타모토가 5천 2백여 명, 고케닌이 1만 7천 3백여 명, 합계 2만 2천 5백여 명이었다. 쇼군이 동원령을 내리면 무사들은 경제력에 따라서 정해진 군역 규정에 의하여 일정한 부하들을 거느리고 소집에 응하였다. 1633년의 규정에는 5백 석의 하타모토는 13명의 부하를, 1천 석의 하타모토는 23명의 부하를 각각 거느리고 출진하도록 되어 있었다. 그러니까 하타모토가 출진할 때 거느리는 부하의 숫자까지 계산하면 ‘하타모토 8만 기’라고 하는 말은 결코 과장이 아니었다. 물론 고케닌도 군역 규정에 따라서 부하들을 거느리고 출진하였으니까, ‘일단 유사시’ 쇼군은 10만 이상의 친위대를 동원할 수 있었다. 참고로 10만 석의 다이묘가 동원할 수 있는 군사가 약 2천 명이었던 점을 염두에 두면, 쇼군의 군사력이 얼마나 막강하였는가를 알 수 있다.

2. 다이묘

쇼군에게 복속한 1만 석 이상의 영지를 가진 영주를 일괄하여 다이묘라고 하였다. 다이묘는 쇼군이 승인한 지역을 지배하였으며, 규정된 범위 내에서 가신단을 거느렸다. 다이묘는 무엇보다도 군사력을 보유하고 있었기 때문에 막부도 그 통제에 신중을 기하였다. 다이묘는 에도시대 초기에는 200명 전후였으나 중기 이후에는 260여 명이었다.

다이묘는 가문의 품격에 따라서 서열이 정해져 있었다. 서열은 천황이 부여하는 관위에 의한 품격, 지배하고 있는 영지와 생산량에 따른 품격, 에도성에서 쇼군을 알현할 때 정해지는 좌석에 따른 품격, 쇼군과의 친소관계에 의한 품격 등을 근거로 하여 그 서열이 정해졌다. 이러한 여러 가지 서열을 정하는 방법 중에서 가장 중요시되었던 것은 신판(親藩), 후다이(譜代), 도자마(外樣)라고 하는 쇼군과의 친소관계에 의한 구별방법이었다.

신판은 도쿠가와씨 일족의 다이묘를 말하였다. 그 중에서도 도쿠가와 이에야스의 아들들이 분가하면서 성립된 오와리(尾張)·기이(紀伊)·미토(水戶)의 세 가문은 고산케(御三家)라고 일컬어졌는데, 다이묘 중에서 가장 권위가 인정되는 가문이었다. 고산케의 분가는 고카몬(御家門)이라고 하여 특별한 대우를 받았다. 그러나 쇼군과 혈연관계가 없는 다이묘가 압도적으로 많았던 것은 말할 필요도 없다.

후다이에는 1600년 세키가하라(関ケ原)전투 이전부터 도쿠가와씨의 가신이었던 가문도 있었고, 그 후에 가신의 대열에 참여한 가문도 있었는데, 가신이 된 시기에 따라서 또 구별되었다. 고쿠다카(石高)의 관점에서 보면, 히코네(彦根)의 이이가(井伊家)가 35만 석으로 후다이가문의 대표격이었는데, 그 외는 5만 석 내외로 비교적 격이 낮은 가문이 대부분이었다. 이이(井伊), 사카이(酒井), 사카키바라(榊原), 오쿠다이라(奧平), 오쿠보(大久保), 도다(戶田) 가문 등을 비롯하여 세키가하라전투 이전에는 37가(家)였는데, 그 후 분가하거나 새로이 다이묘로 된 가문이 증가하여 막말에는 145가로 되었다. 후다이다이묘는 막부를 위하여 중요한 역할을 수행하였다. 막부의 중요한 직책은 후다이다이묘 중에서 임명되는 것이 원칙이었다. 그러니까 막부의 정치를 실질적으로 담당하였던 것은 후다이다이묘들이었던 것이다.

이에 대하여 도자마다이묘는 광대한 영지를 보유하고 있었으나 막부의 중요한 직책에 임명되는 경우는 거의 없었다. 5대 쇼군 도쿠가와 쓰나요시(德川綱吉) 시대에 가토 아키히데(加藤明英)와 야마노우치 도요아

키(山內豊明)를 와카도시요리(若年寄)에 임명하는 등 도자마다이묘를 막부의 주요 직책에 임명하였고, 마에다 쓰나노리(前田綱紀)에게 고산케에 준하는 지위를 부여하기도 하였으나 그것은 어디까지나 예외적인 일이었다. 도자마다이묘는 표면적으로는 예우를 받았으나 실제적으로는 막부와 긴장관계를 유지하고 있었던 것이다.

다이묘가 지배하는 영지와 그 지배 기구를 번(藩)이라고 하였다. 번은 원칙적으로 독자적인 법에 의하여 지배되는 공간이었다. 막부의 법령을 위반하지 않는 경우에는 원칙적으로 막부도 번의 정치에 간섭할 수 없었다. 그러나 막부는 신임할 수 없는 다이묘를 과감하게 정리하였다. 다이묘가 막부의 법령을 위반하였을 경우에는 가혹한 처벌이 내려졌다.

3. 쇼군의 다이묘 통제

다이묘의 배치는 막부가 위치한 에도, 도카이도(東海道), 나카센도(中山道), 긴키(近畿) 등의 중요 지방을 중심으로 하여서는 덴료(天領), 하타모토 영지, 후다이다이묘의 영지를 배치하였다. 도호쿠 지방, 규슈지방 등 변경에는 도자마다이묘를 배치하였다. 그리고 각 다이묘간에 서로 견제하도록 하였다. 막부가 의도하면 다이묘의 영지는 언제라도 몰수할 수 있었고, 또 재배치할 수 있었다. 다이묘의 영지를 완전히 몰수하는 것을 개역(改易)이라고 하였고, 영지의 일부를 몰수하여 지배 지역을 축소하는 것은 감봉(減封)이라고 하였다. 그리고 영지를 재배치하는 것을 전봉(転封)이라고 하였다.

에도막부의 다이묘 영지 몰수가 가장 많았던 시기는 에도막부가 창립되고 지배질서가 확립되는 과정이었던 17세기 전기였다. 세키가하라(関ヶ原)전투가 끝난 후, 도쿠가와씨와 대립하였던 90여 다이묘 가문이 개역되거나 감봉되었다. 그리고 에도막부가 창립된 1603년에서 1650년까지 개역된 다이묘 가문이 105가(家), 감봉된 다이묘 가문이 18가였다.

17세기 후기에 무단통치에서 문치정치로 전환되면서 막부가 다이묘의 영지를 몰수하는 경우가 현저하게 감소하였지만, 그래도 50여 년 동안 개역된 다이묘 가문이 55가, 감봉된 다이묘 가문이 17가였다.

지금의 군마현(群馬県) 지역인 고즈케(上野)의 나가네(長根)에 있었던 마쓰다이라 다다아키(松平忠明)는 후다이다이묘였는데, 1602년에 지금의 아이치현(愛知県) 지역인 미카와(三河)의 스쿠테(作手)로 이주하라는 도쿠가와 이에야스의 명령을 받았다. 이로부터 시작하여 그 가문은 에도시대를 통하여 13회에 걸쳐서 영지를 이전하였다. 그 중에서 10회는 17세기에, 즉 100년 동안에 이전하였다. 평균 10년에 1회 꼴로 전봉되었던 것이다. 전봉이 결정되면 다이묘와 그 일족만 이사하는 것이 아니다. 다이묘에 소속된 무사단의 구성원과 그 가솔들까지 전부 이전하는 것이다. 또 다이묘와 무사단이 새로운 영지로 이전한 후에는 경작지와 농민들을 파악하고 지배질서를 확립하는 데만도 상당한 시간이 걸렸다. 다이묘와 무사의 입장에서는 잦은 전봉이 결코 달가울 리가 없었다. 하지만 막부의 명령에 불만을 토로할 수는 없는 일이었던 것이다.

에도막부는 무가제법도(武家諸法度)를 제정하여 다이묘를 철저하게 통제하였다. 1615년 7월 7일, 막부는 다이묘들을 후시미성(伏見城)으로 모이게 하였다. 그리고 다이묘들 앞에서 2대 쇼군인 도쿠가와 히데타다(德川秀忠)는 무가제법도를 공포하여 다이묘가 지켜야 할 사항을 구체적으로 제시하였다. 13조로 구성된 이 법도는 도쿠가와 이에야스가 스덴(崇伝)에게 기초하게 한 것인데, 정치도덕상의 훈계, 치안유지의 규정, 의례상의 규정을 그 내용으로 하고 있었다. 그 중에는 거성을 신축하는 것을 금지하고, 수리할 때에도 막부의 허가를 얻을 것, 그리고 막부에 신고하지 않고 다이묘 상호간에 결혼하지 말 것 등 다이묘의 군사행동을 원천적으로 규제하고, 다이묘의 세력 결집을 방지하는 내용이 포함되어 있었다. 무가제법도의 제정에 의하여 이제까지 막부와 다이묘의 관계가 단지 무력에 의한 사적인 관계에서 공적인 정치관계로 전환하였다.

무가제법도는 3대 쇼군 이에미쓰(家光)시대인 1635년에 19조로 늘려서 정비되었다. 이때, 참근교대 제도를 의무화하고, 대선의 건조 금지 등의 내용이 첨가되어 다이묘에 대한 통제를 강화하였다. 이후에도 쇼군이 바뀔 때마다 조금씩 내용이 수정되는 경우가 있었으나 근본적인 골격은 그대로 유지되었다.

막부에 아무리 충성을 다한 다이묘라고 하여도 무가제법도를 위반하면 가혹한 처벌이 내려졌다. 히로시마(広島) 50만 석을 영유한 다이묘인 후쿠시마 마사노리(福島正則)와 우쓰노미야(宇都宮) 15만 석을 영유한 다이묘인 혼다 마사스미(本多正純)는 막부의 허가 없이 성을 수리했다고 하여 영지 몰수의 처벌을 받았으며, 오다와라(小田原) 6만 석의 다이묘인 오쿠보 다다치카(大久保忠隣)는 허가 없이 혼인을 하였다는 이유로 개역되었다. 이와 같이 무가제법도는 쇼군의 권력을 상징하는 것이었다.

4. 참근교대

3대 쇼군 도쿠가와 이에미쓰 시대부터 참근교대가 제도화되었다. 참근교대 제도란 다이묘가 격년 교대로 가신들을 거느리고 영지를 떠나 에도로 와서 쇼군의 지휘하에 편입하는 제도를 말한다. 원래 참근교대 제도는 충성을 서약하는 인질제도의 일종으로 도요토미 히데요시가 사망한 후 아사노씨(浅野氏)와 마에다씨(前田氏)가 각각 아들과 어머니를 에도로 보내에 생활하게 하여, 반역의 의사가 없음을 보여준 것에서 유래되었으나, 1635년에 개정된 무가제법도에 의하여 제도화되었다.

참근교대 제도의 정착으로 다이묘는 격년제로 에도에서 생활하였다. 다이묘의 처자는 인질로서 계속 에도에서 거주하지 않으면 안되었다. 다이묘가 처자를 에도에서 은밀하게 자신의 영지로 데리고 가는 것은 곧 모반을 의미하는 것으로 간주되어 엄벌에 처해졌다.

도쿠가와 이에야스를 위하여 충성을 다하였던 가토 기요마사(加藤清正)의 아들이며, 히젠(肥前) 구마모토(熊本)의 영주인 가토 다다히로(加

藤忠広)는 1632년 참근교대로 에도에 입성하기 위하여 긴 여행길에 올랐다. 여행이라고는 하지만 다이묘의 행렬은 행군이었기 때문에 무사단의 삼엄한 경계 속에 대오를 지어 이동하였다. 다이묘가 거느려야 하는 무사의 수는 군역 규정에 의하여 정해져 있었다. 구마모토 영주인 가토 다다히로는 52만 석의 다이묘였기 때문에 서열이 최상위에 속하는 가격(家格)이었다. 그런 만큼, 수행하는 인원 수가 많았다. 행렬은 끝이 보이지 않을 정도였다.

대규모의 무사단은 여행의 중간 중간에서 휴식을 하고 숙박을 하였다. 식사를 비롯한 모든 행사는 막대한 지출을 동반하였다. 더욱이 지출을 가중시켰던 것은 무가사회의 체면의식이었다. 무가사회에서는 신분이 높을수록 소비도 그 사회적 지위에 어울리게 하지 않으면 안되었기 때문이다. 즉 같은 식사라도 다이묘가 먹으면 일반 무사가 먹는 것보다 비싸게 지불하는 것이 당연하다고 인식하고 있었다. 상품을 구매할 때에도 같은 심리가 작용하였다. 그렇기 때문에 다이묘의 행군은 상상을 초월하는 지출이 요구되었던 것이다. 다이묘들은 일반적으로 참근교대시에 필요한 자금을 호상들에게 빌려서 지출하였다. 참근교대시의 과다한 지출은 결국은 다이묘 경제의 큰 부담으로 작용하게 되었다.

가토 다다히로도 규슈에서 에도까지 막대한 지출을 감수하면서 수십일을 여행하여, 이윽고 에도의 관문인 시나가와(品川)에 도착하였다. 타다히로는 입성준비를 하면서 잠시 휴식을 하고 있었다. 바로 그 때, 막부로부터 에도로 입성하지 말고 이케가미혼몬사(池上本門寺)에서 쇼군의 명을 기다리라는 전갈이 왔다. 이어서 막부는

참근교대 쓰야마번주 마쓰다이라 나리다카가 쓰야마로 돌아오는 장면

히고(肥後) 52만 석을 몰수하고 다다히로를 현재의 야마가타현(山形県) 지역인 데와(出羽)의 쇼나이(庄內)로 유배하였다. 그 이유는 명확하게 알려지지는 않았지만, 다다히로가 에도에서 탄생한 아들을 남몰래 자신의 영지인 구마모토로 데려갔다는 움직일 수 없는 증거가 있었기 때문에, 다다히로도 순순히 막부의 명령에 따르지 않을 수 없었을 것이다.

참근교대로 인하여 다이묘들은 에도에도 가신들을 상주시켜야 하였고, 규정된 규모의 군단을 편성하여 에도와 영지 사이를 정기적으로 왕복하여야 하였기 때문에 재정적으로 큰 부담이 되었다. 그리고 다이묘의 에도 거주와 정기적인 여행으로 인하여 인적·물적 자원이 빈번하게 왕래하게 되면서 도로 주변에 숙박시설이 들어서고 교통도 발달하게 되었다.

5. 다이묘의 부담

다이묘는 쇼군이 영지를 하사하거나 이미 지배하고 있는 영지의 지배권을 승인한 대가로 쇼군에게 군역을 제공하였다. 군역은 고쿠다카(石高)를 기준으로 하여 동원되는 무사와 잡병, 군마의 수, 무기의 종류와 수량에 이르기 까지 상세하게 정해져 있었다. 다이묘는 항상 규정 이상의 군사와 무기를 확보하고 있다가 쇼군의 명령이 있으면 출동하였다.

에도시대에는 기본적으로 고쿠다카(石高)를 기준으로 하여 군역이 부과되었다. 그 내용을 예를 들면, 200석의 봉록을 받는 무사는 군역으로 5명의 무사와 봉공인을 거느리고, 자신은 말을 타고 소집에 응하도록 되어 있었다. 5명 중에서 전투원이라고 할 수 있는 무사의 종자는 1명이고, 나머지 4명은 창, 갑옷 등 주인의 물건을 운반하거나 시중을 드는 봉공인이었다. 다시 10만석의 다이묘에게 부과된 군역을 살펴보면, 군역으로 2,155명의 무사와 봉공인을 거느리고 소집에 응하도록 되어 있다. 그 중에서 기마 무사가 170명, 활을 쏘는 인원 60명, 뎃포대에 편성된 인원 350명, 장창대에 편성된 인원 150명, 그리고, 깃발을 드는 기수단

20명, 그 밖의 인원수는 짐을 운반하는 인원이었다.

다이묘와 그 가신들 사이에도 각 번(藩)마다 고쿠다카를 기준으로 하여 군역 부담의 내역이 상세하게 규정되어 있었다. 그것은 대체적으로 쇼군에 대한 다이묘의 군역 규정에 따르고 있었는데, 다이묘가 부담해야 하는 군역을 가신들이 분담하는 형식이었다. 이렇게 하여 군역제는 무사 계급 전체를 통해서 그 군사력이 쇼군에게 집중되는 체제였다.

다이묘는 에도성의 경비, 에도의 소방 업무, 천황의 칙사 및 조선통신사 등 외국 사절의 호위 및 접대 경비도 부담하였다. 그 밖에도 쇼군은 다이묘들에게 에도·니조·후시미·슨푸성의 수축과 하천의 토목공사를 분담하게 하여 다이묘의 재력을 소모시키려고 의도하였다.

1. 대외무역

도쿠가와 이에야스는 도요토미 히데요시와는 다르게 평화적인 대외관계를 유지하는 방침을 정하였다. 이에야스는 1609년에 네덜란드에게, 1613년에 영국에게 무역을 허가하였고, 이 두 나라는 히라도(平戶)에 상관을 두었다. 이후 양국은 일본무역에 종사하였는데 그 중에서도 네덜란드의 활동이 두드러졌다.

포르투갈 상인은 마카오를 근거지로 하여 일본과의 무역에 심혈을 기울였다. 그들은 중국산 생사를 일본으로 들여와 막대한 무역차액을 얻고 있었다. 그런데 막부는 1604년에 생사의 수입을 통제하였다. 막부는 어용상인들에게 생사의 가격을 결정하고 일괄 구입할 수 있는 특권을 부여하였다. 막부는 이러한 조치를 취함으로써 국내시장에서 생사의 양과 가격을 통제할 수 있게 되었다. 한편으로는 이제까지 포르투갈 상인들이 장악하고 있던 생사무역의 주도권을 일본측이 장악할 수 있는 계기가 되

주인선

었다. 이 제도의 시행으로 포르투갈 상인은 큰 타격을 입었다.

막부는 무역을 장악하기 위하여 여러 정책을 추진하였다. 해외로 진출하는 상인에게는 그 도착지를 명기한 주인장(朱印狀)이라는 공문서를 수여하였다. 이 배를 주인선이라고 하였다. 주인선은 90톤급의 선박에서부터 800톤급의 선박에 이르기까지 다양하였다. 1604년부터 1635년까지 350여 척의 주인선이 동남아시아 각 지역으로 도항하였다. 주인선을 해외로 파견한 것은 교토·오사카·나가사키 등의 호상들과 호소카와(細川)·아리마(有馬)·시마즈(島津)·가토(加藤) 등 서부 일본의 다이묘들이었다. 수출품은 은·동·철·유황·장뇌·부채·도자기 등이었으며, 수입품은 생사·견직물·면직물·사슴가죽·상어가죽·설탕·향료·약재 등이었다.

주인선 혹은 외국의 선박에 편승하여 동남아시아 지역으로 진출한 일본인은 약 10만 명에 이르렀을것으로 추정된다. 외국인과 섞여서 동남아시아 각 지역에 거주하는 일본인도 상당수에 이르렀다. 그 숫자는 약 7천 명에서 1만 명에 이르렀을 것으로 추산된다. 무역상인들은 물건의 거래와 현지상품의 구입을 위하여 가족이나 점원을 현지에 남겨두는 경우가 많았다. 오늘날의 베트남, 타이, 캄보디아 등의 각 지역에 일본정(日本町)이라는 일본인 촌락을 형성하기도 하였다. 일본정에는 수백 명에서 수천 명의 일본인이 집단을 이루어 거주하였으며, 대체적으로 자치제를 실시하였고, 지도자를 선발하여 마을의 행정을 담당하게 하였다.

그러나 쇄국체제가 강화되어 1635년에 주인선 무역이 전면적으로 정지되자 일본인 촌락은 점차로 쇠퇴하여 18세기에는 소멸하였다.

2. 그리스도교 탄압

도쿠가와 이에야스는 처음에는 무역을 촉진한다는 의미에서 그리스도교를 묵인하는 태도를 취하였다. 필리핀으로부터 그리스도교 선교사들이 잇달아 일본으로 건너와 포교하였고, 이에 따라서 신자수도 늘어나게 되었다. 그러자 위기감을 느낀 이에야스는 그리스도교를 금지하기에 이르렀다. 1612년에는 슨푸(駿府)에 있던 이에야스의 측근 중에서도 다수의 그리스도교 신자가 적발되었다. 이 해 슨푸에 이어서 교토, 나가사키 등의 직할령에도 그리스도교 금지령이 발포되어 많은 그리스도교 신자가 체포되었다. 이것이 막부가 내린 최초의 그리스도교 금지령이었다. 이 후에 그리스도교 박해는 전국적으로 확산되었다.

1613년 12월, 막부의 외교문서를 담당하고 있던 곤치인 스덴(金地院崇伝)은 도쿠가와 이에야스의 명에 의하여 선교사 추방과 관련한 문서를 작성하였다. 거기에는 "그리스도교 도당은 무역을 위하여 상선을 일본에 보낼 뿐만이 아니라, 사법(邪法)을 퍼트려 일본의 정치를 바꾸고 일본을 빼앗으려 하고 있다. 신자들은 막부의 법령을 위반하며, 신도(神道)를 의심하고, 정법을 물리치고, 또 처형된 자들을 예배하고 있다. 이러한 사법은 신의 적이고 불(仏)의 적이다. 반드시 국가의 재앙이 될 것이기 때문에 엄벌에 처하지 않을 수 없다"라는 내용이 보인다.

오랜 기간 포교를 묵인해온 막부가 드디어 그리스도교 금지의 태도를 분명히 표명하게 된 것은, 막부의 정치가 점차로 안정되면서 정치·경제·사상의 각 방면에 정책을 강력하게 추진할 수 있다는 자신감을 얻었기 때문이었다.

1614년 정월부터 교토, 오사카, 사카이 등 막부의 중요한 직할도시에서 그리스도교 박해가 시작되었다. 선교사들은 모두 체포되어 나가사키로 압송되었다. 또 막부의 관리들은 체포된 그리스도교 신자들에게 신앙을 버리라고 강요하였다. 이때 상당수의 신자들이 신앙을 포기하였다. 신앙을 버리지 않았던 신자들은 동년 11월에 나가사키에 내항한 3척의 포르투갈선에 분승하여 마카오와 마닐라로 추방되었다. 크리스천다이묘로 유명한 다카야마 우콘(高山右近), 나이토 조안(內藤如安) 등도 가족들과 함께 마닐라로 추방되었다.

도쿠가와 이에야스가 사망한 후, 2대 쇼군 도쿠가와 히데타다(德川秀忠)는 그리스도교의 금지령을 더욱 강화하였다. 1616년 8월, 매우 엄한 그리스도교 금지령을 내렸다. 이때 서양인의 국내 거주와 국내에서의 상업을 금지하였다. 무역도 히라도(平戶)와 나가사키의 두 항구에 한정하였다. 외국과 무역을 하고 있는 한 선교사가 잠입할 가능성이 있다고 판단한 막부는 영국과 네덜란드에 대해서도 경계하기 시작하였던 것이다.

한편 네덜란드는 영국과 연합하여, 선교사들의 일본 잠입을 돕는 것은 다름아닌 주인선이라고 막부에 역설하였다. 마침 1620년 여름 네덜란드·영국의 연합선대는 마닐라로부터 귀항하던 일본인 히라야마 조친(平山常陳)의 상선을 타이완 해협에서 붙잡아 그 안에 두 사람의 선교사가 숨어 있는 것을 발견하고, 그 배를 히라도로 끌고 와서 막부에 보고하였다. 막부는 선교사와 선원들을 엄중히 심문한 후, 1622년에 모두 처형하였고, 상선은 네덜란드에 양도하였다. 이때 네덜란드와 영국이 막부에 제출한 문서에는 마카오와 마닐라로 일본의 상선이 진출하고 있는 한 선교사들의 잠입을 근절할 수는 없을 것이라는 내용이 있다.

히라야마 조친의 사건이 종결된 1622년에 같은 나가사키에서 선교사를 비롯한 크리스천 55인이 처형당하였다. 이 사건을 겐나(元和)의 대순교라고 한다. 대순교가 있은 후에도 선교사의 일본 잠입은 계속되었다. 막부가 대순교의 다음 해인 1623년에 일본선의 마닐라 도항을 금지한 것도 전적으로 선교사의 일본 잠입을 근절하기 위해서였다.

3대 쇼군 이에미쓰는 이 정책을 더욱 강화하였다. 막부는 그리스도교 신자의 밀고를 장려하였다. 다이묘들에게는 그리스도교 신자의 색출을 엄명하였다. 다이묘들은 표면에 예수의 초상이나 마리아의 초상을 새긴 동판을 준비해 놓고 사람들을 한 사람씩 불러서 그 동판을 밟게 하는 방법으로 크리스천을 색출하였다. 이것을 후미에(踏絵)라고 하였다. 또한 막부는 데라우케(寺請) 제도를 강화하여 크리스천을 강제로 불교로 개종하게 하였다.

3. 시마바라의 난

1623년에 3대 쇼군이 된 이에미쓰는 그리스도교에 대하여 극단적인 저항감을 지니고 있었다. 그리스도교에 대한 탄압도 이에미쓰 시대에 더욱 철저하게 시행되었고 처형 방법도 잔혹하기 이를 데 없었다.

1632년에 이에미쓰는 선교사를 비롯한 크리스천의 잠입을 근절하기 위해서도 일본인이 해외로 나가는 것을 제한해야 한다는 방침을 정하였다. 다음해인 1633년, 막부는 "외국에 거주하고 있는 일본인은 체제기간이 5년 미만의 경우를 제외하고 귀국을 금지한다. 또 외국으로 밀항하는 자는 사형에 처한다"라는 금령을 내렸다. 이 금령은 반복하여 내려졌는데, 이윽고 1635년에는 일본인의 해외 도항을 일체 금지하기에 이르렀다. 해외에 거주하는 일본인의 귀국도 일체 금지되었다. 금령을 어긴 자는 사형에 처하였다.

1635년의 금령으로 쇄국체제는 정비되었다. 막부가 이렇게 철저하게 그리스도교를 탄압할 수 있었던 것은 무역과 종교는 분리할 수 있다는 것을 확실하게 알았기 때문이었다. 포르투갈의 상인들은 나가사키 항구에 조성된 인공섬인 데지마(出島)라는 곳으로 강제로 이주되어 감시당하였다.

1634년 이래 일본의 기후는 불순하여 매년 흉작이 계속되었는데, 지금의 나가사키현(長崎県) 지역인 시마바라(島原)의 영주인 마쓰쿠라 가

나가사키의 데지마 나가사키에 데지마가 건설된 것은 1636년으로 1641년에 네델란드 상관이 히라도에서 이곳으로 옮겨 왔다.

쓰이에(松倉勝家)는 사정없이 연공을 징수하였다. 미곡과 보리 외에도 담뱃잎과 가지까지도 연공으로 수취하였다. 연공미를 납부할 수 없는 자에게는 가혹한 처벌을 가하였다. 양손을 뒤로 묶고 도롱이를 뒤집어 씌운 다음에 그 도롱이에 불을 붙였다. 처벌을 받는 자는 너무도 괴로워서 펄펄 뛰고 달리는 등 발악을 하였다. 단지 연공을 체납하였다는 이유로 이렇게 가공할 처벌을 행하였던 것이다. 그 외에도 연공을 미납하면 처자를 대신 체포하여 옥에 가두는 것은 보통이었다.

마쓰쿠라씨의 영지인 시마바라는 원래 크리스천다이묘인 아리마 하루노부(有馬晴信)의 영지였다. 그렇기 때문에 그 지역에 살고 있던 농민들도 그리스도교와 직접 혹은 간접으로 인연을 맺고 있는 경우가 많았다. 또 신앙을 지키기 위하여 농민으로 신분을 전환한 무사도 많았는데, 그들은 토호로서 여전히 농민들과 깊은 관계를 맺고 있었다. 따라서 영주의 입장에서는 크리스천을 탄압함과 동시에 이러한 귀농한 무사와 농민들과의 관계를 정리할 필요성을 느끼고 있었던 것이다. 마쓰쿠라 가쓰이에가 농민들에게 도를 넘어선 탄압을 가하였던 배경에는 이러한 복잡한 사정이 있었던 것이다.

처음에는 농민들도 영주의 가혹한 탄압을 인내하였으나 1637년 10월에는 드디어 분노가 폭발하였다. 시마바라반도 남단의 아리마무라(有馬村)에서 다이칸(代官)이 농민에 의하여 살해되는 사건이 발생하였다. 이것을 시작으로 하여 폭동은 인근의 마을로 확산되었다.

시마바라에서 다이묘의 병력이 폭동을 진압하기 위하여 출동하였으나 잇키(一揆) 세력은 강력하게 단결하여 저항하였다. 접전이 있자 오히려 다이묘의 병력이 시마바라로 후퇴하지 않을 수 없었는데, 이때 뒤쫓아 진격한 잇키 세력은 시마바라성의 대문을 부수는 등 기세를 올렸다. 시마바라 성내에 있던 민중들 중에도 잇키 세력에 호응하는 자들이 많았다. 그때 마침 다이묘인 마쓰쿠라 가쓰이에는 참근교대로 에도에 거주하고 있었다.

다이묘의 병력은 봉기한 농민들과 교전할 때마다 수세에 몰렸기 때문에 사기가 저하되었다. 그래서 에도에 있는 마쓰쿠라 가쓰이에에게 급보를 전하는 한편, 인근에 있는 사가(佐賀)의 나베시마씨(鍋島氏), 구마모토(熊本)의 호소카와씨(細川氏)에게도 사신을 파견하여 원군을 요청하였다. 그러나 인근의 다이묘들은 막부의 허가 없이는 독단으로 원군을 파견할 수 없었다.

시마바라에서 바다를 사이에 두고 바로 눈 앞에 아마쿠사(天草)가 있었다. 아마쿠사는 원래 고니시 유키나가(小西行長)의 영지였었는데, 당시에는 가라쓰(唐津)의 성주인 데라자와 히로타카(寺沢広高)의 영지로 되어 있었다. 이곳도 시마바라와 마찬가지로 그리스도교 신앙이 뿌리 깊은 지역이었는데, 1634년 이래의 흉작과 영주의 과도한 연공 수취로 농민들은 매우 시달리고 있었다. 이러한 때에 이 세상은 모두 지옥으로 변하고 오로지 크리스천만이 구원된다는 유언비어가 떠돌았다. 민심은 동요하였다. 그 동요의 소용돌이의 중심에 서 있었던 것은 오야노무라(大矢野村)에 거주하고 마스다 진베에(益田甚兵衛)의 아들이었던 시로도키사다(四郎時貞)였다. 마스다 진베에는 원래 고니시 유키나가의 가신이었는데, 고니시 가문이 멸망한 후에 로닌(牢人)이 되어 오야노무라에 정착하면서 그리스도교 금지령이 내린 후에도 은밀하게 신앙생활을 하고 있

었다. 마스다 부자는 아마쿠사에서 농민봉기가 일어나자 봉기세력의 지도자가 되었다.

아마쿠사의 잇키는 시마바라의 잇키보다 10일 정도 늦게 시작되었다. 그러나 전 민중의 약 4분의 1이 잇키에 가담하였다. 잇키 세력은 도미오카성(富岡城)을 공격하여 다이칸을 살해하였다. 이때 에도로부터 막부의 지휘관이 파견되어 본격적인 토벌작전에 들어간다는 소식이 전해졌다. 그래서 아마쿠사의 잇키 세력은 시마바라의 잇키 세력과 합류하여 시마바라반도의 남단으로 집결하였다.

처음에 시마바라에서 잇키가 발생했다는 보고에 접한 막부는 사태의 심각성을 인식하지 못하였다. 그리하여 미카와(三河) 후코즈(深溝)의 1만 1천석의 영주인 이타쿠라 시게마사(板倉重昌)를 파견하였다. 그러나 잇키 세력은 더욱 결집되었고, 아마쿠사 농민의 상당수가 가담하였다는 보고에 접한 막부는 그제서야 사태가 심상치 않다고 판단하여 로주인 마쓰다이라 노부쓰나(松平信綱)를 급히 파견하기에 이르렀다.

마스다 진베에의 아들인 시로도키사다를 총대장으로 하고, 13인의 로닌을 효조슈(評定衆)로 하는 3만 7천여 명의 잇키 세력은 아리마씨(有馬氏)의 고성인 하라성(原城)에서 막부군을 맞을 준비를 하고 있었다. 성내에는 높이 십자가를 세우고 성벽에는 십자가와 성상(聖像)을 그린 깃발이 나부끼고 있었다. 잇기 세력이 공격을 할 때에는 산타마라아 혹은 산티에고 등의 구호를 외쳤다. 그러나 그것은 단결을 강화하고 막부군에 대하여 시위를 하기 위한 것으로 잇기 세력 모두가 신자였던 것은 아니었다.

처음에 도착한 이타쿠라 시게마사는 막부의 명에 의하여 인근 다이묘의 병력도 지휘하여 잇키 세력을 공격하였다. 그러나 시게마사는 1638년 정월에 전사하였다. 시게마사가 전사한 직후에 현지에 도착한 마쓰다이라 노부쓰나는 약 12만 4천의 병력으로 잇키군을 포위하고 농성하는 잇키 세력이 양식과 탄환이 떨어지기를 기다렸다. 막부군은 이윽고 동년 2월 말에 총공격을 감행하여 잇키 세력을 토벌하였다. 이 난이 있은 후에 시마바라의 영주인 마쓰쿠라 가쓰이에는 막부로부터 자결을 명 받았고, 아마쿠사의 영주인 데라자와 히로타카는 영지가 몰수되는 처벌을 받았다.

4. 쇄국의 완성

시마바라의 난에 의하여 막부가 그리스도교에 대하여 갖고 있었던 의심은 틀림없는 사실로 증명되었다. 시마바라의 난은 반드시 종교전쟁이었다고 할 수는 없는 것이었지만, 막부는 이것을 크리스천이 선동하였다고 단정하고 있었다. 그래서 일체의 화근을 근절하기 위하여 포르투갈인의 도항을 금지하기로 결심하였다. 1639년 7월에는 내항한 포르투갈선을 강제로 쫓아내어 버렸다. 당황한 포르투갈은 무역의 재개를 탄원하기 위하여 1640년에 사절을 나가사키로 파견하였으나 막부는 그 사절들을 사형에 처하였다.

쇄국은 1635년에 일본인이 해외로 도항하는 것을 금지하면서 거의 완성되었다. 1639년 포르투갈과 교류를 단절한 것은 최후의 마무리였던 것이다. 1641년 히라도(平戸)의 네덜란드인들은 포르투갈인들이 추방되어 비어 있었던 나가사키의 데지마로 이전하였다. 데지마는 육지와 분리된 약 4천 평 정도의 매립지로 그곳에는 네덜란드 상관원의 주택 외에 창고, 정원, 가축, 사육장 등이 있었다. 일본인은 나가사키 부교의 허가 없이는 그 곳에 출입할 수 없었다. 네덜란드인들은 데지마에 연금되어 일본무역을 독점하는 대신에 부자유한 생활을 감수하여야 했다.

한편, 중국상선은 명이 멸망하고 청이 건국된 뒤에도 계속 내항하였다. 청국의 상인들은 생사와 견직물을 중심으로 하여 면직물, 모직물, 그리고 동남아시아에서 산출되는 사탕, 향목 등을 일본으로 들여왔다. 1688년에는 중국인의 거주지도 나가사키의 한 구역으로 한정하였고 이들과 접촉할 수 있는 사람도 제한하였다. 청국 선박의 내항도 1년에 70

척으로 제한하였다. 무역액의 제한은 그 후에도 시행되었다. 일본의 수출품은 은·동·철·맥분·장뢰·칠기·해산물 등이었으나 점차로 은과 동의 수출을 제한하고 해산물을 중심으로 한 물품의 수출을 장려하였다.

테마 21
17세기 후기의 조닌사회

1. 조닌의 경제적 실력

　17세기 초부터 대도시를 중심으로 하여 고용이 창출되면서 물가가 지속적으로 상승하였다. 전국적으로 대규모 건축공사가 일시에 진행되면서 인플레이션 현상은 가속화되었다. 인플레이션 기조하에서는 수입이 고정되어 있었던 무사들이 상대적으로 빈곤해질 수 밖에 없었다. 빈곤한 무가경제는 1657년에 발생한 메이레키(明曆)의 대화재로 더욱 큰 타격을 받았다.

　조닌(町人)은 17세기 전기를 통한 도시건설 과정에서 이미 막대한 부를 축적하였다. 그런데 에도의 거의 전지역이 피해를 입은 메이레키의 대화재가 발생하였던 것이다. 폐허가 된 도시를 재건하면서 조닌들은 다시 경제적으로 도약할 수 있게 되었다. 17세기 중기에는 이미 조닌이 경제적인 주도권을 장악하였다.

　17세기 중기가 되면서 막부의 정치는 무단통치에서 문치정치로 크게 전환하였다. 문치정치가 정착되면서 신분제도가 강화되었다. 사농공상의 질서를 근간으로 하는 신분질서는 말할 필요도 없이 존비(尊卑)·귀천(貴賤)의 관념 위에 세워졌다. 이 때 천상론(賤商論)이 대두하게 되었다는 것은 그 시사하는 바가 크다. 조닌은 경제적으로는 무가사회를 압도할 만한 실력을 지니고 있었지만, 신분질서의 최하위에 위치되어 있었다. 이 시점에서 조닌은 신분상승의 기회를 완전히 잃었다. 조닌에게 남겨진 유일한 가능성은 경제적인 활동이 보장되었다는 것이다.

17세기 후기는 특권상인과 신흥상인이 교대되던 시기였는데, 신흥상인 중에는 상당한 부를 축적한 사람이 나타나게 되었다. 17세기를 대표하는 소설가인 이하라 사이카쿠(井原西鶴)의 문학작품 중에서 특히 조닌을 대상으로 한 것들은 바로 성공한 신흥상인들을 모델로 하고 있었다.

2. 조닌 사치금지령

17세기 중기는 조닌사회에 사치풍조가 고개를 들기 시작하는 시기이기도 하였다. 그러한 풍조는 17세기 후기인 겐로쿠시대에 이르러 더욱 심화되었다. 사치풍조가 만연되어 명절이나 축제 때에 입는 화려한 복장을 일상생활 속에서도 당연하게 입게 되었다. 특히 여자들의 의복이 사치스러워졌다.

이러한 현상에 대하여 막부는 사치풍조를 억제하려고 하였다. 조닌의 의류, 가옥 등에 관한 사치금지는 1660년대에 이르러 구체화되었다. 1668년에 막부는 사치금지령을 내렸다. 이 금령의 내용은 조닌이 가옥을 사치스럽게 꾸미거나, 손님 접대를 분에 넘치게 하는 것, 고급스러운 도구 등을 사용하는 것을 금하고 있다. 그리고 비록 유복한 조닌이라도 혼례나 장례와 같은 때에 과분하게 소비하지 말라고 경고하고 있다. 의복에 관하여서도 "조닌의 의류, 상하 모두 그 분수에 따라 검약을 지켜 그것을 입어야 한다"라고 하여 사치스러운 의복의 착용을 금지하면서,

각기 분수에 따라서 검약할 것을 강조하고 있다. 이어서 발령된 금령에도 조닌의 다이토(帶刀)를 금지하는 내용과 함께 도락을 상징하는 곳이라고 할 수 있는 요시와라(吉原)의 풍속 및 의복 등을 통제하였다.

사치금지령은 5대 쇼군 도쿠가와 쓰나요시(德川綱吉) 시대에 더욱 강화되었다. 이 시대에 발령된 조닌에 대한 사치금지령이 23회로 에도 시대 전반을 통하여 가장 많은 회수를 기록하고 있다. 1683년에도 막부는 조닌을 대상으로 하여 사치금지령을 발령하였다. 이 금령에 의하면 조닌은 무명과 마포를 소재로 한 의복 외에 고급스러운 의류는 일체 착용할 수 없었다. 다시 말하면 아무리 부유한 자라도 조닌 신분인 이상 비단옷을 입을 수 없게 되었던 것이다. 이 금령도 의류만을 규제한 것이 아니고, 조닌이 가옥을 깨끗하고 사치스럽게 꾸미는 것, 혼인이나 장례, 손님 접대 등에서 분수에 넘게 처신하거나 대접하는 것 등을 금지하는 내용도 포함되어 있었다.

1688년에는 사치스러운 의류를 입은 사람을 체포하라는 명령을 내렸다. 막부는 강력한 의지로 조닌의 사치금지 풍속을 규제하려고 하였다. 막부는 조닌의 사치는 곧 죄라는 인식을 가지고 있었다는 것을 알 수 있다. 막부가 이렇게 강력한 금령을 내린 것은 조닌의 사치풍조가 얼마나 뿌리 깊이 만연되어 있었는지를 보여주는 것이기도 하다.

막부는 조닌의 사치를 엄벌로 다스렸다. 막부의 사치금지령이 얼마나 강력하였는지를 확실하게 보여준 사건이 5대 쇼군 도쿠가와 쓰나요시 시대 초기의 에도 호상 이시카와 로쿠베에(石川六兵衛)의 재산몰수 및 추방 사건과 말기의 오사카 거상 요도야 다쓰고로(淀屋辰五郎)의 재산몰수 및 추방 사건이었다.

전자는 1681년 5월, 쓰나요시가 행차에 나섰을 때, 본래 사치스럽기로 이름이 나 있었던 이시카와의 아내가 사치스러운 의복을 입고, 시중을 드는 하녀도 사치스럽게 단장시켜서 행렬을 맞이하였다. 이러한 모습을 본 쓰나요시는 즉시 이시카와 부부의 가산을 몰수하고 에도에서 추방하였다.

요도야는 오사카에서 뿐만이 아니라 일본 제일의 부호라고 일컬어지던 거상이었다. 요도야는 이시카와와는 비교될 수 없는 부와 사회적 지위를 지니고 있었고 에도시대 초기부터 유력한 조닌으로 널리 알려져 있는 집안이었다. 이하라 사이카쿠의 『니혼에이타이구라(日本永代蔵)』라는 문학작품에도 일본 제일의 부자라고 기록되어 있었다. 이러한 요도야가 사치가 심하다는 죄목으로 재산이 몰수되고 도시에서 추방되는 형벌에 처해졌던 것이다.

아무리 부유한 자라도 조닌 신분인 이상 사치를 금한 막부의 명령을 어겨서는 안된다는 것이 위정자의 생각이었다. 아무리 재산이 많은 부호라도 신분의 틀을 넘어서 비단옷을 입고, 집을 호화롭게 단장하고, 손님 접대에 과다한 지출을 하는 것 등은 분수를 넘는 행동이었기 때문이다. 이시카와와 요도야는 모두 분수에 어울리지 않는 사치를 했다는 이유로 재산이 몰수되는 형벌에 처해졌다. 이러한 사건에 접한 에도와 오사카의 조닌들은 사치금지령을 어기면 멸망할 수도 있다는 위기감을 느끼고 있었다.

3. 문화생활의 환경

17세기 후기에는 유리(遊里)가 번성하였다. 유리는 막부가 특별히 유흥가로 지정한 특별한 공간이었다. 에도의 요시와라(吉原), 교토의 신마치(新町), 오사카의 시마바라(島原) 등이 대표적인 곳이었다. 유리는 신분의 제약이 없이 누구라도 출입할 수 있었던 공간이었다. 그곳에서는 경제력이 있는 조닌들이 가장 대우를 받았다.

또 겐로쿠시대는 가부키(歌舞伎)나 닌교조루리(人形淨瑠璃)를 공연하는 극장이 많이 생겨났다. 교토·오사카는 물론 에도에도 다수의 상설극장이 건립되었다. 조닌들은 극장에서 연극을 감상하면서 여가시간을 보냈다.

『가부키년표(歌舞伎年表)』에 의하면, 1689년경에 교토의 시조가와라

(四条河原)에 극장가
가 형성되어 있었다.
그곳에는 공식적으로
인정된 다수의 극장이
존재하고 있었다. 오
사카의 경우에는 공인
된 극장이 10여 곳이
있었는데, 그 중에서
8곳이 도톤보리(道頓
堀)에 집중되어 있었
다. 당시 에도에는 극
장이 4곳이었다.

극장가의 조닌들

　17세기 후기에는 놀이문화가 조닌의 일상생활 속에 자리를 잡았다.
그러나 많은 사람들이 유예(遊芸)를 즐기기 위해서는 공간이 제공되고,
도구가 공급되고, 유예의 형식을 지도하는 사장(師匠)들이 유예의 세계
에 입문하고자 하는 초보자들을 체계적으로 지도하지 않으면 안되었다.
이것이 유예의 조건이라고 할 수 있는데, 겐로쿠시대는 방대한 유예 인
구의 형성에 대응할 수 있는 모든 조건들이 구비되어 있었다.

　겐로쿠시대에는 조닌들이 주택을 화려하게 꾸미는 것이 유행하였다.
그래서 막부는 일찍부터 금령을 내려서 이러한 현상에 대응하려고 하였
다. 하지만 주택을 화려하고 깨끗하게 꾸미는 풍조는 계속 확산되었다.
교토 조닌의 가옥에 유예를 위한 공간이 마련되게 된 것도 겐로쿠시대였
다. 그 전까지는 조닌의 주택은 '미세노마(みせのま)' '오쿠노마(おくの
ま)'의 2실형 민가였으나, 17세기 말에는 '미세노마' '나카노마(なかの
ま)' '오쿠노마'라고 하는 3실형으로 확대되었다. 추가된 제3의 공간이
다름 아닌 자시키(座敷)였고, 이 자시키가 사교를 위한 공간으로 설정되
었다. 조닌은 자시키에 손님들을 초대하여 다도 모임을 열어 차를 마시
고, 꽃꽂이 모임을 열어 생화를 감상하면서 교류를 확대하였다.

겐로쿠시대에 미술공예품이 대량으로 생산되게 된 것도 유예의 발달을 보증하였다. 말할 필요도 없이 유예의 여러 분야가 도구와 미술공예품을 필요로 하였다. 특히 다도가 유행하면서 차 항아리, 다기 등 도구의 공급이 요구되었다. 문벌 조닌들은 유서 있는 유명한 보물들을 소유하고 있었지만, 일반 조닌들은 당시에 대량 생산된 도구를 이용하고 있었다. 도구의 대량 생산은 품질이 저하되는 현상을 초래하였지만, 17세기 후기에 급증한 유예인구의 수요에 대응하고 있었던 것이다. 도구와 미술공예품의 양적인 공급은 대중화한 유예를 물질적으로 뒷받침하는 데 반드시 필요한 전제조건이었다.

많은 조닌들이 유예를 즐기고 싶어하였고, 이러한 조닌들의 호기심을 더욱 자극하였던 것은 당시에 출판된 서책들이었다. 유예에 대한 지식과 기술, 그리고 정보가 서책을 통하여 조닌에게 전달되었다. 일반 조닌들은 이러한 출판물에서 유예에 대한 기초지식을 얻었다. 유예에 관한 서책은 조닌들의 호기심을 더욱 자극하여 그들을 유예에 정식으로 입문하게 하는 안내자로서의 역할을 담당하였다. 조닌 사회에 유예가 보급된 것은 유예에 관한 정보가 출판물을 통하여 일반 조닌에게 전달되면서부터였다.

그런데 서책에서 유예에 대한 지식과 정보는 얻을 수 있다고 하여도 유예의 구체적인 비전(秘伝)은 역시 선생에게 직접 배우는 것이 필요하였다. 유예에 관한 서책이 많이 출판되었음에도 불구하고 유예에 입문하기를 희망하는 초보자들에게 유예를 가르치는 선생이 폭넓게 존재한 것은 바로 이러한 이유 때문이었을 것이다.

4. 조닌의 취미생활과 사교활동

17세기 말이 되면서 교토, 오사카, 에도 등 거대도시의 인구가 증가하였다. 에도는 무사의 인구를 제외하고 조닌들이 집단을 이루어 거주하는 시타마치(下町)의 인구만 50만을 헤아리고 있었다. 전국시장으로서 기능하고 있었던 오사카의 인구도 30만을 넘고 있었다. 교토의 인구는 약 40만이었다. 교토는 대대로 같은 지역에서 거주하는 조닌들이 적지 않았을 것으로 생각되나 오사카나 에도

한적한 분위기를 자아내게 하는 다실

의 경우는 교토와 좀 다른 분위기였다. 여러 지역에서 이주하여 온 상공업자들이 각 직업별로 도시공간에 모여서 공동체를 형성하고 있었다.

　도시는 각지 사람들이 서로 모여서 상공업을 매개로 하여 공동체를 형성하고 거주하는 곳이었다. 도시사회는 농촌사회에 비하여 유동적이었고, 또 부침이 심하였다. 조닌들은 공동체의 구성원으로서, 또한 사업상 필요성에 의하여 서로 교류를 하지 않을 수 없었다. 그러나 조닌 상호간의 연대감은 농촌사회에 비하여 보면 매우 약하였다. 특히 에도와 오사카의 경우에는 교토와 같은 전통적인 도시에 비하여 인간관계가 폐쇄적이었다. 조닌 상호간에는 보이지 않는 장벽이 있었다. 조닌들을 서로 연결시켜 주는 공통적인 기반이 없었기 때문이다. 그래서 조닌들은 이질성을 극복하고 교류를 활성화할 필요성이 있었다. 이때 이들을 자연스럽게 연결해 주는 것이 공통의 취미였다. 그만큼 도시 사람들에게 있어서 취미생활은 단순히 자신이 취미를 즐기기 위해서 필요하였던 것이 아니라 여러 사람과 교류하기 위한 수단으로 필요한 것이었다. 활동적인 조닌일수록 사교의 세계에서 소외되지 않기 위하여, 여러 유예를 확실하게 배워두지 않으면 안되었던 것이다.

겐로쿠시대의 조닌 사회에 방대한 유예인구가 형성되게 된 것은 조닌들이 재력을 축적하고, 여가가 생겼기 때문이기도 하지만, 가장 중요한 이유는 역시 조닌들이 사교의 필요성을 느꼈기 때문이었다. 즉 조닌들이 공통의 취미인 유예에 주목하게 되면서 유예 인구가 증가하였던 것이다. 실제로 겐로쿠시대에 이르러 유예인구가 그 전시대에 비하여 비교할 수 없을 만큼 격증하였다.

유예 중에서 특히 그 유행이 도시뿐만이 아니라 교토, 오사카 지역의 농촌까지 번졌던 것은 하이카이(俳諧)였다. 겐로쿠의 서적목록을 보면 당시에 간행된 하이카이에 관한 책이 600여 종에 이르렀을 정도였다. 꽃꽂이도 보급되었다. 겐로쿠시대에는 꽃꽂이 모임이 활성화되었다.

18세기에는 향도(香道), 바둑(碁), 연가(連歌) 등도 유행하게 되었다. 그러나 가장 유행한 것은 역시 다도였다. 조닌들은 다도가 특별한 사상내용을 갖고 있는 것이 아니고, 사교의 도구로서 편리하다고 생각하고 있었다.

유예를 배우기 시작하여 어느 정도의 경지에 도달하면 선생은 면허를 발급고 예명(芸名)을 주었다. 예명은 권위 있는 유예가(遊芸家)의 일원이 되었다는 것을 증명하는 것이며, 동시에 그것은 별세계의 인간으로

꽃꽂이 감상

변신할 수 있는 것이었다. 이러한 매력이 있었기 때문에 조닌들은 각종
의 유예를 배우고, 때때로 일상에서 '외출'하여 예명을 사용하였다. 유
예의 세계에는 원칙적으로 세속에서의 신분 차별이 일소되었다. 그렇기
때문에 신분이 미천한 조닌이라도 유예에 능하거나 주빈이 되면 유예의
세계에서는 무사나 문벌 조닌의 상석에 앉는 것이 가능하였다.

조닌이 유예를 몸에 익히려면 필요한 도구를 장만하고 장소를 마련하
지 않으면 안되었다. 유예를 몸에 익히고 즐기려면 상당한 재력과 시간
을 필요로 하였다. 생업에서 자유로운 사람이 아니면 다양한 종류의 유
예를 몸에 익히고 즐길 수 없었다. 유예를 즐기는 조닌은 그만큼 사업적
으로 안정되고 재력이 있는 사람이 아니면 안되었던 것이다. 그렇기 때
문에 유예를 즐긴다고 하는 것은 부유한 조닌이라는 것을 증명하는 것이
기도 하였다.

조닌들 중에는 본인도 유예를 배울 뿐만이 아니라 자식들에게 유예를
배우게 하는 경우도 있었다. 특히 조닌 사회의 엄연한 차별을 몸으로 겪
은 창업자들은 자식들에게 유예를 가르쳐 사교의 장에서 아무 제약 없이
무사나 상층 조닌들과 교류하게 하고 싶었을 것이다. 딸을 가진 부모가
유예에 능한 특출난 사위를 희망하였던 것도 같은 이유에서였을 것이다.

물론 아이들에게 유예를 배우게 하는 풍조에 대하여 비판적인 시각이
없었던 것은 아니다. 가업을 견습하기도 전에 유예를 몸에 익히면 자연
히 가업에 대하여 배울 기회가 줄어들 뿐만이 아니라, 유예에 마음을 빼
앗겨 자연히 가업을 소홀히 할 수 있는 가능성이 있었다. 그렇기 때문에
미쓰이 다카후사(三井高房)는 『조닌코켄록(町人考見錄)』에서 어린 아이
에게 유예를 배우게 하는 것을 경계하였다. 젊어서 노는 것을 좋아하면
노년에 무간지옥(無間地獄)으로 떨어진다고 극언하면서 후손에게 도락
을 경계하였다.

테마 22
무사의 사회적 지위와 경제생활

1. 에도시대의 무사

조선시대사회나 에도시대 일본사회에서 신분질서를 상징하는 말은 사농공상(士農工商)이었다.

조선시대의 '사'는 흔히들 양반이라고 하는 문사(文士)였지만, 일본의 '사'는 무사(武士)였다. 다시 말하면, 조선시대의 '사'는 사대부로 불렸던 존재로 이치를 궁구하고 학문에 통한 지식인이었다. 이에 비하여 일본의 무사는 주군을 위하여 전쟁터를 누비는 전투원이었다.

하지만 일본의 무사는 쇼군이나 다이묘와 같은 정치적인 수장과 충성관계를 맺고 있으면서 관료제 기구를 배타적으로 전유하고 있었고, 입법·행정·사법·군사의 권한을 장악하고 있었다. 무엇보다도 에도시대의 무사는, 조선시대의 양반과 같이 사농공상(士農工商)의 질서 속에서 '사'의 지위를 점유하고 있으면서, 생산에 종사하는 '농공상'을 위에서부터 지도하여 그들이 생업에 전념할 수 있도록 하여야 한다는 위정자로서의 역할을 자각하고 있었다. 그런 의미에서 에도시대의 무사는 조선시대의 양반과 비교될 수 있는 가장 전형적인 존재라고 할 수 있을 것이다.

2. 무사의 특권

사농공상이라는 말은 본래 분업론의 개념이다. 그렇기 때문에 '사'와 '농공상', 즉 무사와 삼민(三民)은 정치·군사와 경제라고 하는 일종의 분업관계로 설명될 수 있다. 분업관계는 물론 상하관계가 아니다. 그런데 17세기 후기의 유학자이며 병학자인 야마가 소코(山鹿素行)의 직분론을 참고해보면, '사'와 '농공상'의 관계는 존비·귀천·상하의 관계로 설명되고 있다. 이러한 생각은 무가의 가훈에도 반영되었는데, 이러한 관계가 설정되면서 당연히 무사와 서민의 차별은 강화되었다.

이와 같이 에도시대에는 무사와 서민은 신분적으로 상당한 '거리'가 있었다. 무사와 서민간의 '거리'를 더욱 분명하게 나타내고 있는 것은 다름아닌 무사의 특권이었다. 무사에게는 묘

출진하는 무사들 1638년 시마바라의 난을 진압하기 위하여 출진하는 광경

지(苗字)의 특권, 다이토(帶刀)의 특권, 기리스테고멘(斬捨御免)의 특권이 부여되어 있었다.

묘지(苗字)는 성명(姓名), 혹은 씨명(氏名)이라고 할 때, 성(姓), 씨(氏)와 같이 가명(家名)을 의미하는 말이다. 중세에는 한자로 '명자(名字)'라고 표기하였으나 에도시대에 들어와서 '묘자(苗字)'라고 쓰게 되었다.

무사들에게 묘지의 특권이 있었다는 말은 서민은 원칙적으로 묘지를 사용할 수 없었다는 것을 의미한다. 서민들 중에는 사적으로 묘지를 사용하는 경우가 없는 것은 아니었다. 에도시대 중기 이후에는 그러한 예를 적지 않게 확인 할 수 있다. 그러나 공적인 문서에는 묘지를 사용하는 것이 엄격하게 금지되어 있었다.

서민들 중에서도 무사 가문의 혈통을 잇는 농촌의 호농, 촌락의 지도자로 행정의 말단에 위치하여 권력에 특별히 봉사한 공적이 인정되는 자, 효행자, 혹은 타의 모범이 되는 행위를 하여 향촌에서 칭송되는 자, 혹은 다액의 헌금을 하여 다이묘 경제에 결정적으로 기여한 자 등에게는 막번권력이 선별적으로 묘지의 사용을 허가하는 경우가 있었다. 허가에는 개인의 일생에 한하는 경우, 혹은 아들 혹은 손자 대까지 한정하는 경우, 그 가문에 대하여 영구히 사용할 수 있도록 하는 경우가 있었다. 서민이 묘지 사용 허가를 얻으면 가문의 영예로 여겼다.

다이토란 무사가 도검을 패용는 것을 말한다. 무사는 길고 짧은 도검 한 쌍을 패용했는데 무사들은 그것을 양도(兩刀)라고 하였다. 긴 도검은 가타나(刀)라고 하고, 짧은 도검을 와키자시(脇指)라고 하였다.

다이토는 무사의 신분을 사회적으로 공시하기 위한 외적 표지로서의 성격을 지니고 있었다. 다시 말하면 다이토는 무사신분을 상징하는 것이었다. 그러나 중세사회에서도 다이토가 무사신분을 상징하였던 것은 아니다. 중세사회에서 무문(武門)을 상징하는 것은 궁시(弓矢)였다. 다이토가 무사를 상징하게 된 것은 무사의 다이토관행이 정착되고 무사가 다이토권을 독점하게 되면서부터, 즉 근세사회가 성립되면서부터였다.

에도시대에는 무사 이외에 서민의 다이토는 법에 의하여 금지되어 있었다. 막번권력은 다이토의 특권을 묘지의 경우와 같이 선별적으로 서민에게 허가하였다. 그 대상은 위에서 살펴본 묘지의 특권을 허가하는 경우와 같았다.

묘지의 특권과 다이토의 특권을 같이 허가하는 경우도 있고, 둘 중에서 하나의 특권만을 허가하는 경우도 있었다. 다이토의 특권은 막번권력에게 다액의 헌금을 한 금납자(金納者), 기타 경제적으로 결정적인 기여를 한 공로가 인정되는 자에게 허가되는 경우가 특히 많았다.

여기에서 18세기 중기, 다무라번(田村藩)의 나가자에몬(長左衛門)이라는 한 부농의 다이토허가운동을 소개해 보기로 한다.

나가자에몬의 경우를 살펴보면, 서민이 다이토의 특권을 얻는다는 것은 눈물겨운 일이었다. 그 과정에서 수 많은 무사들이 관여하였다. 각 무사들에게 기억에 남을 선물을 보냈음은 말할 필요도 없다. 나가자에몬이 헌금한 금액은 현금으로 금화 백냥이었다. 소비된 부대비용까지 계산하면 금화 백오십냥 이상이었다. 이 금액은 당시 다무라번 하급무사 20여 명을 1년간 부양할 수 있는 거액이었다. 실로 엄청난 금액을 투자하여 나가자에몬은 다이토의 특권을 얻을 수 있었다.

다이토의 특권이 농업생산에 아무런 실익이 없었다는 것은 말할 필요도 없다. 그러나 정작 나가자에몬 본인은 그것은 거액을 주고라도 맞바꿀 만한 가치가 있다고 생각하고 있었다. 나가자에몬은 기뻐서 어쩔 줄 모르면서 감사 인사길에 올랐던 것이다.

도검은 무사가 일상적으로 패용하는 무기다. 그러나 일본 무사에게 있어서 도검은 무기 이상의 의미를 지니고 있었다. 일본 근세사회에 있어서 다이토가 무엇이었는가는 메이지(明治)시대 초기의 폐도론(廃刀論)을 둘러싼 논쟁과정을 살펴보면 더욱 명확하게 드러난다.

폐도에 관한 의견서는 1869년 5월에 모리 아리노리(森有礼)에 의하여 공의소(公議所)에 제출되었다. 모리 아리노리는 새로운 시대가 도래하여 다이토의 의미가 없어졌으니, 관리와 군대 이외에는 다이토를 폐하는 것을 자유롭게 하자고 제안하였다.

이 의견서가 제출되자 공의소의 분위기는 처음부터 불가론이 지배적이었다. 반대론자들의 주장은, 다이토의 관행은 매우 자연스럽고 당연한 일이고 또 가상한 일이거늘 그것을 폐한다고 하는 것은 어불성설이라는 것이다. 설령 폐도를 하라고 해도 일본민족의 혼을 지닌 무사라면 허리에서 도검을 내려놓는 자는 거의 없을 것이라는 이야기다. 그 중에서도 폐도를 반대하는 가장 현실적인 이유는 "다이토를 폐하면 무사와 서민을 구별하기 어렵다"는 것이었다. 결국 폐도에 관한 의견서는 만장일치로 부결되었다. 그러나 이 '사건'은 여기에서 끝나지 않았다. 폐도에 관한 의견서를 제출한 모리 아리노리는 그 지위를 상실하였음은 물론, 암살을 당할 위기에 처하여 오랫동안 숨어 지내지 않으면 안되었다.

무사에게 부여된 특권 중에서 가장 강력한 특권은 기리스테고멘의 특권일 것이다. 기리스테고멘이라는 말은 사람을 살해하여도 그 죄를 묻지 않는다는 말이다. 그것은 무사가 서민을 살해할 수 있는 권한, 즉 무사에게 부여된 사적 형벌권이었다.

이 특권은 본래 무사 개개인이 보유하고 있었던 지배자로서의 징벌권에 근거하고 있다고 생각되는데, 에도시대에 들어오면서 막부는 이것을 신분질서를 유지하기 위한 무사신분 방위권으로 제한하였다. 그렇기 때문에 사적 형벌권을 행사한 무사는 서민이 무사의 명예를 훼손하고 모욕적인 언동으로 나왔기 때문에 할 수 없이 반격을 했다는 정황 증거를 제시하지 않으면 안되었다. 사건을 처음부터 지켜 본 증인이 상황의 긴급성과 사적 형벌권 집행의 불가피성을 증언할 것이 요구되었다. 조사과정을 통하여 무사가 불가피하게 형벌권을 행사하였다는 것이 증명된다면 무사는 무죄가 되고 그 자리를 벗어나도 되었다.

기리스테고멘은 무사의 특권이었지만 그 권한을 행사하고 행사하지 않고는 무사 개인이 판단할 문제였다. 무사는 자신에게 무례를 범한 서민을 용서할 수도 있고 또 가볍게 벌할 수도 있었다. 18세기 후기가 되면 무사가 기리스테고멘의 특권을 행사할 때에는 상처를 입히는 데 그치고 목숨을 빼앗아서는 안된다는 관행이 성립되었다.

그러나 기리스테고멘의 특권은 무사가 마음먹기에 따라서는 서민을 공포에 떨게 할 수 있는 가공할 폭력성을 내포하고 있었다. 일단 사건이 벌어지면 증인으로 나서는 사람은 가해자인 무사의 친구인 경우가 많았다. 설령 서민이 증인으로 나선다고 해도 복수가 두렵기 때문에 무사에게 불리한 증언을 하기는 매우 어려운 분위기였다. 더구나 이미 죽은 사람은 말이 없지 않은가.

기리스테고멘의 특권은 서민에게 무사는 공경의 대상이며, 또 무사에게는 매사 공순해야 한다는 것을 법률적으로 의무지운 강력한 법이었다. 묘지의 특권과 다이토의 특권도 무사와 서민간의 '거리'를 명확히 한 법이었다. 무사의 특권은 서민에 비하여 우월한 무사의 사회적 지위를 확립하는 데 결정적인 제도였던 것이다.

3. 무사의 경제생활

에도시대 다이묘와 무사들이 보유하고 있었던 영지는 막부의 재량에 의하여 결정되었다. 영지의 크고 작음은 고쿠다카(石高)로 표시되었다. 고쿠다카는 그 영지의 전 생산고였다. 에도시대의 연공 수취율은 보통 40퍼센트 정도였으니까 고쿠다카의 40퍼센트 정도가 다이묘의 수입이 되었다. 가령 어떤 다이묘의 고쿠다카가 10만 석이라고 한다면 4만 석이 다이묘의 수입이 되고, 6만석은 농민의 수입이 되는 것이다. 이러한 계산법은 영지가 배분된 상·중급 무사의 경우에도 적용되었다.

무사의 기본적인 수입을 봉록이라고 하고, 일정한 직책에 취임했을 때 받는 봉록을 야쿠다카(役高)라고 하였다. 봉록은 무사의 선조 때부터 그 가문의 지위에 상응하여 지급되던 것으로 상속되어 내려온 것이다. 그렇기 때문에 가록(家禄)이라고도 한다. 이와 같이 주군과 주종관계를 맺고 어떤 직분을 담당하면 봉록이 책정되었던 것이다. 봉록의 기준은 미곡이 생산되는 경작지, 즉 영지였다.

　예를 들면 어떤 무사에게 200석의 봉록이 주어졌다고 한다면, 그 무사는 200석의 미곡이 생산되는 경작지를 지배하는 소영주가 되는 셈이다. 이 경작지에는 경작을 담당하는 농민이 생활하고 있고, 산림이나 밭도 포함되어 있었다. 영주인 무사는 이 경작지에서 연공을 수취하게 되는데, 연공 수취율이 40퍼센트 내외였으니까 연간 실제 수입은 80석 내외가 되는 셈이다. 연공을 수취하면 그 중의 일부는 양식으로 소비하고, 나머지는 미곡 시장에서 화폐와 교환한 다음 그 돈으로 생활필수품이나 군수품을 구입하였다. 물론 그 경제 규모 내에서 군역에 규정된 대로 말도 1마리 사육해야 하고, 전투원의 성격을 지니는 종자 1인과 4인의 봉공인들을 거느려야 했다. 상급무사와 다이묘도 군역규정에 의하여 사육하여야 하는 마필 수, 거느려야 하는 종자와 봉공인의 수가 정해져 있었다. 물론 그들도 미곡을 화폐와 교환하여 필요한 물품을 구입하였다.

　하급무사의 경우는 영지가 배분되는 것이 아니고 미곡이 직접 지급되었다. 이 경우의 봉록은 가록이 아니고 직분을 수행하는 동안에 지급되는 보수라는 개념이었다.

　무사의 가계는 상상하는 것 이상으로 곤궁하였다. 1,000석의 영지를 보유한 하타모토(旗本)의 재정을 예로 들어 보면 다음과 같다. 영지에서 들어오는 수입은 생산량의 약 40퍼센트로 추산하면 이 무사의 총수입은 400석이 된다. 알기 쉽게 하기 위하

연초 하례 인사하는 무사들

여 400석을 다시 1가마니에 3말 5되 들이 가마니 수로 계산하면 1,140 가마니가 된다. 미곡 시세는 10가마니에 3냥이었으니까, 이 무사의 수입을 금전으로 계산하면 340냥 정도가 된다. 이 중에서 다수의 가신과 사용인의 급여를 지급하지 않으면 안되었다. 일반적인 기준으로 계산하여도 가신과 사용인에게 지급되는 보수는 150냥 가까이 되는 금액이다. 다음에 말의 사료비, 가족들의 생활비, 기타 체면 유지비 등을 계산하면 330냥이 넘는 비용을 지출하지 않으면 안된다. 1,000석의 영지를 보유하고 있는 상급무사의 경우에도 연공 수입으로는 최소한의 경비를 겨우 지출할 수 있는 정도였다. 저축할 수 있는 여력은 거의 없었다.

이번에는 교토 인근에 거주하였던 300석의 중급무사의 경우를 살펴보기로 하자. 수입을 위와 같은 방법으로 계산해보면, 실수입은 약 120석이니까, 가마니 수로는 약 340가마니이고, 화폐로 환산하면, 약 100냥이다. 지출을 추산해보면 무사의 가족과 종자의 식비가 25냥, 봉공인에게 지급되는 급료가 30냥, 잡비가 25냥, 무사 일가족의 의류비 30냥 이렇게 합산하면 110냥이다. 10냥이 적자라는 계산이다.

무사의 가계는 왜 이렇게 어려웠을까? 그것은 앞에서 이미 살펴본 군역 규정 때문이었다. 그 규정에 따라서 무사는 평상시에도 소정의 종자나 봉공인을 항상 거느리지 않으면 안되었다. 막부의 규정에 의하면 300석의 무사는 7인의 종자나 봉공인을 거느리지 않으면 안되었다. 그렇지 않아도 어려운 무사의 살림에 군역규정은 큰 부담이었다. 생활에 전혀 필요없는 인원을 고용하여 봉급을 주지 않으면 안되었으니까 가계가 어려울 수 밖에 없었던 것이다.

중·상급 무사의 생활이 이 정도였다면 군역규정의 대상에서도 제외된 미미한 봉록을 받는 하급무사의 생활이 어느 정도일까는 상상하고도 남음이 있다. 하급무사의 빈궁한 모양은 극에 달하였다. 18세기 중기에는 선조 대대로 전해 내려오는 무구를 매매하거나 저당잡히고 자금을 융통하는 사례가 빈번하였다. 다급한 경우에는 금융업자에게 급전을 빌려서 겨우 위기를 모면하였지만, 높은 이자를 감당하기 어려웠다. 궁지에 몰린 일부 무사는 돈을 받고 무사의 권리를 다른 사람에게 양도하는 경우도 있었고, 상공인에게 일거리를 부탁하여 우산, 나막신, 초롱 등을 만들어 돈벌이를 하는 경우도 있었다. 그리고 호구지책으로 금붕어와 새를 기르고, 꽃과 나무를 재배하고, 바둑·장기·꽃꽂이를 지도하는 경우도 있었다. 이렇게 생활이 궁핍하였던 것이다.

1. 도시의 발달과 상인의 자본 축적

도시에는 상인뿐만이 아니라 장인(匠人)도 함께 거주하고 있었는데 그 중에서 상인은 전 인구의 약 4퍼센트 정도였다. 18세기 이후 일본의 총 인구는 3천만 명 정도로 파악되는데, 그렇다면 상인의 인구는 약 120만 명 정도가 된다. 전인구의 대부분을 차지하고 있었던 농민에 비하면 결코 많지 않은 숫자였다.

전국시대를 통하여 병농분리정책이 추진되었는데, 이 정책의 결과 무사들은 직접생산에서 분리되어 다이묘들의 거성 주위에 형성된 도시인 조카마치(城下町)에서 생활하게 되었다. 무사는 모든 생활용품을 상인을 통하여 조달하였다. 무사가 생활용품을 구매하기 위해서는 화폐가 필요하였다. 무사는 농민으로부터 수취한 미곡을 화폐와 교환하였고, 그 화폐로 필요한 물품을 구매하였다. 상인은 무사가 미곡을 시장에 내어다 팔 때도, 시장에서 생활필수품을 구매할 때도 이익을 얻었

천하의 부엌 오사카 항구 선착장에 줄지어 늘어선 건물들은 다이묘들의 구라야시키들이다.

다. 도시가 번영하면서 상인들은 더욱 많은 부를 축적하게 되었다.

막번체제가 안정되면서 조카마치 외에도 거대한 중앙시장의 기능을 담당하는 도시가 발달하였다. 그 중에서도 에도·오사카·교토가 특히 번영하였는데, 이 도시들을 특히 3도(三都)라고 하였다.

에도는 17세기까지만 해도 거대한 소비도시였을 뿐, 경제면에서도 문화면에서도 교토·오사카에 비하여 뒤떨어져 있었다. 그러나 18세기 초에 이르면 에도의 인구는 100만이 넘게 되었다. 에도는 당시 세계적으로도 그 유례를 찾아볼 수 없었던 거대도시로 발전하였던 것이다. 무엇보다도 에도는 약 50만에 이를 것으로 추산되는 무사와 그 가족들이 생활하고 있었다. 그들은 절대적인 소비층이었다. 그렇기 때문에 무가사회에 필요한 물자를 공급하는 상인 인구도 18세기 초기에 이르면 50만에 달하게 되었던 것이다. 인구가 증가하면서 에도는 점차로 오사카와 같이 경제·문화의 중심지로 부상하게 되었다.

오사카는 전국적인 상품유통의 중심지였다. 다이묘들은 오사카에 거대한 창고를 세우고 연공으로 수취한 미곡이나 상품을 그곳에 보관하였다. 다이묘들은 미곡을 현금화하여 생활에 필요한 물자를 조달하였다. 18세기 초에 오사카의 인구는 35만 명을 넘었다.

교토는 전통산업이 발달하였다. 사원과 신사에 참배하기 위하여 전국 각지에서 모여든 사람들은 교토에서 생산된 제품들을 사가지고 돌아갔다. 교토의 인구는 17세기 말에 이미 40만에 달하였다.

오사카를 중심으로 하는 삼도가 전국적 영주 경제의 중심지라면 지역 경제의 중심지는 조카마치였다. 조카마치는 병농분리가 진행되면서 형성되었고, 수공업자와 상인이 모여들면서 상품유통의 중심지가 되었다. 다이묘는 조카마치를 중심으로 하여 지배 지역내의 상품유통을 통일적으로 파악하였다.

다이묘가 연공으로 수취한 미곡을 구라마이(藏米)라고 하였는데 이 구라마이와 특산물은 주로 에도와 오사카로 운반되었다. 구라마이를 비롯한 각 지역의 산물은 각 다이묘가 설치한 구라야시키(藏屋敷)라고 하는 거대한 창고에 보관되었다가 적당한 때에 출시되었다. 17세기 말부터는 대체로 상인이 구라야시키를 관장하는 역할을 담당하였다. 상인은 상품을 매각하고 그 대금을 보관하는 과정에서 막대한 이익을 얻었다.

일단 수취된 미곡은 중앙시장으로 운반되어 상품화되기도 하였지만 그 중 상당량은 가신들, 특히 중·하급 무사들에게 봉록으로 지급되었다. 무사들은 일상생활에 필요한 물품을 구입하기 위하여 봉록으로 받은 쌀을 다시 시장에 내어다 팔지 않으면 안되었다. 이러한 필요성에 의하여 자연스럽게 그 유통을 담당하는 상인이 출현하였다. 그들은 고리대금업자이기도 하였다.

17세기도 후반에 접어들면 태평시대가 도래하였다. 평화가 정착하면서 일본 사회는 사치풍조에 물들게 되었다. 무사들의 소비가 증가하게 되었다. 소비가 증가하면서 물가는 지속적으로 상승하였다. 그러나 무사들은 수입은 한정되어 있었으므로 무사들의 생활은 상대적으로 궁핍하게 되었다. 하지만 상인들은 막대한 부를 축적하게 되었다.

2. 신흥상인의 출현

에도시대 초기의 호상은 국제무역에 종사하던 상인, 막부의 어용상인, 화폐 주조를 담당하던 상인 등 막부와 유착된 특권상인들이었다. 그러나 17세기 후기에 신흥상인들이 출현하였다. 이들 신흥상인들은 주로 포목업, 목재업, 양조업, 금융업에 종사하면서 막대한 부를 축적하였다. 이 시기에 출현한 대표적인 신흥상인 가문으로는 미쓰이(三井)·고노이케(鴻池)·스미토모(住友) 등을 들수 있다.

그 중에서도 미쓰이는 지금까지 일본을 대표하는 재벌로 건재하다. 미쓰이가(三井家)는 17세기 후기에 가문의 시조인 미쓰이 다카토시(三井高利)가 에도에 에치고야(越後屋)라는 포목상을 내면서 발전의 기틀을 마련하였다. 다카토시는 그 당시 일본에서는 가히 혁신적이었다고 할 만한 박리다매 상법과 정찰제를 도입하여 서민들로부터 인기를 얻었고, 상업은 날로 번창하였다. 단기간 내에 막대한 자본을 축적하는 데 성공한 그는 오사카와 교토에도 점포를 내고, 금융업에도 진출하였다. 막부의 자금도 관리하기에 이르면서 일본 제일의 부자로 명성을 얻었다.

미쓰이 다카토시는 에도의 스루가초(駿河町)에 전면 9간에 깊이 40간의 상점을 열었다. 그는 정찰제 판매를 시도하였고 외상을 사절하였다. 정찰

스루가초의 에치고야 그림 왼쪽 상단에 정찰제 판매를 알리는 게시문이 보인다.

제 판매와 외상사절을 선언한 것은 당시로서는 파격적인 발상이었다. 그러나 미쓰이 다카토시의 이러한 신상법(新商法)은 물건을 매우 싸게 팔았기 때문에 크게 성공하였다. 상점은 번성하여 직원이 40여 명에 이르렀다. 미쓰이 다카토시는 직원들을 한 품목의 전문가로 훈련시켜 한 물품을 책임지고 판매하게 하였다. 그리고 수십 명의 전문재봉사를 거느리고 있으면서, 급하게 의복을 필요로 하는 사람이 있을 경우에는 즉석에서 옷을 만들어 주기도 하였다. 이렇게 하여 상점은 날로 번창하였다. 그의 성공담은 당시의 유명한 소설가인 이하라 사이카쿠(井原西鶴)가 쓴 『니혼에이타이구라(日本永代蔵)』라는 작품에 소개되기도 하였다

고노이케가는 에도 초기에 셋쓰(摂津) 지방에서 양조업으로 발전의 기틀을 마련하였다. 이어서 해운업·금융업에 손을 대면서 막대한 부를 축적하였다. 특히 여러 다이묘의 구라마이를 관리하면서 크게 발전하였다.

스미토모가는 에도 초기부터 교토와 오사카를 중심으로 발전하였는데, 17세기 말에는 이요(伊子)의 벳시(別子) 동광산(銅鉱山)을 경영하면서 막대한 부를 축적하였다. 후에는 금융업에도 진출하였다.

17세기 후기에 출현한 신흥상인은 막번권력과 특별한 관계를 맺지 않고 자기의 지혜와 수완에 의하여 오직 사업의 번창에 전념하였다. 그들은 근면과 검약을 생활신조로 하면서 사업의 발전에 진력하면 반드시 성공할 수 있다고 믿고 있었다. 미쓰이가(三井家)의 가훈을 보면 투기사업을 금지하고 있다. 그리고 종교나 학문을 접할 때에도 어디까지나 사업에 방해가 되지 않는 범위 내에서 허용하고 있다. 사업을 발전시키기 위하여 견실하고 사려 깊은 공리주의 정신에 입각하고 있었음을 알 수 있다. 다만 에도시대 상인의 공리주의 정신에는 공공성이 결여되어 있었다.

18세기에 접어들면서 상업자본이 더욱 발전하였다. 상업자본의 발전과 더불어 상업조직도 정비되었다. 상인들은 가훈과 상점의 규칙을 만들

어 자손들을 경계하려고 하였다. 자손들에게 모험을 하지 말고 착실하게
가업을 지켜나갈 것을 당부하였다.

3. 상인의 제도와 가업의식

상점의 점원은 데치(丁稚), 데다이(手代), 반토(番頭)라는 서열이 분명하
였다. 데치는 10살 전후의 어린이로 상점에서 주인의 심부름을 하고 잡일
을 거들었다. 데다이는 보통 점원으로 손님을 상대하였다. 반토는 지배인
에 해당하는 점원의 우두머리였다. 여러 대에 걸치면서 자본을 축적한 비
교적 규모가 큰 상가(商家)의 경우, 주인은 직접 영업에 관여하지 않고 지
배인인 반토가 실무를 관장하였다. 이와 같은 관행이 성립된 것은 최고 책
임자의 권위가 손상되지 않고 가문이 존속될 수 있도록 하기 위함이었다.
에도시대의 상인은 엄격한 도제제도를 통하여 인재를 발굴하고 육성
하였다. 도제제도는 실력주의 원리를 실현하는 제도였다. 데치는 반토나
데다이의 지도를 받아 심부름을 하면서 상인의 자세나 손님을 대하는 법
을 배웠다. 그리고 데다이는 반토의 명령을 받아 일을 하면서 상인으로
성장하였다. 주인은 데다이가 한 사람 몫을 하는 상인으로 성장하였다고
판단하였을 때, 실패를 할 수도 있다는 전제 하에, 반토가 자유롭게 능
력을 발휘하여 영업을 할 수 있도록 기회를 제공하였다. 이러한 과정을
통하여 성실하고 유능한 인재가 발굴되면 주인은 그 점원을 자기의 딸과
결혼시켜 가업을 상속하는 경우가 적지 않았다.
에도시대 상인이 무엇보다도 중요시했던 것은 가업의 존속이었다. 가
업을 영구히 존속시키려면 사업수완이 있는 자가 가업을 상속하지 않으
면 안되었다. 자신의 혈통을 이은 자식이 가업을 지킬 만한 능력이 없다
고 판단하였을 때에는 친자식에게 가업을 상속하지 않고 양자를 들여 가
업을 상속하였다. 이와 같은 능력주의는 동업자 상호간의 경쟁이 치열했
던 시대를 배경으로 하여 뿌리내렸다.

4. 이시다 바이간과 상업 긍정의 사상

18세기 중기, 에도시대의 상인 앞에 놓여 있었던 상황은 겐로쿠시대의 그것과는 사뭇 달랐다. 겐로쿠시대의 상인과 같이 지혜와 사업 수완만으로 성공할 수 있는 가능성은 거의 없었다. 보통 상인들은 근면, 검약, 정직, 그리고 신용을 중요한 재산으로 하여 착실하게 부를 축적하는 길밖에는 다른 길이 없었다. 이러한 시대의 상인들에게 생활의 방향과 존재의 의미를 깨우쳐 준 인물이 이시다 바이간(石田梅岩)이었다.

이시다 바이간은 1685년에 교토 부근의 농촌에서 농민의 자제로 태어났으나 어릴 때부터 교토의 상점에 점원으로 취직하여 근무하면서 자신의 본성을 탐구하여 40대 중반에 깨달았다. 그는 문헌을 정밀하게 검토하며 연구한 학자는 아니었으나 상인의 경험을 기초로 하여 여러 학문의 정신을 절충하였다.

이시다 바이간은 무사에게 무사의 길이 있는 것과 마찬가지로 상인에게는 상인의 길이 있다고 하였다. 그렇기 때문에 상인이 이익을 취하는 것은 정당하다고 주장하였다. 만약에 이 사회에서 있고 없음을 유통하는 존재인 상인이 없고, 생산자인 농민이나 공인(工人)만 있다면 사회는 유지될 수 없음을 지적하였다. 무사가 봉록을 받아 생활하는 것과 마찬가지로 상인은 이익을 얻음으로써 생활할 수 있다고 하였다.

이시다 바이간은 상인이 정당한 방법으로 이익을 얻는 것이 정직이며, 약속과 신용을 지키는 것이 정직이라고 주장하였다. 그에 의하면 정직은 인륜의 근본인 동시에 상업사회 성립의 기본 요건이었던 것이다. 그런데 이러한 정직과 분리하여 생각할 수 없는 것이 검약이었다. 그가 말

이시다 바이간

하는 검약은 단지 물건을 아끼는 것이 아니고 사물의 효용을 최대한으로 발휘하게 하는 것이었다.

5. 보통 상인의 정신

교토에는 누대에 걸쳐서 영업을 하는 상점들이 많다. 이와 같은 상점들을 특히 시니세(老舖)라고 하였다. 시니세에는 대대로 전해져 내려오는 가훈과 점칙(店則)이 있었다. 가훈과 점칙을 보면 교토의 상인들은 어떠한 정신을 강조하였는지 알 수 있다.

1) 고객에게 정성을 다하는 정신

교토의 유명한 과자점인 구로카와가(黑川家) 상점은 점원들에게 고객에게 예의를 다할 뿐만이 아니라, 늘 웃는 얼굴로 손님을 맞으라고 지도하였다. 점원이 고객을 길에서 만났을 때도 먼저 공손히 인사하는 것은 물론 고객이 비록 어린애, 혹은 비천한 하인이라도 농담을 하거나 놀리는 말을 해서는 안되었다. 고객은 언제나 친절하고 정중하게 대응하여야 한다는 점을 강조하였다.

포목점인 야시로가(矢代家) 상점은 가훈에서 손님을 지극하게 공경할 것을 강조하였다. 단골손님은 말 할 것도 없고 한 치의 옷감이라도 팔아주면 그 손님을 주인과 같이 공경하라고 하였다. 손님이 물건을 팔아주어야 그 이익으로 상인들이 생활을 영위할 수 있기 때문에 손님은 바로 부모와 같은 존재라는 점을 강조하였다.

2) 가업 제일주의 정신

일본 근세의 상인들은 가업의 번영을 위하여 자신을 희생하는 정신을 한시도 잊지 않고 있었다. 가업을 상속한 자는 당대에 사업을 안전하게 유지해야 할뿐만이 아니라 여건이 허락된다면 더욱 발전시켜 후손에게 물려주는 역할을 해야하는 사람이라고 생각하고 있었다. 다시 말하면 주인이라고 하여도 가산과 가업은 자기 개인의 것이 아니며, 그렇기 때문에 주인은 재산의 소유자가 아니라 재산의 관리자일 뿐이라는 생각을 갖고 있었다.

주인은 최선을 다하여 가업과 가산을 지키려고 노력하여야 하고, 또 그러한 능력이 있었을 때 비로소 주인이지, 그렇지 않은 경우에는 주인으로 인정되지 않았다. 교토의 시니세인 이노우에가(井上家) 상점의 점칙에는 "주인이라고 해도 아침에 늦잠을 자고, 저녁에 놀러 다니고, 사업에 투신하지 않고, 제정신을 차리지 않을 경우, 점원은 친척에게 보고하여 자본과 문건을 조사한 후에 주인에게는 약간의 급료만 지급하여 은퇴시킬 것"이라는 내용이 보인다.

3) 안분지족의 정신

전근대사회는 신분제사회였다. 신분제사회의 윤리로 강조되었던 것이 다름아닌 안분지족의 정신이었다. 안분지족의 정신은 어느 신분계층에 서고 일반적으로 강조되었지만, 특히 사농공상 질서의 최하위에 있었던 상인들에게 강조되었다.

안분지족의 정신은 가업을 지키기 위해서도 상인이 후손에게 강조하는 덕목이었다. 만족함을 모를 때 무리를 하게 되고, 무리를 하면 가업이 위태로울 수 있다는 것을 근세 상인들은 경험적으로 알고 있었기 때문이다.

17세기 후기에 교토에 처음으로 상점을 낸 무카이가(向井家)에도 가훈서가 전해 내려오고 있다. 이 문서는 창업자가 사망한지 200주년이 되는 1874년에 작성된 것인데 그 내용 중에 "200주기에 즈음하여 그때의 장부를 보건대 이 가문의 전답과 재산이 오늘날에도 각별히 증감한 것이

없다. 많지 않은 가업이지만 이것을 상속해서 200년이 되는 가문"이라
는 대목이 있다. 분수를 지키면서 영업을 했기 때문에 200년 이상이나
가업을 존속시킬 수 있었던 것이다.

겐로쿠문화와 가세이문화

1. 겐로쿠문화

17세기 후기인 겐로쿠시대의 문화는 현실주의적 경향을 띠었으며, 학문에는 합리주의 정신이 뚜렷하였다. 문화의 담당자는 교토와 오사카의 조닌이었는데, 그들의 경우 자유스러운 인간성을 추구하려고 하는 경향이 있었다. 그것은 이 시대의 조닌들이 현실을 우키요(浮世)로서 긍정하였던 태도와 깊은 관련성이 있다.

이 시대 문화의 중심지는 말할 필요도 없이 교토와 오사카였다. 가미가타(上方)라고 일컬어졌던 교토와 오사카는 기술과 문화의 선진지역이었기 때문에 당연히 고급품은 모두 그곳에서 생산되어 전국적으로 보급되었다. 이 당시에는 거대도시 에도도 가미가타에 비하면 문화면에서 매우 뒤져 있었다.

1) 문예

(1) 하이카이

문예의 세계에서는 유흥 공간과 극장을 배경으로 한 조닌의 문예가 교토와 오사카를 중심으로 하여 화려하게 전개되었다. 그 하나가 무로마치(室町)시대에 렌카(連歌)의 여흥으로 생겨나게 된 하이카이(俳諧)였다. 그러나 이 시대의 하이카이는 귀족적 취향의 와카(和歌)나 렌가(連歌)와는 많이 달랐다. 하이카이의 성격은 매우 현실적이었으며, 서민의 일상생활과 밀접한 관련을 가진 시가로서 발달하였다.

에도 초기의 하이카이는 데이몬파(貞門派)에 의하여 명맥이 이어졌다. 그러나 데이몬파는 형식주의에 치우쳐 있었기 때문에 생명력을 결여하고 있었다. 이러한 분위기에 활력을 불어넣은 것은 니시야마 소인(西山宗因)이었다. 그는 17세기 중기에 오사카에서 출현하여 단린파(談林派)를 일으켰다. 그는 자유분방하면서도 해학적인 시가라고 하는 입장을 분명히 하면서 하이카이 혁신운동을 일으켰다.

소인의 문하에서 마쓰오 바쇼(松尾芭蕉)가 출현하면서 하이카이는 한단계 비약하게 되었다. 마쓰오 바쇼는 단린파 하이카이의 자유로운 정신을 계승하면서도 단순히 해학적이고 즉흥적인 경계를 극복하고 심오하고 한적함을 본지로 하는 하이카이를 확립하였다. 이것을 바쇼 하이카이라고 하는데, 달리 바쇼의 이름을 따서 초풍(蕉風) 혹은 정풍(正風)이라고 하기도 한다. 바쇼 하이카이는 자연과 합일된 담담한 마음, 넉넉하고 여유로운 운률, 섬세한 감각을 특징으로 한다.

바쇼는 제자와 함께 각 지방을 여행하였는데, 북부 일본의 각 지역을 여행하면서 남긴 『오쿠노 호소미치(奧の細道)』라는 기행문이 유명하다. 그 밖에 『사루미노(猿蓑)』 등의 작품집도 남겼다. 그의 문하에서 에노모토 기카쿠(榎本其角), 핫토리 란세쓰(服部嵐雪), 가가미 시코(各務支考) 등의 제자들이 배출되었다.

(2) 소설

조닌 생활의 실상을 사실적으로 표현한 것은 소설이었다. 에도 초기의 소설이라고 할 수 있는 가나소시(仮名草子)는 서민의 인기를 끌지 못하였다. 그러나 17세기 중기에 이하라 사이카쿠(井原西鶴)가 출현하면서 소설은 대중적인 인기를 끌게 되었다. 사이카쿠는 당시 일본인들이 우키요(浮世)라고 일컬었던 속세에 살면서 희노애락을 경험하는 조닌의 일상생활을 실감나게 표현하였다. 사이카쿠가 우키요소시(浮世草子)를 창시하면서 근세 소설의 기초가 확립되었다.

사이카쿠는 처음에 단린파의 문인으로 하이카이에 입문하여 뛰어난 재능을 발휘하였으나, 1682년에 『고쇼쿠이치다이오토코(好色一代男)』라는 소설을 발표하면서 본격적으로 소설을 쓰기 시작하였다.

사이카쿠는 20여 편의 작품을 남겼다. 그의 작품들은 내용에 따라 호색을 주제로 한 것, 조닌을 대상으로 한 것, 그리고 무가(武家)의 생활을 대상으로 한 것 등으로 분류할 수 있다. 호색을 주제로 한 것으로는 일생 동안 여색을 탐닉한 한 남자의 일대기를 그린 『고쇼쿠이치다이오토코』, 죽음도 두려워하지 않고 사랑을 이루는 여인들을 묘사한 『고쇼쿠고닌온나(好色五人女)』 등의 작품이 있다. 사이카쿠는 이러한 작품을 통하여 인간의 성적인 본능을 긍정하고 진정한 사랑의 숭고함을 그려내었다.

조닌을 대상으로 한 작품으로는 단기간 내에 막대한 부를 축적한 동시대 조닌의 성공담과 금전을 둘러싼 인간 관계를 묘사한 『니혼에이타이구라(日本永代蔵)』, 『세켄무네잔요(世間胸算用)』 등이 있다. 사이카쿠는 이러한 작품을 통하여 금전적인 이익을 추구하는 조닌들의 애환을 있는 그대로 그렸다. 무가의 생활을 대상으로 한 작품으로는 『부도덴라이키(武道伝来記)』, 『부케기리모노가타리(武家義理物語)』 등이 있다. 이러한 작품은 주로 무사도의 문제를 다룬 것들이다.

(3) 연극

조루리(浄瑠璃)와 가부키(歌舞伎)는 노(能)와 함께 에도시대의 3대 예능이라고 일컬어지고 있다. 그 중에서 노는 막부에 의하여 특별히 보호되었기 때문에 오히려 새로운 시대의 예능으로 발전할 수 있는 기회를 잃어버렸다. 그러나 조루리와 가부키는 조닌의 생활 속에 융화되어 민중의 사랑을 받는 연극으로 발전하였다.

조루리는 근세 초부터 일본의 현악기인 샤미센(三味線)으로 연주하는 음악과 인형극이 밀접한 관련을 가지면서 발전하여 겐로쿠시대에는 닌교조루리(人形淨瑠璃)의 전성기를 맞이하였다. 바로 이 시기에 지카마쓰 몬자에몬(近松門左衛門)이 출현하여 각본을 쓰고 희곡을 연출하였다.

지카마쓰 몬자에몬의 작품 중에는 역사상의 설화나 전설에서 소재를 취한 것이 있는데 『슛세카게키요(出世景清)』, 『고쿠센야캇센(国性爺合戦)』 등이 대표적인 것이다. 그리고 세상에서 실제로 발생하였던 사건에서 소재를 취한 작품으로는 『소네자키신주(曽根崎心中)』, 『신주텐노아미지마(心中天網島)』, 『메이도노히캬쿠(冥途の飛脚)』 등이 있다. 위와 같이 실제로 발생했던 사건을 각색한 작품의 대부분은 인정과 의리 사이에서 고뇌하는 인간의 비극을 그린 것이다. 지가마쓰 몬자에몬은 전 근대사회의 봉건윤리와 인간 본래의 애정이 대립하는 상황을, 조닌의 입장에서 절묘하게 묘사하였다.

지카마쓰 몬자에몬은 또한 가부키 대본 작가로도 유명하였다. 가부키는 서민의 연극으로 발전하였다. 17세기 초에는 가부키에 여성이 배우로 출현하였으나 풍기문란을 이유로 금지되었고, 이어서 소년들이 여성으로 분장하여 출현하였으나 그 역시 음란하다는 이유로 금지되자 겐로쿠시대에는 성인 남성들만이 출현하는 연극으로 발전하였다. 이것은 가부키가 가무에서 연극으로 발전하는 전기가 되었다. 무대도 노천무대에서 2층 객석을 구비한 극장으로 발전하였다.

2) 미술

겐로쿠시대에는 속세의 인간생활을 소재로 한 미술이 개화하였다. 그러나 이 시대의 풍조는 현재의 생활을 즐기는 데 만족하는 경향이 있었기 때문에, 특기할 만한 문화재는 거의 남겨지지 않았다.

회화 분야에서는 가노파(狩野派)가 여전히 막부의 보호를 받으며 작품 활동을 하면서 현실에 안주하였다. 그렇기 때문에 오히려 생명력을 상실하였고, 작품의 수준도 떨어졌다. 한편 야마토에(大和絵) 계통을 잇는 도사파(土佐派)에서 도사 미쓰오키(土佐光起)가 출현하여 가노파의 양식을 도입한 새로운 도사 양식을 성립하고, 조정에 봉사하면서 에도의 가노파와 긴장감을 갖고 대립하였으나, 도사파 또한 현실에 안주하는 경향이 있었다. 도사파의 문하에서 스미요시 조케이(住吉如慶)가 스미요시파를 열었다. 그의 아들인 구케이(具慶)는 에도로 진출하여 막부의 어용화가가 되었지만 그 후로는 걸출한 화가가 출현하지 않았다.

오가타 고린의 마키에기법의 작품

이에 대하여 야마토에는 크게 발전하였다. 이 분야를 대표하는 화가로는 오가타 고린(尾形光琳)을 들 수 있는데, 그는 사실보다는 어느 정도 추상적인 신선한 구도와 색채로 화폭을 구성하였다. 그의 계통을 잇는 그림을 린파(琳派)라고 한다. 고린의 제자 중에서는 특히 오가타 겐잔(尾形乾山)이 유명하였다.

서민이 가장 애호하였던 것은 풍속화였다. 이 시대의 풍속화는 미인, 인기있는 가부키 배우, 유명한 스모 선수를 그 대상으로 하였기 때문에 서민의 인기를 독차지하였다. 이러한 풍속화를 특히 우키요에(浮世絵)라고 하였다. 대표적인 작가로는 히시카와 모로노부(菱川師宣)를 들 수 있는데, 그가 주로 세상의 풍속을 소재로 하여 그림을 그렸기 때문에 우키요에라는 이름이 붙여졌다. 우키요에에는 조닌의 강렬한 자기 인식이 내포되

히시카와 모로노부의 미인도

어 있었다. 모로노부는 판화기법을 도입하여 작품의 대량 생산의 길을 열었기 때문에 그의 작품은 에도의 서민들 사이에 널리 유포되었다. 판화는 18세기 중기에 이르러 천연색인 니시키에(錦絵)로 발전하게 되었다.

2. 가세이문화

에도시대 후기에 이르면 문화의 중심이 교토·오사카에서 에도로 옮겨졌다. 18세기 말이 되면 막번체제의 모순이 일시에 분출하면서 사회의 질서는 상당히 이완되었다. 막부는 법의 정당성만을 내세워 강제적으로 질서를 유지하려고 하였다.

가세이문화는 막부의 엄격한 통제 속에서 활기를 상실하고, 퇴폐적이고 무기력한 분위기가 팽배해 있었다. 가세이문화는 건전하고 활기에 넘쳤던 겐로쿠문화와 비교해 보면, 애욕과 웃음을 추구하는 방향으로 타락하였다. 서민들은 억압된 본능을 풍자와 해학으로 발산시켰다. 조닌문화를 대표하는 것은 소설과 우키요에였다.

1) 소설

소설분야에서는 점차로 퇴폐적인 경향이 나타나기 시작하였다. 이 시대에는 에도의 유흥가를 무대로 하여 기발한 대화에 초점을 맞춘 샤레본(洒落本)과 풍자와 해학을 소재로 한 기뵤시(黃表紙)가 발달하였다.

샤레본은 다누마시대와 같은 향락적인 세상의 분위기를 배경으로 하여 산토 교덴(山東京伝)과 같은 인기 작가를 탄생시켰다. 산토 교덴은 유흥가 남녀의 인간상을 날카로운 필치로 묘사하여 대중적인 인기를 끌었다. 그러나 그의 작품은 점차로 저급한 웃음과 호색의 생활에 빠지는 경향을 보이기 시작하였다.

한편 풍자와 해학의 그림이 들어간 소설이라고 말할 수 있는 기뵤시는

아카혼(赤本), 구로혼(黒本), 아오혼(青本) 등으로 표지의 색깔에 따라
이름이 붙여진 어린이용 그림책이 어른을 대상으로 한 책으로 탄생된 것
이었다. 작가로서는 산토 교덴과 고이카와 하루마치(恋川春町)가 특히
유명하였는데, 이들 또한 막부의 풍속정책에 의하여 작품활동을 중지하
지 않을 수 없었다.

　기뵤시의 해학적인 부분을 계승하여 19세기 초부터 막말에 이르기까
지 성행한 서민적인 낙천소설이 곳케이본(滑稽本)이었다. 대표적인 작가
로는 짓펜샤 잇쿠(十返舎一九)가 있는데 그는 『도카이도추히자쿠리게
(東海道中膝栗毛)』를 비롯하여 에도 토박이의 해학에 넘치는 여행기를
썼다. 시키테이 산바(式亭三馬)는 『우키요부로(浮世風呂)』와 『우키요도
코(浮世床)』에서 목욕탕이나 이발소를 무대로 하여, 평범한 에도 서민의
일상을 섬세하게 표현하여 인기를 얻었다.

산토 교덴

　형식은 샤레본을 따르면서 내용은 연애를 주제로 하여 남녀의 애욕을
적나라하게 묘사한 소설이 닌조본(人情本)이었다. 닌조본은 19세기 전기
에 유행하였으나 덴포개혁으로 금지되었고, 인기작가였던 다메나가 슌
스이(為永春水)는 처벌되었다. 그의 대표작으로는 『슌쇼쿠우메고요미(春
色梅児誉美)』를 들 수 있는데, 이 소설은 일세를 풍미하는 베스트셀러였
다. 다메나가 슌스이는 무기력하고 애욕에 넘치는 조닌을 감상적으로 묘
사하였는데, 그의 작품에는 독자의 수치심을 자극하는 장면이 많았다.

　한편 이 시대에는 권선징악의 사상을 주입한 장편소설인 요미혼(読本)
이 널리 읽혀졌다. 요미혼은 그림보다도 문장을 읽는 것을 주로 한 것으
로 가나소시의 전통을 잇는 역사적인 전기소설이었다. 초기의 요미혼으
로는 1760년대에 우에다 아키나리(上田秋成)가 쓴 『우게쓰모노가타리
(雨月物語)』가 뛰어난 작품이라고 할 수 있다. 그 후로는 산토 교덴, 다
키자와 바킨(滝沢馬琴) 등이 요미혼 작가로 이름을 날렸다. 요미혼 중에
서도 다키자와 바킨의 『난소사토미핫켄덴(南総里見八犬伝)』은 약 30년
에 걸쳐서 100책 이상이나 연속되는 인기를 누렸다. 『난소사토미핫켄
덴』은 영웅호걸, 충신효자, 악인선인이 함께 섞여서 등장하는 스케일이

웅장한 작품인데, 그 주제는 유교이념에 근거한 권선징악, 인과응보의 사상으로 봉건 도덕의 고취에 커다란 역할을 수행하였다.

　기뵤시의 형식을 따르면서 내용은 요미혼식으로 한 소설이 고칸(合卷)이었다. 고칸에는 글과 함께 그림이 실려 있다. 이것은 19세기 전기에 가장 성행하였는데, 특히 류테이 다네히코(柳亭種彦)가 겐지모노가타리(源氏物語)를 당세풍으로 통속화시킨 『니세무라사키이나카겐지(偐紫田舎源氏)』는 그 대표적인 작품이었다. 고칸이라는 이름은 기뵤시의 합본이라고 하는 의미로 쓰여진 말로 광범위하게 읽혀지게 되었다.

시키테이 산바

2) 미술

　이 시대에는 그림을 애호하는 사람들의 수가 증가하였는데, 서민이 가장 애호하였던 것은 풍속화인 우키요에였다. 우키요에는 회화보다는 판화에서 독자적인 세계를 펼쳤다. 초기의 판화는 흑백으로만 표현되었는데, 점차로 기법이 개발되어 1765년에는 스즈키 하루노부(鈴木春信)에 의하여 여러 가지 색깔을 사용한 니시키에(錦絵)가 제작되었다. 니시키에는 화가, 조각가, 인쇄기술자 등이 협력하게 되면서 비약적으로 발전하였다. 우키요에 판화는 급속한 발달을 보여 서민에게 애호되었다.

　우키요에 판화는 미인, 배우, 스모 선수, 꽃이나 새, 무사, 풍경 등 실로 다양한 대상을 소재로 하였다. 1760년대에 스즈키 하루노부가 미인을 대상으로 하여 제작한 작품이 인기를 얻게 되면서, 도리이 기요나가(鳥居清長), 가쓰카와 슌쇼(勝川春章), 우타가와 도요쿠니(歌川豊国) 등이 미인들을 소재로 하여 많은 작품을 남겼다. 그러다가 1790년대에 이르러 기타가와 우타마로(喜多川歌麿)가 전혀 색다른 미인화를 선보였다. 같은 무렵에 홀연히 나타난 사람이 도슈사이 샤라쿠(東洲斎写楽)였다. 그는 연극 배우나 스모 선수를 대상으로 하여 수많은 작품을 남기고 모습을 감추었다. 19세기 중기에는 주로 풍경화를 대상으로 한 가쓰시카 호쿠사이(葛飾北斉)와 우타가와 히로시게(歌川広重)가 활약하였다. 호쿠

사이의 『후가쿠산주롯케이(富嶽三十六景)』와 히로시게의 『도카이도고주산쓰기(東海道五十三次)』가 특히 유명하다.

우키요에와는 품격이 다른 그림인 남화(南画)가 있었다. 남화는 문인 취향의 그림이었기 때문에 문인화라고도 하였다. 18세기 중기에 활약한 교토의 이케노 다이가(池大雅)는 중국의 화풍과는 다른 독특한 문인화를 남겼다. 에도에서는 다니 분초(谷文晁)가 독특한 화풍을 형성하여 활동하였다.

문인화와는 다른 계통의 그림으로 객관적인 사실을 그대로 묘사하는 사생화가 있었다. 사생화의 작가로는 18세기 후기에 활동한 마루야마 오쿄(円山応挙)가 있었는데, 그는 청(清)의 사생화를 모방하고, 서양화의 원근법과 입체 묘사법을 도입하여, 일본적인 사생화의 기틀을 마련하였다. 그의 화풍을 잇는 유파를 마루야마파(円山派)라고 한다. 마루야마파에 뿌리를 둔 마쓰무라 겟케이(松村月渓)는 문인화와 마루야마파의 사생을 종합하여 새로운 그림의 양식을 창조하였는데, 그 유파를 시조파(四条派)라고 하였다. 시조파는 사생에 서정미를 가미한 경묘한 필치를 특색으로 하는데, 오늘날 우리들이 전통적인 일본화라고 일컫는 그림은 대개 시조파의 그림이다.

테마 25
유학의 발달과 교육의 보급

1.유학의 수용

1600년 세키가하라전투에서 승리한 도쿠가와 이에야스가 정치의 주도권을 완전히 장악하고, 1603년에 쇼군(将軍)의 지위에 올라 에도(江戸)에 막부를 개설하자 누구의 눈으로 보아도 전쟁의 시대는 종언을 고하게 되었다.

이에야스의 당면과제는 새로운 정치체제를 확립하고 사회질서를 바로잡는 것이었다. 이에야스는 체제를 옹호하는 이데올로기로서 유학에 관심을 보였다. 이에야스가 유학에 매력을 느꼈던 것은 유학에는 불교에 없는 세속의 윤리가 있었기 때문이었다. 유학의 세속윤리에는 중국 고대의 봉건제도를 이상으로 하여 만들어진 것으로 당시 일본의 사정에 적합하였기 때문에, 이에야스는 유학을 수용하여 지배체제를 공고히 하고, 문란한 사회질서를 바로 잡으려고 하였다.

때마침 교토에 있는 상국사(相国寺)의 한 승려가 하산하여 유학을 공부하고 있었다. 그는 후지와라 세이카(藤原惺窩)였는데, 유학에 매력을 느껴서 불교에서 유학으로 전환하였던 것이다. 그의 학문에 커다란 영향을 준 사람은 임진왜란 때에 포로로 잡혀 일본으로 건너간 강항(姜沆)이라는 조선의 학자였다.

2. 주자학

도쿠가와 이에야스가 채용한 것은 주자학이었다. 주자학은 중국의 송나라 때 주희에 의하여 완성된 유학의 새로운 사상체계로 송학이라고도 한다. 그것은 우주 생성에서부터 인간의 존재, 그리고 실천철학에 이르기까지 일관된 원리에 의하여 설명하려고 의도한 사상체계였다.

유학은 중국인의 사상체계 속에서 형성된 것이지만 진시황의 분서갱유 사건 이래 학문연구의 수준에 머물러 있었으며, 사상적 생명력은 약하기 그지 없었다.

유학은 주희에 의하여 새로운 사상체계로 대성되기 이전에는 중국에서 가장 유력한 사상이라고는 할 수는 없었다. 오히려 불교가 번성하고 있었다. 불교는 남북조시대 이래 권력의 비호를 받으면서 체계적으로 발전하였다. 그리고 불교에는 유학이 범접할 수 없는 치밀한 사상체계를 구비하고 있었다. 유학에서는 설명하지 못하고 있었던 죽음과 실존이라고 하는 인간의 근본문제에 대하여 완전한 해답을 제시하고 있었다. 침체되어가고 있었던 유학이 이러한 불교와 대결하여 치밀한 이론을 구비한 사상으로 대성되었는데, 그것이 주자학이었다.

주자학에서는 이(理)와 기(気)의 작용에 의하여 우주만물이 생성된다고 보았다. 물론 인간성의 문제도 이과 기에 의하여 설명할 수 있다. 이가 인간에 내재하면 성(性)이 된다. 이것을 본연의 성이라고 한다. 이 본연의 성은 본래 선(善)한 것이다. 인간은 누구나 본연의 성을 지닌 선한 존재라는 측면에서는 성인이나 보통 사람이나 차별이 없다. 그런데 실제로는 선인도 있지만 악인도 있다. 그것은 기가 인간성에 부여되어서 생성된 기질의 성에 차이가 있기 때문이다. 기질의 성에는 청명혼탁의 차이가 있다. 성인은 기질의 성이 맑다. 그래서 본연의 성이 그대로 드러난다. 그러나 보통 사람은 기질의 성이 흐리다. 그래서 본연의 성이 드러나지 않는다. 인간은 누구라도 수양을 통하여 흐린 기질의 성을 깨끗이 하면 가려졌던 본연의 성이 그대로 드러나 성인과 같이 된다는 것이 주자학의 기본적인 가르침이다.

수양방법에는 마음이 흩어지지 않도록 집중하고 감정이 격렬하게 일어나는 것을 다스리는 방법과 『대학(大学)』에서 말하는 격물치지의 방법이 있다. 전자의 방법은 불교의 수행방법에도 있지만 후자의 방법, 즉 사물의 이치를 궁구하여 자신의 심지를 온전하게 하는 방법은 주자학에만 있는 독특한 방법으로 주목된다. 이러한 방법으로 마음과 몸을 수양한 사람은 이윽고 정치에 참여할 수 있는 것이다.

주자학이 일본 근세사회에 처음으로 수용되었을 때, 이(理)는 신분사회의 질서, 즉 상하·존비·귀천의 차별을 마치 천지간의 차별과 같이 움직일 수 없는 질서로 수용되었다. 특히 후지와라 세이카의 제자이며 도쿠가와 막부에 봉사하여 주자학을 뿌리내린 하야시 라잔(林羅山)에 있어서는, 그것은 사람들에게 자기의 주어진 사회적 지위 내지는 처지에 대한 체념을 가르치는 원리가 되어버렸다. 태어나면서부터 선천적으로 부여된 신분을 움직일 수 없는 운명으로 받아들이도록 하기 위하여 제시된 것이 안분지족(安分知足)의 정신이었다.

주자학은 군신·부자의 분별을 분명히 하는 학문이었고, 특히 상하의 질서와 대의명분을 중시하는 학문이었기 때문에 봉건질서를 다시 세우려고 하는 이에야스의 입장에서 보면 매우 바람직한 이론체계였다.

처음에 이에야스는 세이카를 맞아들이려고 하였다. 그러나 세이카는 제자인 하야시 라잔을 대신 이에야스에게 천거하였다. 라잔도 역시 건인사(健仁寺)의 승려였으나 환속하여 유학을 공부하던 인물이었다. 그는 스승인 후지와라 세이카의 가르침을 더욱 발전시켰다. 그리고 불교를 철

저하게 배척하여 일본
적인 주자학을 명실공
히 확립하였다.

하야시 라잔은 에도
막부의 문교정책을 담
당하였는데, 1630년
에는 우에노에 있는
시노부가오카(忍岡)에
사숙을 세웠다. 이때
부터 그의 자손들이
대를 이어서 막부에
봉직하면서 문교정책
을 담당하게 되었다.

막부가 유시마에 세운 성당

5대 쇼군 도쿠가와 쓰나요시의 치세가 되어서 문치정치가 뿌리를 내
리게 되었다. 그러면서 주자학이 봉건사회를 윤리적으로 떠받치는 봉건
교학으로 자리매김 되었다. 막부는 적극적으로 유학을 장려하였다.

쇼군 쓰나요시는 자신이 주자학을 좋아하였을 뿐만이 아니라 주자학
의 장려에도 힘을 쏟았다. 1690년에는 유시마(湯島)에 성당을 세우고 하
야시 라잔의 후손인 하야시 호코(林鳳岡)를 막부의 문교정책 총책임자라
고 할 수 있는 다이가쿠노카미(大学頭)에 임명하여 공자를 제사하도록
하였다. 각종 의례도 정비하였다.

주자학은 17세기 말에서 18세기 전기에 걸쳐서 전성기를 맞이하였다.
이 시기에 민간에서 기노시타 준안(木下順庵)이 출현하였다. 그는 5대
쇼군 도쿠가와 쓰나요시에 의하여 중용되었는데 그 문하에서 아라이 하
쿠세키(新井白石), 무로 규소(室鳩巣), 아메노모리 호슈(雨森芳洲) 등 뛰
어난 학자가 배출되었다.

주자학의 일파로 미나미무라 바이켄(南村梅軒)이 도사 지방에서 뿌리
를 내린 남학이 있었다. 이 계통에서 야마자키 안사이(山崎闇斎)가 출현

하였다. 그는 엄격한 도덕률을 중시하면서 다른 학설을 인정하려 하지 않았다. 안사이는 결국 일종의 신비주의에 빠져서 주자학의 사상을 기본으로 하는 신도설인 스이카신도(垂加神道)를 제창하여 신도와 천황의 덕은 일체라고 주장하였다. 그의 주장은 훗날 존왕론의 근거가 되었다.

그 밖에 후쿠오카(福岡)의 가이바라 에키켄(貝原益軒)과 같이 어느 학파에도 속하지 않은 주자학자도 있었다. 그의 직업은 의사였으나 교육·경제·역사 분야에 걸쳐서 많은 업적을 남겼다. 그는 일상적인 도덕을 강조한 것으로 유명한데, 이러한 통속교훈서의 가장 전형적인 것으로써 『야마토좃쿤(大和俗訓)』이라는 저서를 들 수 있다. 여기에서 에키켄은 부하된 자가 주군을 비방하는 것보다 불충한 것은 없으며, 그 지위에 오르지 않은 자가 국정에 관하여 비판하는 것은 옳지 않다고 말하고 있다. 부모를 공양할 때에는 효를 다하고, 윗사람을 모실때에는 아랫 사람으로서의 도리를 다하는 것이 인간도덕의 근본이라는 점을 강조하고 있다. 그는 여성의 도덕에 관하여도 언급하고 있다. 부인은 칠거지악을 범하여 쫓겨나는 일이 없도록 하라고 강조하였다.

3. 양명학

나카에 도주(中江藤樹)와 그의 제자인 구마자와 반잔(熊沢蕃山)은 양명학파를 이루었다. 나카에 도주는 처음에 주자학을 배웠으나 이윽고 양명학에 심취하였다. 그의 제자인 구마자와 반잔은 오카야마번(岡山藩)의 정치를 담당하면서 양명학의 도덕설을 현실정치에 적용하는 데 노력하였다. 그러나 양명학은 현실사회를 비판하고 그 모순점을 개혁하려고 하는 혁신사상을 내포하고 있었기 때문에 막부는 이 학파를 경계하였다. 구마자와 반잔도 그의 저서인 『다이가쿠와쿠몬(大学或問)』에서 막부의 정치를 비판하였다고 하여 탄압을 받았다. 그 밖의 양명학자들도 탄압을 받았다. 그렇기 때문에 양명학은 체계적으로 전수되지 못하였다.

그러나 일본 풍토의 특수성을 강조하고 일본 독자적인 교학의 필요성을 주장한 구마자와 반잔의 사상은 18세기에 이르러 도미나가 나카모토(富永仲基)에 의하여 더욱 철저하게 추구되었다. 나카모토는 오사카의 조닌이 설립한 가이토쿠도(懷德堂)에서 공부한 조닌 출신 학자였는데, 그는 일체의 기성 교학의 보편 타당성을 부정한 것으로 유명하다. 그는 유학은 고대 중국사회에서 형성된 철학이고, 불교는 고대 인도사회에서 형성된 종교며, 신도는 고대 일본사회에서 형성된 도덕으로 어느 것도 당시 일본 사회의 도리가 아니라고 갈파하였다. 그는 모든 선입견을 추방하고 현재에 부합하는 사상체계를 수립하여야 할 필요성을 자각하였던 것이다. 그의 주장은 치밀하게 체계화되지 못했다는 한계성을 지니고 있으나 새로운 학문의 가능성을 제시했다는 점에서 주목된다.

4. 고학

이 시대에 커다란 세력을 형성하고 있었던 것은 주자학이나 양명학의 해석을 비판하고 공자와 맹자의 가르침으로 돌아가서 유학의 진리를 파악해야 한다고 주장하였던 고학파(古学派)였다. 고학은 현실과 역사를 파악하고, 인간성을 존중한다는 특징을 갖고 있었다. 대표적인 학자로는 야마가 소코(山鹿素行), 이토 진사이(伊藤仁斎), 오규 소라이(荻生徂徠) 등을 들 수 있다.

야마가 소코는 『세이쿄요로구(聖教要録)』를 비롯한 여러 저술을 통하여 주자학을 비판하였다. 그는 학문이란 현실 생활에 바람직한 규범을 제시하지 않으면 안된다고 주장하면서, 정신의 수양을 강조하는 주자학을 공공연하게 비판하였다. 소코는 결국 막부의 탄압을 받아 한때 유배 생활을 하기도 하였다. 또한 그는 원래 무국(武国)인 일본은 무국으로서의 전통을 지킬 일이지 중국이나 조선을 모방하려고 하지 말아야 한다고 주장하였다. 그리고 일본이야말로 중국이라고 주장하였다.

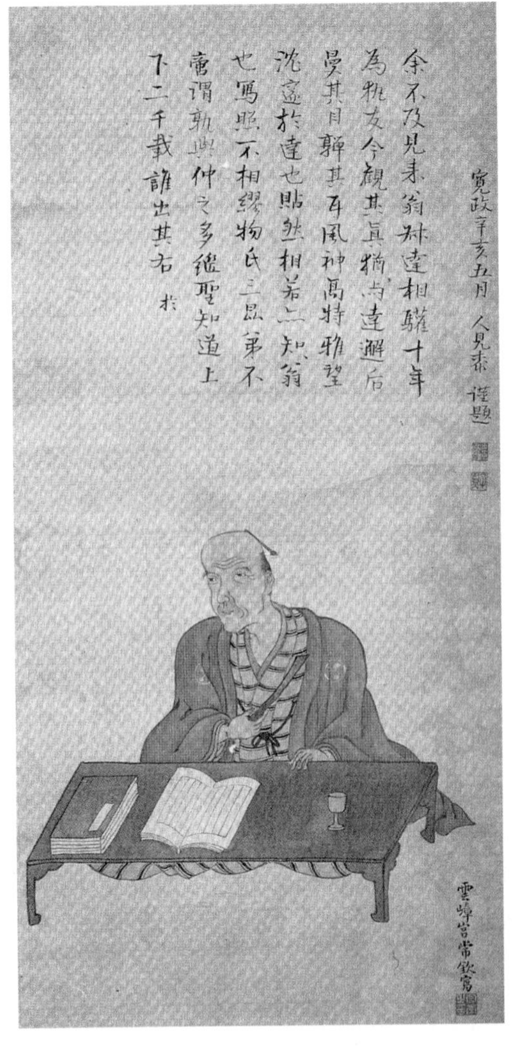

오규 소라이 초상

이토 진사이는 교토에서 고기도(古義堂)라는 사숙을 열고 후학들을 지도하였는데, 그는 신사상(神思想)이나 노장사상이 융합되어 있는 주자학은 진실한 성인의 학문이 아니라고 하여, 공맹사상을 직접 연구하였다. 그는 특히 『논어』와 『맹자』의 2서를 중히 여겼는데, 주자학의 정태적인 이(理)를 부정하고 경험적 지식을 중요시하였다. 그의 노력은 『론고코기(論語古義)』, 『고모코기(孔孟古義)』 등의 저서에 결집되어있다. 진사이의 문하생은 3천여 명에 이르렀다. 진사이의 학풍은 그의 아들인 도가이(東涯)에 의하여 계승되어 17세기 말에서 18세기 초에 걸쳐서 크게 떨쳤다.

에도의 오규 소라이는 진사이의 영향을 받으면서도 독특한 학문 체계를 형성하였다. 그는 5경을 중시하였는데, 고문헌의 실증적 연구를 통하여 경서의 참 뜻을 이해하려고 하였다. 그는 성인이 제시한 도(道)란 관념적인 것이 아니고 정치가이기도 한 성인이 인위적으로 만들어 제시한 것, 즉 통치를 위한 도라는 결론에 도달하였다. 그리하여 그는 일반적인 도덕보다도 정치를 중요시하였다. 그는 예악과 제도를 정비하는 것이 무엇보다도 중요하다고 주장하였고, 『세이단(政談)』을 저술하여 합리적인 정치개혁안을 제시하기도 하였다. 오규 소라이의 제자 중의 한 사람인 다자이 슌다이(太宰春台)는 『게이자이로쿠(経済錄)』를 남겼다.

정치적인 관심이 많았던 소라이학파의 저술에는 정치와 경제에 관하여 논술한 저서가 많았다. 이들은 추상적인 철학적 담론에 만족하지 않고 사회현실의 문제에 적극적인 관심을 가졌다는 것은 주목할 만하다. 그러나 그들의 저서는 당시에 이미 봉건사회의 모순이 드러났던 시대였음에도 불구하고 현실을 정확하게 인식하고 앞날을 역사적으로 전망하는 노력이 부족하였다는 비판을 면할 수 없다. 소라이는 사회의 개혁은 오직 무사와 농민의 이익를 위하였을 뿐 상인이 몰락하는 것은 조금도 개의치 않았다. 그것은 그가 무사본위의 입장에서 봉건제를 강화하려는 교호개혁의 정치 고문이었기 때문이었을 것이다. 그러나 그 수단으로서 무사토착론을 제창하였던 점은 현실의 문제를 전혀 고려하지 않은 공담에 지나지 않는 수준이었다.

소라이학파의 정치론은 농업과 농민을 존중하는 중농주의의 입장에 서 있다고는 하여도 어디까지나 생산의 유용성 차원에서였으며, 농민을 인간적으로 존중하고, 농민생활과 복지를 향상시키기 위하여 고민한 흔적은 보이지 않는다.

5. 교육의 보급

유학이 발달하면서 여러 지역에서 공·사립 교육기관이 설치되었고, 이것은 문화 보급의 커다란 요인이 되었다. 각 다이묘는 번교(藩校)를 세워 주로 무사의 자제들을 입학하게 하여 인재를 양성하는데 힘을 기울였다. 번교의 총수는 260여 개교에 달하였다.

관학에 대하여 사학기관인 사숙(私塾)이 있었다. 대표적인 사숙으로는 오사카의 조닌이 출자하여 경영한 가이토쿠도(懷德堂)가 있었는데, 이곳에서 합리적이고 실증적인 정신을 연마한 많은 인재들이 배출되었다. 그리고 분고(豊後) 히다(日田)의 간기엔(咸宜園)은 무사 이외의 서민에게도 개방된 교육시설로 한때는 학생이 3천명을 넘었고, 막말의 사상가와 지사를 다수 배출하였다. 훗날 명치정부의 중신이었던 오무라 마스지로(大村益次郎)도 이곳에서 배웠다. 또, 메이지유신의 사상적 지주였던 요시다 쇼인(吉田松陰)이 제자들을 지도하였던 쇼카손주쿠(松下村塾)에서도

데라코야의 풍경 단원 김홍도의 그림과 너무 비슷하다.

이토 히로부미(伊藤博文)를 비롯한 메이지유신의 지사가 배출되었다.

주로 서민의 자제들을 위한 기초교육 시설인 데라코야(寺子屋)가 자연 발생적으로 전국 각지에 세워졌다.

18세기 중기에 에도에만 800여 개소의 데라코야가 있었다. 막말에 이르면 그 수는 전국적으로 1만 5천 개소에 이르렀다. 데라코야의 규모는 20~30명 정도의 아동을 수용하는 소규모 시설이 대부분이었고, 교육 내용은 조선시대의 서당과 같이 한문을 가르친 것이 아니고, 실제 생활에 필요한 글을 읽고 쓸 정도의 교육을 실시하였다. 또 주산을 이용하는 방법을 가르치기도 하였다. 데라코야의 교육은 한마디로 실용위주의 교육이었다고 할 수 있다.

1. 양학

1) 난학의 성립

서양을 향하여 열려 있었던 유일한 창구는 나가사키(長崎)에 있는 데지마(出島)였다. 데지마에는 네덜란드 상관(商館)이 있었다. 이 상관에는 10인 내외의 네덜란드인이 상주하고 있었는데, 그 중에는 의사도 있었다. 당시의 네덜란드인 의사는 계몽적인 지식인으로 일본에 관한 저술을 남기고, 일본인에게 서양의 지식과 학문을 전수하기도 하였다. 서양의 학술에 관심을 가지고 있었던 일본인들은 네덜란드인과 접촉하여 서양의 지식을 접할 수 있었다. 쇄국체제하에서도 서양의 지식과 학문은 서서히 일본인에게 소개되고 있었던 것이다.

17세기 말에 니시카와 조켄(西川如見)이 『가이쓰쇼코(華夷通商考)』를 저술하여 세계의 지리와 풍속을 소개하면서 양학은 학문으로서 자리잡게 되었다. 1708년 일본 포교를 목적으로 일본에 몰래 들어온 이탈리아 선교사가 체포되었는데, 이때 아라이 하쿠세키(新井白石)가 이 선교사를 심문하였다. 하쿠세키는 이때의 심문기록을 『세이요키분(西洋紀聞)』이라는 책자로 남겼고, 나중에는 『사이란이겐(采覽異言)』이라는 세계지리서를 저술하였다. 이 단계에서 양학(洋学) 연구는 일단계 진전되었다고 할 수 있다.

아라이 하쿠세키의 저서는 18세기 초기의 일본인의 해외지식으로서는 주목되는 것이었지만, 본격적인 양학 연구는 8대 쇼군 도쿠가와 요시무네시대부터였다. 요시무네는 교호(享保)개혁 중에 농업기술의 향상을 꾀하였는데, 그 과정에서 과학기술을 받아들일 것을 장려하였던 것이다. 과학기술은 주로 중국에서 받아들였는데, 이때 한문으로 번역된 서양 서적의 수입이 허용되었다. 요시무네는 서양의 의학지식과 농업기술을 습득하도록 장려하였다. 일본에서의 양학 연구는 주로 나가사키의 네덜란드 상관을 창구로하여 연구되었기 때문에 난학(蘭学)이라고 하였다.

2) 난학의 발전

18세기 후기에는 난학에 대한 관심이 고조되었다. 이러한 분위기 속에서 마에노 료타쿠(前野良沢), 스기다 겐파쿠(杉田玄白) 등이 1771년 3월에 인체의 해부를 시도하였다. 이것은 당시에는 획기적인 일이었다. 이때 두 사람은 네덜란드어로 된 해부학서를 지참하고 있었는데, 그 책을 참고하면서 실제로 인체를 해부해본 결과 서양 해부서의 내용이 정밀한 데 놀라지 않을 수 없었다. 료타쿠와 겐파쿠 등은 그 해부서를 일본어로 번역하여 널리 알리고자 4년여에 걸치는 각고의 노력 끝에 그것을 번역하여 1774년에 『가이타이신쇼(解体新書)』라는 이름으로 간행하였다. 이 해부서의 간행은 일본인이 한문으로 번역되지 않은 서양 서적을 최초로 번역하였다는 점에서도 난학 발달에 획기적인 의미를 갖는다.

　『가이타이신쇼』의 간행이 상징하듯이 난학은 의학을 중심으로 발전하였다. 의학이 발달되면서 외과·내과·안과·산부인과 등의 전문의학 지식과 함께 해부학·생리학·병리학 등의 기초의학도 일본에 소개되었다.

　오쓰키 겐타쿠(大槻玄沢)는 1788년에 난학의 입문서인 『란가쿠카이테이(蘭学階梯)』를 출간하였다. 우다가와 겐즈이(宇田川玄随)는 1793년에 내과 전문서를 번역하였다. 그는 또 이나무라 산파쿠(稲村三伯)와 함께 일본 최초의 난일(蘭日) 사전인 『하루마와게(ハルマ和解)』를 출판하였다. 천문학 분야에서는 18세기 말에 코페르니쿠스의 지동설과 뉴턴의 학설이 소개되었다. 지리학 분야에서는 이노 다다타카(伊能忠敬)가 일본 열도를 측량하고 『다이니혼엔카이요치젠즈(大日本沿海輿地全図)』를 완성하였다.

　난학이 발달하면서 수입된 서양 물품들을 귀중히 여기는 사람들이 늘어나고 있었는데, 온도계·색안경·시계·망원경 등 그 종류도 다양하였다. 일본인은 수입품의 정교함에 감탄하였다. 서양 물품에 대한 관심과 함께 서양의 학문에 관심을 기울이는 사람이 늘어나면서, 특히 난학자들 사이에서는 합리적인 정신이 발달하였다. 해외 지식의 자유로운 수입을 통제하는 쇄국체제에 대한 비판적인 사고도 형성되게 되었다. 난학자들은 서양의 지식과 학문을 깊이 알면 알수록 그것이 형성된 서양의 사회구조·사상·문화에 관심을 가지게 되었고, 서양제국의 자본과 기술에 주목하면서 일본사회에 대하여 비판적인 사고를 갖게 되었다. 당연히 막부는 이러한 분위기를 경계하여 난학을 통제하기 시작하였다.

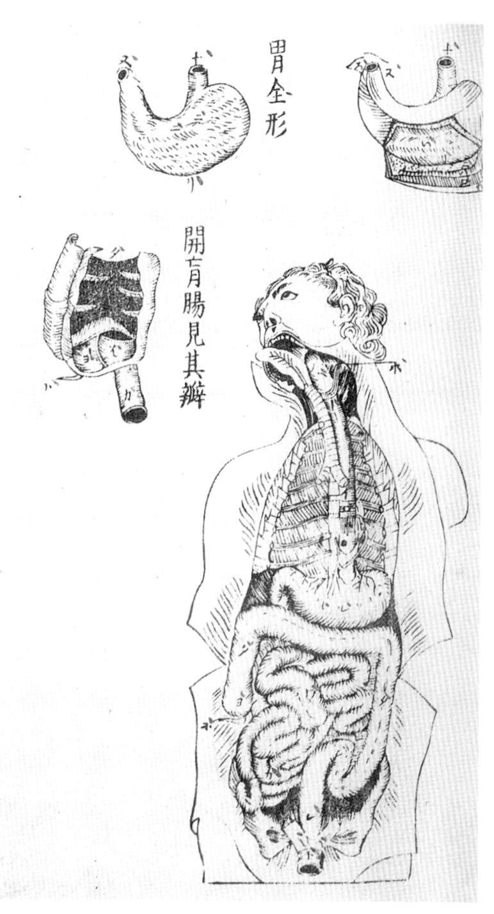

『가이타이신쇼』 해부도

시볼트(상)와 **다카노 조에이** (하)

　　1828년에는 시볼트(P. Siebold)사건이 발생하였다. 나가사키 상관의 독일인 의사였던 시볼트는 진료소를 설치하여 일본인을 치료하는 한편, 다카노 조에이(高野長英)를 비롯한 많은 제자에게 서양의 학문을 전수한 사람이었다. 그런데 그가 귀국할 때, 천문학자이며 막부의 관리였던 다카하시 가게야스(高橋景保)가 시볼트에게 일본지도를 건네주었는데, 이것이 발각되어 시볼트는 추방되고, 가게야스를 비롯한 다수의 일본인이 처벌되었다.

　　1839년에는 반샤(蛮社)의 옥이 일어났다. 이것은 다카노 조에이를 비롯한 난학을 연구하는 사람들이 막부의 쇄국정책을 비판하고, 개국을 주장하였기 때문에, 이것을 경계한 막부가 이들을 체포하여 처벌한 사건이었다.

3) 난학에서 양학으로

　　난학은 실용주의 학문으로 막부의 보호를 받으면서도, 사상적으로는 막부와 팽팽한 긴장관계를 유지하면서 발전하였다. 그러다가 막말에 이르면, 네덜란드를 유일한 통로로 하던 난학은 더욱 시야를 넓혀, 영국·프랑스·독일 등의 학문 성과도 받아들이면서 비로소 양학(洋学)이라고 불릴 수 있게 되었다. 이 시기에 이르러 학문의 내용도 다양해지고 깊어졌다.

　　막부도 19세기 초에는 서양 서적을 전문적으로 번역하는 기관을 두었다. 1858년에는 의학연구 기관으로서 종두소(種痘所)를 설치하였다. 종두소는 훗날 도쿄대학으로 발전하게 되었다. 민간에서는 오가타 고안(緒方洪庵)이 오사카에 데키주쿠(適塾)를 세워 인재를 양성하였데, 이곳에서 하시모토 사나이(橋本左內), 후쿠자와 유키치(福沢諭吉)와 같은 걸출한 인재가 배출되었다. 그들은 근대 일본의 방향성을 제시한 인물들이었다.

　　국제 정세가 긴박하게 전개되는 가운데 막부와 서부 일본의 유력한 다이묘들은 서양의 군사기술에 관심을 갖게 되었다. 대포를 주조하기 위하여 반사로와 용광로를 설치하고, 화약제조소를 건립하고, 해군 훈련소를 운영하기 위하여 서양의 여러 나라와 관계를 강화하였다. 이와 같이 양학은 기술면에 편중되어 그 기반을 형성하고 있는 사상과 문화의 깊은 이해에는 도달하지 못하였다. 그러나 양학은 일본이 서양의 동양진출 과정에서 그 충격을 견뎌내고, 동양의 여러 나라 중에서 유일하게 근대화에 성공할 수 있는 초석이 되었다.

2. 국학

1) 국학의 성격

일본의 사상 중에서 가장 특색있는 사상의 하나가 국학이다. 국학은 그 학문의 방법으로서는 실증적인 문헌학적 방법을 취하고, 인간관으로서는 감정과 정서를 중요시하는 주정적인 인간관을 취하였다.

주자학을 비판하고 고대의 정신으로 돌아가자고 주장했다는 측면에서 보면, 국학자들의 정신적인 태도는 고학자들과 상통하는 면이 있었다. 그러나 고학자들이 주자학의 사변적 합리주의에서 벗어나서 공자에게로 혹은 공자 이전의 선왕의 정신으로 돌아가려고 했다면, 국학자들은 유교나 불교 등의 외래사상에서 해방되어 일본 고대의 순수한 정신을 있는 그대로 파악하려고 했다. 다시 말하면 고학자들과 국학자들은 학문의 방법적 측면에서는 차이가 없었으나, 고학자들은 중국 고대 성인의 정신을 이상으로 하였고, 국학자들은 일본 고대 정신을 이상으로 했다는 데에 기본적인 차이가 있었던 것이다.

그런데 국학에는 두 가지 측면이 있다. 하나는 일본 고전의 문헌학적 연구의 측면이고, 다른 하나는 고전에 제시된 일본 고대의 정신을 밝히려고 하는 측면이다.

2) 국학의 계보

일반적으로 국학을 발전시킨 학자들을 거론할 때, 17세기 말에서 18세기 초에 활동하였던 가다노 아즈마마로(荷田春滿), 18세기 전기에 활동하였던 가모노 마부치(賀茂眞淵), 18세기 후기에 활동하였던 모토오리 노리나가(本居宣長), 19세기 전기에 활동하였던 히라타 아쓰타네(平田篤胤)의 4인을 국학사상 가장 중요한 인물로 일컫고 있는데, 국학의 문헌학적 방법의 기초를 확립한 게이추(契沖)의 공적도 결코 경시할 수 없을 것이다.

(1) 문헌학적 방법을 창시한 게이추

게이추는 진언종(真言宗)의 승려였다. 일본의 진언종은 구카이(空海)에 의하여 뿌리를 내렸는데, 게이추는 구카이에 의하여 소개된 산스크리트 문법을 배우고 그것을 통하여 문헌학적 연구법을 몸에 익혔을 것으로 생각된다. 그러면서 그는 17세기 후기 일본사회의 시대적인 조류라고 할 수 있는 인간의 욕망 긍정과 인간 해방의 정신 속에서 살면서 인정(人情)의 가치를 발견하고, 그것이 일본문화의 특징이라는 것을 지적하여 국학 연구의 실마리를 열었다.

(2) 신도가(神道家) 출신의 가다노 아즈마마로

가다노 아즈마마로는 도쿄의 후시미 이나리신사의 신관의 아들로 태어나 가문 전래의 신도와 가학을 기초로 하여 자신의 학문을 형성하였다. 그러나 그는 게이추나 훗날의 모토오리 노리나가와 같이 인간성을 발견하고 인간관에 기초한 학문을 형성한 것이 아니고 국수주의적 감정이 그의 학문의 근간을 형성하고 있었다. 그의 학문의 골격을 이루고 있는 것은 국사(国史)와 율령 그리고 전범(典範)의 연구, 와카(和歌)와 신도 등이었다. 그 중에서도 아즈마마로의 주된 관심은 신도에 있었다.

가다노 아즈마마로는 조용히 학문의 연구에 몰두하였던 게이추와는

정반대의 성격을 지녔던 인물로 상당히 적극적
인 행동을 하였다. 그는 에도로 가서 막부의 힘
을 빌어서 국학을 보급하려고 하였다. 1728년에
는 막부에 『소갓코케이(創学校啓)』를 제출하여
국학 학교를 세울 것을 청원하기도 하였으나 뜻
을 이루지는 못하였다.

(3) 일본 고대의 정신에 주목한 가모노 마부치

가모노 마부치는 거의 40세가 되어 가다노 아
즈마마로에 사사하게 되었다. 본래 시인으로서의 재능을 지녔던 가모노
마부치는 『만요슈』를 연구하면서 그 속에서 일본 고대의 정신을 파악하
려고 하였다. 그는 단지 언어를 표면적으로 해석한 것이 아니라 언어 속
에 내재된 작자의 심정을 추체험하여 그 사람의 정신을 이해하려고 하였
다. 그러나 마부치의 연구는 시인다운 직관적인 통찰력이 있었던 반면,
게이추와 같은 치밀한 실증이 결어되어 있었다고 말하지 않을 수 없다.

그가 발견한 일본 고대의 정신은 외래의 사상에서와 같이 작위가 없는
무위자연의 세계였다. 고대 일본인들은 타고난 성품대로 순진무구하게
생활하였다고 그는 생각했다. 금령에 의하여 일상생활까지 규제되었던
에도시대 일본인의 입장에서 보면 일본 고대사회는 평화롭고 자유로운
정신세계를 유지하고 있었던 것이다.

국학자의 계보 게이추(중앙), 가
모노 마부치(좌), 모토오리 노리
나가(우)

(4) 국학을 대성한 모토오리 노리나가

모토오리 노리나가는 처음에 게이추의 저서를 통하여 학문의 근본적
인 사고를 성숙시켰다. 그리고 가모노 마부치의 저서를 접하게 되었다.
게이추의 엄밀한 문헌사학적 방법을 몸에 익힌 노리나가가 가모노 마부
치의 저서를 처음으로 접했을 때에는 독단에 치우치는 경향이 있는 마부
치의 학문적 태도에 저항감을 가졌다. 그러나 노리나가는 고대어의 해석
을 통하여 일본 고대정신을 파악하려고 했던 마부치의 해석학적 방법의

독자성을 인정하고 배우려고 노력하였다. 그리하여 노리나가는 게이추의 실증적 방법에 근거하면서 마부치의 해석학적 방법을 적용하여 고대 일본인의 정신을 더욱 구체적으로 밝히려고 하였다.

노리나가가 『고지키(古事記)』를 본격적으로 연구하기 시작한 것은 35세 때였는데, 이때부터 그의 관심은 시가의 세계에 한정되지 않고 산문의 세계, 즉 인간의 일상생활에까지 관심을 가지기 시작했다는 것을 알 수 있다. 노리나가의 학문적 태도는 마부치의 설을 비판적으로 수용한다는 입장을 견지하였다. 노리나가가 이러한 입장에 서면서 비로소 『고지키』의 연구가 가능하게 되었고 국학의 기본적인 사고가 확립되었던 것이다.

(5) 국수주의자 히라타 아쓰타네

히라타 아쓰타네(平田篤胤)는 스스로 노리나가 사후의 문인이라고 주장하는데, 노리나가의 학문 영역 중에서 오직 고도(古道) 분야만을 계승하고 있다. 노리나가의 고전 해석은 탄탄한 실증적인 방법을 취하고 있으나, 아쓰타네의 그것은 실증성이 결여된 신비주의로 흐르고, 무리하게 자기의 입장을 합리화하려는 경향이 있었다. 노리나가는 인간의 욕망을 긍정하고 인정을 중핵으로 하는 인간론을 전개하였으나, 아쓰타네에게는 그러한 내적인 요구는 없고 그저 욕망을 긍정하는 데 그치고 있다.

아쓰타네에 이르러서 편협한 국수주의적 경향을 띠게 된 국학은 농촌을 중심으로 확산되었다. 신관·승려·지방 호족들 중에는 그의 사상에 공명하는 사람들이 많았다. 그 중에는 해외에서 전래된 것은 모두 좋지 않다고 하면서 편협적인 일본 중심 사상을 내세우는 사람도 있었다. 이러한 사상은 확산되어 서양의 여러 나라가 일본의 개국을 요구하자 그것을 모두 배격하려고 하는 양이(攘夷)사상으로 발전하였다.

3) 국학의 사상 – 노리나가의 인간론과 연민론

노리나가는 인간이 가지고 있는 욕망을 긍정하였다. 인간은 누구나가

맛있는 음식을 먹고 싶어하고, 좋은 옷을 입고 싶어하며, 좋은 집에서 살고 싶어하고, 돈을 많이 갖고 살고 싶어하며, 가능하면 오래 살고 싶어한다. 이것은 모든 인간의 진심(真心)이라고 하였다. 그렇기 때문에 이러한 진심을 짐짓 외면하는 것은 모두가 거짓이라고 하였다.

노리나가는 이와 같이 인간이 가지고 있는 욕망 중에서 특히 색욕을 예술의 대상이 될 수 있다고 하였다. 그 이유는 색욕은 사랑의 감정으로 승화되는 것이고, 그 사랑의 감정은 노리나가에 있어서 매우 중요한 의미를 갖는 것이기 때문이다. 인간이 대상을 접하면서 마음이 움직여 촉발되는 감정이 곧 정(情)인 것이고, 노리나가가 가치판단의 기준으로 삼고 있었던 인정도 결국은 사랑의 범주에 속하는 것이라고 할 수 있는 것이다. 다시 말하면 정은 마음의 근본인 것이며, 이러한 정이 있기 때문에 인간은 대상에 관심을 기울일 때마다 마음이 움직여 감정을 발산하지 않을 수 없다는 것이 노리나가의 생각이었다.

그러면 연민이란 무엇인가? 노리나가의 설명에 의하면, 세상의 일에 대하여 인간이 기뻐해야 마땅한 일에 대하여 기뻐하고, 슬퍼해야 마땅한 일에 대하여 슬퍼하고, 그리워해야 마땅한 일에 대하여 그리워하여 정에 반응하는 것이 곧 연민인 것이다. 다시 말하면 연민이란 대상에 접하여 사태의 본질을 인식하고 적절한 방법으로 마음을 움직여 반응하는 것이라고 할 수 있다. 그러니까 인간이 연민을 의식한다는 것은 단지 마음이 반응하는 상태가 아니라 자연스러운 마음의 작용을 종합적으로 인식하는 작용을 의미한다.

이와 같은 관점에서 보면 연민을 느낀다는 것은 인간이 어떤 대상에 접하여 그것을 감상하고, 각기 대상에 반응하여 마음으로 느끼는 심적작용을 경험하게 된다. 다시 말하면 그러한 과정은 대상의 본질을 인식하는 것이다. 그런데 이때 인식의 방법은 표면적인 이해에 그치는 것이 아니고 감성의 심층에까지 도달하여 이윽고 감동에 이르는 앎의 방법, 이것이 소위 연민을 느끼는 것이다.

감동에 이르는 마음을 그냥두고 관찰하면 그것은 마음에 간직되게 되며, 그러한 마음은 이윽고 분출되어 객관적인 작품의 형태로 표현되게 된다. 그것이 문예작품인 것이다. 이와 같은 노리나가의 연민론은 기존의 윤리나 정치에서 벗어나서 자유롭게 전개된 문예론이라고 할 수 있다. 노리나가가 『겐지모노가타리(源氏物語)』를 기존의 가치나 권위, 그리고 전통적인 해석에서 완전히 자유로운 입장에서 해석하게 된 것은 이와 같은 이론에 입각하고 있었기 때문에 비로소 가능한 것이었다.

노리나가의 연민론은 감정과 감동이라는 요소를 포함한 인식론이라고 할 수 있으며, 통상의 윤리적 판단을 초월한 미적 판단의 기준이라고 할 수 있다. 그리고 연민론에서 무엇보다도 주목되는 점은 욕망과 감정을 중히 여기고 있다는 점이다. 노리나가는 연민을 모르는 사람은 마음이 없는 사람이며, 아집이 강한 인간이라고 비판한다. 반면 연민을 아는 사람은 마음이 있는 사람이며, 공감하고 동정할 줄 아는 능력을 지닌 사람이라고 평가한다. 이러한 관점에서 노리나가는 도덕적인 가치기준으로는 반드시 좋은 사람이라고 할 수 없는 『겐지모노가타리』의 주인공인 히카리겐지(光源氏)를 연민을 아는 사람이라고 하여 그 인간적인 매력을 적극적으로 평가하였던 것이다.

테마 27
밖으로부터의 도전

1. 러시아의 남하와 홋카이도 탐험

일본이 쇄국을 고집하고 있는 동안에 세계정세는 크게 변화하고 있었다. 16세기 말에는 에스파니아와 포르투갈이 해외에 식민지를 건설하였는데, 17세기에는 네덜란드가 참가하였고, 곧 이어 영국과 프랑스가 해외에 진출하기 시작하였다.

한편 러시아는 동쪽으로 진출하여, 18세기 초에는 시베리아를 횡단하여 태평양에 도달하였고, 드디어 일본근해까지 진출하여 어업활동을 시작하였다. 이런 사정으로 인하여 러시아는 서양열강 중에서는 최초로 일본과의 접촉을 시도하였다. 1778년에는 러시아선이 지금의 홋카이도 근해에 출현하여 일본과의 통상을 요구하였지만, 당시에 아이누민족과의 교역을 독점하고 있었던 마쓰마에번(松前藩)은 이것을 거절하였다. 1792년에는 락스만(A. K. Laksman)이 러시아사절의 자격으로 표류민인 다이코쿠야 고다유(大黑屋光太夫)를 데리고 네무로(根室)에 내항하였다.

그 당시 지금의 홋카이도(北海道)인 에조치(蝦夷地)는 남부의 마쓰마에(松前) 지방이 마쓰마에씨라는 다이묘의 지배지에 속해 있었을 뿐, 광대한 에조치의 대부분은 아이누민족의 거주지였다. 그곳을 일본의 영토라고 생각하는 일본인은 거의 없었다고 해도 과언이 아니었다. 마쓰마에번은 에조치의 이곳 저곳에 교두보를 확보하고, 그곳을 영지에 대신하여 무사들에게 나누어 주고 아이누민족과 교역할 수 있도록 하였다. 이윽고 오미상인(近江商人)을 비롯한 상인들이 운조킨(運上金)이라고 하는 일종의 영업세를 상납하고 아이누민족과 교역하면서 어업에도 종사하게 되었다.

1798년 일본의 탐험대가 파견되었다. 막부는 탐험대의 보고를 받고 1799년부터 7년간 우선 에조치와 그 인근의 여러 섬들을 직할령으로 하였다. 곤도 주조(近藤重蔵)가 홋카이도의 에도로프 지역을 탐험하고 그곳에 '다이니혼에도로프(大日本惠登呂府)'라는 표식을 세운 것은 1798년 7월이었는데, 그는 1800년에 다시 에도로프에 건너가서 어장을 개척하였다. 같은 해에 이노 다다타카(伊能忠敬)가 홋카이의 동부 지역을 측량하여 지도를 작성하였다. 홋카이도 개척이 진행되자 막부는 1807년에 홋카이도의 서부 지역도 직할령으로 하였다. 러시아의 남하에 불안감을 느낀 막부는 이 지역의 해안경비를 강화하려고 하였다.

막부의 개발이 진행되면서 홋카이도 지역의 지리도 밝혀지게 되었는데, 그것은 곤도 주조를 비롯한 모가미 도쿠나이(最上德內), 마미야 린조(間宮林蔵) 등 여러 탐험대의 활동의 결과였다. 모가미 도쿠나이는 1785년에 막부에 의하여 발탁되어 탐험대의 일원으로 활동하게 되었다. 그는 여러 번에 걸쳐서 홋카이도의 에도로프, 우르프 지역을 탐험하였고, 또 지금의 러시아 영토인 사할린 지역까지 건너가 조사를 하였던 적도 있었다. 그는 아이누언어에 능통하였을 뿐만이 아니라 아이누민족의 생활에 동화되어 있었다. 그는 1798년에도 곤도 주조와 함께 에도로프 지역을 탐험하였는데, 그때는 이미 여섯 번째의 홋카이도 탐험이었다. 그는 1808년까지 도합 아홉 번이나 홋카이도를 탐험한 바 있다.

모가미 도쿠나이와 함께 유명한 또 한 사람의 탐험가는 마미야 린조였다. 그는 측량에 뛰어난 능력을 지니고 있었는데, 1800년 처음으로 홋카이도 탐험대의 일원이 되었다. 1808년에는 사할린을 탐험하였고, 다음 해에는 사할린에서 해협을 건너서 시베리아까지 발걸음을 옮겼다. 그는 흑룡강 줄기를 거슬러 올라가면서 탐험을 계속하였다.

2. 러시아와 일본의 충돌

러시아의 사절인 락스만이 네무로에 내항한 지 13년째인 1804년 9월에 나가사키에 두 척의 러시아 군함이 출현하였다. 그 군함에는 락스만의 뒤를 이어 일본과 통상조약을 맺기 위하여 일본에 파견된 러시아의 특파전권대사인 레자노프(N. P. Lezanov)가 승선하고 있었다. 13년 전, 막부는 락스만에게 통상문제는 나가사키로 가서 논의할 문제라고 대답한 적이 있었기 때문에 러시아는 나가사키에 가기만 하면 통상문제가 해결될 것으로 생각하고 있었던 것이다. 레자노프는 나가사키에서 6개월 이상을 체재하면서 통상을 요구하였다. 그러나 막부는 이번에도 더욱 강경한 어조로 레자노프의 통상요구를 거절하였다. 레자노프는 할 수 없이 다음해인 1805년 3월에 귀국길에 올랐다.

그 후 레자노프는 다시 한 번 일본원정을 계획하였다. 레자노프는 나가사키에서 체제하는 동안에 일본의 해안 방위가 의외로 허술한 것을 알고 무력을 사용하여 막부를 위협하면 통상조약을 맺을 수 있을 것으로 판단하였던 것 같다. 그러나 러시아 정부의 허가를 얻지 못하여 그의 계획은 실현되지 못하였다. 그런데 그의 부하들이 1807년에 에도로프의 어장을 습격하였다.

이 사건이 일어나자 막부는 같은 해 홋카이도의 서부 지역도 막부의 직할령으로 편입하고 병력을 증강하여 해안을 엄중히 방위하였다. 러시아의 해군 장교 고로닌(V. M. Golovnin)의 억류사건은 이러한 긴장관계 속에서 발생하였다.

고로닌은 러시아 군함의 함장으로 지시마(千島) 일대의 측량과 탐험의 임무를 수행하고 있었다. 그는 마침 1811년 6월 식량과 식수를 보급받기 위하여 몇 명의 부하와 통역을 거느리고 구나시리섬에 상륙하여 일본의 관리와 교섭을 시도하였다. 그러나 일본측의 경계심이 매우 높았던 때였을 뿐만이 아니라 통역이 잘 되지 않아 오해가 생겼다. 일본측은 마침내 고로닌 일행을 체포하여 억류하고 말았다. 옥에 갖힌 고로닌은 수 차례에 걸쳐서 심문을 받았다. 그 결과 1807년에 에도로프를 습격한 사건은 고로닌과 관계가 없고, 그것도 레자노프의 부하들이 멋대로 한 행동이라는 것이 밝혀졌다. 그리하여 고로닌은 억류된 지 2년 2개월 만인 1813년에 귀국하게 되었다.

3. 페톤호 사건

1808년 8월 15일 아침, 네덜란드 국기를 게양한 상선이 나가사키항에 입항하고 있었다. 일본의 관리는 전례에 따라서 두 사람의 네덜란드 상관원과 함께 배를 타고 입항수속을 하기 위하여 상선에 접근하였다. 그런데 갑자기 상선의 승무원들이 일본인 관리의 배를 습격하고 두 사람의 네덜란드인을 납치하였다. 관리는 이 사실을 즉시 나가사키 부교에게 보고하였다. 나가사키에 큰 소동이 벌어졌다.

네덜란드 국기를 게양하고 나가사키항에 나타난 것은 영국의 동인도함대 소속 선박인 페톤호였다. 영국인들은 네덜란드선을 탈취하기 위하여 나가사키로 입항하려고 하였던 것이다. 네덜란드의 상관장은 즉시 중요한 서류를 정리하여 데지마에서 나가사키의 막부 관청으로 피신하였다.

상황이 심각하다고 판단한 나가사키 부교 마쓰다이라 야스히데(松平康英)는 당시 나가사키의 경비를 책임지고 있었던 나베시마번(鍋島藩)에게 페톤호를 공격하라고 명령하였다. 그러나 당시 나베시마번의 병사들은 최소한의 수비병 밖에 남아 있지 않았다. 그래서 즉시 인근의 다른 다이묘들에게 구원을 요청하였으나 원병이 올 때까지 시간이 걸렸다. 나가사키 부교는 페톤호를 보고도 공격할 수 없었다. 한편 페톤호의 영국인들은 유유하게 보트를 타고 나가사키항을 관찰한 다음에 일본측으로부터 식량과 식수를 공급받고서야 네덜란드인들을 석방하였다. 페톤호가 출항한 것은 17일 밤이었다. 속수무책으로 페톤호를 바라만 보았던 나가사키 부교는 그날밤 책임을 통감하고 자결하였다.

영국의 함선이 일본 근해에 나타난 것은 페톤호가 처음은 아니었다. 1790년대에도 일본 부근을 탐험하고 측량하기 위하여 영국의 군함이 홋카이도의 무로란(室蘭)에 나타난 적이 있었다. 그러나 그때의 영국선은 순전한 탐험이 목적이었기 때문에 큰 문제가 발생하지 않았다. 그런데 페톤호는 네덜란드선을 탈취하기 위한 목적으로 나가사키항에 입항하였기 때문에 시끄러운 사건으로 발전하였던 것이다. 페톤호사건이 있은 후, 일본인의 영국에 대한 감정은 매우 악화되었다.

4. 막부의 이국선 격퇴 방침

영국선은 페톤호사건 이후에도 가끔 일본 해안에 출현하였다. 어떤 함선은 에도만의 우라가(浦賀)에 나타나 교역을 요구하기도 하였다. 센다이(仙台) 앞바다에는 최대의 고래 어장이 형성되어 있었기 때문에 영국의 포경선은 물론 미국의 포경선도 이곳에 나타나 조업을 하고 있었다. 일본의 선원들 중에는 이들 포경선과 접촉하여 물물교환을 하는 자들도 나타나게 되었다. 막부는 이러한 사태를 중시하고 한때는 일본인의 원해 어업을 금지하기도 하였다.

막부는 관행적으로 외국선이 일본 근해에 나타났을 때에는 식수와 식량을 지급한 다음에 쇄국은 일본의 국법이라는 점을 설명하여 물러가게 하였다. 그러나 1825년 2월에는 이제까지의 외국선에 대한 대응 방침을 크게 변경하였다. 막부는 이후에 일본의 해안에 접근하는 외국선에 대하여 이유여하를 막론하고 격퇴하라는 명령을 내렸던 것이다. 막부의 명령에는 외국선이 도망하면 그냥 두어도 되지만, 만약에 외국인이 상륙하려고 할 경우에는 생포하든지 아니면 사살하여도 무방하다는 내용도 포함되어 있다. 이것을 이코쿠센우치하라이레이(異国船打払令)라고 한다.

일본 근해에 접근하는 것은 영국 선박만은 아니었다. 19세기에 들어서면서 미국 선박도 일본 근해에 자주 나타나게 되었다. 그들 중에는 중국과 무역을 하는 선박도 있었고, 일본 근해에서 조업하는 포경선도 있었다. 중국과 무역을 하는 미국인들 중에는 일본과 무역을 희망하는 사람들이 나타나기 시작하였다.

1837년 6월, 미국선인 모리슨호가 일본인 표류민을 태우고 에도만의 우라가에 나타났다. 만약에 모리슨호가 나가사키에 나타났더라면 통상교섭은 실패하였겠지만 표류민 송환은 원활하게 이루어졌을 것이다. 그러나 그러한 사정을 알지 못하는 일본측은 외국선은 무조건 격퇴하라는 막부의 방침에 따라서 모리슨호에 포격을 가하였다. 모리슨호는 할 수 없이 물러가 이번에는 가고시마(鹿児島) 부근에 나타났다. 그러나 이곳에서도 포격을 받고 그대로 돌아가지 않을 수 없었다.

5. 아편전쟁과 이국선 격퇴 방침 철회

1840년 청과 영국 사이에 아편전쟁이 일어났다. 주지하는 바와 같이 아편전쟁은 영국에 의한 중국의 반식민지화의 출발점이 된 사건이었는데, 청의 비참한 패전 소식은 네덜란드인과 중국인들에 의하여 일본에 전해졌다. 커다란 충격을 받은 막부는 이국선 격퇴 방침을 재고하기 시작하였다. 포경선 정도라면 포격하여 격퇴할 수 있으나 만약에 영국의 군함이 일본 근해에 나타났는데 포격한다면 영국과 전쟁을 할 것이고, 그러면 일본도 청과 같은 비참한 운명에 직면할 수도 있었다. 그래서 막부는 회의를 거듭한 끝에 이국선 격퇴 방침을 폐지하고 말았다.

아편전쟁의 결과 쇄국정책이 위험할 수도 있다는 것은 분명하게 드러난 셈이다. 그러나 막부는 외국과의 충돌을 최대한 피하면서 쇄국정책의 기조는 유지하는 방향을 택하였다. 이러한 막부의 태도를 우려하였던 것은 오랫동안 일본과 우호관계를 유지해 왔던 네덜란드였다.

네덜란드 정부는 일본에 특사를 파견하여 국왕의 친서를 전달하였다. 네덜란드 국왕은 세계정세의 변화를 설명하고 일본이 쇄국정책을 포기할 것을 충고하였다.

그러나 막부가 네덜란드 국왕에게 보낸 답서의 내용은 매우 냉담하였다. 막부는 일본의 쇄국정책은 '조법(祖法)'이므로 변경할 수 없는 것이라는 점을 강조하면서 네덜란드 국왕의 충고를 일축해 버렸다. 막부는 여전히 세계정세의 변화를 제대로 인식하지 못하고 쇄국의 방침을 유지하려고 하였다. 그러나 막부는 이미 실력으로 쇄국정책을 지킬 수 있는 힘이 없었다.

6. 페리 내항

1853년 6월, 미국의 동인도함대 사령관 페리(M. C. Perry)가 이끄는 4척의 군함이 에도만 입구의 우라가(浦賀)에 내항하였다. 일본인에게는 에도만에 정박한 시커먼 증기선이 마치 섬처럼 보였다. 그래서 일본인들은 이 증기선을 흑선(黑船)이라고 불렀다.

페리는 필모아(M. Fillmore) 미국 대통령의 국서를 제시하고 개국을 요구하였다. 그는 이제까지의 외국사절과는 달리 무력시위를 하면서 강경한 태도로 일관하였다. 페리의 기세에 눌린 막부는 로주(老中)인 아베 마사히로(阿部正弘)를 중심으로 회의를 거듭한 끝에 전례를 깨고 미국의 국서를 수리하고 다음 해에 회답할 것을 약속하였다. 페리는 일단 물러갔다.

막부는 또한 전례를 깨고 미국의 개국 요구에 관한 사항을 조정에 보고

페리 요코하마 상륙도

하였다. 그리고 다이묘와 막부 직속 무사들에게도 자유롭게 의견을 개진하도록 하였다. 한편 동년 7월에는 러시아 사절인 푸티아틴(E.Putyatin)이 나가사키에 내항하여 개국을 요구하였다. 막부는 답변을 연기하였다. 이 소식을 전해 들은 페리는 1854년 1월에 다시 군함 7척을 이끌고 내항하여 강력하게 개국을 요구하였다. 다이묘와 무사의 대부분은 개국에 반대하는 입장이었으나, 막부는 페리의 무력에 굴복하여 동년 3월에 미국과 화친조약을 체결하였다.

이 조약은 일본이 미국선에 대하여 식품·연료·식수 등을 공급하고, 시모다(下田)와 하코다테(箱館)를 개항하고, 미국 영사가 일본에 주재하며, 미국에게 일방적으로 최혜국 대우를 하는 것 등을 내용으로 하는 것이었다. 막부는 영국·러시아·네덜란드 등과도 화친조약을 체결하였다.

1856년, 화친조약의 규정에 따라서 총영사 해리스(T.Harris)가 시모다에 도착하였다. 그는 일본측에 통상조약의 체결을 요구하였다. 그러나 일본 국내에서는 양이(攘夷)의 기운이 강하였다. 도쿠가와 나리아키(德川齊昭)와 같은 유력한 다이묘도 통상조약 체결을 반대하고 있었다. 곤경에 처한 막부는 로주인 홋타 마사요시(堀田正睦)를 교토로 파견하여 국제 정세를 설명하고, 조정으로부터 조약체결의 칙허를 얻어서 조약체결에 반대하는 의견을 봉쇄하려고 하였다. 그러나 막부의 예상과는 달리 조정은 조약체결을 반대하였다. 조정의 귀족들 사이에서도 양이의 입장이 강하였던 것이다.

개항으로 활기에 찬 고베항

　　1858년 다이로(大老)에 취임한 이이 나오스케(井伊直弼)는 동년 6월 해리스의 강압적인 요구에 굴복하여 칙허를 얻지 못한 채 독단으로 통상 조약을 체결하였다. 이 조약은 일본이 가나가와(神奈川)·나가사키(長崎)·니이가타(新潟)·효고(兵庫)를 개항하고, 상업활동을 위하여 외국인이 에도와 오사카에 체재할 수 있도록 개방하며, 개항장에서 미국인의 거주와 치외법권을 인정하고, 영사재판권과 협정관세를 인정하는 내용으로 되어 있다. 특히 협정관세 규정은 관세자주권을 부정하는 불평등조항이었다. 막부는 연이어서 네덜란드·러시아·영국·프랑스 등과도 같은 내용의 조약을 체결하였다. 이것을 안세이(安政)의 5개국 조약이라고 한다.

7. 개항의 경제적 영향

　　무역은 1859년 6월부터 요코하마(横浜)·나가사키·하코다테에서 영국을 주요 상대국으로 하여 개시되었다. 생사·차 등이 수출되었고, 면포·모직물·무기·선박 등이 수입되었다. 특히 생사의 대량수출에 의하여 일본의 양잠업과 제사업이 호황을 누렸다. 그러나 면포의 수입이 급증하면서 국내의 면방직업이 타격을 입었다. 한편 요코하마에서는 지방 상인들이 활동하기 시작하였다. 그들은 에도의 도매상을 통하지 않고 직거래를 하였기 때문에 동업조합을 중심으로 하는 유통질서가 무너지기 시작하였다. 이에 대하여 막부는 1860년에 생사·잡곡·포목·유류·양초는 에도의 도매상을 통하여 수출하도록 하였다. 그러나 효과는 거의 없었다.

외국과의 교역이 활발해지면서 일본의 금이 유출되기 시작하였다. 당시 금과 은의 교환비율이 국제시장에서는 1 : 15였으나 일본내에서는 1 : 5 였기 때문에 해외에서 은이 수입되고 금이 유출되었던 것이다. 이때 유출된 금은 약 50만 냥으로 추산된다. 막부는 화폐를 개주하여 이에 대응하였다. 그 과정에서 경제질서가 동요되었다.

한편 수출이 증가하면서 일본내에서는 물자가 결핍되는 현상이 나타났다. 그 결과 오사카와 에도 등의 대도시의 물가가 폭등하였다. 물가의 폭등은 경제질서를 더욱 혼란스럽게 하였고 사회불안을 가중시켰다. 도시 빈민층의 불안심리는 개국과 대외무역에 대한 반감으로 표출되었으며, 양이사상은 더욱 서민층의 지지를 얻게 되었다.

일본근현대 탐구

1. 근대국가의 성립과 문화의 발달

1) 유신정부의 성립과 중앙집권체제의 강화

1867년 12월 사쓰마번의 군대가 삼엄하게 경비하는 가운데 천황은 왕정복고를 선언하고 신정부를 수립하였다. 신정부는 에도성 총공격을 앞둔 1868년 3월 14일에 5개조서약문을 발표하여 국가의 기본방침을 천명하였다. 이어서 윤4월에는 정체서(政体書)를 공표하여 정부의 조직을 정비하였다. 7월에는 수도를 교토에서 에도로 옮기고, 지명을 에도에서 도쿄(東京)로 변경하였다. 9월에는 연호를 메이지(明治)라고 하고, 일세일원제(一世一元制)를 채택하였다. 이리하여 통일국가체제가 정비되었다. 12월에는 서구열강이 신정부를 일본의 유일한 정부로 승인하였다. 이와 같은 정치적·사회적 대변혁을 당시에는 '고잇신(御一新)'이라고 하였는데, 오늘날에는 메이지유신(明治維新)이라고 한다.

1869년 6월에는 각번에 판적봉환(版籍奉還)을 명하여 번주로부터 지배권을 접수하였다. 그러나 종전의 번주가 세습을 원칙으로 하는 지번사직(知藩事職)에 임명되었기 때문에 중앙집권은 미완성인 채로 남아 있었다. 기도 다카요시(木戶孝允)와 오쿠보 도시미치(大久保利通) 등은 중앙집권을 완성하기 위하여 번을 완전히 폐지한다는 방침을 정하였다. 그리고 1871년 7월에 기습적으로 폐번치현(廃藩置県)을 단행하고, 전국에 부(府)와 현(県)을 두었다. 부와 현에는 각각 부지사(府知事)와 현령(県令)이 중앙정부에서 파견되었다. 이리하여 전국이 정부의 직접지배하에 들어오게 되었다.

정부는 폐번과 동시에 각번의 군사조직을 해체하고, 통일적인 지배체제의 확립을 꾀하였다. 1871년에 육군을 창설하고, 1873년에는 징병령을 공포하였다. 동년에 내무성을 설치하고, 다음해에는 경시청을 설치하였다. 징병령이 공포되기 전인 1871년에 문부성을 신설하고 학제를 제정하여 통일적인 학교조직을 정비하였다. 군대를 운영하기 위해서는 국민기본교육이 필요하였기 때문이다.

2) 근대화정책의 추진

봉건제도가 철폐되면서 신분제도도 폐지되었다. 정부는 1869년에 공경과 제후를 화족(華族)이라고 하고, 일반 무사를 사족(士族), 그 밖의 서민을 일괄하여 평민이라고 하였다. 그리고 평민도 성(姓)을 사용할 수 있게 하였다. 1871년에는 신분해방령을 내려서 에타(穢多)나 히닌(非人) 등 피차별민에 대한 칭호도 폐지하였다.

메이지정부의 재정은 농민으로부터 수취한 연공(年貢)을 가장 중요한 재원으로 하고 있었기 때문에 생산량과 미곡가 변동의 영향을 받았고, 각 지역의 세율이 통일되지 않았기 때문에 세입이 불안정하였다. 그래서 정부는 토지제도와 조세제도의 개혁에 착수하였다. 1872년 농지매매 금지령을 폐지하고 지가를 정하여 지권(地券)을 발행하였다. 지권의 발행은 농민이 점유하고 있는 경작지를 농민 소유의 부동산으로 인정하는 것이었다. 지권은 원칙적으로 종래의 조세부담자인 지주와 자작농에게 교부되었다. 1873년 7월에 지조개정조례(地租改正条例)를 공포하고 지조개정에 착수하여 1879년까지 이 사업을 거의 완료하였다.

지조개정을 위한 경작지 측량 풍경

정부는 서양의 선진 제도를 도입하여 단기간내에 근대산업을 육성하려고 하였다. 당시 민간공업은 공장제 가내수공업 단계에 있었다. 정부는 경제활동을 저해하는 제도를 과감하게 철폐하고 공업을 육성하였다. 특히 제사업(製糸業)의 기계화를 추진하였다. 군마현(群馬県)에 도미오카(富岡)제사장을 설립하고 외국인 기술자를 초빙하여 기술의 도입과 여공의 양성에 힘썼다.

교통 통신제도도 정비되었다. 1871년에 에도시대의 히캬쿠(飛脚)를 대신해서 우편제도가 관영으로 발족되었다. 처음에는 도쿄·교토·오사카에서 시행되었으나 다음해에는 거의 전국적으로 실시되었고, 1873년에는 균일요금제가 도입되었다. 1872년 도쿄와 요코하마를 연결하는 철도가 개통된 것을 시작으로 각지에 철도가 부설되었다. 또한 정부는 일본 근해의 해운권 확보와 군사목적의 수송을 위하여 이와사키 야타로(岩崎弥太郎)가 설립한 미쓰비시(三菱) 계열의 해운회사를 적극적으로 보호하여 미국의 태평양기선회사에 대항하도록 하였다.

1871년에는 신화조례(新貨条例)를 정하여 통화의 단위를 통일하고 금본위제도를 채택하였다. 1872년에 국립은행조례를 제정하였다. 국립은행은 시부사와 에이치(渋沢栄一)가 미국에서 도입한 제도로, 지폐의 발행권을 갖는 민간회사였다. 그 외에도 민간자본에 의하여 제일(第一)·제이(第二) 국립은행이 설립되었다.

정부는 군비의 근대화에도 힘썼다. 막부가 이룩해 놓은 사업을 기반으로 하여 도쿄와 오사카에 병공창(兵工廠)과 요코스카(横須賀)·나가사키(長崎)에 조선소를 설치하고 최신 기술을 도입하여 무기와 군수품을 생산하였다. 1870년에는 공부성(工部省)을 설치하여 막부가 관장하던 사도(佐渡)·이쿠노(生野) 등의 광산을 국유화하였다.

3) 민권운동과 입헌국가의 성립

1873년에 정계를 떠났던 이타가키 다이스케(板桓退助), 고토 쇼지로(後藤象二郎) 등은 1874년 민선의원설립건백서(民選議院設立建白書)를 정부에 제출하였다. 이타가키 등은 자유민권의 존중과 입헌정치를 실현하여 국민을 정치에 참여시켜야 한다고 주장하였다. 이타가키는 입지사(立志社)를 결성하고, 1875년에는 오사카에서 애국사(愛国社)를 결성하였다. 사족들 중에는 반정부운동에 참가하는 자들이 늘어났다.

한편 호농층(豪農層)들이 자유민권운동에 많이 참가하게 되면서 운동은 활기를 띠게 되었다. 1880년 전국의 민권파 단체 대표가 한데 모여 애국사 대회를 개최하고 국회기성동맹을 결성하였다. 국회기성동맹은 각 지역으로부터 취합한 청원서를 원로원에 제출하려고 하였다. 이에 대하여 정부는 집회조례를 제정하여 민권파의 운동을 탄압하였다.

정부내에서는 오쿠마 시게노부(大隈重信)가 후쿠자와 유키치(福沢諭吉) 등과 연계하여 헌법을 제정하고 국회를 개설하여 의회중심의 정당정치를 시행하자고 주장하였다. 그러자 군주의 권한이 강화된 헌법을 제정하여야 한다는 생각을 갖고 있던 이토 히로부미(伊藤伝文)와 이와쿠라 도모미(岩倉具視) 등은 오쿠마와 대립하게 되었다. 이토 히로부미는

1881년 10월에 오쿠마를 파면하였다. 동시에 국회개설에 관한 조서를 발표함으로써 난국을 정면으로 돌파하려고 하였다. 이것을 메이지14년 정변(明治十四年政変)이라고 한다.

정부가 국회개설을 약속한 직후에 국회기성동맹을 모체로 하고 이타가키 다이스케를 총리로 하는 자유당(自由党)이 결성되었고, 다음해인 1882년에는 오쿠마 시게노부를 총재로 하는 입헌개진당(立憲改進党)이 설립되었다. 프랑스식 민권사상의 영향을 받은 자유당이 영국식 의회정치를 이상으로 하는 입헌개진당보다 급진적이었다. 정부는 이들 정당의 활동에 대항하기 위하여 후쿠치 겐이치로(福地原一郎)를 중심으로 입헌제정당(立憲帝政党)이라는 어용정당을 결성하였다.

한편 재정정책의 실권을 장악한 마쓰카타 마사요시(松方正義)는 재정의 지출을 억제하고, 증세를 감행하여 그것을 기반으로 지폐정리를 행하는 강력한 디플레이션 정책을 추진하였다. 그러나 지나친 긴축재정의 결과 1880년대 전반에는 불경기가 지속되었다. 농촌에서는 농민층의 양극분화현상이 진행되었다. 호농이 중심이 되어 추진하던 식산산업도 파탄하였다.

도호쿠(東北), 간토(関東), 도카이(東海) 지방 등 자유민권운동이 특히 활발했던 지역에서는 자유당원을 중심으로 농민의 부담을 덜기 위한 운동이 활성화되었다. 1882년 후쿠시마(福島)사건을 시작으로 하여 1884년에는 군마(群馬)사건, 가바산(加波山)사건, 지치부(秩父)사건, 이이다(飯田)사건이 연이어서 발생하였다. 그 중에서 특히 대규모적인 봉기는 지치부(秩父)사건이었다. 약 1만여 명의 농민들이 봉기하였다. 봉기한 농민들은 채무와 공과금의 반감, 징병령의 개정, 소작료 면제 등을 요구하며 고리대금업자, 대지주, 관공서를 습격하였다. 정부는 군대를 출동시켜 진압하였다. 이러한 과정을 통하여 자유당의 지지기반이었던 농민이 몰락하고, 급진적인 행동에 반대하는 당원들이 이탈하였다. 통제력을 상실한 자유당은 해산하였다. 입헌개진당도 총재인 오쿠마 시게노부가 탈당하면서 활동을 정지하였다.

국회개설 시기가 가까워지자 자유민권운동가들은 대동단결운동을 벌였다. 그들은 1887년에 이노우에 가오루(井上馨)외상의 조약개정교섭이 문제가 되자 세금감면, 언론 집회의 자유, 조약개정교섭의 쇄신 등을 내세워 정부를 압박하였다. 이에 대하여 정부는 보안조례를 공포하여 민권운동을 탄압하였다. 이때 나카에 조민(中江兆民), 오자키 유키오(尾崎行雄)를 비롯한 도쿄에 거주하는 민권운동가 570명이 추방되었다.

자유민권운동이 전개되고 헌법제정에 관한 논의가 진행되면서 입헌정치의 실태와 근대헌법의 원리에 관한 책자들이 번역되었다. 후쿠자와 유키치의 『세이요지조(西洋事情)』와 가토 히로유키(加藤弘之)의 『고쿠타이신론(国体新論)』 등은 일본인이 서구의 헌법과 정치를 이해하는 데 많은 도움을 주었다. 특히 천부인권론은 일본인의 권리의식을 높여주었다. 자유민권운동이 확산되었던 1880년 전후에는 여러 단체가 헌법 초안을 작성하였다. 1881년에는 국회기성동맹의 제창으로 각지의 민권정사(民權政社)가 헌법 초안을 작성하였다. 정부관료와 신문기자들도 사의(私擬)헌법 초안을 작성하였다.

정부의 국권우선 정책은 자유민권운동이 활발해지면서 민권사상에 의하여 견제되었다. 민권운동가들도 강력한 일본의 건설을 목표로 한다는 점에서는 정부의 견해와 일치하였다. 다만 그 방법에 있어서 정부와 견해를 달리하였다. 민권운동가들은 국민이 정치에 적극적으로 참여함으로써 강력한 일본을 건설할 수 있다고 생각하였다. 우에키 에모리(植木枝盛)는 1879년에 『민켄지유론(民權自由論)』에서 민권신장이 국권을 강화하고 일본의 독립을 확보하는 데 불가결하다고 주장하였다. 이에 대하여 가토 히로유키는 천부인권론을 부정하는 『진켄신세쓰(人権新説)』를 저술하였다. 이 책에서 그는 적자생존과 자연도태는 국제간의 원리이기 때문에 강한 나라는 발전하고 약한 나라는 멸망한다고 하면서 민권 운운하지 말고 우선적으로 국권을 강화해야 한다고 역설하였다. 후쿠자와 유키치도 기본적으로는 민권의 확대는 국권을 약화시킨다는 입장이었는데, 대내적으로는 일치단결하여 안정을 확보하고, 대외적으로는 경쟁하여야 한다고 주장하였다.

1886년경에 독일의 법학자인 뢰슬러(H.Roesler)의 지도하에 비밀리에 헌법 초안이 기초되었다. 초안은 심의를 거쳐 1889년 2월 11일 대일본제국헌법으로서 공포되었다. 제국헌법은 흠정헌법(欽定憲法)으로 7장 76조로 구성되었다. 주권은 천황에게 있다고 명기되었다. 제국의회는 귀족원과 중의원의 양원제로 구성되었다.

일본은 숙원인 조약개정과 자본주의를 발전을 위하여 근대법전을 완비하지 않으면 안되었다. 정부는 1890년경부터 서양식 법전을 편찬하였다. 그런데 민법의 친족과 상속규정에 대한 비판의 소리가 높았다. 서양식으로 만들어진 민법은 일본의 전통적인 도덕규범을 파괴할 위험성이 있다는 것이었다. 민법의 시행을 둘러싸고 실시론과 개정론이 대립하였다. 이것은 자유주의와 국가주의의 대립을 의미하는 것이기도 하였다. 결국 개정론이 승리하여 호주권을 강화하고 가산의 상속 외에 가독(家督)의 상속권을 명기하였다.

1890년 일본에서 처음으로 중의원 의원선거가 실시되었다. 입후보자는 지방 명망가 출신으로 지방의회 의원을 경험한 자가 대부분이었다. 선거 결과 민당(民黨)의 당선자가 압도적인 다수를 차지하였다. 제국의회에서는 국민생활을 안정시켜야 한다는 입장을 취하는 민당과 군비확장을 추진하는 정부가 예산안을 둘러싸고 대립하였다. 곤경에 처한 정부는 초연주의의 방침을 정하였다. 초연주의는 정부가 정당의 언동에 제약되지 않고 초연하게 정책을 실현해 나감으로써 결과적으로 정당을 무시하는 것이었다. 정부는 민당의 예산삭감요구에 대하여 의회를 해산하고 선거를 간섭하는 방법으로 대항하였다. 그러나 청일전쟁이 일어나자 민당은 정부의 정책에 적극 협력하였다.

4) 조선과 중국의 침략

메이지정부의 당면과제는 불평등조약을 개정하여 치외법권을 철폐하고 관세자주권을 회복하는 것이었다. 일본은 조약개정을 모색하였으나, 서구 열강은 좀처럼 조약개정 교섭에 응하지 않았다. 그러나 1890년대가 되자 영국은 일본에게 호의적인 태도를 보이기 시작하였다. 1891년부터 러시아가 시베리아철도를 부설하기 시작하자, 영국은 러시아의 남하를 경계하지 않을 수 없었던 것이다.

1894년에 일본과 영국은 영사재판제도의 철폐와 관세자주권의 일부 회복을 내용으로 하는 통상항해조약에 조인하였다. 일본은 연이어 다른 국가와도 동일한 조약을 맺었고 조약은 1899년에 발효하였다. 관세자주권이 전면적으로 회복된 것은 1911년 고무라 주타로(小村寿太郎)가 외무대신으로 재직할 때였다. 일본은 비로소 조약상으로 구미 열강과 대등하게 되었다.

한편 조선을 강제로 개국시킨 일본은 서구 열강보다 한발 앞서서 조선에 세력을 넓히려고 하였다. 일본은 조선과의 무역을 확대하고 내정에도 관여하였다. 오랫동안 조선과 밀접한 관계를 유지해 온 청(淸)도 조선에 대하여 영향력을 행사하려고 하였다. 일본과 청은 대립하였고, 드디어 1894년에 청일전쟁이 발발하였다. 일본은 이 전쟁에서 승리하여 대륙침략의 발판을 구축하였다.

청일전쟁 후, 일본과 러시아 사이에 긴장관계가 조성되었다. 러시아가 압록강 일대까지 진출하자 일본은 러시아의 태도를 중대한 도전이라고 간주하고 전쟁준비에 착수하였다. 1904년 2월, 일본은 영국과 미국의

청일전쟁 최초의 갑철(甲鉄) 함대 전투

후원하에 러일전쟁을 일으켰다.

　일본은 러시아의 해군기지가 있는 여순을 공략하기로 방침을 정하였다. 제3군이 편성되고 노기 마레스케(乃木希典)가 사령관으로 부임하여 여순공격을 지휘하였다. 3차에 걸치는 총공격으로 1905년 1월에 여순이 함락되었다.

　한편 일본 해군은 유럽에서 아프리카 남단을 돌아 멀고 먼 길을 항해해 온 러시아의 발틱함대를 대한해협에서 맞이하여 싸웠다. 러시아 함대의 도착이 늦어졌기 때문에 도고 헤이하치로(東郷平八郎)가 지휘하는 일본의 연합함대는 충분한 시간을 갖고 준비할 수 있었다. 1905년 5월 27일에 개시된 해전에서 러시아 함대는 괴멸적인 타격을 입었다.

　일본군은 전투에서는 승리하였으나 병력의 보충, 물자의 보급, 재정 등 여러 면에서 한계 상황에 직면해 있었다. 전쟁을 계속하는 것이 곤란하다고 판단한 일본은 미국에게 중재를 요청하였다. 때마침 러시아도 혁명의 기운이 고조되어 국내가 몹시 혼란하였으므로 루스벨트(Theodore Roosevelt)의 휴전 제안을 받아들였다. 미국에서 강화회의가 개최되었고, 9월에 일본과 러시아는 포츠담 조약을 체결하였다.

　일본은 1905년 11월에 대한제국(한국)과 제2차 한일협약을 체결하였

선상에서 지휘하는 도고 헤이하치로

다. 이 조약으로 한국은 일본의 종속국으로 전락하였다. 1905년 12월, 일본은 한성(=서울)에 통감부를 설치하고 이토 히로부미를 초대 통감으로 임명하였다. 1907년 7월에는 통감이 전권을 장악하였고, 8월에는 대한제국의 군대를 강제로 해산하였다. 한국 내에서는 의병이 봉기하여 광범위한 저항운동이 전개되었다. 하지만 일본은 무력으로 저항을 누르면서 한국을 식민지화하는 수순을 밟기 시작하였다. 1910년 8월 22일, 한일합병조약이 체결되었다.

　1905년 12월, 일본은 청과 북경에서 협약을

맺어 만주침략의 발판을 구축하였다. 1906년 11월에는 남만주철도주식회사(滿鉄)를 설립하였다. 만철은 국책회사로서 많은 기업을 경영하였다. 일본은 철도 주변에 군대를 배치하고 그 지역을 지배하였다.

1911년 10월 호북성 무창에서 신해혁명이 일어났다. 신해혁명이 일어나자 일본은 침략의 발판을 구축할 절호의 기회라고 생각하여 중국에 대한 내정간섭에 착수하였다. 일본은 청정부에게 무기를 제공하면서 한편으로는 혁명파에게도 무기를 제공하였다. 일본의 유력자들이 혁명파를 원조하기 위하여 중국으로 건너갔다. 혁명이 성공했을 경우 만주를 일본의 식민지로 만들기 위해서였다. 청이 멸망한 후에도 일본은 중국내정에 깊숙이 관여하였다. 내분을 조장하여 중국의 약화를 노리면서 상대적으로 일본의 지위를 강화하는 정책을 추진하였다.

5) 자본주의의 발달

일본의 산업혁명은 1880년대부터 시작되었다. 중요한 수출품인 생사 수출업자는 품질을 향상시키기 위하여 기계를 개량하였다. 정부도 서구의 기술을 도입하는 데 앞장섰다. 그 영향으로 나가노(長野), 기후(崎阜), 야마나시(山梨) 지역을 중심으로 서구식 기계를 설치한 제사공장이 설립되기 시작하였다. 1894년에는 서구식 기계로 생산되는 제사제품이 생산량과 품질면에서 재래식 제사제품을 압도하게 되었다.

1882년에는 본격적인 방적공장인 오사카방적회사(大阪紡績会社)가 설립되었다. 이 회사는 재계의 유력인사들이 제일국립은행의 자금 지원을 받아 설립하였는데, 증기기관을 원동기로 하고 중국의 면화를 원료로 하여 주야 2교대제로 운영하여 성공을 거두었다. 이 회사의 성공은 민간 실업가의 투자의욕을 자극하였다.

1890년대 후반부터 석탄의 수요가 증가하였다. 석탄은 공업용 연료와 증기기관의 연료로 대량 소비되었다. 석탄의 수요가 급증하자 전국 각지에 탄광이 개발되었다. 1880년대 전반에는 지쿠호(筑豊)탄광에 증기력을 이용한 배수용 펌프가 등장하였고, 이어서 다카시마(高島) 탄광과 미이케(三池) 탄광에도 증기력을 이용한 석탄운반용 기계가 도입되었다. 기계화가 진전되면서 미쓰이와 미쓰비시가 석탄 사업에 진출하였다.

오사카방적회사에서 일하는 여공들

1881년 일본철도회사가 설립되었다. 정부는 일본철도회사에 토지를 무상으로 불하하고 자금을 지원하였다. 1891년에는 우에노(上野)에서 아오모리(青森)를 연결하는 철도가 개통되었다. 그 후에 민간자본에 의한 철도회사가 연이어 설립되었다.

청일전쟁 후의 호경기로 민간의 창업열은 점점 고조되었다. 정부는 특수은행을 설립하여 산업자금을 대출하였다. 1897년에는 금본위제를 채택하여 기계제품의 수입가격을 안정시켰다. 외자도입은 특수은행을 통하여 추진되었다. 1900년경에는 자본주의가 확립하였다.

섬유산업 부문 중에서 방직업은 기계제 공업으로 발전하였다. 기계공업이 발전하면서 서구유럽으로부터 철·기계류·모직물 수입이 증가하였다. 그 결과 미쓰이물산과 같이 무역을 전문으로 하는 회사들이 성장하였다. 정부의 해운업 육성방침에 의하여 일본우선(日本郵船)·동양기선(東洋汽船) 등이 발전하였다.

광공업의 발전은 각종 공해문제를 야기시켰다. 공해가 처음으로 사회문제화된 것은 도치기현(栃木県) 아시오동광(足尾銅鉱)의 광물중독사건이었다. 광물의 독성이 근처의 하천으로 흘러들어 수질이 오염되었던 것이다. 홍수 때마다 하천이 범람하면서 일대의 경작지도 광물의 독성으로

아시오 동광

오염되었다. 피해농민을 중심으로 광산의 작업 중지를 요구하는 운동이 일어났다. 그 지역출신 중의원 의원인 다나카 쇼조(田中正造)는 피해농민과 함께 광물독성 방지와 피해자 구제를 위하여 노력하였다. 정부도 대책을 강구하였으나 이렇다할 성과를 거두지 못하였다. 그 후에도 환경오염은 계속되었다.

공업의 발달로 농촌에서 도시로 유입되는 인구가 증가하였다. 특히 도쿄와 오사카는 청일전쟁 후 급속하게 인구가 증가하기 시작하였다. 도쿄와 오사카의 인구증가는 대부분 노동자의 도시 집중으로 인한 것이었지만, 도시로 진학하는 학생도 인구 증가의 커다란 요인이 되었다. 시내는 월세집, 하숙집과 함께 음식점이 번창하게 되었다. 도시에는 수공업에 종사하는 노동자들이 많이 거주하였다. 그들은 일용노동자와 함께 빈민층을 형성하고 있었다.

공업노동자들의 대부분은 섬유산업에 종사하는 여성노동자였다. 남성은 철도, 선반업 등의 숙련공이나 광산노동자가 많았다. 1890년대에는 제사공장이나 방직공장에서 일하는 여공과 철도 인부들이 처우개선을 요구하며 파업을 일으켰다. 미국에서 귀국한 다카노 후사타로(高野房太郎), 가타야마 센(片山潛) 등이 1897년에 노동조합기성회를 결성하였다. 노동조합기성회는 기관지인 『로도세카이(労働世界)』를 통하여 노동조합의 결성, 공장법 제정의 요구, 치안경찰법 반대 등을 주장하는 한편 노동자의 각성을 촉구하였다. 그 영향으로 철공조합, 일본철도교정회 등이 결성되었다.

6) 근대 문화의 발달

근대적인 학문의 연구는 도쿄대학을 비롯한 관립학교를 중심으로 뿌리를 내렸다. 1890년대가 되자 외국인 학자의 지도를 받은 일본인 연구자들이 각 분야에서 자주적으로 학문을 연구할 수 있을 만큼 성장하였다. 각 분야별로 전문적인 학회가 결성되었고 전문잡지도 간행되었다. 인문과학과 사회과학은 초기에는 영국이나 프랑스계통 학문의 영향을 받았으나 메이지 중기부터는 독일계통의 국가주의적인 학문의 영향을 받게되었다. 역사분야에서도 서양의 연구방법이 도입되어 과학적인 연구가 시작되었다. 자연과학과 의학분야에서도 독창적인 연구가 가능하게 되었다.

에도시대 말기부터 민간에서 세력을 얻은 천리교(天理教), 금광교(金光教), 흑주교(黒住教) 등과 같은 신흥종교가 전파되었다. 메이지정부의 종교정책으로 큰 타격을 입었던 불교도 재건되었다. 그리스도교도 종교의 자유가 인정되자 포교에 힘을 기울였다. 선교사들은 포교와 함께 교육과 사회복지 활동에도 힘썼다. 그러나 교육칙어가 발표되자 국가주의자들은 그리스도교가 교육칙어의 정신에 위배된다고 하여 공격하였다.

신문은 자유민권운동이 고양되면서 비약적으로 발전하였다. 정당의 기관지도 발행되었다. 신문은 소설을 연재하는 등 독자에게 읽을거리를 제공하였다. 신문의 종류도 늘어나게 되면서 신문은 민중의 일상생활과 밀접하게 되었다. 잡지의 종류도 다양하였다. 학술잡지, 문학잡지 외에도 전문지가 간행되었다. 그리고 『고쿠민노토모(国民之友)』, 『다이요(太陽)』, 『주오코론(中央公論)』 등과 같은 종합잡지도 발행되었다.

1880년경부터 활자인쇄가 발달하였다. 큰 규모의 출판사가 설립되어 일본고전이 복간되고 각종 서적이 출판되었다.

메이지 초기에는 문명개화의 신풍속을 묘사한 문학작품이 많이 읽혀졌다. 문학작품이 신문에 게재되고 책자로 간행되었다. 민권운동이 활발해지면서 정치소설도 등장하였다. 서양문학의 영향으로 언문일치의 문장이 보급되면서 인간 감정이 섬세하게 묘사되었다. 히구치 이치요(樋口一葉)는 주로 『분가쿠카이(文学界)』에 기고하였는데 소년소녀의 비련을 묘사한 정서적인 작품으로 독특한 위치를 차지하였다.

러일전쟁 전후에는 인간사회를 사실적으로 묘사하려고 하는 자연주의가 문단의 주류를 이루었다. 대표적인 작가로는 구니키다 돗포(国木田独歩), 다야마 가타이(田山花袋), 시마자키 도손(島崎藤村), 도쿠다 슈세이(徳田秋声) 등을 들 수 있다. 그들은 인생의 진실을 그리려고 하였는데, 주로 자신의 생활체험을 묘사하였다.

이러한 경향에 대하여 나쓰메 소세키(夏目漱石)로 대표되는 반자연주의가 문단에 새로운 바람을 불러 일으켰다. 풍부한 서구적 교양을 바탕으로 한 소세키는 영문학에서 배운 간결하고 분석적인 방법으로 서민의 일상생활을 묘사하였다. 그는 서양의 근대적 정신과 일본의 문학적 전통을 기반으로 하여 독창적인 문학을 탄생시켰다. 그는 인간의 심리를 심도 있게 묘사하였다. 모리 오가이(森鷗外)도 나쓰메 소세키와 같이 서양에 유학하면서 일본의 예술을 재발견한 인물이었다. 그는 서양문학을 번역하여 소개하면서 낭만주의적인 작품을 많이 썼다.

시인인 이시카와 다쿠보쿠(石川啄木)는 1910년 전후의 사회생활을 예리하게 관찰하였다. 사회주의 사상을 담은 시가(詩歌)를 통하여 새로운 경지를 열었다. 그는 빈곤 속에서 이상을 상실한 청년들의 자멸적인 경향을 가슴아파하였다. 그래서 그는 절망의 상황을 초월하는 길을 모색하였다.

가부키(歌舞伎)는 여전히 민중의 사랑을 받았다. 메이지 초기에는 문명개화의 풍속을 도입한 새로운 연극이 선보였다. 중기에는 서양연극의 영향을 받아 연극이 개량되기도 하였다. 청일전쟁 전후부터는 신파극(新派劇)이라고 불리는 현대극이 시작되었다. 신파극도 주로 의리와 인정 사이에 갈등하는 인간을 소재로 하였다. 인기 있는 통속소설을 극화하면서 연극은 민중의 오락으로 자리를 잡았다. 1896년에는 미국에서 영화가 수입되었다.

서양음악은 먼저 군대에서 도입하였고, 이어서 소학교 교육에 서양의 가요를 모방한 창가(唱歌)가 도입되었다. 1887년에는 도쿄음악학교가 설립되면서 전문적인 음악교육이 시작되었다. 1906년에는 일본 최초의

교향악단인 일본교향악협회가 조직되었고, 정기
연주회가 개최되었다. 1914년에는 도쿄음악학교
출신으로 독일에서 공부한 야마다 고사쿠(山田
耕作)가 귀국하여 작곡과 지휘활동을 하기 시작
하였다. 같은 도쿄음악학교에서 다키 렌타로(滝
廉太郎)와 같은 선구적인 작곡가가 출현하였다.

1887년에 도쿄미술학교가 설립되면서 본격적
인 미술교육이 실시되었다. 1893년에는 구로다
세이키(黑田清輝)와 구메 게이치로(久米桂一郎)
가 프랑스에서 귀국하여 프랑스 인상파의 영향
을 받은 서양화를 보급하였다. 1907년에는 문부
성주최로 미술전람회가 개최되었다. 민간의 미
술단체도 자주 전람회를 개최하였다. 메이지 초
기에 서양조각술이 도입되어 조각작품이 회화와
함께 미술전람회에 진열되게 되었다. 관청, 은
행, 회사, 학교 등이 고딕풍의 서양식 건축양식
으로 건설되었다.

독서하는 여인 구로다 세이키

2. 세계정세의 진전과 일본의 동향

1) 제1차 세계대전과 일본의 동향

제1차 세계대전이 발발하자 영국은 일본에게 태평양에 있는 독일함대
의 공격을 요청하였다. 오쿠마(大隈)내각은 즉시 참전을 결정하였다. 일
본은 산동반도에 있는 독일의 군사기지와 독일령 남양군도의 일부를 점
령하였다.

오쿠마내각은 중국의 혼란을 틈타서 산동반도를 점령하였다. 그리고

1915년 1월에 원세개(袁世凱)정부에 대하여 5개항 21개조의 요구사항을 제시하였다. 그것은 독일이 보유하고 있던 권리를 일본이 계승하는 것과, 일본이 러일전쟁 후 차지했던 남만주의 권리를 연장하는 것을 주요 내용으로 하였는데, 그 중에는 일본이 중국정부에 간섭할 수 있도록 하는 내용도 포함되어 있었다. 원세개는 일본의 요구를 거부하였다. 그러나 일본은 5월에 최후통첩을 보내어 요구의 대부분을 승인하게 하였다.

이와 같은 일본의 중국정책은 1916년 제4차 러일협약을 통하여 러시아의 지지를 얻었다. 그리고 1917년에는 미국도 일본의 주미대사인 이시이(石井)과 미국의 국무장관인 랜싱(Lansing)의 공동선언을 통하여 일본의 중국침략행위를 사실상 승인하였다. 다른 나라들도 일본의 행위에 대하여 공식적으로 비난하지 않았다. 최후통첩의 단계에서 영국만이 자국의 권익과 충돌하는 것에 대한 우려를 표명하였을 뿐이었다.

일본은 제1차 세계대전의 직접적인 피해를 입지 않았다. 오히려 전쟁으로 인하여 수출이 증가하였다. 1915년에는 수출액이 7억 8천만 엔이었으나 1918년에는 19억 엔으로 증가하였다. 세계각국으로 일본상품이 수출되었다. 선박수요가 급증하였기 때문에 조선업과 해운업이 발전하였다. 일본의 선박 건조량은 미국과 영국에 이어 세계 3위가 되었다. 일본 상선의 업무가 급증하여 용선료와 해상운임이 10배가량 폭등하였다. 무역외 수입의 증가로 다량의 금이 일본으로 유입되었다. 제1차 세계대전 전인 1914년에는 11억 엔의 채무국이었던 일본이 1920년에는 27억 7천만 엔의 채권국이 되었다.

방적공업은 1913년에 242만 추였으나 1918년에는 322만 추로 증가하였다. 면포생산도 1913년에 1억 6천 5백만 엔에서 1919년에는 10억 3천 3백만엔으로 증가하였다. 제철, 기계제조업도 발전하였다. 기계생산액은 1914년에 1억 1천만 엔이었으나 1919년에는 7억 1천 6백만 엔으로 증가하였다. 제철공업도 비약적으로 발전하였다. 야하타(八幡)제철소의 경우를 살펴보면 1913년에는 4백 40만 엔의 이익금을 올렸으나 1918년에는 5천 7백 73만 엔의 이익금을 올렸다. 약품, 염료, 비료분야에서 국산화가 진행되었다.

전력사업도 발달하였다. 전력생산량은 1914년에 1백 10만 킬로와트였는데 1919년에는 9백 18만 킬로와트로 증가하였다. 특히 공장의 전력사용량이 증가하였다. 제1차 세계대전 중에는 전력이 증기력을 상회하게 되었다.

한편 수출증가의 영향으로 물품이 부족하게 되었다. 미곡가를 비롯한 국내물가가 상승하여 국민의 실질임금은 저하되었다. 이러한 가운데 미쓰이 · 미쓰비시 · 스미토모 등 은행자본을 중심으로 한 재벌이 시장을 지배하게 되었다.

2) 국제협력 체제와 일본

제1차 세계대전이 한창인 1917년 11월, 러시아에서는 레닌을 중심으로 한 혁명파가 사회주의 혁명을 일으켜 세계 최초로 소비에트정권을 탄생시켰다. 소비에트정권은 자본주의를 부정하고 제국주의를 거부하였다. 사회주의 국가의 성립은 자본주의에게는 위협적이었다.

연합국은 1918년 소비에트정권을 타도하고 반혁명정권을 수립하기 위하여, 시베리아에 고립된 체코슬로바키아군을 지원한다는 구실로 시베리아에 군대를 파견하였다. 데라우치내각은 좋은 기회라고 생각하여 대규모의 군대를 연해주와 북만주에 진주시켰다. 영국과 프랑스가 5천 명, 미국이 7천 명을 진주시킨 데 비하여 일본은 1만 2천 명을 진주시켰다. 일본은 계속해서 군대를 파병하여 최대 7만 5천 명에 이르렀다. 일본의 속셈은 대륙침략의 거점인 한국과 만주의 배후를 확보하는 데 있었다. 1920년에 이르러서 미국을 비롯한 열강은 철군하였으나 일본은 1922년까지 계속 주둔하였다. 그러나 일본도 결국은 10억 엔의 비용과 3천여 명의 병사를 희생시키고 철군하지 않을 수 없었다.

파리강화회의 일본전권 앞줄 왼쪽이 마키노 노부아키이고,중앙이 사이온지 긴모치

1918년 11월, 독일이 항복하면서 제1차 세계대전은 종료되었다. 연합국측은 1919년 1월부터 프랑스 파리에 모여서 독일과 강화회의를 개최하였다. 일본도 사이온지 긴모치(西園寺公望)를 전권대사로 파견하여 강화회의에 임하였다.

강화회의에 출석한 일본은 자국과 직접 관계되는 문제 외에는 침묵으로 일관하였다. 미국·영국·프랑스는 이 회의에서 독일령 남양군도를 사실상 일본이 지배하도록 하였다. 이 회의에서 중국대표는 산동성에서 독일이 누렸던 권익은 직접 중국에 반환되어야 마땅하다고 주장하였으나 미국의 윌슨 대통령은 중국측의 요구를 무시하고 일본이 독일의 권익을 계승하는 것을 승인하였다. 1920년 1월 국제연맹이 정식으로 발족하였다. 일본은 영국·프랑스와 함께 상임이사국이 되었다.

한편 세계 각국에서는 군비를 축소하려는 분위기가 조성되었다. 제1차 세계대전 후 국제정치의 주도권을 장악한 미국은 열강의 군비확장 경쟁을 억제하고, 일본의 중국침략을 견제하기 위하여 1921년 11월, 워싱턴회의를 소집하였다. 이 회의에서 먼저 미국·영국·프랑스·일본이 4개국조약을 맺어 태평양의 여러 섬들을 현 상태로 영유하기로 약속하였다.

그리고 미국·영국·프랑스·이탈리아·일본의 5개국은 해군군축조약을 맺어 주력함의 건조를 10년간 중지하고, 그 보유량을 미국과 영국이 5, 일본이 3, 프랑스와 이탈리아가 각각 1.67의 비율로 제한하였다. 그리고 이상의 5개국에 중국 등 4개국을 추가하여 9개국조약을 맺어 중국의 주권 독립과 영토보전의 존중, 중국에 대한 무역상의 기회균등, 문호개방의 원칙 등을 확인하였다. 일본은 이 조약에 의하여 산동반도를 중국에 반환하였다. 워싱턴회의의 결과 동아시아에서는 미·영·일 3개국의 협력관계를 축으로 하는 새로운 국제질서가 형성되었다.

일본은 1924년 외무대신에 취임한 시데하라 기주로(幣原喜重郎)를 중

심으로 특히 미국과의 협력관계를 유지하는 데 힘을 기울였다. 1925년
에는 소련과 조약을 체결하여 외교관계를 수립하였다. 중국에 대해서는
무력을 앞세운 내정간섭을 피하고, 외교교섭을 통한 일본의 권익을 지켜
나가는 정책을 취하였다.

3) 다이쇼문화

다이쇼(大正)문화는 한마디로 대중문화라고 말할 수 있는데, 대중문화
를 선도한 것은 도시를 중심으로 한 지식인 계층이었다. 다이쇼시대에는
특히 도시화가 진행되었다. 주택지역은 도시 근교에까지 확대되어 새로
운 교통 수단으로서 통근용 전차와 노선버스가 발달하였다. 도쿄를 비롯
한 대도시에는 철근콘크리트 건물이 들어섰다. 개인주택도 서양식으로
건축되었다. 가스, 수도, 전기가 보급되었다. 도시에는 봉급생활자가 늘
어났고 가정주부도 직장을 갖게 되었다. 정부가 교통문제나 주택문제에
관심을 갖게 된 것도 대체로 1920년대부터였다.

교육면에서는 의무교육이 정착되었다. 1920년대에는 모든 아동들이
소학교에 입학하게 되면서 문자를 해독하지 못하는 사람은 거의 없었다.
또 이 무렵부터 중학생과 대학생이 증가하였다. 전문학교 이상의 학생
수는 1900년에 약 2만 5천 명이었으나 1925년에는 약 13만 명에 달하
였다.

문화의 대중화에 기여했던 것은 언론매체였다. 특히 신문이 급속하게
성장하였다. 최신의 인쇄시설을 갖추고 수송체계를 합리화하면서 운영
형태도 대규모 영리사업으로 변신하였다. 1920년대 중반에는 유력 신문
의 경우 1일 100만 부 이상 발행하였다. 발행부수가 늘어나면서 신문은
점차로 정치면과 사회면의 지면을 늘이고 스포츠 문화면을 신설하여 독
자층의 요구에 부응하였다. 수십만 부씩 판매되는 대중잡지도 창간되었
다. 1920년대 후반이 되자 서적도 문고판으로 출간되면서 저렴한 가격
으로 보급되었다. 1925년부터는 라디오 방송도 시작되었다.

　문학면에서는 한계에 직면한 자연주의에 대신하여 학습원(学習院)출신의 청년 무샤노코지 사네아쓰(武者小路実篤), 시가 나오야(志賀直哉) 등이 1910년에 문학잡지 『시라카바(白樺)』를 발간하였다. 이들을 시라카바파(白樺派)라고 하였다. 또 사회주의자인 오스기 사카에(大杉栄), 아라하타 간손(荒畑寒村) 등은 1912년에 문예잡지 『긴다이시소(近代思想)』을 창간하여 민중예술의 필요성을 역설하였다. 나가이 가후(永井荷風)와 다니자키 준이치로(谷崎潤一郎)는 『주오코론(中央公論)』에 작품을 게재하였다. 그리고 문예잡지 『신시초(新思潮)』에서는 아쿠타가와 류노스케(芥川竜之介), 기쿠치 히로시(菊池寬), 구메 마사오(久米正雄), 야마모토 유조(山本有三) 등이 활동하였다. 특히 아쿠다가와(芥川)는 인간의 심리를 통하여 현실문제를 예리하게 조명하는 단편을 많이 발표하였다. 대중문학이 신문과 대중잡지를 발표의 장으로 하여 많은 독자를 확보하였다. 나카사토 가이잔(中里介山)이 대중문학의 선구자가 되었다. 독자층이 늘어나고 대중소설의 기반이 형성되자 『분게이 슌주(文芸春秋)』 등이 대중작가들의 작품을 소개하였다. 다이쇼 말기부터 프롤레타리아문학자로 하야마 요시키(葉山嘉樹), 도쿠나가 스나오(徳永直), 고바야시 다키지(小林多喜二) 등이 출현하였다.

　학문분야에서는 철학의 니시다 기타로(西田幾多郎)가 『젠노켄큐(善의研究)』를 출간하여 시대사조의 일단을 보여주었다. 『젠노켄큐』와 같은 철학서적이 많은 독자를 확보한 데에는 시민사회의 형성과 밀접한 관련이 있다. 제1차 세계대전 이후부터 중등교육을 받은 사람들의 수가 급격히 증가하였는데, 이들 지식인들이 사회로 배출되면서 방대한 독자층을 형성하였던 것이다. 이들 지식인들은 합리성을 존중하면서 자아의 실현을 추구하는 개인주의 성향이 강하였다.

　실증적인 고대사 연구의 쓰다 소키치(津田左右吉), 문화사학의 니시다 나오지로(西田直二郎), 민속학을 제창한 야나기다 구니오(柳田国男) 등은 국민문화의 향상에 위대한 업적을 남겼다.

　자연과학에서도 이화학, 항공, 철강, 지진 등의 연구소가 창설되어

KS자석강의 혼다 고타로(本多光太郎), 원자물리학의 니시나 요시오(仁科芳雄) 등이 출현하였다.

4) 군부의 대두와 중국침략

1929년 10월 미국에서 시작된 공황은 전세계에 확산되면서 자본주의 사회를 동요시켰다. 1930년 봄에는 세계공황의 여파가 일본을 강타하였다. 공황에 의하여 수출이 격감하고 금은 대량으로 유출되었다. 공업생산은 70퍼센트까지 감소하였고 무역도 40퍼센트 가까이 감소하였다. 물가가 폭락하여 중소기업이 도산하고 임금이 삭감되었다. 그리고 조업단축과 대기업의 인원정리 여파로 실업 혹은 반실업상태의 인구가 수백만 명에 달하였다. 공황은 농촌에까지 파급되었다.

일본군은 일본의 경제난을 극복하기 위한 수단으로 대륙침략을 단행하였다. 1931년 9월 만철과 그 부속지의 경비를 본래의 업무로 하는 관동군은 봉천 교외의 유조호(柳条湖)에서 선로를 폭파하였다. 그리고 그것을 중국군의 범행이라고 주장하여 전쟁의 실마리를 만들고, 군사행동을 개시하여 봉천 부근의 중국군을 공격하였다. 일본 정부는 처음에는 필요 이상의 충돌을 피하려고 하였으나 관동군은 이것을 무시하고 군사행동을 확대하였다. 일본 정부는 결국 만주사변을 승인하였다.

만주사변이 발발하였을 때, 처음에는 국제연맹도 일본 정부의 사태 불확대 방침을 신뢰하고 있었다. 그러나 일본군은 계속적으로 침략을 감행하여 전쟁을 일으킨 지 6개월 만인 1932년 1월에는 만주의 거의 전지역을 점령하였다. 국제여론은 일본을 불신하기 시작하였다. 한편 중국은 일본의 무력침략의 실상을 국제연맹에 호소하였다.

국제연맹은 만주의 실태를 조사하기 위하여 리튼(V. A. Lytton)을 단장으로 하는 조사단을 파견하기로 결정하였다. 국제연맹의 조사단이 만주에 도착하기 직전인 1932년 3월, 일본은 청의 마지막 황제였던 부의(溥儀)를 꼭두각시로 내세워 만주국을 건국하였다. 만주국은 군사·외교는 물론이고 내정의 실권도 관동군과 일본인 관리가 장악하였다.

1932년 10월에 국제연맹은 만주에 관한 조사결과를 공표하였다. 그 내용은 만주에 대한 중국의 주권을 인정하는 것이기는 하였지만, 만주에서 일본의 특수권익도 인정하는 상당히 타협적인 것이었다. 그러나 일본 정부는 국제연맹이 보고서를 공표하기 직전에 일만의정서(日滿議定書)를 맺어 만주국을 정식으로 승인하였다. 일본의 이러한 행동은 국제여론의 비난을 받았다. 1933년 2월, 국제연맹 임시총회가 만주를 점령하고 있는 일본군의 철퇴를 요구하는 권고안을 42대 1로 가결하였다. 반대 1표는 물론 일본이 던진 표였다. 동년 3월에 일본은 최초로 국제연맹을 탈퇴하였다. 이어서 독일도 10월에 국제연맹에서 탈퇴하였다.

한편 군부의 급진파와 민간의 국가주의단체는 무력을 앞세워 정권을 개조하려고 하였다. 1931년에는 3월 사건과 10월 사건이 연이어 발생하였다. 이 사건들은 육군장교에 의한 쿠데타 음모사건으로 모두 미수에 그쳤지만 정당내각을 무력으로 타도하고 군사독재정권을 수립하려고 계획했던 것이었다. 1932년 5월 15일에는 해군의 청년장교를 중심으로 하는 그룹이 수상관저를 습격하여 이누카이 쓰요시(犬養毅) 수상을 사살하는 사건이 일어났다.

1933년 이후에는 우익이 결집하여 자유주의·민주주의·개인주의를 비난하기 시작하였다. 1933년에 다키가와 사건이 일어났다. 교토제국대학 법학부 교수인 다키가와 유키토키(滝川幸辰)의 자유주의적인 형법학설이 일본 전통적인 도덕에 위배된다고 하여 휴직처분을 받았던 것이다. 1935년에는 미노베 다쓰키치(美濃部達吉)의 천황기관설이 국가체제에 위반되는 학설이라고 하여 군부와 국가주의단체로부터 공격을 받았다. 정부도 공식적으로 천황기관설을 부인하고 미노베의 저서는 발매 금지되었다.

1932년경부터 육군의 혁신파는 황도파와 통제파로 나뉘어져 대립하게 되었다. 황도파는 천황기관설 배격의 선두에 섰다. 한편 통제파는 육군조직의 세력을 배경으로 정치적 발언력을 강화하여 고도의 국방국가

왕도낙토대만주국비

를 목표로 하는 혁신정책을 실현하려고 하였다. 양파의 대립은 통제파의 중심인물인 나가타 데쓰잔(永田鉄山)이 황도파 장교에 의하여 살해되는 사건이 발생한 후 더욱 심화되었다.

1936년 2월 26일, 도쿄에서 황도파 장교가 약 1,400명의 병력을 동원하여 반란을 일으켰다. 그들은 수상관저, 육군성, 경시청 등을 점거하고 쇼와유신(昭和維新)을 표방하여 국가개조의 단행을 요구하였다. 황도파 수뇌 중에는 한때 청년장교들의 행동을 인정하려고 하는 움직임이 있었다. 그러나 천황이 직접 반란의 진압을 강력하게 지시하였기 때문에 육군은 도쿄 주변의 부대를 동원하여 반란군을 진압하였다. 반란을 주도한 청년장교와 민간인 지도자 키다 잇키(北一輝)는 사형에 처해졌다.

1937년 7월, 북경교외의 노구교에서 일본군과 중국군이 충돌한 것을 발단으로 중일전쟁이 시작되었다. 일본군은 선전포고도 없이 총공격을 개시하여 북경과 천진을 점령하였다. 때를 같이하여 해군은 상해를 공격하였다.

일본군은 화력, 조직력, 전투능력 면에서 중국군을 압도하였다. 9월부터 중국 연안해역은 일본 해군에 의하여 봉쇄되었다. 동년 12월에 일본군은 남경을 점령하게 되는데, 그 과정에서 30여만 명의 중국인이 살해되었다. 일본군은 남경을 점령한 후 북경에 중화민국임시정부라는 괴뢰정권을 세웠다.

전쟁이 장기화되고 중국 민중의 항일투쟁이 점점 격렬해지자 일본 지도층 내부에서는 의견이 대립하였다. 참모본부는 소련과의 대결을 위하여 국민정부와 평화교섭을 벌여야 한다고 주장하였고, 정부는 괴뢰정권을 이용하여 중국문제의 해결을 모색하자는 의견을 개진하였다. 중국 본토에 대한 총공격으로 얻어진 성과에 현혹된 고노에수상을 중심으로 한 정부측은 오히려 강경노선을 주장했던 것이다.

1938년 1월 일본 정부는 이른바 '고노에성명'을 발표하여 국민정부를 상대하지 않을 것임을 분명히 하였다. 동년 3월에는 남경에 새로이 중화민국유신정부라는 괴뢰정권을 세웠다. 이후 일본군은 서주작전, 광동점령, 한구점령으로 전선을 확대하였다. 장개석은 중경으로 수도를 옮기고 영국·프랑스 등의 지원을 받아 항전을 계속하였다. 무자비하게 공격하면 겁에 질린 중국이 간단히 항복하리라고 믿었던 일본의 예상은 빗나가고 중일전쟁은 장기화되었다.

한편, 일본군은 중국의 무한과 광동의 작전에 각각 14개 사단과 3개 사단을 투입하였으나 점령지역을 간신히 유지할 수 있었을 뿐, 더 이상 진격할 여력이 없었다. 또한 중국전선에 23개 사단, 70만의 병력을 투입하였으나 중국의 지구전 전략에 말려든 일본군은 진퇴양난의 상황에 처해 있었다.

이에 당황한 고노에내각은 1938년 11월에 국민정부를 상대하지 않겠다고 하였던 방침을 수정하여 일본을 맹주로 하는 동아신질서의 건설을 국민정부에 제안하였다. 즉 중국이 항일전을 포기하고 일본의 동아신질서 구상에 협력한다면 국민정부와도 상대하겠다는 내용이었다. 이것은 국민정부내의 분열을 조장하기 위한 책략이었다. 그러나 국민정부의 장개석은 끝까지 투쟁할 것을 천명하였다. 사실상 전쟁 종결의 가망성이 없어지자 고노에내각은 총사직하고 말았다.

5) 태평양전쟁과 일본의 패전

1940년 7월에 제2차 고노에내각이 성립되었다. 고노에수상은 독일·이탈리아와 제휴를 강화하는 한편, '대동아공영권' 건설의 기치를 내걸고 남방진출, 즉 동남아시아 지역을 침략할 계획을 세우고 있었다. 동년 9월에 일본은 프랑스령 인도차이나 북부를 침략하였다. 미국·영국 등 연합국측이 장개석 정권을 지원하는 통로를 차단하기 위해서라는 명분이었다.

일본은 독일·이탈리아와 함께 삼국동맹조약을 체결하였다. 그 목적은 미국이 제2차 세계대전에 참전하는 것을 저지하기 위해서였다. 그러나 일본의 동남아시아 침략과 삼국동맹의 체결은 오히려 미국을 자극하여 양국관계는 급속하게 냉각되었다. 미국은 일본에 대하여 새로운 통상조약의 체결을 거부하고 전략물자인 철강의 대일 수출을 금지하였다.

일본군이 1941년 7월 하순에 인도차이나 남부를 침략하면서 미일관계는 더욱 경직되었다. 미국은 영국, 네덜란드와 함께 국내의 일본자산 동결을 결정하였다. 미국은 필리핀에 극동군사령부를 설치하고, 영국·중국·네덜란드와 협력하여 일본에 대한 경제제재를 강화하였다. 8월초에는 대일 석유수출을 금지하였다. 미국의 대일 석유수출 전면금지는 일본에게 커다란 충격을 안겨주었다. 미국과의 전면전쟁이 불가피하다는 여론이 정부와 군부에서 순식간에 고조되었다.

9월 6일의 어전회의에서는 미국이 중일전쟁에 개입하지 않고 일본이 필요한 물자의 획득에 협조한다면 일본은 프랑스령 인도차이나반도와 중국 이외의 지역으로 진격하지 않을 뿐만이 아니라 필리핀의 중립을 보장한다는 것을 미국에게 약속하기로 하였다. 그리고 10월 상순까지 일본의 요구가 관철될 가망이 없을 경우에는 전쟁에 돌입한다는 방침을 결정하였다. 그러나 10월 중순이 되어도 교섭은 진전되지 않았다. 고노에 수상은 중국에서의 철병 문제를 양보하여 계속 교섭하려고 했으나 육군은 교섭을 파기하도록 압력을 넣었다. 결국 10월 16일 고노에내각은 총사직하고 육군의 실력자인 도조 히데키(東条英機)가 내각을 구성하였다.

천황은 도조 히데키에게 9월 6일의 결정을 다시 논의해보라고 명령하였다. 도조내각은 대미 개전에 관하여 재검토하였다. 11월 1일과 2일, 정부와 군부의 수뇌는 10여 시간의 격론 끝에 전쟁준비와 외교교섭을 병행하여 추진하고 12월 1일까지 교섭이 성립되지 않으면 12월초에 개전한다는 방침을 정하고, 11월 5일 어전회의에서 천황의 승인을 받았다. 그 후에도 대미교섭은 계속되었으나 동년 11월 26일 미국이 최종적으로 제시한 내용은 일본군이 중국과 프랑스령 인도차이나반도에서 전면 철수할 것, 즉 만주사변 이전의 상태로 복귀할 것, 삼국동맹을 파기할 것 등을 요구하는 강경한 것이었다. 일본은 교섭을 단념하였다. 12월 1일 천황은 대미·대영 개전을 최종적으로 승인하였다.

일본의 기습으로 화염에 싸인 하와이 진주만의 미 함정

1941년 12월 8일 일본해군의 항공기와 잠수정이 선전포고도 없이 하와이의 진주만을 기습공격하여 미국의 태평양 함대 주력부대를 전멸시켰다. 육군은 영국령 말레이시아 반도에 상륙하고 육·해군의 항공대는 필리핀의 미군기지를 폭격하는 등 동남아시아와 태평양 각지에서 전투를 개시하였다.

일본군은 예상했던 것보다도 빠른 시간 내에 동남아시아와 태평양의 여러 지역을 점령하였다. 일본군은 선전포고도 없이 기습공격을 하였기 때문에 연합군측은 그야말로 속수무책이었다. 더구나 일본군은 미국의 태평양함대 주력군을 전멸시키고 영국의 동양함대 주력군을 격파한 후 제해권과 제공권을 초기에 장악한 상황이었다. 우세한 해군과 공군의 지원에 힘입은 일본 육군은 1942년 4월까지 싱가폴, 자바, 필리핀, 미얀마, 태국 등 미국과 영국의 주요 거점을 점령하였다. 개전 초기에 계획했던 남방의 주요지역의 점령은 4개월 동안에 거의 완료하였던 것이다.

그러나 1942년 6월, 미드웨이 해전에서 일본은 주력 항공모함 4척을 모두 잃었다. 이 전투에서 승리한 미국은 전쟁의 주도권을 장악하였다. 미국은 본격적인 반격태세를 취하였다. 미국은 일본이 예상했던 것보다 빨리, 남태평양 솔로몬 제도의 과달카날섬에 상륙하였고, 일본군은 1943년 2월에 2만여 명의 사망자를 내고 과달카날섬에서 퇴각하였다.

미국은 1943년에 들어서면서 군수생산이 비약적으로 향상되었다. 일본과 미국의 전력차는 점점 벌어지게 되었다. 동년 9월에는 일본은 방위영역을 축소하지 않을 수 없었다. 전선의 후방에 절대국방권을 설정하였다. 그러나 절대국방권의 방위태세가 갖추어지기도 전에 미국의 공격이 빠른 속도로 진행되었다. 1944년 6월에는 마리아나제도가 함락되었다. 미국이 마리아나제도를 탈환하면서 일본 본토가 미공군의 폭격권내에 들어오게 되었다.

전쟁은 절망적인 사태에 직면하였다. 1944년 7월 도조내각은 총사직하였다. 후임 고이소 구니아키(小磯国昭) 내각은 전쟁수행에 대하여 정부의 발언권을 강화하려고 노력하였으나 육군이 강력하게 견제하였다. 이윽고 원로들이 휴전의 필요성을 제안하였다. 그러나, 정작 천황이 전투에서 한번의 확실한 승리를 거둔 후에 유리한 입장에서 휴전교섭을 하려고 고집하였기 때문에 일본군은 전쟁을 계속하였다.

1944년 10월, 미군이 필리핀에 상륙하였다. 1945년 1월에는 미군이 필리핀 전역을 장악하였다. 필리핀 전선에서 30여만의 일본군이 괴멸되었다. 한편 마리아나에서 발진하는 미국의 폭격기가 일본 본토를 폭격하였다. 동년 4월에 미국군은 오키나와에 상륙하였다.

3. 현대세계와 일본

1) 점령하의 일본

일본은 1945년 8월 14일, 포츠담선언을 수락하는 형태로 항복하기로 결정하였다. 다음날 천황은 라디오방송을 통하여 국민에게 그 사실을 알렸다. 일본의 영토는 러일전쟁 이전의 상태로 한정되었다. 미국을 중심으로 하는 연합국 군대가 일본본토를 점령하였다.

점령정책의 기조는 군국주의를 영원히 뿌리뽑고 민주주의의 부활을 지향하는 것이었다. 연합국군최고사령관총사령부(GHQ)는 먼저 일본군을 해체하고 전쟁범죄자를 체포하여 극동국제군사재판에 회부하였다. 그리고 전쟁에 앞장섰던 각계각층의 인사를 공직과 교직에서 추방하였다. 1945년 10월에는 소위 치안유지법체제를 폐지하고, 공산당원과 정치범을 석방하였다. 이어서 5대 개혁을 지시하였다. 그 내용은 여성해방, 노동조합의 육성, 교육의 민주화, 강압적인 제도의 폐지, 경제민주화 등이었다. 일본의 민주화는 이 5대 원칙에 의하여 추진되었다.

요시다(吉田)내각은 GHQ가 지시한 경제안정9원칙을 강력하게 실행하였다. 경제안정9원칙이란 1) 균형예산의 편성, 2) 세금징수의 강화 3) 엄격한 선별융자, 4) 효과적인 자금안정계획수립, 5)물가통제의 강화, 6) 외국환 관리의 강화, 7)수출의 증대, 8) 국산원료 및 제품의 증산, 9) 효과적인 식량계획의 실시를 말한다.

미국에서 파견된 재정고문은 균형예산을 편성하고 물가안정정책을 촉진하였다. 1달러 당 360엔의 환율을 고정하여 일본경제의 자립을 꾀하였다. 이러한 경제안정정책은 대기업의 유리한 자본축적과 세금징수의 강화에 의한 균형재정의 영향으로 중소상공업자, 봉급생활자, 영세농민의 생활이 특히 어려워졌다. 1949년에 성립된 정원법에 근거하여, 국유철도종업원의 대량 해고를 시작으로 시행된 관공서의 인원정리는 민간기업의 인원정리로 이어졌다.

GHQ는 재벌을 해체하려고 의도하였지만 그 계획은 사실상 중단되었다. 대기업은 다시 자본과 생산의 집중을 꾀하여 독점자본으로 성장하였다. 대은행은 융자라는 방법으로 재벌회사를 지배하면서 실업계에 결정적인 영향력을 행사하였다. 미국의 자금과 기술의 지원에 힘입어 일본경제는 단기간 내에 경쟁력을 회복하게 되었다.

2) 독립 후의 일본

일본은 1951년 9월에 샌프란시스코에서 미국을 비롯한 48개국과 평화조약을 조인하였다. 1952년 4월, 평화조약이 발효되면서 일본의 주권은 회복되었다.

일본이 독립하면서 미군정하에서 설립된 경찰예비대는 보안대로 명칭을 변경하였다가 1954년에 자위대로 발족하였다. 자위대는 전투력을 매년 증강하였다. 정부와 보수세력은 국토방위의 필요성을 역설하여 헌법을 개정하려고 획책하였다. 이에 대하여 사회당을 비롯한 소위 혁신정당은 일본의 재군비에 반대하고 평화주의 헌법을 지키려는 운동을 전개하였다.

강화조약에 서명하는 요시다 수상

미국에 지나치게 의존한다는 비판을 받고 있었던 요시다내각이 1954년 12월에 퇴진하자 하토야마 이치로(鳩山一郎)내각이 성립되었다. 하토야마내각은 1956년에 소련과 국교를 회복하였다. 그 결과 일본도 국제연합에 가입할 수 있게 되었다. 그 사이에 분열되었던 사회당이 단합하였고 이어서 보수연합정당인 자유민주당이 성립되었다. 자민당은 정치의 안정을 바라는 계층의 지지를 기반으로 장기집권의 기반을 다지게 되었다.

1960년 1월, 기시 노부스케(岸信介)내각은 미국과 안전보장조약을 맺었다. 이 조약은 실질적인 군사동맹조약의 성격을 지니고 있었기 때문에 소위 혁신정당은 이 조약에 반대하는 대중운동을 전개하였다. 이른바 안보투쟁인 것이다. 안전보장조약 비준안은 중의원에서 여당인 자민당 단독으로 가결하였다.

일본경제는 한국전쟁에 의한 특수경기로 비약적으로 성장하였다. 일본의 공업생산력은 괄목할 만하게 성장하였으며 그 결과 민간기업의 설비투자가 활발해졌다. 1955년부터 본격적인 경기상승이 시작되었다. 호경기는 이후 20년 가까이 지속되었다.

일본은 미국과의 협력관계를 기본으로 하는 정책을 견지하였다. 1961년에 대한민국에서 군사 쿠데타가 일어나 박정희를 중심으로 하는 군부

세력이 권력을 장악하자 일본은 한일국교정상화의 가능성을 타진하였다. 대한민국의 군부세력이 경제원조를 필요로 한다는 점을 간파한 일본의 이케다(池田)내각은 한국의 군부세력과 교섭하기 시작하였다. 그 결과 1965년 6월, 한일기본조약이 체결되어 국교가 정상화되었다.

중화인민공화국은 1971년에 국제연합의 대표권을 획득하였다. 그러자 일본은 신속하게 중국에 접근하였다. 다나카 가쿠에이(田中角栄)수상은 1972년 9월에 중국의 주은래(周恩来)수상과 공동성명을 발표하여 대만과 외교관계를 단절하고 중국과 국교정상화를 실현하였다. 1978년에는 후쿠다 다케오(福田赳夫)내각 때 중국과 평화우호조약을 체결하였다.

1973년 제4차 중동전쟁을 계기로 세계경제는 불황의 늪으로 빠져들었다. 그러나 일본은 경영합리화와 기술혁신으로 위기를 극복하고 안정적인 경제질서를 유지하였다. 일본의 전기·전자제품과 자동차의 수출은 증가하였다. 일본제 카메라·텔레비젼·시계를 비롯한 공업제품은 품질이 좋고 가격이 저렴하였기 때문에 활발하게 수출되었다. 미국과 유럽지역 국가의 제품은 일본제품에 밀리기 시작하였다. 1980년대 후반에 들어서면 무역마찰이 표면화되기 시작하였다. 일본의 고도경제성장을 찬양하고 선전하던 미국·영국·프랑스가 일제히 '일본 두드리기'에 앞장서기 시작하였다. 80년대 후반에 이르러서 일본의 경제력은 이미 대국의 수준을 넘어 초강대국의 지위에 도달해 있었다.

1970년대 이래 자본주의진영 내에서 미국의 지도력이 저하되었다. 그 대신에 선진자본주의 주요 국가들이 협조하여 세계의 정치와 경제를 주도하게 되었다. 1975년 이래 매년 주요선진국수뇌회의(Summit)가 개최되었다. 서미트는 미국·영국·프랑스·독일·이탈리아·캐나다·일본의 7개국 정상들이 한자리에 모여 공통적인 대외정책을 폭넓게 토의하는 회의였다. 아시아에 위치한 국가 중에서는 유일하게 일본이 이 회의에 참석하게 되었다. 미국은 일본이 국제정세 속에서 정치적인 역할뿐만이 아니라 군사적인 역할도 담당해 주기를 기대하고 있었다. 그리하여 일본은 매년 군사비를 증액하고 자위대(自衛隊)의 전투력을 증강하였다.

　1982년에 출범한 나카소네 야스히로(中曾根康弘)내각은 방위력 증강에 역점을 두었다. 그리고 전후 정치의 총결산이라는 슬로건을 내걸고 행정개혁과 정치개혁을 추진하였다. 나카소네내각은 1987년까지 집권하였다. 80년대 후반에 리쿠르트사와 관련된 의혹이 제기되면서 정계는 크게 동요되었고, 자민당의 지지율은 다시 하락하였다.

　1989년의 참의원 선거에서는 여당과 야당의 세력관계가 역전되었다. 1993년에는 자민당의 내분이 심각해져서 총선거에서 패배하였다. 자민당의 의석이 과반수를 밑돌게 되어 위기를 맞이하였다. 그러자 보수성향의 새로운 정당이 약진하였다. 그 결과 실로 장기간에 걸친 자민당 내각에 대신하여 보수연립내각이 탄생하였고, 일시적으로 사회당에서 수상이 나오기도 하였다. 그러나 몇 년이 지나자 일본인은 다시 자민당을 정치의 일선으로 불러냈다.

테마 28
판적봉환과 폐번치현

1. 판적봉환

　메이지정부가 성립된 후에도 번주(藩主)들은 여전히 독립적으로 무사단을 거느리고 자신의 영지를 지배하고 있었다. 그러나 왕정복고라는 말이 상징하듯이, 메이지정부의 목표는 중앙집권적인 정치질서를 확립하는 것이었다. 그러기 위해서는 지방분권적인 정치질서를 부정하지 않으면 안되었는데 그것은 매우 어려운 일이었다.

　그래서 메이지정부는 단계적으로 그 목표에 접근하려고 하였다. 1869년 1월에 사쓰마(薩摩)·조슈(長州)·도사(土佐)·히젠(肥前)의 번주(藩主)가 연명하여 판적봉환(版籍奉還)의 상표문을 제출하였다. 판적봉환이란 토지(版)와 인민(籍)을 천황에게 되돌려 주는 것을 말한다. 상표문은 막부의 정치를 폐지하고 새로운 정치질서을 세우는 커다란 변혁의 기회를 유명무실하게 해서는 안된다는 점을 강조하면서도 번주들이 보유하고 있는 영지에 대한 지배권은 인정해 줄 것을 은근히 청원하는 내용을

왕정복고 전야 수렴 안 쪽이 메이지 천황

담고 있었다. 이것은 다른 번주들을 안심시키는 효과를 노린 것이었다. 유력한 번주들이 제출한 상표문에 접한 정부는 서두르지 않고 공론을 살펴서 시행할 것이라고 회답하였다.

사쓰마·조슈·도사·히젠 등의 판적봉환 문제는 동년 5월에 정부 회의의 안건으로 상정되면서 입법기관인 공의소(公議所)에도 자문을 구하였다. 회의는 그 취지에 대하여는 동의하면서도 곧바로 군현제(郡県制)로 전환하는 것은 꺼리는 분위기였다. 공의소에서는 봉건제로 할 것인가 군현제로 할 것인가를 놓고 의견이 팽팽하게 대립하였다. 공의소에서는 봉건제와 군현제의 절충안이 채택되었다.

이러한 분위기 속에서 확고하게 군현제를 주장하였던 것은 오쿠보 도시미치(大久保利通)였다. 히로자와 사네오미(広沢真臣)는 봉건제냐 군현제냐 하는 문제보다도 더욱 중요한 것은 천황정권의 지배력을 확보하는 것이 급선무라고 보고 있었다. 어쨌든 판적봉환 문제는 동년 6월에 확정되었는데, 이에 대하여 메이지 정부의 참의(参議) 기도 다카요시(木戸孝允)는 '모략'이었다고 실토하고 있다. 즉 처음부터 지방분권적인 정치질서를 부정하면 번주들이 크게 반발할 것이기 때문에, 그 목표에 도달하기 위한 제1단계 전략으로써 메이지정부는 판적봉환이라는 계략을 세웠던 것이다. 이러한 계략은 적중하여 10일도 걸리지 않아서 274명의 번주가 앞을 다투어 판적을 봉환하였다.

　판적을 봉환한 번주들은 번지사(藩知事)에 임명되었다. 판적봉환은 명목상이었지만, 이미 번지사는 정부가 임명한 이상 그들은 지방관리에 지나지 않았다. 이리하여 메이지 정부의 제1단계 전략이 실현되었다.

2. 정부의 번 통제

　정부는 번지사에게 번정의 개혁을 촉구하였다. 그것은 번정개혁을 통하여 낡은 번정을 쇄신하고 정부의 통제력을 강화하기 위해서였다.

　메이지 원년인 1868년 10월에 번치직제(藩治職制)를 제정하였다. 정부는 그때까지 제각각이었던 각 번의 직제에 하나의 기준을 설정하여 통일하려고 의도하였다. 번주의 밑에는 집정(執政), 참정(参政), 공의인(公議人)이 두어졌다. 집정과 참정은 번의 중요한 직책으로 번의 정치를 담당하였다. 에도시대를 통하여 그러한 중요한 지위에는 원칙적으로 명망있는 가문의 무사가 취임하게 되어 있었다. 그러나 정부는 유능한 인재를 등용하도록 하였다. 그리고 정체서(政体書)의 관리공선법에 의하여 가능한 한 선거를 통하여 등용하도록 하였다. 공의인은 번을 대표하여 중앙의 공의소 의원이 되었다. 각 번은 의사소(議事所), 의사국(議事局), 집강소(集講所), 회의당(会議堂) 등으로 일컬어지는 의회를 설립하였다.

　번지사의 가록(家禄)은 번의 실제 수입의 10분의 1로 정하고, 번의 무사들은 그때까지의 가격(家格)을 폐지하고 사족(士族)과 졸족(卒族)의 2계급으로 나누었다. 에도시대의 무사는 가격에 의하여 세밀한 서열이 정해져 있었다. 나고야번의 경우에는 70여 단계의 서열이 있었을 정도였다. 이러한 서열을 2계급으로 정리한 것은 가히 혁신적이라고 평가해야 할 것이다. 이러한 계층서열의 폐지는 가격에 의하여 마땅히 취임해야 하는 직책이 정해져 있었던 낡은 관행을 부정하는 것을 의미하였다.

3. 친병 설치

메이지정부가 출범한 다음해인 1869년 7월에 관제를 개혁하여 병부성(兵部省)을 설치하였다. 1870년 11월에 징병규칙이 제정되었다. 1871년 2월에는 가고시마번(鹿児島藩)의 보병 4개대대, 포병 4개대대, 야마구치번(山口藩) 보병 3개대대, 고치번(高知藩) 보병 2개대대, 기병 2개소대, 포병 2개대대를 친병(親兵)으로 병부성 관할하에 두기로 정하였다. 병력은 약 1만여 명이었다.

동년 4월에는 동부와 서부에 각각 진대(鎮台)를 설치하였다. 동부 진대의 본영(本営)은 이시노마키(石巻)에 두었는데 후쿠시마(福島)와 모리오카(盛岡)에 각각 분영을 두었다. 서부의 본영은 고쿠라(小倉)에 두었는데 하카타(博多)와 히다(日田)에 각각 분영을 두었다. 동년 8월에는 도쿄, 오사카에도 진대를 설치하였다. 진대는 4개 진대와 8개 분영으로 되었다. 1872년에는 육군성과 해군성이 창설되었다. 1873년 1월에는 전국을 6군관으로 나누고, 도쿄, 센다이(仙台), 나고야(名古屋), 오사카, 히로시마(広島), 구마모토(熊本)의 6진대로 확대하였다. 분영까지 합하면 14개소에 달하였다. 이어서 징병령이 공포되었다. 새로운 군대의 창출은 육군경 야마가타 아리토모(山県有朋)가 주도하였다.

친병을 설치하는 과정을 살펴보면, 처음에는 정부도 어쩔 수 없이 유력한 번의 군사력에 의존하지 않을 수 없었다는 것을 알 수 있다. 친병은 조슈의 기도 다카요시와 야마가타 아리토모, 사쓰마의 사이고 다카모리, 도사의 이타가키 다이스케(板垣退助) 등의 협의에 의하여 실현되었다.

4. 폐번치현의 조건

정부가 지방분권적 정치질서의 해체를 목표로 하고 있었던 것은 틀림없는 사실이었지만, 일거에 폐번을 단행한다는 생각을 갖고 있지는 않았다. 폐번이라고 하는 혁명적 전환을 시도하려면 우선 정책을 추진하는 정부 내부의 의견이 조율되지 않으면 안되었다. 하지만 출신이 각기 다르고 정치적인 입장이 각기 다른 구성원들이 의기투합하기란 쉽지는 않은 일이었다. 오쿠마 시게노부(大隈重信)의 회상에 의하면, 기도 다키요시와 오쿠보 도시미치는 긍정적인 생각을 갖고 있었으나 사이고 다카모리(西鄕隆盛)가 어떠한 태도를 취할지 매우 불안해하였다. 오쿠마 시게노부와 이노우에 가오루(井上馨)는 마음을 굳게 먹고 사이고 다카모리를 방문하였다. 만약 다카모리가 폐번치현에 반대한다면 일전을 불사하겠다는 생각을 굳게 갖고 있었다. 그러나 두 사람의 설명을 들은 사이고 다카모리는 흔쾌하게 동의하였다.

　정부의 실력자들이 폐번치현이라는 목표를 달성하기로 합의를 하였다고 하더라도 분위기가 성숙되지 않은 시점에서 그것을 단행한다는 것은 현실적으로 불가능한 일이었다. 번지사(藩知事)는 실질적으로 각 지방을 지배하고 있었으며, 또 그들은 에도시대의 다이묘와 같은 지위와 권력을 자손에게 상속하기를 희망하고 있었기 때문이었다. 폐번이 되면 영주를 주군으로 섬기던 무사들이 동요할 것은 자명한 일이었다. 그들이 누리고 있었던 신분적 특권은 심정적으로 포기하기 어려운 것이었다. 결과적으로 폐번치현이 천황의 명령으로 아무런 저항 없이 달성되었다면, 커다란 변혁을 수용할 수밖에 없는 분위기가 조성되어 있었다고 보아야 할 것이다.

　메이지 초기에는 전국적으로 농민 잇키와 도시 폭동이 격화하였던 시기였다. 1869년과 70년은 잇키와 폭동이 집중적으로 발생하였던 시기였다. 특히 양잠과 제사업이 발달하였던 신슈(信州)는 농민 잇키가 빈발하였다. 1869년 8월부터 다음 해 12월까지 확인된 것만도 20여 회의 농민 잇키가 발생하였다. 마쓰시로번(松代藩)에서는 1870년 11월에 잇키가 일어났다. 연공의 환산을 둘러싸고 농민의 불만이 일시에 폭발하였던 것이다. 잇키 세력은 조카마치로 쳐들어가서 번의 전매기관인 상법사(商法社)의 건물과 상법사와 관련이 있는 상인·지주들의 집을 불태웠다.

잇키세력은 전매 최고책임자의 사형을 요구하였다. 사태가 심각하게 전개되자 번지사가 직접 농민과 회견하여 농민이 요구하는 것을 거의 모두 수용하였다. 여기에서 주목되는 것은 번의 재정을 타개하기 위하여 도입한 전매제도와 세금의 증수 정책에 대하여 잇키세력이 정면으로 도전하였다는 점이다. 잇키의 지도세력은 토지를 보유하지 못한 빈농과 도시 빈민층이었다. 그들은 영주의 권력과 유착하여 수탈을 일삼는 일부 상인과 지주에게 공격을 가하였다. 번지사가 농민 앞에서 그들의 요구사항을 거의 모두 수용한 것은 전례가 없는 것이었다.

1869년 가을부터 다음해 봄에 걸쳐서 조슈번에서는 탈대소동(脫隊騷動)이라고 일컬어지는 병사들의 반란이 일어났다. 이것은 번사(藩士)의 가록(家祿)을 삭감하고 병제를 개혁하는 것이 하급사족과 졸족(卒族)에게 일방적으로 불리하다고 생각한 병사들이 일으킨 소동이었다. 한편 농민들도 봉기하였다. 쇼야(庄屋)의 부정과 무거운 세금에 불만을 품은 농민들의 감정이 폭발하였던 것이다. 농민 잇키는 빈농층이 주도권을 장악하고, 반란을 일으킨 병사들과 연대하여 저항하면서 번 권력을 위기로 몰아넣었다. 조슈번은 막부를 무너뜨리는 데 중심적인 역할을 하였고, 또 메이지정부의 지주였던 만큼 이 소동의 영향력은 대단히 컸다.

농민 잇키, 도시 폭동, 병사들의 반란 등으로 연이어지는 집단저항은 사회를 더욱 혼란스럽게 하였다. 더구나 당시는 낭인(浪人)들이 관리를 암살하고 반정부운동을 주도하고 있었다. 이와 같이 복합적이고 연쇄반응적인 사건에 대하여 정부의 고위 관료들은 심각한 위기감을 느끼고 있었다.

그리고, 당시는 각 번의 재정이 더욱 악화되고 있는 상황이었다. 메이지정부가 성립된 이래 13개 번이 자발적으로 폐번을 신청하였다. 그 중에서 가장 규모가 큰 번은 20만 석의 모리오카번(盛岡藩)이었고, 나머지 번은 1만 석에서 5만 석에 이르는 규모가 비교적 적은 번이었다. 규모가 적은 번일수록 재정난이 심각하였고, 그것이 자발적으로 폐번을 신청한 근본적인 이유였다. 그러나 표면적으로는 군현제에 의한 통일의 필요성을 번주가 인식하여 폐번을 신청하였고, 그러한 밑에서부터의 요구를 정부가 수용하는 형식을 취하였다는 점이 주목된다. 도쿠시마번(德島藩), 구마모토번(熊本藩), 나고야번(名古屋藩) 등 규모가 큰 번의 지사들이 군현제 실시를 건의한 적이 있는데, 폐번을 신청한 번들도 그러한 동향에 보조를 맞췄다고 보아도 좋을 것이다.

또 각 번 내부의 정치적인 변화가 정부의 의도를 넘어 진행되는 면이 있었다는 점도 폐번을 재촉한 이유의 하나였다. 즉 경우에 따라서는 정부가 통제할 수 없는 상황으로 발전하는 지역이 생길 수 있었다. 그 점을 정부는 두려워하였던 것이다. 이러한 위기감이 점진적인 폐번론에서 급진적인 폐번론으로 변화하게 하였던 것이다.

마지막으로 지적해야 할 것은 정부가 재정문제를 극복할 필요성을 절감하고 있었다는 점이다. 서양의 열강과 긴장관계를 가지고 대치해야 했던 상황에서 통일국가의 내실을 다지는 일은 중요한 과제였다. 그런 의미에서도 폐번의 긴급성이 요구되었던 것이다.

5. 폐번치현

1871년 7월 14일, 폐번치현이 단행되었다. 이노우에 가오루의 회고에 의하면, 폐번치현은 판적봉환 때와는 전혀 다른 방식으로 단행되었다. 즉 판적봉환 때에는 밑으로부터의 청원을 천황이 승인하는 형식이었다. 정부는 서두르지 않고 공의소에도 자문을 구하여 자유롭게 토론하게 하는 등 널리 공론을 조성하였다. 그런데 폐번치현은 천황의 명령으로 단행되었다는 점이 주목된다.

7월 14일 번지사 전원이 열석한 가운데, 천황은 담담하게 안으로는 국민을 보호하고 밖으로는 여러 나라와 대치하자면 명실상부하게 통일국가를 이루어야 한다는 취지를 설명하고 폐번치현을 일방적으로 선언하였다. 회의장은 조용하였다. 이의를 제기하는 자는 없었다. 역사의 한

획을 긋는 혁명적 전환이라고 할 수 있는 폐번치현은 이렇게 달성되었던 것이다. 오쿠보 도시미치, 기도 다카요시 등 관료들은 만약의 사태에 대비하여 친병들을 비상대기시켜 놓고 있었다. 그러나 예상외로 쉽게 목적이 달성되자 오히려 허탈한 심정이었다.

정부는 261번을 폐지하고 전국은 1사(使) 3부(府) 306현(県)으로 하였다. 번지사는 면직되었다. 1871년에 전국은 1사 3부 72현으로 통합되었고, 정부가 임용한 개척장관, 부지사, 현령이 임명되었다. 지방행정도 정부에 의하여 완전히 장악되었던 것이다. 12월 10일에는 부현(府県)의 서열이 정하여졌다. 도쿄, 교토, 오사카의 3부의 서열을 비롯하여, 가나가와(神奈川), 효고(兵庫), 나가사키(長崎), 니이가타(新潟) 등 주요 항구가 있는 4현이 다음 서열로 정해졌다. 그 다음에는 도후쿠(東北), 호쿠리쿠(北陸), 산인(山陰), 산요(山陽), 시코쿠(四国), 규슈(九州)라고 하는 대체적인 서열이 정해졌다. 부현의 경계가 완전히 확정되기까지는 그 후 10여 년의 세월을 필요로 하였다.

정부는 폐번치현을 단행하고 현명(県名)을 확정할 때, 정부에 협조적인 번과 적대적인 번을 구별하여 놓고 작업을 진행하였다. 정부 관료들은 전자를 충근번(忠勤藩), 후자를 조적번(朝敵藩)이라고 일컬었다. 특히 폐번치현 직후인 1871년 10월부터 다음해 6월까지 사이에 충근번으로 분류된 규모가 큰 번명은 그대로 현명이 되었으나, 조적번이나 태도가 애매하였던 번은 그 번명을 그대로 사용하지 않고 군명(郡名) 혹은 산천명(山川名)을 붙였다. 가고시마(鹿児島), 야마구치(山口), 고치(高知), 사가(佐賀), 후쿠오카(福岡), 돗토리(鳥取), 히로시마(広島), 오카야마(岡山), 아키타(秋田) 등 9개의 충근번은 번명을 그대로 현명으로 확정한 경우다. 이에 비하여 특별한 경우를 제외하면 조적번으로 분류된 번명을 현명으로 확정하지 않는다는 것이 원칙이었다. 특별한 경우에 해당하는 것이 후쿠시마(福島), 야마가타(山形), 후쿠이(福井), 와카야마(和歌山) 등의 현인데 후쿠시마번은 메이지 원년에 전봉되어 소멸되었고, 후쿠시마현은 다음해인 1869년 7월에 신설되었던 것이다. 야마가타번 역시

1870년 전봉되어 소멸되고, 야마가타현은 동년 9월에 신설되었다. 이와 같이 두 번과 두 현은 폐번치현 이전에 이미 폐번되고 치현되었기 때문에 1871년과 72년의 폐번치현과는 관계가 없는 것이었다. 후쿠이현도 위와 같은 경우이다. 그리고 와카야마현은 메이지정부가 성립되기 이전부터 천황에게 적대하지 않는다는 의사표현을 하였고, 14대 쇼군 도쿠가와 이에모치(德川家茂)와 메이지천황의 고모에 해당하는 가즈노미야(和宮)와의 관계도 고려하여 번명을 현명으로 하였던 것이다.

테마 29

이와쿠라사절단의 구미 12개국 순방

1. 이와쿠라사절단의 출발

이와쿠라(岩倉)사절단은 우대신(右大臣) 이와쿠라 도모미(岩倉具視)를 특명전권대사로 하고, 기도 다카요시(木戶孝允), 오쿠보 도시미치(大久保利通), 이토 히로부미(伊藤博文), 야마구치 나오요시(山口尚芳) 등 4명을 부사(副使)로 해서 1871년에 요코하마항을 출발하여 약 12개국을 돌아보고 귀국한 48명의 사절단을 말한다. 이때 수행원과 유학생이 동행하였다. 이들은 처음에 10개월 예정으로 일본을 출발하였으나, 세계 정세에 어둡고 외교 관례의 미숙으로 결국은 1년 10개월만에 귀국하게 되었다. 그동안 사절단은 미국, 영국, 프랑스, 벨기에, 네덜란드, 독일, 러시아, 덴마크, 스웨덴, 이탈리아, 오스트리아, 스위스를 회람하였다.

이와쿠라사절단이 세계 각국을 순방한 목적은 조약개정을 위한 예비교섭을 하는 한편, 구미 선진제국의 제도와 문물을 조사하고 견문을 넓히는 것이었다. 메이지정부는 국제적 환경, 국제적 조건에 주체적으로 대응하려고 했던 것이다.

1871년 11월 12일, 요코하마의 숙사를 나와 마차를 타고 항구로 향하여, 태평양 회사의 외륜선으로 배수량이 4,500톤인 아메리카호에 승선하였다. 축포가 울려퍼지고 배는 닻을 올렸다. 사절단은 4명의 부사 이외에도 일등서기관 4명, 이등서기관 3명, 3등서기관 2명, 4등 서기관 2명, 이사관 7명 등 당시 정부수뇌부의 약 2분의 1이상의 인물로 구성되어 있었다. 더욱이 일행에는 미국으로 유학을 떠나

요코하마 항을 출발하는 이와쿠라사절단

는 화족(華族)과 사족(士族)이 54명, 여자 유학생 5명이 동행하고 있었다. 여자 유학생은 9세인 쓰다 우메(津田梅), 11세인 나가이 시게(永井繁), 12세인 야마카와 스데마쓰(山川捨松), 16세인 요시마스 료(吉益亮), 같은 16세인 우에다 데이(上田悌)였다.

천황은 유학생들 중에도 특히 화족의 자제들에게 지식을 쌓고 재능을 연마하고 유용한 일과 실용적인 학문을 배워서 귀국하라고 당부하였다. 여자 유학생들에게 황후는 몸소 서신을 전하고 기념촬영을 하면서 귀국한 후에는 부녀의 모범이 되라고 당부하였다.

2. 『특명전권대사미구회람실기』

아메리카호가 태평양을 횡단하여 미국의 센프란시스코에 도착한 것은 요코하마를 출발한 지 24일째 되는 12월 6일이었다. 일본인들은 그렇게 동경하였던 문명의 세계를 처음으로 접하게 되었다. 수행관원들의 기록은 1878년에 『특명전권대사미구회람실기(特命全権大使米欧回覧実記)』 전 100권(5편5책)으로 간행되었다.

순방한 여러 나라의 현황을 방문한 순서로 서술한 이 『실기』는 당시 서양문명의 실상을 극명하게 기록한 견문기였다. 그 구성과 내용을 살펴보면, 방문한 12개국 중에서 미국과 영국에 대한 기술이 전체의 40퍼센트를 차지한다. 이어서 독일, 프랑스, 이탈리아, 러시아의 순으로 기술한 분량이 적어진다. 이것을 통해서도 사절단들의 각국에 대하여 어느 정도 관심을 갖고 있었는지를 알 수 있다. 또 소국인 벨기에, 네덜란드, 덴마크, 스웨덴, 오스트리아, 스위스에 대해서는 비록 비율은 적어도 같은 소국인 일본의 장래를 모색하는 시점에서 고찰되고 있다. 소국 전체에 대한 관심도는 대국에 비하여 결코 적었다고 말할 수는 없다.

3. 문명과의 만남, 그 충격

이와쿠라사절단 일행의 가슴 설레는 문명체험은 미국에 도착한 날부터 수행관원 구메 구니타케(久米邦武) 등에 의하여 상세하게 기록되었다.

사절단 일행은 샌프란시스코의 그랜드호텔에 여장을 풀었다. 그랜드호텔은 5층 건물로 객실이 300개이고 120평의 식당에서는 한꺼번에 300명이 식사를 할 수 있는 규모였다. 1층에는 목욕탕, 이발소, 당구장 등 휴게시설이 있었다. 사절단 일행은 현관에서부터 고급스럽게 단장된 호텔의 화려함에 압도되었다. 식당의 규모에 놀란 것은 말할 필요도 없었다. 사절단은 처음부터 아주 신기한 체험을 하였다. 한 수행원이 객실로 가려고 하자 '노비'가 안내하였다. 노비는 그를 한 '작은 방'으로 데리고 갔다. 그곳에는 서양인 남녀 2~3명이 있었다. 방문이 닫히자 순식간에 덜컹하는 소리를 내며 끌려 올라갔다. 방은 도중에 멈추고 문이 열리자 서양인들이 밖으로 나갔다. 두번째 멈췄을 때 내리라고 하여 내렸더니 객실이 보였다. '작은 방'은 엘리베이터였던 것이다.

객실에 안내되어 들어가보니 방에는 카펫이 깔려 있었고, 그 위에 소파(객좌=客座), 침대(침좌=寢座)가 놓여 있었다. 그리고 별도로 샤워실, 수세식 변소, 세면대가 있었다. 방에는 가스등이 걸려 있었다. 세면대(수반=水盤)에서 얼굴을 씻었는데 '기계'를 돌리면 물이 나왔다. 방에서 '노비'를 부를 수도 있었다. 전선이 연결되어 있었기 때문이다. 장치를 누르면 벨소리가 백보 밖에서 울리고, '노비'가 달려왔다. 방에는 책상이 있어서 쓸 수가 있고, 거울이 있어서 비출 수 있었다. 비누, 수건, 성냥, 소반, 화로(스토브), 꽃병까지 각 방에 준비되어 있었다.

사절단을 따라 유학을 떠나는 여자 유학생들

사절단 일행 중에는 언어소통이 부자유하여 매우 불편해 하는 자들도 있었다. 한번은 이런 일도 있었다. 한 수행원이 외출했다 돌아오면서 '노비'에게 설탕과 냉수를 갖다 달라고 부탁하였다. 그는 일본에서 피곤할 때는 언제나 냉수에다 설탕을 타서 마시는 습관이 있었다. 그는 "슈가 안도 와타"라고 '노비'에게 큰소리로 말하였다. 그 소리를 들은 '노비'는 매우 당황한 듯이 머리를 갸웃거리다가 시거와 버터를 들고 나타났다. "슈거 앤드 워터"라고 발음을 하였더라면 설탕과 물을 가지고 왔을 터인데, '노비'의 귀에는 '슈가'는 시거로 '와타'는 버터로 들렸던 것이니 어쩔 수 없는 일이었다. 그러나 일본인은 매우 자존심이 상하였다. '노비'가 감히 신분이 고귀한 일본 무사를 모욕하였다고 생각하였다. 일본에서라면 그 자리에서 무례를 범한 '노비'의 목을 베었을 터인데, 미국이었기 때문에 분을 삭히는 수밖에는 다른 방법이 없었다.

사절단 일행은 호텔 로비나 인근에서 미국인들과 자주 마주쳤는데, 매우 눈쌀을 찌프리게 하는 것은 남녀 풍속이었다. 남자는 여자에 대하여 너무나 연약하게 행동하였기 때문이다. 부부가 호텔의 복도를 걸을 때에는 반드시 손을 잡고 걸었을 뿐만이 아니라 남편의 부인에 대한 태도는 마치 시녀나 급사가 주인에게 시중드는 것과 같았다. 마차를 탈 때에는 부인의 허리를 안아서 태워주고, 장갑을 낄 때에는 끼워주고, 앉을 때에는 의자를 당겨서 잘 앉을 수 있도록 도와주었다. 동양에서는 시녀가 하는 일을 아무 부끄럼 없이 남자가 하고 있었다. 한 번은 사절단 일행이 어느 부호의 만찬에 초대된 적이 있었는데, 부인이 자리에 앉아서 손님을 접대하고 정작 부호인 남편은 말석에 앉아서 집사가 하는 일을 하고 있었다. 모두가 천지를 뒤집어 놓은 것과 같은 '비천한' 세상이었다.

사절단 일행은 여자들이 설치는 '하열(下劣)한 풍속'은 샌프란시스코가 금은광이 개발되면서 몰려든 수준 낮은 서양인들의 소굴이기 때문일 것이라고 생각하였다. 설마 동부의 '문명지방'에서는 이런 일이 있을리 없을 것이라고, 구메 구니타케는 애써 자신을 위로하면서 서양 풍속의 진상에 대한 판단은 잠시 보류하기로 하고 잠자리에 들었다.

4. 미국에서의 일정

샌프란시스코에서 사절단은 매일과 같이 열렬한 환영을 받았다. 12월 14일의 환영회에서는 이토 히로부미가 유명한 연설을 하였다. 이토는 다음과 같은 취지의 말을 하였다. 일본 정부와 국민이 가장 희망하는 것은 유럽 문명의 정점에 도달하는 것이다. 그 때문에 여러 가지 개혁을 추진하고 있다. 일본은 1개의 탄환도 쏘지 않고, 피 한 방울 흘리지 않고 봉건제도를 타파하고 폐번치현의 개혁을 성공하였다. 이러한 일은 어느 나라에도 없는 일이다. 일본이야말로 '떠오르는 태양'과 같은 나라라고 자랑하듯이 말하였다. 당당한 연설에 청중은 뜨거운 박수를 보냈다.

바쁜 일정을 마친 사절단은 샌프란시스코를 떠나 동부로 향하였다. 그들은 2년 전에 개통한 대륙횡단열차에 몸을 실었다. 사절단은 도중에 이런 저런 체험을 하면서 다음해인 1872년 1월 18일 목적지인 워싱턴에 도착하여 알링톤호텔에 여장을 풀었다.

1월 25일 화이트하우스로 그랜트 미국 대통령을 방문하여 국서를 봉정하였다. 며칠의 휴식기간을 가진 사절단은 2월 6일, 호텔에서 미국의 고위관리들과 상공인들 약 1,000명을 초대하여 리셉션을 개최하였다. 식장에는 일장기와 37개의 별이 있는 성조기가 나부끼고 있었다.

이와쿠라 사절단의 정사와 부사
(좌로부터) 기도, 야마구치, 이와쿠라, 이토, 오쿠보

대사를 위시한 일행은 예복을 갖추어 입고 긴 복도에 서서 내빈객을 맞이하였다. 내빈들은 모두 부부가 손을 잡고 어린아이를 데리고 만찬장으로 들어왔다. 뷔페식 파티가 시작되자 남자는 음식을 처자에게 나누어 주었고, 여자들은 의자에 앉아서 명령하였다. 음악이 연주되자 내빈의 처녀들은 남자와 서로 껴안고 춤을 추었다. 사절단의 일행은 놀라서 벌어진 입을 다물지 못할 지경이었다. '하열한 풍속'은 샌프란시스코와 하나도 다르지 않았다. 특히 구메 구니타케는 크게 실망하였다. 그는 일기에 다음과 같이 썼다. "그들(미국인들)은 자제력이 미약한 성품으로, 욕망과 감정을 노골적으로 표현하는 매우 보기 흉한 습속이었다."

사절단은 2월 3일부터 국무성에서 조약개정의 예비교섭을 시작하였다. 미국은 예비교섭이 성공리에 끝나면 즉시 조약개정의 의사가 있음을 내비쳤다. 모리 아리노리(森有礼)와 이토 히로부미는 미국에서 일거에 조약개정을 달성하고 그것을 근거로 하여 유럽에서도 조약개정을 하자고 주장하였다. 그러나 정식으로 조약을 개정하려면 전권위임장을 필요로 하였다. 전권위임장 문제를 협의한 사절단의 수뇌부는 결국 오쿠보 도시미치와 이토 히로부미를 귀국시키기로 하였다. 그래서 두 사람은 일본으로 돌아와서 전권위임장을 가지고 다시 미국으로 돌아왔다. 그동안 4개월여의 시간이 지났다. 그러나 이와쿠라 도모미는 미국과 먼저 조약개정을 하는 것이 매우 불리할 수도 있다는 것을 알았다. 각국과 맺은 조약에는 최혜국 조항이 있었기 때문이다. 이와쿠라 도모미와 기도 다카요시는 전체 조약국과 협상한다는 기존방침을 변경하였던 것을 매우 후회하였다. 미국 국무장관과의 회담에서 사실상 본 교섭은 결렬되었다. 그 후 각국과의 교섭은 당초의 예비교섭에 한정되었고, 사절단의 각국 순방의 가장 중요한 목적인 조약개정을 위한 교섭은 성과를 거두지 못하였다.

5. 영국에서의 일정

미국에서 7개월이라는 시간을 낭비한 사절단은 1872년 7월 3일에 보스턴에서 배를 타고 영국으로 향하였다. 동년 7월 14일 영국의 리버플에서 기차를 타고 런던에 도착하였다. 빅토리아 영국여왕은 여름 휴가중이었다. 사절단은 여왕이 휴가에서 돌아올 때까지 영국의 각 지방을 시찰하기로 하였다.

사절단은 먼저 런던을 둘러보았다. 버킹검 궁전, 동물원, 웨스터민스터 의사당, 런던탑, 우편국, 조폐창, 대영박물관, 재판소, 병원, 학교 등의 시설을 관람하였다. 그리고 교외에 있는 조선소, 무기고, 포탄제조창, 가스회사, 군함기계제작소 등도 시찰하였다. 8월 27일부터 10월 9일까지는 영국의 북부를 시찰하였다. 리버플, 맨체스터, 뉴캐슬, 세필드, 버밍검 등의 공업도시를 방문하였다. 사절단은 상업국으로서 국제사회를 리드하는 영국이 가는 곳마다 크고 작은 공장을 가지고 있는 공업국이기도 하다는 사실에 놀랐다. 영국이 부강하게 된 이유는 산업혁명에 의한 기술혁신, 그리고 그것을 밑받침하고 있는 것은 철과 석탄이라는 것을 실감하였다. 사절단은 영국과 일본의 경제적인 격차를 통렬하게 인식하였다.

사절단은 영국정부와 조약개정을 위한 회담에 임하였다. 그러나 이미 미국에서 그 한계를 인식하였기 때문에 3일 만에 회담은 종료되었다. 그리고 11월 5일 이윽고 윈저성에서 빅토리아 여왕을 알현하였다. 사절단은 영국에 체류하는 동안에, 군주정치와 의회제도에도 관심을 보였다. 그러나 영국의 군주정치에는 많은 문제점이 있다고 생각하였다. 여왕은 국민들에게 사랑은 받고 있는 것처럼 보였으나 위엄이 없어 보였던 것이다.

6. 비스마르크와의 만남과 일본의 국가건설 방향

사절단이 프랑스에 도착한 것은 11월 16일이었다. 파리는 역시 예술의 도시였다. 그러나 프랑스의 공화정치는 불안정하기 이를 데 없었다. 정부에 저항하는 시민들은 사절단의 눈에는 치안을 어지럽히는 '적도(賊徒)'일 뿐이었다. 사절단은 파리에서 문명사회의 정수를 봄과 동시에 계급사회의 모순도 보았던 것이다. 새해를 프랑스에서 맞이한 사절단은 1873년 2월 17일 파리를 출발하여 벨기에와 네덜란드를 거쳐 3월 9일에 독일의 베를린에 도착하였다.

사절단의 눈에 비친 독일은 철혈재상 비스마르크의 영도 아래 소국에서 대국으로 발전한 신흥국가였으며, 정치, 군사, 경제, 사회의 체제는 소국인 일본의 국가발전을 전망하는 데 크게 참고가 되었다. 특히 사절단이 감격했던 것은 독일에는 황제의 위엄이 민중을 압도하고 있었다는 것이다. 민중은 황제를 두려워하고 존경하고, 정부를 믿고 따르는 '군민교화'의 분위기를 이방인도 몸으로 느낄 수 있었다. 그래서 사절단은 독일에 대하여 좋은 인상을 갖게 되었던 것이다.

3월 11일 황제 빌헬름 1세를 방문하고, 이어서 비스마르크와 회견하였다. 15일에는 비스마르크가 주최하는 만찬에 참석하였다. 이날 행해진 비스마르크의 연설은 오쿠보 도시미치와 이토 히로부미에게 강렬한 충격을 안겨주었다. 비스마르크는 유럽은 약육강식의 국제정치하에 처해 있다고 전제하면서, 소국은 '만국공법'을 지키려고 하나, 대국은 스스로에게 이익이 되면 그것을 고집하지만, 일단 불리하게 되면 군대를 배경으로 하여 그것을 짓밟는다고 강조하였다. 그렇기 때문에 국위를 떨치려면 군사력이 필수임을 거듭 강조하였다.

그 연설은 '만국공법'에 의거하여 국가의 독립과 자립을 달성하고, 나아가 '만국공법'을 참고로 하여 국내의 법률체제를 확립하는 것이 문명국가로 발전하는 첩경이라고 생각하고 있었던 사절단의 수뇌부를 당황하게 하였다. 비스마르크의 연설에서 문명의 추악한 실상을 뼈저리게 느꼈던 것이다.

사절단은 이제까지 순방하였던 미국, 영국, 프랑스 등 문명의 실상을 자세하게 살펴보고, 일본의 문명개화가 얼마나 피상적이었는지를 실감하였다. 그러나 뒤늦게 등장한 소국 독일을 영국, 프랑스와 같은 대국으로 이끈 비스마르크로부터 이들 문명제국이 때에 따라서는 전혀 다른 얼굴을 갖고 있다는 것을 알고나서 사절단은 신흥국가인 독일의 국가체제에 관심을 갖기 시작하였다.

독일에서의 일정을 마친 사절단은 이어서 러시아, 덴마크, 스웨덴, 이탈리아, 오스트리아, 스위스 등 여러 나라를 순방하였다. 사절단은 특히 스위스를 방문해보고 큰 감명을 받았다. 스위스가 강대국 속에서 자주와 독립을 지키고 건재할 수 있었던 것은 국민성이 강하고, 국민들이 생산에 힘쓰고, 애국심이 강하기 때문이라는 것을 알았다.

처음에는 스페인과 포르투갈도 순방할 예정이었으나 7월 9일 일본으로부터 귀국하라는 명령이 있어서 두 나라 방문을 취소하고 사절단은 귀국길에 올랐다. 사절단은 7월 20일 프랑스의 마르세유로부터 수에즈 운하, 아라비아해, 인도양을 거쳐, 사이공, 홍콩, 상해를 경유하여 9월 13일 요코하마에 도착하였다.

사절단의 수뇌부는 귀국길에도 독일의 철혈재상 비스마르크의 말을 상기하고 있었다. 비스마르크의 말 속에 이미 일본 국가건설의 방향이 담겨져 있었기 때문이다. 소국 일본은 마땅히 독일이 그랬던 것처럼 대국을 지향하는 것이 바람직하였다. 그러기 위해서는 군사력을 증강하는 것이 필요하였던 것이다.

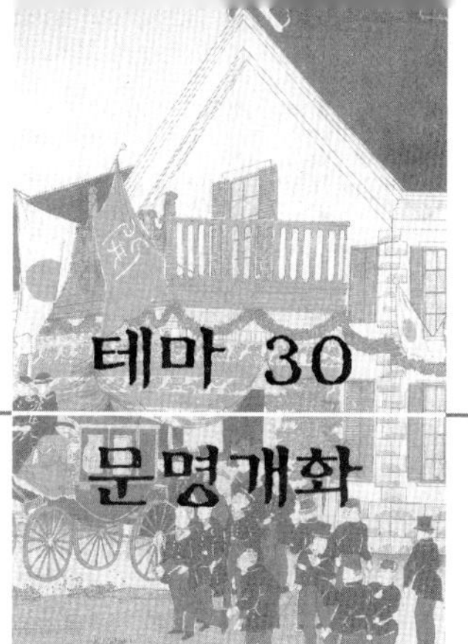

1. 학교의 설립과 교육의 정신

일본 근대를 대표하는 사상가이며 교육가인 후쿠자와 유키치(福沢諭吉)는 그의 저서인 『가쿠몬노스스메(学問のすすめ)』에서 빈부의 구별은 학문의 유무에서 비롯되는 것이니, 한 몸을 확립하는 것이 국가 독립의 기초가 되는 것이라고 역설하였다. 또한 그는 독립의 기력이 없는 자는 국가를 생각하는 것도 절실하지 않다고 말하고 있다. 당시 일본인들은 일본이 서양과 대립하면서 어떻게 해야 독립국가로서 발전할 수 있을 것인가를 진지하게 생각하고 있었다. 그런만큼 후쿠자와 유키치의 가르침은 일본인들에게 큰 영향을 끼쳤다. 『가쿠몬노스스메』가 당시 일본 국민이 10명 중 한 명은 읽었다고 일컬어지고 있는 것에서도 알 수 있다.

후쿠자와 유키치는 일본의 문교정책에 결정적인 영향력을 행사하고 있었다. 세계 열강과 어깨를 나란히 하기 위해서는 인재를 육성해야 한다는 그의 의견은 문교정책의 기본정신을 형성하였다. 그런데 후쿠자와 유키치가 역설했던 것은 유교의 교양이 아니라 실제의 생활에 도움이 되는 실학이었다.

정부는 1869년에 소학교 설립 방침을 확정하였다. 동년 5월에는 교토에 처음으로 소학교가 개설된 것을 시작으로 연내에 64개 소학교가 개교하였다. 이어서 다음해인 1870년에는 도쿄부(東京府)에서 사원 건물을 이용하여 6개 소학교를 설립하였다. 그리고 1872년에는 학제를 발포하였다. 이 때 내려진 포고는 무사의 특권을 신랄하게 비난하고 사민평등의 이상을 제시하였다는 점에서 주목된다.

2. 학교교육의 문제점

학제에는 국민이 자비로 교육을 받아야 한다는 원칙이 서 있었다. 그것은 학부모에게 큰 부담이 되었다. 수업료를 전부 징수할 수 없을 경우에는 지방세를 증액하고 기부금을 할당하기로 되어 있었다. 특히 농민들은 아동들이 하등 소학과정, 상등 소학과정 이렇게 8년간이나 학교에 다닌다는 것이 불만이었다. 아동들이 평상시 가업을 돕고 있었기 때문에 학교에 다닌다는 것은 농촌에서 일손을 빼앗는 것이었다. 민중은 자제를 공립소학교에 보내는 것을 꺼리고, 예전과 마찬가지로 사숙(私塾)에 보내는 경우가 많았다. 사숙에서는 주로 읽고, 쓰고, 셈하는 능력을 기르는 교육을 시행하고 있었다. 공립학교에서 사용하는 교과서는 외국 교과서를 번역한 것이나 서양의 사정을 소개하는 것이었다. 그리고 어투도 번역조였다. 실학주의를 간판으로 내세운 학제는 많은 문제점을 안고 있었다.

정부 내부에서도 학제와 학교교육이 가진 문제점을 비판하는 목소리가 있었다. 매우 진보적인 성향이었던 기도 다카요시조차도 일본의 전통적인 정신인 충의인예(忠義仁礼)를 길러야 하는데 학제에는 이러한 정신이 결여되어 있다고 비판하였다. 오쿠보 도시미치도 같은 취지에서 도덕교육의 중요성을 강조하였다.

그리고, 소학교의 교원은 교사자격증이 있느냐 없느냐를 문제 삼지 않고, 신관, 승려, 사족(士族) 등 글을 읽을 수 있는 자는 누구라도 교원으로 채용하였다. 교원은 실업한 사족의 구제책이기도 하였던 것이다. 채용된 교사들의 대부분은 이전의 교육방식을 그대로 답습하여 단지 교과서를 낭독하게 한다든지, 혹은 공자와 맹자의 가르침을 가지고 해석한다든지 하였다. 새로운 교육은 일선 현장에서 활용되지 않고 있었던 것이다.

이와 같이 학제는 많은 문제점을 지니고 있었기 때문에 1878년에는 획일성을 대폭 완화하는 방향으로 정비되었다. 교육내용은 급속히 국가주의적인 경향을 띠게 되었다.

3. 해외유학생과 외국인 초빙

1871년 이와쿠라사절단이 서양의 여러 나라를 순방하기 위하여 떠날 때, 다수의 유학생들이 동행하였다는 것은 이미 언급한 바 있는데, 메이지정부가 성립된 1868년부터 5년간 미국으로 유학을 떠난 자만도 5백 명에 달하였다. 천황은 교토의 화족들을 모아놓고 해외유학을 권장하기도 하였다.

해외유학생이 많아지자 정부는 해외유학생 규칙을 정비하여, 인원수를 제한하는 엄선주의를 채택하였다. 이 기준에 의하여 1875년에 유학을 떠난 자들 중에는 하토야마 가즈오(鳩山和夫), 고무라 주타로(小村寿太郎), 마쓰이 나오키치(松井直吉), 후루이치 고이(古市公威) 등 메이지 중기 이후에 사회의 각 방면에서 지도자로 활약하는 인물이 나왔다. 유학생들은 대부분 관비를 지급받았는데, 정부가 선발한 유학생은 주로 도쿄대학을 비롯한 관학 출신자에 한정되었다. 관학 졸업생 중에서 선발된 유학생은 귀국 후에 관계에서의 출세가 약속되어 있었다. 그래서 유학생들은 열심히 서양의 행정지식과 학문을 습득하였다. 메이지정부의 정치력이 강력하였던 이유의 하나는 유학생을 확보하고 있었기 때문이라고 말할 수 있을 것이다.

1870년대 초 관립 외국어학교는 9개, 공립 외국어학교는 8개, 사립 외국어학교는 74개, 학생수는 1만 2천 8백여 명이었다. 외국인 초빙교사는 211명이었다.

관청에서도 외국인을 고문으로 초빙하여 지도를 받았다. 초빙된 외국인들 중에는 건축·인쇄 분야의 기술자, 화학·물리 분야의 이론과학자, 그리고 법률가 등 다양한 분야의 전문가들도 있었다. 이들은 각 분야에서 일본의 근대화에 지대한 공헌을 하였다. 정부는 이들 초빙된 외국인에게 당시로서는 파격적인 봉급을 지급하였다.

4. 메이로쿠샤

사상계에서는 자유주의와 개인주의가 유행하였다. 문명개화를 사상면에서 주도했던 것은 계몽사상단체인 메이로쿠샤(明六社)였다. 메이로쿠샤는 1873년 미국에서 귀국한 모리 아리노리(森有礼)를 중심으로 하여 선구적인 지식인들이 결성한 단체였는데, 후쿠자와 유키치(福沢諭吉)도 이 단체의 결성에 참여하였다. 그 밖에 니시 아마네(西周), 쓰다 마미치(津田真道), 나카무라 마사나오(中村正直), 가토 히로유키(加藤弘之), 간다 다카히라(神田孝平), 미쓰쿠리 린쇼(箕作麟祥), 니시무라 시게키(西村茂樹) 등 계몽사상가들이 참여하였다.

이들은 기관지인 『메이구로잣시(明六雜誌)』를 통하여 서양근대사상을 소개하였다. 그 중에서도 후쿠자와는 『분메이론노가이랴쿠(文明論之概略)』 등을 저술하여 문명의 발달에 따라 국가의 독립이 달성되는 것이니 일본인은 합리적인 정신과 자연과학을 배워서 자주독립의 정신을 함양하여야 한다고 역설하였다. 궁내성의 관리였던 가토 히로유키는 천황을 신과 같이 받들고 무비판적으로 복종하는 것은 노예나 다름이 없다고 말하였다. 병부성의 관리로 육군군제의 수립에 공적이 있었던 니시 아마네는 콩트와 밀의 철학을 소개하였고, 일본어를 로마자로 바꾸자고 주장하기도 하였다. 모리 아리노리는 1875년 자택에서 결혼식을 올리면서 부부 상호간에 3개조의 약속을 주고 받았다. 이 서약의 증인으로는 후쿠자와 유키치가 참석하였다.

　메이로쿠샤의 구성원 대부분은 관리였다. 이 인물들의 활동에는 우매한 민중들을 가르치고 인도하려는 태도가 있었다. 따라서 이들은 정부가 세상을 문명개화로 나아가게 하기 위해서는 강한 지도력을 발휘하여야 하며 국민은 이에 따라서 협력하는 것이 당연하다는 생각을 갖고 있었다. 가토 히로유키는 처음에는 의회정치의 필요성을 역설하였지만, 국회의 개설을 요구하는 자유민권운동이 일어나자 아직까지는 국민의 지식이 낮기 때문에 시기상조라고 반대하였다. 자유민권파와 정부가 대립하게 되어 1875년 언론통제의 법률이 나오게 되자 메이로쿠샤의 구성원들은 정치와 관련한 발언을 삼가기로 하였다. 잡지의 발행도 중지하였다.

5. 신문과 정치비판

　일본에서 근대적인 신문이 처음으로 발행된 것은 1862년 막부의 양서조소(洋書調所)가 네덜란드에서 입수한 동인도총독부의 기관지를 번역한 『바타비야신문(バタビヤ新聞)』, 중국의 신문을 인쇄한 『로쿠고소단(六合叢談)』이었다. 민간에서도 미국에 표착하였다 귀국한 하마다 히코조(浜田彦蔵)가 『가이가이신문(海外新聞)』을 발행하였다. 메이지정부가 수립되기 이전의 신문은 목판 혹은 목판활자의 조판으로 1매씩 인쇄한 것을 여러 장 모아서 한 책으로 만든 것으로 해외의 사정을 알고자 하는 사람들에게 보급되었다. 납활자가 처음으로 신문에 사용된 것은 1870년 『요코하마마이니치신문(横浜毎日新聞)』이었다. 그 후에 신문은 발행부수를 늘

조야신문사

려갔고 영향력을 행사
하기 시작하였다.

메이지정부가 수립
된 직후에 발행된 신문
은 신정부를 비난하는
내용이 많았다. 그래서
정부는 신문을 단속하
는 법령을 내리는 한
편, 신문을 어용화하려

고 하였다. 이와 같이 신문과 정부는 긴장관계를 가지고 있었다. 전체적으
로 신문은 문명개화를 선도함과 동시에 정부에 대해서는 비판적이었다.
메이로쿠샤의 구성원 대부분은 신정부에 출사하였던 사족 양학자들이었
는데 비하여 신문인들은 신정부에 출사하는 것을 꺼렸던 사족들이거나 후
쿠자와 유키치가 설립한 게이오기주쿠(慶応義塾)를 졸업한 인재들이었다.
당시의 기자가 사족이었던 것처럼 독자도 또한 사족 혹은 지식인들이었
다. 아직까지 신문은 일반 민중과는 거리가 먼 읽을거리였던 것이다.

도쿄의 이곳 저곳에는 ‘신문찻집(新聞茶屋)’이 영업을 하고 있었다.
그곳은 신문을 읽어주고 차를 파는 곳이었다. 신문은 1877년경부터 농
촌의 지주나 상인도 구독하게 되었다. 당시 대표적인 반정부 신문이었던
『조야신문(朝野新聞)』의 한달 구독료는 1원 10전이었다. 민중들은 신문
을 통하여 정치의 움직임, 풍속의 유행을 일찍 알 수 있었을 뿐만이 아
니라 미곡가를 비롯한 물가의 변동을 알 수 있었다. 신문은 다양한 방면
에 걸쳐서 필요한 지식을 독자들에게 제공하였던 것이다.

6. 문명개화와 민중생활

1868년에는 도쿄의 외국인 거류지인 쓰키지(築地)에 호텔이 세워졌

다. 이것은 메이지 초기의 대표적인 서양식 건축이었다. 1874년 정부는 도쿄의 긴자(銀座)에 벽돌로 지은 이층집 300호를 건설하고 이것을 상인들에게 불하하였다. 이것을 시작으로 하여 서양식 건물이 계속 세워졌다. 그것은 거의 관청과 학교였다.

일본인이 처음 입은 양복은 아마 군복일 것이다. 군복은 1867년에 도입되었다. 1871년에는 군복·군모·휘장법이 제정되었다. 이리하여 군인은 평상복으로 양복을 입게 되었다. 이것이 출발점이 되어 민중들도 평상복과 작업복으로 양복을 입기 시작하였다. 또 예복으로 양복을 입기도 하였다. 많은 일본인들은 서양의 옷이 문명개화시대에 어울리는 것이라고 생각하고 있었다. 관청에서도 예복으로서 양복이 채용되었다. 전통적인 예복은 제례 때나 입는 것으로 생각되게 되었다. 양복에 대하여 저항감을 가지고 있는 사람들도 있었으나, 전반적으로 서양식 의복이 확산되는 경향이었다. 아예 법으로 전통적인 일본 옷은 입지 못하도록 하자는 의견도 있을 정도였다. 1871년의 단발령 이후에 나타나기 시작한 상투를 자른 머리와 함께 양복을 착용하는 것이 문명개화 시대에 어울리는 복장이었던 것이다. 구두를 신기 시작한 것도 군인이 군화를 신기 시작하면서부터였다. 1870년 도쿄의 쓰키지에 제화공장이 설립되면서 일본에서도 서양식 구두가 생산되었다.

일본인이 육식을 즐기게 된 것도 서양의 문명을 수용한 결과였다. 그렇다고 하여 문명개화 이전에는 일본인들이 전혀 육식을 하지 않았다는 것은 아니다. 이전에도 일본인들은 닭 등의 조류는 즐겨 먹었고, 토끼, 사슴 등의 육류도 소비되었다. 그러나 소나 돼지 등 네 발 달린 짐승을 식용하는 것을 매우 꺼렸다.

육식이 문명개화의 상징으로 유행하였던 것은 1870년경이었다. 이때 일본에서 유행하였던 것은 소고기의 냄비요리였다. 즉 냄비에 소고기를 넣고 간장이나 된장으로 간을 맞추어 끓여먹는 요리였던 것이다. 이 당시 문명개화의 첨단을 달리는 사람들은 상투를 자른 머리를 하고, 양복을 입고, 구두를 신고, 소고기 냄비 요리를 먹는 사람이었다. 젊은 나이에 단장을 집는 것조차 문명개화를 상징하는 것으로 비쳐졌던 시대였다.

이발소는 요코하마에서는 1868년에, 도쿄에서는 다음 해인 1869년에 각각 개업하였다. 정부는 반복하여 민중들에게 상투를 자르고 서양인과 같은 머리 스타일을 하도록 장려하였다. 이 머리 스타일을 상기리 머리라고 하였다. 정부의 관리들이 염려하였던 것은 서양인들이 상투머리를 하고 있는 일본인들을 보면 아직도 일본인은 봉건시대 사람들이라고 생각할 수 있다는 것이었다. 그러면 대등하게 교류하는 것이 곤란하다는 것이다. 정부의 관리들은 서양인들에게 일본에도 개화의 바람이 불고 있다는 것을 인식시키기 위해서도 초조하게 상기리 머리 스타일을 장려하였던 것이다. 당시에 유행했던 노래 가사 중에도 "상기리 머리를 두드려보면 문명개화의 소리가 들린다"라고 하는 내용이 있을 정도였다.

상투를 제일 먼저 자르는 사람들은 역시 사족들이었다. 다음에 도시 상공인들 그리고 최후에 농민들이 상투를 자르고 신식 머리를 하였다. 조선에서 단발령이 내렸을 때 전국의 유생들이 들고 일어나 신체의 털 하나라고 조상으로부터 물려 받은 것이니 상투를 자를 수 없다고 극력 반대하였던 것과는 다른 분위기였다. 문명개화는 지도세력인 사족이 앞

도쿄의 긴자거리 교바시쪽에서 본 광경

장서는 것이 당연한 일이었다.

7. 철도와 인력거

1872년 도쿄의 신바시(新橋)와 요코하마를 연결하는 철도가 개통되었다. 기차는 오카조키(岡蒸気)라고 불렸는데, 처음에는 그렇게 도움이 되는 교통수단은 아니었다. 오히려 개화의 상징으로서 좋은 구경거리가 되는 정도였다. 그러나 기차가 달리기 시작하면서 민중은 여행이 편리하게 되었다고 생각하였다. 기차가 민중에게 끼친 심리적 영향은 의외로 컸다고 할 수 있다. 기차가 처음 개통되었을 당시에는 대체로 오전·오후에 각각 3번씩 왕복하였다.

두필의 말이 끄는 마차를 타고 있는 인물은 화족 아니면 정부의 고관들이었다. 민중이 이용했던 것은 합승마차 아니면 인력거였다. 인력거는 1870년에 이즈미 요스케(和泉要助)라고 하는 일본인이 발명하였던 것으로 알려져 있다. 발명된 지 2년도 채 되지 않아서 전국의 어디에서나 인력거를 볼 수 있게 되었다. 가스등이 환하게 밝혀진 도쿄 긴자의 밤거리를, 상기리 머리를 하고 양복을 입은 신사를 태우고 달리는 인력거 또한 문명개화 시기 일본의 진풍경이었다.

1. 정한론을 둘러싼 정쟁

이와쿠라 사절단이 서양의 여러 나라를 순방하고 있는 동안에 산조 사네토미(三条実美), 사이고 다카모리(西郷隆盛), 이타가키 다이스케(板桓退助), 소에지마 다네오미(副島種臣) 등이 국내정치를 담당하면서 조선·유구와의 관계개선을 모색하였다. 그러나 조선과의 국교교섭이 지연되었다. 조선정부가 배타적인 쇄국주의의 입장을 고수하였기 때문이다. 이때 사족들과 정부내의 강경론자들을 중심으로 소위 정한론(征韓論)이 일어났다.

그 당시 일본 국내에서는 봉건적 특권을 상실한 사족들의 불만이 고조되어 은근히 전쟁이 일어나기를 기대하고 있었다. 전쟁이 일어나야 본래 전투원인 사족의 존재가치가 확인되기 때문이었다. 이러한 분위기를 감지한 정부는 대외전쟁을 일으켜 사족의 불만을 외부로 방출시키고자 의도하였다. 정부는 사이고 다카모리를 조선에 사절로 파견하여 전쟁의 실마리를 마련하기로 결정하였다.

이와쿠라사절단은 1873년 9월에 귀국하였다. 일행보다 먼저 귀국한 오쿠보 도시미치는 때마침 발생한 서부 일본의 대규모 농민투쟁에 큰 충격을 받았다. 오쿠보는 조선을 침략하는 일도 꼭 해야 하는 일이기는 하지만 국내정치를 안정시키는 일이 시급한 문제라고 생각하였다. 오쿠보는 사절단이 귀국하자 이와쿠라 도모미, 기도 다카요시 등과 연합하여 사이고 다카모리, 이타가키 다이스케 등을 정계에서 축출하는 반격을 개시하였다. 이 때 오쿠보파가 들고 나온 구실이 바로 정한론인 것이다.

정한론은 오쿠보, 이와쿠라 등의 반대로 무산되었다. 이러한 정한론을 둘러싼 메이지 정부내의 의견대립을 마치 오쿠보, 이와쿠라 등이 조선을 침략하는 것을 반대한 것으로 이해하는 사람이 의외로 많다. 그러나 오쿠보 등이 주장하는 것은 조선침략을 하지 말자는 것이 아니었다. 조선침략은 독일에서 비스마르크를 만난 후, 대국지향의 국가건설을 꿈꾸었을 때 이미 예견된 것이었다. 오쿠보의 생각은 조선침략은 하기는 하되 당시의 상황으로서는 시기상조라는 것뿐이었다. 즉 서양 열강의 태도가 명확하지 않은 단계에서 조선을 침략하는 것은 모험이니, 시간을 갖고 준비를 철저히 한 다음에 조선을 침략해도 늦지 않다는 것이 오쿠보의 생각이었다. 오쿠보 도시미치를 중심으로 하는 외유파가 정한론을 무산시킨 것은 사이고 다카모리를 중심으로 하는 잔류파를 제거하기 위한 수단에 불과하였던 것이다. 그것은 바로 사절단이 귀국한 지 2년 후에 오쿠보가 치밀하게 계획하여 도발한 1875년의 운요호사건을 보아도 알 수 있다. 이 사건은 조선침략의 실마리를 만들기 위한 '작업'이었던 것이다. 어찌되었든 정한론에서 패배한 사이고와 이타가키 등 잔류파는 정계에서 축출되었다.

2. 민선의원설립의 건의

메이지정부내의 고급관료들은 입헌정치를 실현할 필요가 있음을 공감하고 일찍부터 검토하고 있었다. 그러나 정한론을 둘러싼 대립 등 정치 상황이 복잡하게 전개되어 좀처럼 실행할 수가 없었다. 이러한 상황 속에서 정한론에서 패배하여 정계를 떠나있던 이타가키 다이스케(板桓退助), 고토 쇼지로(後藤象二郞) 등 전직 정부고관 8명이 1873년 11월 17일에 민선의원설립건백서(民選議院設立建白書)에 서명하게 되었다.

이타가키는 고토에게 정부에 국회개설을 건의하고 싶다는 의지를 표명하고 협조를 요청하였다. 고토는 이타가키의 뜻에 동조하였다. 그 자리에서 고토는 영국에서 막 귀국한 아와(阿波) 출신의 고무로 시노부(小室信夫)와 도사(土佐) 출신의 후루사와 시게루(古沢滋)에게 건의서를 기초하게 하자고 제안하였다. 이타가키는 다시 전 참의(參議)였던 소에지마 다네오미(副島種臣), 에토 신페이(江藤新平)를 설득하여 찬동을 얻었다. 유리 기미마사(由利公正)와 오카모토 겐사부로(岡本健三郞)도 동지가 되었다. 이렇게 하여 1873년 11월 12일 소에지마의 저택에서 회동하여 애국공당(愛国公党)을 조직하고, 고무로가 기초한 민선의원설립건백서에 서명하여 1874년 1월 좌원(左院)에 제출하였던 것이다.

민선의원설립건백서는 고무로가 영문으로 원안을 만들어 일문으로 번역한 것을 회의석상에서 검토하였다. 원문에는 '군주전제(君主專制)'를 비판하는 내용이었는데, 소에지마가 이견을 제기하여 '유사전제(有司專制)' 비판으로 내용을 바꾸었다. '유사전제'는 당시 정부의 실권을 장악한 소수의 관료들이 반대파의 의견을 누르고 전제적인 정치운영을 하고 있다고 하는 것이다. 좌원은 제출된 건백서를 수리하고 다음날에 정원(正院)에 상신하였다.

건백서는 전문이 약 2천 5백 자로 구성되었다. 이타가키 등은 건백서에서 권력을 장악한 소수의 관료들이 천황도 민중도 안중에 두지 않고 있다고 하면서 유사전제정치(有司專制政治)가 국가붕괴의 위기를 초래하고 있다고 격렬하게 비난하고 있다. 이러한 위기를 구할 방법은 공론을 일으켜 민선의원을 설립하는 것이라고 주장하였다. 이타가키 등은 "대저 인민으로서 정부에 대하여 조세를 납부하는 의무가 있는 자는 즉 그 정부의 일을 알고 의견을 표명할 권리가 있다"고 말하고 있다. 즉 조세납부자의 권리라는 입장에서 민중의 참정권을 주장하고, 민선의원의 설립에 의한 정부와 민중의 일체화에 의하여 비로소 강력한 국가, 강력한 정부가 실현될 수 있다는 주장을 폈던 것이다.

테러당하는 이타가키 다이스케

　건백서를 제출한 인물들의 면면을 살펴보면, 8명 중에 4명이 도사(土佐) 출신, 2명이 히젠(肥前) 출신이었다. 그리고 대부분이 전직 정부 고관이었다. 당시의 세력관계의 측면에서 본다면 정부주류파인 사쓰마·조슈 출신자에 대하여 도사·히젠 출신자는 비주류파였다. 즉 건백서는 권력에서 소외된 비주류파가 주도한 것이었다. 일본이 구미열강과 어깨를 나란히 하기 위해서는 대국으로 성장해야 하며, 그러기 위해서는 입헌정치의 도입이 필요불가결하다고 하는 점에서는 오쿠보 도시미치 등 당시 정권을 장악하고 있던 정부수뇌들도 인식을 같이 하고 있었다. 그런 의미에서 건백서는 정부가 반대할 수 없는 민선의원설립이라고 하는 명분을 앞세워 비주류파가 주류파를 공격한 것이라고 할 수 있을 것이다.

　그러나 이타가키와 고무로가 건백서를 제출한 직후에 기도 다카요시를 방문하여 건백서의 내용에 대하여 장시간 논의를 하고 있는 것을 보면 이타가키 등은 처음부터 이것을 통하여 정부와 정면으로 대결한다는 생각은 가지고 있지 않았던 것 같다. 그러나 건백서를 제출하던 날, 며칠 전에 발생하였던 이와쿠라 도모미(岩倉具視) 암살 미수사건의 범인이 검거되었는데, 공교롭게도 그는 정부에 불만을 품고 있었던 도사 출신의 사족이었다. 그리고 또 건백서가 제출된 지 한 달도 되지 않아서 건백서에 서명한 에토 신페이가 고향인 사가(佐賀)로 돌아가 정부에 불만을 품고 있었던 사족들의 우두머리가 되어 반란을 일으키는 사건이 발생하였다. 이러한 움직임이 있자 정부는 비주류파가 건백서를 제출한 진의가 불평 사족의 반란과 연계된 반정부 운동이라고 생각하여 강한 경계심을 갖게 되었다. 정부가 이 건백서를 묵살했던 배경에는 이러한 사정이 있었던 것이다.

건백서는 비록 묵살되었으나 그것이 일본사회에 미친 영향은 대단하였다. 그 당시 정부에 제출하는 건의서는 비공개를 원칙으로 하였으나, 이타가키 등이 이 건백서를 영국인이 발행하는 일간신문인 『닛신신지시(日新真事誌)』에 공표하자 즉시 커다란 반향을 불러일으켰다. 궁내성의 관리였던 가토 히로유키(加藤弘之)가 시기상조론으로 반론하면, 오이 겐타로(大井憲太郎)가 그것에 반박하는 등 논쟁이 벌어졌다. 민선의원논쟁이 당시의 언론을 시끄럽게 하였던 것이다. 이 논쟁은 권력을 장악한 소수의 관료와 민중 공론의 대립이라는 구도로 전개되었다. 이 논쟁은 민선의원설립에 의하여 공론을 배경으로 한 민중이 정치의 주체가 될 것인가, 아니면 공론을 언제까지나 권력자가 위에서부터 조작하면 되는 수준에 머물게 할 것인가를 민중에게 진지하게 묻는 계기가 되었던 것이다.

3. 정부의 민선의원론과 건백서의 의의

민선의원의 문제는 이타가키 다이스케가 정치적인 목적으로 갑자기 구상한 것은 아니었다. 이미 입법을 논의하고 새로운 제도와 조례를 만드는 기관인 좌원(左院) 내부에서도 이미 검토되고 있던 것이었다.

좌원은 1872년경부터 민선의원의 설립을 정부에 건의하고, 나아가 헌법의 편찬에도 착수하였다. 민선의원이라고 하는 말도 좌원의 관리인 민선위원의 설립에 미야지마 세이치로(宮島誠一郎)가 사용하였던 말이었다. 단 미야지마는 당시의 일본인의 수준으로 민선의원은 시기상조이므로 당분간은 정부의 관리가 그 역할을 수행하는 것이 바람직하다는 생각을 갖고 있었다. 즉 그는 관료적점진론(官僚的漸進論)의 입장에 있었다.

이것에는 찬반양론이 있었다. 좌원의 부의장이었던 에토 신페이는 민선의원의 설립에 비판적이었다. 에토의 후임으로 좌원 부의장이 된 이지치 마사하루(伊地知正治)는 1872년 5월에 좌원의장과 부의장의 이름으로 '하의원(下議院)'의 설립에 관한 문건을 정원(正院)에 제출하였다. 그는 이 문건에서 서양의 열강은 행정부 이외에 상원과 하원을 두고 입법 활동을 하고 있으니 일본도 널리 공론을 취하기 위하여 하의원을 설립하여 정치를 시행해야 한다고 말하고 있다.

이 좌원의 건의에 대하여 동년 5월 22일 정원은 그것을 인정하여 규칙의 입안을 명령하였다. 이 당시 이타가키 다이스케는 정부의 고위관료였는데, 이때부터 그는 민선의원설립에 지대한 관심을 보였다고 알려져 있다. 정원의 명령에 의하여 동년 8월부터 좌원에서는 민선의원에 관한 규칙안을 기초하기 시작하였다. 규칙안은 여러 개 마련되었다. 그 중의 하나가 '국회의원규칙(国会議院規則)'이었는데 1873년 전반기에 성립되었을 것으로 여겨진다. 이 규칙안은 5편 120장으로 구성되었는데, 그 총론에서 "전국 인민의 대의원을 소집하여 국가의 이해와 생민(生民)의 득실을 논의하고, 정부도 역시 이와 협동하여 상하일치의 정치를 행하기를 원한다. 이것이 국회의원(国会議院)을 설립하는 까닭이다"라고 밝히고 있다. 의원의 선거에는 전국에 선거구를 설정하여 인구 8만 명에 1명을 선거하는 것으로 되어 있었다. 물론 피선거인과 선거인 모두 어느 정도 이상의 재산을 가진 자로 한정되어 있었다. 연령은 피선거권자가 25세 이상, 선거권자가 21세 이상의 일본인으로 되어 있었다.

그러나 당시의 실권자였던 이타가키 다이스케와 사이고 다카모리(西乡隆盛)는 정한론을 관철하려고 정신이 그곳에 집중되어 있었기 때문에 민선의원 설립에 관하여 신경을 쓸 여유가 없었다. 그런 와중에 결국은 정한론을 둘러싼 대립으로 이타가키와 사이고는 권력에서 축출되었다. 이러한 사정으로 민선의원의 입안은 햇볕을 보지 못하고 말았다. 이타가키 다이스케 등이 민선의원설립건백서를 제출하였던 것은 그들이 전 관료로서 정부내의 사정을 누구보다도 잘 알고 있었기 때문이었다.

건백서는 기본적으로 서양의 천부인권론에 입각하여 민권론을 주장하고 있는 것은 부정할 수 없다. 하지만 의원설립은 민중 전체의 선거권이라고 하는 의미가 아니고 사족·호농·부상들에 한정된 권리였던 것이다. 그렇기 때문에 이 민선의원은 사족·호농·부상을 당시 천황제국가의 정치기반으로 하자는 논의였던 것이었다. 다시 말하면 정부의 소수 관료에게 집중되어 있는 권력의 기반을 당시 일본사회의 지도층으로 확대하자는 이야기였다. 그럼에도 불구하고 민선의원설립건백서의 역사적 의의를 부정할 수는 없다. 이 건백서는 민중들이 민권에 대하여 진지하게 생각하는 계기가 되었으며, 광범한 국회개설 운동의 출발점이 되었다. 그런 의미에서도 민선의원설립건백서는 획기적인 의미를 지니고 있는 것이다.

4. 자유민권운동의 발전

이타가키 다이스케는 고향으로 돌아와서 1874년에 입지사(立志社)를 설립하였다. 뒤이어 1875년 2월에는 입지사를 비롯한 지방 정치조직의 대표들이 오사카에 모여서 애국사(愛国社)라는 전국적인 정치조직을 결성하였다. 애국사에 참가한 자들은 주로 서부 일본의 사족으로 2년 후에 일어나는 세이난전쟁(西南戦争)에서 사이고 다카모리에게 호응했던 자들이 많았다. 애국사는 도쿄에 본사를 두기로 하였다. 그리고 이 단체에 가맹한 지방의 정사(政社)에서는 위원을 본사에 보내어 정보를 수집하고 상호연락을 취하기로 하였다.

정치운동이 점점 확산될 조짐을 보이자 오쿠보 도시미치는 불안감을 느꼈다. 그는 1875년 2월 이타가키 다이스케 등과 전격적으로 회동하였다. 그 자리에는 얼마 전에 대만문제로 오쿠보와 대립하여 정계에서 축출되었던 기도 다카요시도 참석하였다. 오쿠보는 이타가키에게 점차적으로 헌법을 기초로 한 정치체제를 만들어 갈 것을 약속하고, 두 사람의 정부 복귀를 보장한다는 약속을 하였다. 이타가키와 기도는 동년 3월에

정당연설회 메이지회당 연설 장면 묘사도. 도쿄 교바시에 있는 메이지 회당은 민권운동가들의 연설무대였다.

메이지정부에 입각하였다. 메이지정부는 동년 4월에 천황의 조서(詔書)를 발표하였다. 그 내용은 점차로 민중의 대표를 소집하고, 여론을 조성하여 법률을 제정하겠다는 것이었다. 이타가키가 권력의 중심으로 복귀하면서 애국사는 사실상 붕괴되고 말았다.

오쿠보는 이타가키의 협력으로 반정부운동을 와해시키는 데 성공하였다. 그러나 1875년부터 격화되기 시작한 지조개정(地租改正)을 반대하는 농민폭동은 새로운 문제점으로 대두되었다. 농민폭동은 호농의 지도하에 전개되었는데, 이러한 운동과 결부되어 자유민권운동도 발전하였다. 호농층은 관리가 주도하는 토지가격의 책정에 반대하면서 선거로 지방의회를 열어서 의견을 물을 것을 정부에 요구하였다. 이러한 분위기에서 유력한 호농층을 중심으로 하여 자유민권운동이 성장하고 있었다. 후쿠시마현(福島県)의 고노 히로나카(河野広中)는 1875년에 석양사(石陽社)를 결성하고, 후쿠이현(福井県)의 스기타 데이치(杉田定一)는 자향사(自郷社)를 결성하였다. 이들은 존 스튜어트 밀의 『자유론』과 루쏘의 『민약론』 등의 번역서를 탐독하고 자유민권운동에 앞장서게 된 사람들이었다.

　자유민권운동가들은 신문을 발행하여 민중들에게 저항권이 있다는 것을 역설하였다. 이에 대하여 메이지정부는 언론을 탄압하기 시작하였다. 신문지조례를 제정하여 공포하였고, 참방률(讒謗律)이라는 법률을 앞세워 민중들이 관리를 비판하는 것을 엄금하였다. 이러한 정부의 민권탄압에 대하여 언론은 크게 반발하였다. 한때 권력에 복귀하였던 이타가키 다이스케도 정부에 불만을 품고 1875년 10월에 사직하고 말았다.

　1877년 6월, 입지사 총대(総代)인 가타오카 겐키치(片岡健吉)는 교토의 행재소(行在所)에 국회개설의 건백서를 제출하였다. 장문의 건백서는 8항목에 걸쳐서 정부의 실정을 공격하고 있다. 우선 정부관료의 전제정치를 비판하고, 정치에 일관된 방침이 없다는 것을 지적하고 있다. 그리고 정치가 너무 중앙에 집중되어 있어서 지방의 정치활동이 반영되지 않는다는 것, 민중에게는 의무만 있고 정치적인 권리는 없다는 것, 재정이 문란하여 몇 사람만이 혜택을 본다는 것, 조세가 너무 무거워 민중이 감당하기 어렵다는 것, 그리고 외교문제에도 문제점이 있다는 것 등을 지적하고 있다.

　이타가키 다이스케는 입지사의 구성원과 도모하여 1878년 4월, 애국사를 재흥하기로 하였다. 그러기 위하여 각지의 단체들과 연락을 취하고, 유세가 있으면 사람을 파견하였다. 그들은 정부의 경계와 감시 속에서 활동을 계속하였다. 동년 5월에 도쿄에서 오쿠보 도시미치가 암살되자 범인은 도사의 사족이라는 풍문이 돌았기 때문에 활동은 더욱 제약되었다. 자유민권을 주장하는 것만으로도 모반이 아닌가 하는 의심을 받았고, 유세장에 참석하는 사람들은 모두 오쿠보 암살의 공모자 취급을 받았다.

　이려운 여건 속에서도 1879년 11월에는 애국사 제3회 대회가 오사카에서 개최되었다. 대회에서 국회개설의 청원을 하기로 결정하였다. 대회 후에는 국회개설청원을 위한 서명운동을 전개하였다. 1880년 3월, 오사카에서 열린 제4회 애국사 대회 때까지 8만 7천여 명이 서명운동에 참가하였다. 서명한 사람들의 3분의 2가 사족이었으며, 또 서명자의 약 반수는 이타가키 다이스케의 고향인 고치현(高知県) 사람들이었다.

　이 대회에서 애국사는 국회기성동맹(国会期成同盟)으로 명칭을 변경하였다. 이어서 열린 국회기성동맹 제1회 대회에서 국회개설을 청원하기로 결정하였다. 명칭의 변경은 이 단체가 운동의 목표를 국회의 개설에 두었다는 것을 말하고 있다. 이후, 국회기성동맹은 더욱 활발하게 활동을 전개하게 되었다.

테마 32
대일본제국헌법과 일본국헌법

1. 대일본제국헌법

1) 헌법제정의 준비과정

이토 히로부미는 일찍부터 독일의 헌법을 모범으로 하는 헌법제정 준비를 추진하고 있었다. 1882년, 이토 히로부미는 유럽으로 건너가서 주로 독일식 헌법이론과 운용법을 배우고 귀국하였다. 1884년 3월부터 입헌정치의 준비단계로 각종 제도의 정비에 착수하였다.

정부는 우선 국가재정에서 황실회계를 분리하여 황실재산을 설정하였다. 종래에는 비교적 소규모였던 황실재산은 막대하게 늘어났다. 전국 각지의 광대한 임야를 황실 소유로 하고 정부가 소유하고 있던 은행과 회사의 주식 등도 황실재산에 편입시켰다.

1884년 7월에는 화족령(華族令)을 제정하였다. 장래 귀족원을 구성하기 위하여 화족제도를 정비하였다. 공경, 다이묘에 대한 호칭인 화족을 메이지유신의 공신들도 포함시켜 공·후·백·자·남작(公·侯·伯·子·男爵)의 오등작(五等爵)으로 구분하였고 그 신분은 세습하도록 하였다.

1885년 말에는 태정관제(太政官制)를 폐지하고 내각제도를 창설하였다. 내각 총리대신이 대신을 통제하여 정무의 통일성과 능률성을 강화하였다. 그리고 궁내성을 내각으로부터 분리하여 별도로 두었다. 초대 총리대신에는 이토 히로부미가 취임하였다. 그러나 각료의 대부분이 사쓰마, 조슈 출신자였기 때문에 번벌내각이라는 비난을 받았다.

1886년에는 관리임용시험을 제도화하였다. 지방행정제도도 정비하여 1888년에 시제(市制)와 정촌제(町村制), 1890년에 부현제(府県制)와 군제(郡制)를 제정하여 입헌정치의 기초를 다졌다. 시장(市長)과 정촌장(町村長)은 군장(郡長)의 지도 감독을 받고 군장은 다시 지사에 의하여 통제되었는데, 관선인 지사와 군장이 커다란 권한을 가지고 있었다. 시·정촌회 의원은 제한선거에 의하여 선출되었다. 선거권은 2엔 이상의 납세자에게만 주어졌다. 부현회·군회의 의원선거는 선거자격이 한층 제한되었다.

2) 제국헌법의 제정과 그 내용

1886년경부터 독일의 법학자인 뢰슬러(K.F.H.Roesler)의 지도하에 이토 히로부미, 이노우에 고와시(井上毅), 이토 미요지(伊東巳代治), 가네코 겐타로(金子堅太郎) 등이 비밀리에 헌법 초안을 기초하였다. 초안은 사전에 내용이 누설되지 않도록 철저하게 보안을 유지하였다. 헌법 초안은 여러 번의 수정작업을 거쳐서 1888년 4월에 완성되었다.

이 헌법 초안은 국민의 청원수리권을 박탈한 것이었다. 또 국회의 예산심의권은 인정하고 있지만, 만약 국회에서 예산안이 통과되지 않을 경우에는 천황의 결재로 내각이 집행할 수 있도록 되어 있었다. 이것은 국회의 예산심의권을 사실상 무력화시킨 것이었다. 그 내용은 뢰슬러도 반대할 정도였다. 그래서 정부는 천황의 자문기관으로 신설된 추밀원에서 천황이 입석한 가운데 심의를 거쳤다. 심의내용은 비공개였고, 민중들의 의견은 반영되지 않았지만 의회를 사실상 무력화시키는 정부 원안의 내용에는 약간의 수정을 가하였다.

수정된 헌법안은 1889년 2월 11일 기원절(紀元節)에 신축한 궁전에서 천황이 내각 총리대신인 구로다 기요타카(黑田淸隆)에게 수여하였다. 기원절은 한국의 개천절과 같은 것으로 태양신의 자손인 진무(神武)가 처음으로 나라를 열었다는 신화에 근거하여 제정한 국경일인데, 이 날 제국헌법을 공포한 것은 천황제국가의 국체가 바로 제국헌법의 정신이라는 것을 민중에게 선언하기 위해서였다. 제국헌법과 아울러 황실전범·중의원 의원선거법·귀족원령이 공포되었다. 헌법은 7장 76조로 구성되어 있었다. 헌법의 기본원칙은 천황주권이었으며, 신성불가침한 천황에게 절대적인 권한이 집중되어 있었다.

흠정헌법인 대일본제국헌법의 특징이 적나라하게 표현된 내용의 일부를 소개하면

대일본제국헌법 발포식장

다음과 같다.

　제1조　　대일본제국은 만세일계(万世一系)의 천황이 이를 통치한다.

　제3조　　천황은 신성하여 범할 수 없다.

　제4조　　천황은 국가의 원수(元首)로서 통치권을 총람하고, 이 헌법의 조규(条規)에 의해 이를 시행한다

　제5조　　천황은 제국의회의 협찬으로 입법권을 행사한다.

　제8조　　천황은 공공의 안전을 유지하고 또 그 재액을 피하기 위하여 긴급의 필요에 의하여 제국의회 폐회의 경우에 법률에 대신하는 칙령을 발한다.

　제11조　천황은 육해군을 통수한다.

　제29조　일본 신민(臣民)은 법률의 범위내에서 언론, 저작, 인쇄, 집회 및 결사의 자유를 가진다.

　제33조　제국의회는 귀족원, 중의원의 양원으로서 성립한다.

　제34조　귀족원은 귀족원령의 정한 바에 의하여 황족, 화족 및 칙임된 의원으로 조직한다.

　제35조　중의원은 선거법에 정한 바에 의하여 공선된 의원으로 조직한다.

　제55조　국무대신은 천황을 보필하여 그 책무에 임한다.

　제56조　추밀고문은 추밀원 관제에 정한 바에 의하여 천황의 자문에 응하여 중요한 국무를 심의한다.

　제57조　사법권은 천황의 이름으로 법률에 의하여 재판소가 이를 행한다.

　제국헌법 제1조에 "일본제국은 만세일계의 천황이 이를 통치한다."라고 명기하였다. 국민은 '신민(臣民)'으로 자리매김되었다. 그러나 국민에게는 법률의 범위내에서 소유권의 불가침, 종교의 자유, 언론·집회·결사의 자유가 인정되었다. 의회를 통하여 국정에 참여하는 길도 열어놓았다. 그러나 이러한 국민의 기본권은 어디까지나 '신민'의 의무를 다했을 때에 한하여 '베풀어지는' 것이었다. 그리고 전시 또는 국가에 위급한

대일본제국 중의원 초상

일이 발생했을 때에는 국민의 기본권은 천황 대권의 행사에 장애가 되지 않는다고 명기하였다.

헌법은 천황을 통치권의 총괄자로 하고 천황은 행정 각부처의 관제를 정하고 관리를 임명하였다. 극단적으로 말하면 관리는 국민의 관리가 아니라 천황의 관리인 셈이다. 국무대신도 천황에 대하여 책임을 지는 것으로 되어 있었다. 그리고 의회의 찬성 없이도 공포할 수 있는 명령의 범위를 대폭 확대하였다. 행정부의 권한을 의회의 상위에 두는 구조로 되어 있었다. 의회의 소집, 중의원의 해산권을 천황의 대권으로 하였다. 그리고 육해군의 통수·선전·강화·조약체결을 천황의 대권에 종속시키고 통수권을 입법·행정에서 독립시켰다. 즉 천황의 권한에 관하여 의회가 관여할 수 없었던 것이다.

제국의회는 귀족원과 중의원의 양원제가 채택되었다. 중의원은 선거에 의하여 선출된 의원으로 구성되었다. 선거권은 국세 15엔 이상을 납부하는 만 25세 이상의 남자에게만 부여되었다. 선거권을 행사할 수 있는 인원은 45만 명 정도였다. 참고로 당시의 일본 인구는 3천 9백만이었다. 귀족원은 황족(皇族)과 화족(華族), 그리고 천황이 임명한 칙선(勅選) 의원, 그리고 세금을 많이 내는 부호 출신의 호선(互選) 의원으로 구성되었다.

귀족원을 상원, 중의원을 하원으로 하였다. 중의원은 예산의 선결권을 갖고 있었던 것을 제외하면 귀족원에 비하여 특별히 다른 권한을 갖고 있지 않았다. 중의원과 귀족원을 통과한 법률안이라도 추밀원이 이의를 제기하면 파기되었다. 그만큼 국회의 지위는 매우 취약하였다.

2. 일본국헌법

1) 신헌법의 성립

일본이 패전한 후 GHQ의 주도하에 현행 일본국헌법이 제정되었다. 맥아더는 헌법개정의 3원칙으로서 입헌군주제로서의 천황제 승인, 전쟁의 포기 및 무장의 금지, 봉건제도의 폐지를 제시하였다. 일본정부는 맥아더의 제안을 받아들여 '헌법개정 초안'을 발표하였다. 헌법 초안은 제국의회에 회부되어 1947년 5월 3일 발효되었다.

일본국헌법은 전문과 11장 103조의 본문으로 구성되었다. 본문은 제1장 「천황」, 제 2장 「전쟁의 포기」, 제 3장 「국민의 권리와 의무」, 제 4장 「국회」, 제 5장 「내각」, 제 6장 「사법」, 제 7장 「재정」, 제 8장 「지방자치」, 제 9장 「헌법개정」, 제 10장 「최고법규」, 제 11장 「보칙」으로 구성되어 있다.

2) 헌법의 내용

제1장　천황

제1조　[천황의 지위 · 국민주권]

천황은 일본국의 상징이며 일본 국민통합의 상징이니 그 지위는 주권이 있는 일본국민의 총의에 근거한다.

제3조　[천황의 국사 행위에 관한 내각의 조언과 승인]

천황의 국사에 관한 모든 행위에는 내각의 조언과 승인을 필요로 하며 내각이 그 책임을 진다.

제4조　[천황의 권능의 한계 · 천황의 국사행위의 위임]

① 천황은 이 헌법이 정한 국사에 관한 행위만을 행하고 국정에 관한 권능은 가지지 않는다.

② 천황은 법률이 정한 바에 의하여 그 국사에 관한 행위를 위임

할 수 있다.

제2장　전쟁의 포기

제9조　[전쟁책임의 포기·군비 및 교전권의 부인]

① 일본 국민은 정의와 질서를 기조로 하는 국제평화를 성실히 희구하며, 국권의 발동에 의한 전쟁과 무력에 의한 위협 또는 무력의 행사는, 국제분쟁을 해결하는 수단으로서는, 영구히 이를 포기한다.

② 전항의 목적을 달성하기 위하여 육해공군 기타의 전력은 이것을 보유하지 않는다. 나라의 교전권은 이것을 인정하지 않는다.

제3장　국민의 권리 및 의무

제11조　[기본적 인권의 향유]

국민은 모든 기본적 인권의 향유를 방해받지 않는다. 이 헌법이 국민에게 보장하는 기본적 인권은, 침범할 수 없는 영구한 권리로서 현재 및 장래의 국민에게 부여된다.

제9장　개 정

제96조　[개정의 수순 그 공포]

이 헌법의 개정은 각 의원(議院)의 총 의원(議員) 3분의 2 이상의 찬성으로 국회가 이것을 발의하여 국민에 제안하여 그 승인을 얻어야 한다. 이 승인에는 특별히 국민투표 혹은 국회가 정한 선거 시에 행하여지는 투표에 의하여 그 과반수의 찬성을 필요로 한다.

일본국헌법의 주된 내용은 국민주권주의를 채용하고 천황을 정치적 실권을 갖지 않는 상징적인 존재로 규정하였다는 점, 원칙적으로 간접 민주제를 취하고 선거에 의하여 선출되는 양원제 형식을 취하였다는 점, 기본적인 인권을 불가침한 것으로 규정하였다는 점, 전쟁과 군비

의 포기를 정했다는
점, 그에 따라서 계엄
기타 비상사태에 관
한 제도를 모두 폐지
하였다는 점, 헌법개
정에 양의원의 3분의
2의 의결에 더하여 국
민투표라는 직접민주
주의 제도를 도입하
였다는 점을 들 수 있

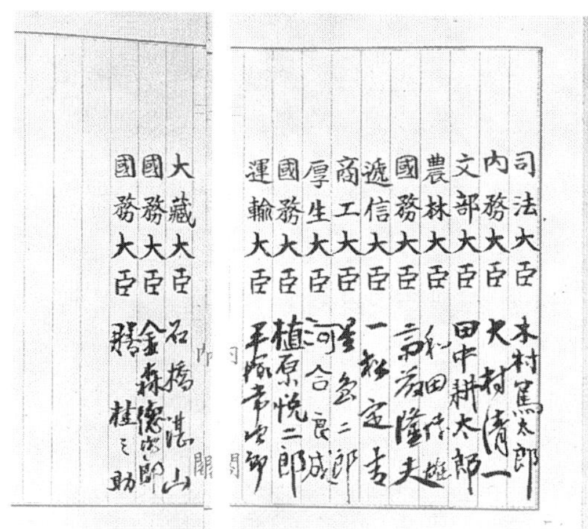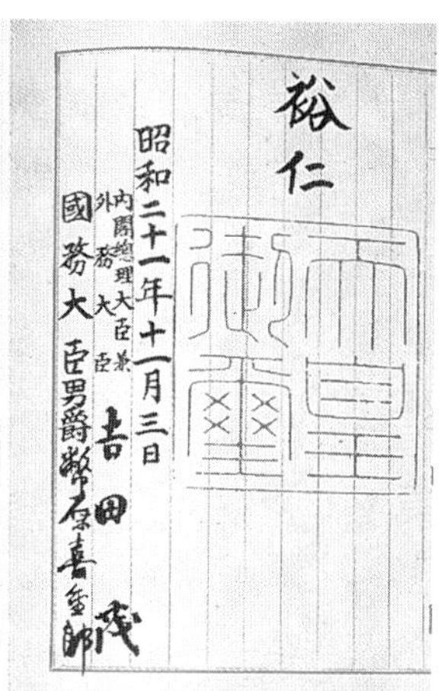

일본헌법 최종안과 각료들의 서명 원본

다. 그러나 '상징', '공공의 복지' 등 애매한 용어가 많아 해석하기에 따라서 여러 방향으로 운용할 수 있는 가능성이 있다는 문제점이 있다.

3) 헌법 제9조와 개헌을 둘러싼 논의

일본국헌법은 1947년 발효된 이래 한번도 개정된 일이 없다. 그러나 개헌 논의는 1950년대 초부터 꾸준히 제기되어 왔다. 개헌의 초점은 헌법 제9조 [전쟁책임의 포기·군비 및 교전권의 부인]에 맞추어져 있었다. 1952년 일본이 주권을 회복하자 보수진영에서는 일본군을 창설하는 것이 필요하다고 하면서 헌법의 개정을 요구하였다. 개헌 논의는 자위대의 존재와 연관되어졌다.

실제로 일본 정부는 자민당 정권이 성립된 1955년 이래 방위력 정비 계획에 따라 지속적으로 군비를 강화해 왔다. 1976년 미키(三木) 내각은 방위비를 GNP의 1퍼센트를 넘지 않도록 하였으나 1986년 나카소네(中曾根) 내각은 이 한도를 교묘하게 돌파하였다.

정부의 지속적인 군사력 증강은 당연히 자위대에 관한 논쟁으로 확산되었다. 즉 자위대는 창설 당시부터 전투력의 보유를 금지한 헌법에 위배된다는 것이다. 이에 대하여 정부는, 자위대는 국가의 자위권을 지키기 위한 최소한의 무력으로 헌법에 위배되지 않는다는 입장을 표명하였다. 국가의 자위권을 발동하기 위한 무력행사는 용인되어야 한다는 주장이었다.

한편 주권국가가 군대를 갖는 것은 당연한 일이므로 헌법을 개정하여 정식으로 군대를 보유해야 한다는 여론이 힘을 얻고 있다. 개헌론자들은 헌법 9조가 현실을 도외시한 지나친 이상주의라고 비판한다. 자위대 위헌론을 제기해 왔던 사회당과 공산당도 변화하기 시작하였다. 1980년대에 들어서 사회당은 자위대의 실체를 인정하였고, 1993년에는 자위대를 실질적으로 용인하였고, 다음해에는 자위대를 합헌으로 인정하였다.

1990년대에 들어와서 일본에서는 걸프전쟁을 계기로 개헌이 논의되기 시작하였다. 1997년 『아사히신문』의 여론조사에 의하면 개헌에 찬성하는 사람이 46퍼센트에 달하였다. 정부도 헌법개정을 위하여 구체적으로 모색하기 시작하였다. 같은 해 5월 '헌법조사위원회설치 추진의원연맹'이 발족하였다. 이 연맹에는 350명 이상의 의원들이 참여하고 있다. 1999년에는 국회에서 정식으로 헌법조사회가 설치되어 헌법개정을 구체적으로 검토하고 있다.

1. 황민화 교육

1) 근대적인 학교제도의 도입

1872년에는 근대적인 학교법규인 학제(学制)가 반포되었다. 학제는 전국을 8대학구(大学区)로 나누고, 구마다 대학을 두고, 1대학구를 32중학구로, 1중학구를 210소학구로 나누어 각기 중학교와 소학교를 두기로 하였다. 이 규정대로 시행되었다면 전국에 대학이 8개, 중학교가 256개, 소학교가 5만 3천 760개가 설립되었어야 했다. 소학교는 인구 6백 명에 한 개씩 세운다는 계획은 프랑스의 학제를 모방한 것으로 소학교에서 대학에 이르기까지 매우 정연한 것이었다. 이 계획에 따라서 학제가 발표된 다음 해에는 이미 소학교는 공립이 8천 개 사립이 4천 5백 개에 달하였고, 아동의 40퍼센트가 취학하게 되었다.

그러나 이러한 학제는 너무 이상에 치우쳐 있었다. 그리고 교육비용을

도쿄카이세이학교 개교식

국민에게 전가하였기 때문에 적지 않은 저항에 부딪혔다. 학제는 당시 일본의 국민생활을 염두에 두지 않고 도입되었기 때문에 많은 문제점을 내포하고 있었던 것이다. 그리하여 1879년에는 학제가 폐지되는 등 우여곡절을 거치면서 교육제도가 정비되었다.

정부는 소학교 교육의 보급에 힘쓰는 한편 전문교육도 행하였다. 1877년에는 도쿄카이세이학교(東京開成学校)와 도쿄의학교를 합병하여 도쿄대학을 설립하였다. 사범교육과 여성교육 그리고 산업교육에 대해서도 힘써 각기 전문학교를 설립하고 외국인 교사를 고용하여 교육하였다. 교육은 주로 정부가 주도하였지만 권위 있는 사립학교도 설립되었다. 후쿠자와 유키치(福沢諭吉)는 게이오기주쿠(慶応義塾), 니이지마 죠(新島襄)는 도시샤(同志社), 오쿠마 시게노부(大隈重信)는 와세다대학(早稲田大学)의 전신인 도쿄센몬학교(東京専門学校)를 세웠다. 그리고 불교, 신도, 그리스도교 계통의 학교도 설립되었다. 이들 사립학교에서는 각기 설립 정신에 입각하여 많은 인재들을 배출하였다.

2) 교육칙어

1890년에는 충군애국과 국민도덕을 기본으로 하는 교육칙어(教育勅

語)가 공포되었다. 교육칙어는 민주주의 사상의 전개에 두려움을 느낀 메이지정부가 국민사상의 자유로운 발전을 억제하려는 의도에서 제정하였다. 그것은 천황제국가를 사상면에서 뒷받침하기 위해서도 필요한 것이었다. 교육칙어의 내용은 전통적인 유교사상에 입각하면서도 국민 스스로가 선조 대대로 천황에게 충성을 다 바친 '충량(忠良)한 신민(臣民)'임을 자각하게 하여 일단 유사시에는 목숨을 바쳐서 천황과 천황제도를 수호할 것을 골자로 하고 있다. 교육칙어는 이후 학교교육의 근간이 되었으며 국민도덕의 규범이 되었다. 교육칙어는 천황이 친히 서명했다는 것 하나만으로도 신민된 자는 그 권위에 복종하여야 하였다. 1891년에 제일고등중학교 교사였던 우치무라 간조(內村鑑三)가 교육칙어에 경례하지 않았다는 이유로 여론의 비난을 받아야 했고 결국은 사직하였다.

〈교육칙어 내용〉

　　짐(朕)이 생각하노니 아마테라스오미카미(天照大神) 이래 천황의 조상들이 일본을 건국하여 덕정을 베풀었다. 내 신민들은 충효를 다하여 모두 마음을 하나로 하여 대대로 미덕을 발휘하였다. 이것이 국체(国体)의 매우 뛰어난 점이니 교육의 근원이 실로 여기에 있다.

　　너희 신민들은 부모에게 효도하고, 형제간에 사이 좋으며, 부부 서로 돈독하고, 붕우간에 신의가 있으며, 공검(恭儉)을 지니고 박애를 모두에게 펴며, 학업에 전념하여 지능을 계발하여 덕기(徳器)를 성취할지라. 나아가 공익을 증진하고, 사회를 위하여 일하고, 언제나 국헌(国憲)을 중히 여기고 국법을 지켜 일단 완급(緩急)(국가의 일대사 =전쟁)시에는 의용(義勇)을 공(公=천황)에 바쳐서 천양무궁(天壌無窮)한 황운(皇運)을 부익(扶翼)할지라. 이와 같은 것은 단지 짐의 충량한 신민일 뿐만이 아니라 동시에 너희 조상의 유풍을 빛내게하는 것이기도 하느니라. 이 길은 실로 우리 황조황종(皇朝皇宗)의 유훈이라. 자손도 신민도 함께 준수해야 마땅할지라.

이것은 고금을 통하여 옳고 중외에 펴서 틀리지 않는다. 짐은 너희 신민들이 함께 잘 복응(服膺)하여 그 덕을 함양할 것을 원하노라.
　　메이지 23년 10월 30일

　교육칙어의 내용이 '충군애국(忠君愛国)'과 '진충보국(尽忠報国)'을 골자로 하고 있었다. 정부는 이러한 성격을 가진 교육칙어를 학생들에게 철저하게 주입시키는 황민화교육을 전개하였다.

　전국의 모든 학교에 교육칙어의 등본이 하사되었다. 학교에서는 그것을 경축일의 의식으로 봉독(奉読)하고, 매일 같이 교육칙어에 예배하고, 정신교육의 근간으로 삼았다. 학생들은 소학교에 입학하면서부터 교육칙어에 예배하고, 교육칙어를 떨리는 소리로 외우는 소리를 듣고, 거의 모든 학과 담당 교사들이 강조하는 교육칙어의 정신을 가슴에 새기면서 성장하였다. 교사는 학생이 교육칙어를 암송할 때에는 자세를 바로하고 정신을 가다듬고 큰소리로 외우도록 지도하였다. 교육칙어는 등하교길에 걸으면서 암송하거나 집에서 누워서 암송해서는 안된다고 교육을 받았다.

　교육칙어의 암송은 소학교 저학년에도 요구되었다. 의미도 이해하지 못하면서 교육칙어의 전문을 마치 경전을 외우듯이 큰소리로 외우지 않으면 안되었다. 외우지 못하는 아동은 그에 응당한 벌을 받았다. 아동에게 있어서 교육칙어는 공포를 배경으로

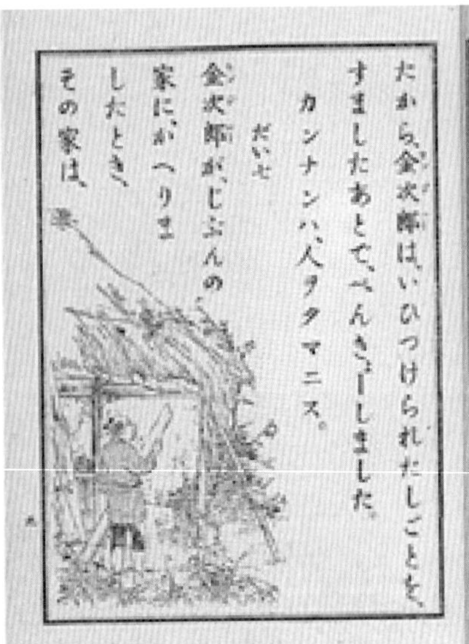
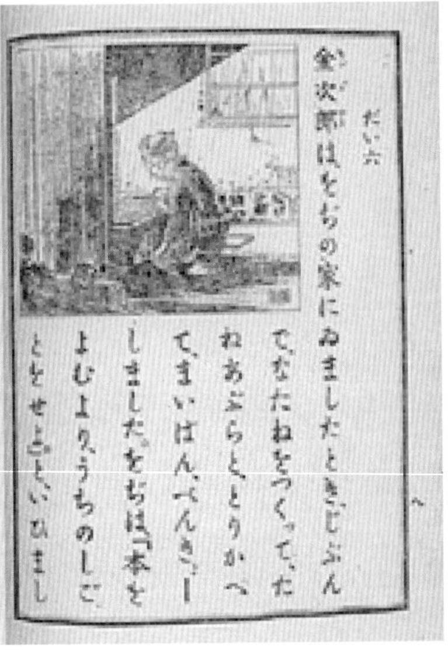

1895년에 간행된 제3학년용 『심상소학 수신서』

하고 있었던 것이다.

문부성은 교육칙어가 발포된 다음해인 1891년 6월에 '소학교축일대제일제정(小学校祝日大祭日制定)'을 제정하여 의식의 형식을 전국적으로 통일하였다. 그 중에서 교장에 의한 교육칙어 봉독이 의무화되었다. 기원절(紀元節)인 2월 11일, 원시절(元始節)인 1월 3일, 천황의 생일인 천장절(天長節) 등과 같은 경축일, 그리고 간나메사이(神嘗祭), 니이나메사이(新嘗祭) 등과 같은 제일(祭日)에는 모든 학생이 전원 등교하여 의식을 거행하였다.

교육칙어의 등본은 교문 옆에 특별히 건축된 콘크리트 건물인 안치소에 정중히 보관되었다. 의식을 거행하는 날에는 정장을 한 교감이 칙어를 높이 들고 식장의 단상에 서 있는 교장에게 운반하였다. 정장을 한 교장은 상자를 열고 자색(紫色)의 끈을 풀고 속에서 등본을 꺼내었다. 교장이 칙어를 높이 들고 봉독의 자세를 취하면 교사 학생은 모두 부동자세로 서서 고개를 숙였다. 그러면 교장이 큰 소리로 봉독하기 시작하였다.

3) 어진영 – 살아있는 신 천황의 분신

학생들에게 '충군애국'의 사상을 주입하는 데 교육칙어와 함께 천황과 황후의 사진인 '어진영(御真影)'이 효과적으로 이용되었다.

메이지 천황의 초상화 사진은 일찍부터 일본의 재외공관에 걸려졌다. 일본에 주재하고 있는 외교관, 그리고 천황의 측근과 관료들에게 하사되었다. 이윽고 전국의 각 관청에도 하사되었고, 1882년에는 국립학교, 관립학교에, 1887년에는 공립학교에 하사되었다. 1889년 12월에 정부는 도부현(道府県) 지사를 경유하여 고등소학교에 '어진영'을 하사하였다. 단 교육칙어의 등본과 같이 전국적으로 일시에 하사되지 않았다. 우선 각 학교가 자발적으로 신청하면, 그 신청에 대하여 정부가 '타의 모범이 되는 우등한 학교를 선별'하여 순차적으로 하사하였다. 따라서 다른 학교보다 빨리 하사된 학교는 '타의 모범이 되는 우등한 학교'로 인정된 것이었음으로 매우 명예로운 것이었다.

'어진영'을 학교가 수령하는 배재식(排載式)은 지방에서는 가장 성대한 의식이었다. 헌법에 "천황은 신성하여 범할 수 없다"라고 규정되어 있고, 당시의 민간에서도 천황은 살아있는 신, 즉 현인신(現人神)으로 알려져 있었던 만큼, '어진영'은 신성한 천황의 분신으로 취급되었다. 황민화교육은 '어진영'을 활용함으로써 더욱 효과를 올릴 수 있었다.

축일대제일규정(祝日大祭日規定)에 의하면 식순은 전국적으로 동일하였다. 식장의 좌석 배치도 획일화되었다. 의식이 시작되면 먼저 '어진영'에 대하여 최고의 경례를 하고, 이어서 천황·황후 양폐하만세를 외쳤다. 이때 식장의 정면의 단상에 '다카미쿠라(高御座)'라고 하는 특별한 자리가 설치되고, 거기에 '어진영'이 안치되었다. 그리고 마지막으로는 천황을 찬양하는 「기미가요(君が代)」가 제창되었다.

4) 황민화교육과 교사

황민화교육이 강화되면서 교사들은 황국사관(皇国史観)에서 벗어난 내용을 입에 올릴 수 없었다. 역사교사는 아마테라스오미카미(天照大神)의 자손인 진무(神武)가 일본의 역사를 열었다는 신화를 사실로 가르치지 않으면 안되었다. 한 예를 들어보면, 어떤 학교에서 수업시간에 한 학생이 교사에게 "이과 시간에 구름은 수증기라고 배웠는데, 국사에는 구름을 타고 천손이 강림하였다고 배웠습니다. 어느 것이 옳습니까"라고 질문하였다. 교사는 신화의 내용에 대하여 언급할 수가 없었다. 그래서 다짜고짜 정도에 지나칠 만큼 체벌을 가하였다고 한다. 그것은 본보기였다. 교사는 학생이 천황에 대하여 조금이라도 의문을 갖는다면 어떠한 결과가 초래되는지를 보여줄 필요가 있었던 것이다.

교사가 학생들에게 황민화교육을 시키려면 학생들 앞에서 자기 자신이 모범을 보이지 않으면 안되었다. 교육칙어를 비롯하여 천황과 관련된 내용을 학생들에게 가르치려면, 그만큼 교사의 인격도 고결하지 않으면 안되었다. 소학교의 교사가 훈도(訓導)라고 일컬어졌던 것에서도 알 수 있듯이, 가르치는 일은 성스러운 직업이라는 점 또한 강조되었다. 교사는 천황제사회를 지탱하는 국민을 양성하기 위한 국가기구의 일원이라는 점에서 자부심을 갖고 있었다.

교사는 천황의 신격화 교육을 담당하는 자로서 그 책임 또한 무거웠다. 예를 들면 식장에서 교육칙어를 봉독할 때, 잘못 읽거나, 내용 중 한 자라도 실수로 빼놓고 읽었을 경우에는 어떠한 처벌도 각오하지 않으면 안되었다. 만약에 교육칙어의 등본이나 '어진영'을 훼손하거나 소실하였을 경우에는 최악의 처벌이 기다리고 있었다. 보관책임자는 자살을 고려하지 않으면 안될 만큼 심각한 상황으로 인식되었다. 그것이 천재지변이나 전쟁 등 불가항력으로 인한 것이었을지라도 용서되지 않았다. 단 그것을 지키다가 순직하였을 경우에는 예외였다. 화재나 지진, 해일 등으로부터 '어진영'이나 교육칙어의 등본을 지키려다 순직한 교사는 다른 교사의 모범으로 선전되었다. 일본이 패전을 하기까지 그런 교사는 한 둘이 아니었다.

2. 민주화 교육

1) 교육기본법과 새로운 교육

교육의 근본이념이 제시되어 있는 교육기본법은 1947년 3월 31일에 공포되었다. 신헌법의 이념에 기초하여 성립된 교육기본법은 일본 교육의 기본방향을 설정한 것이었다. "교육은 인격의 완성을 목표로 하여, 평화적인 국가 및 사회의 형성자로서, 진리와 정의를 사랑하고, 개인의 가치를 존중하며, 근로와 책임을 중시하고, 자주적 정신에 넘치는 심신

건강한 국민을 육성하여야 한다"는 이념을 제시하였다.

학제는 미국을 모방하여 6·3·3·4제도가 도입되었다. 학제의 변화에 따라 신제(新制) 중학, 신제 고교, 신제 대학이 성립되었다. 의무교육이 6년에서 9년으로 연장되어 중학교까지 의무교육 대상에 포함되었다.

신학제는 학교의 평등화를 지향하였다. 신제 고교는 전전(戰前)의 중학교와 같은 것이었다. 전전에는 중학교가 취업교육을 주로 하는 직업학교와 진학을 목표로 하는 보통중학교로 구분되어 있었다. 그런데 전후에는 직업학교와 보통학교를 통합하고 학구제를 도입하여 고교간의 차이를 없앴다. 그리고 공립학교는 남녀공학을 원칙으로 하였다.

국정교과서 제도가 폐지되고 검정제도가 도입되었다. 검정제도는 교육민주화의 일환으로 도입된 것이다. 따라서 교과서 검정제도는 사상에 간섭하지 않는다는 원칙이 세워졌다. 그러나 이후 교과서에 대한 문부성의 간섭이 강화되면서 이 제도는 오히려 교과서에 대한 국가의 통제를 상징하는 제도가 되었다. 집필자는 문부성의 '지도'에 따르지 않을 수 없는 것이 현실이다.

2) '입시지옥'과 학교교육

일본도 한국과 같이 입시경쟁이 치열하다. 점수가 높아야 소위 명문대학에 진학할 수 있고 명문대학에 진학해야 일류회사에 취직할 수 있기 때문이다. 1960년 중학교 학생들을 대상으로 하여 전국적인 규모의 일제고사가 시행되자 일선학교들은 학생들의 성적을 올리기 위하여 노력을 경주하였다. 전국을 대상으로 하는 시험은 학교간, 지역간의 성적을 비교할 수 있었기 때문이다.

입시경쟁은 전후 한 때 폐지되었던 고교입시가 1963년에 부활되면서 본격화되었다. 명문 사립학교는 소학교도 중학교도 시험으로 학생을 선발하는 학교가 대부분이었다. 이들 사립학교에 입학하기 위한 경쟁은 날로 치열해졌다. 1979년에는 학력고사제도가 도입되었고, 1989년에는 대학입시 센터시험이 도입되었다. 대학에 입학하려면 센터시험을 보고 다시 대학별 본고사에 응시하지 않으면 안된다.

입시경쟁이 치열하다보니 일찍부터 수험준비를 시작한다. 도쿄에서는 소학교 5학년부터 수험준비를 시작하면 이미 늦다고 할 정도다. 그래서 부모들은 아동들에게 유치원 입학때부터 체계적으로 수험준비를 시킨다. 유치원부터 대학교까지 소유한 유명 사립학교들은 입시지옥에서 탈피하고 싶은 학부모들의 요구에 부응하여, 소학교에 입학하면 특별한 문제가 없는 한 대학까지 진학할 수 있도록 하고 있다. 이 학교에 입학하려면 경쟁을 거쳐야 되기 때문에, 일찍부터 유치원생 전문 학원에 다닌다. 일단 중학교에 입학하면 고교 입학시험이 면제되는 학교도 있다. 이러한 중학교에 입학하려면 적어도 소학교 4학년부터는 목표로 하는 중학교를 전문으로 하는 학원에 다닌다. 유명 사립학교에 입학하기만 하면 보다 나은 학습환경에서 대학입시를 준비할 수 있기 때문에 유명 사립학교의 명성은 날로 높아지고 있다.

3) 교육개혁

1980년대 후반부터 본격적인 교육개혁이 추진되었다. 개혁의 목표는 국제화시대에 적응하면서 21세기 일본을 짊어지고 나아갈 인재를 양성하는 것이었다.

1980년대에 들어서면서 일본의 교육은 위기에 직면하였다. 학교폭력·집단으로 한 학생을 괴롭히는 이지메·등교거부·중퇴 등의 문제가 심각하게 표출되기 시작하였다. 학교생활에 적응하지 못하거나 불안·초조 현상으로 괴로워하는 학생이 급격히 늘어나기 시작하였다. 실제로 학교는 진정한 교육의 장이 아니라 성적을 올리는 것을 목표로 하는 훈련장이 되어 있었다. 학생의 목표는 소위 일류대학에 진학하는 것이고, 교사의 임무는 학생이 능력 이상의 점수를 획득 할 수 있도록 관리하는 것이었다. 일본의 학부모들은 공립학교보다 사립학교를 선호한다. 공립학교는 교육이 지나치게 획일적이며 교육환경 또한 열악한 것이 사실이기 때문이다. 이와 같이 공교육의 문제점이 현실화되자 이에 대한 반성이 교육개혁으로 이어지게 되었던 것이다.

1983년 나카소네 야스히로(中曾根康弘) 수상에 의하여 설치된 임시교육심의회는 개성을 살리고 새로운 변화에 능동적으로 대응할 수 있는 능력을 길러야 한다는 관점에서 교육제도 전반에 대한 개혁을 제안하였다. 이때 아울러 생애학습의 필요성이 제기되었다. 이에 따라서 1988년 문부성은 생애학급국을 설치하고, 다음해에는 신학습지도요령을 발표하였다. 실제로 1990년대에 들어서는 생애학습과 관련한 정책이 시행되기 시작하였다. 학교 교육현장에서는 신학습지도요령을 근거로 한 교육이 실시되고 있다.

테마 34

한일합병

1. 대조선 통교방침

메이지정부가 수립되자 쓰시마번(対馬藩)의 번주는 한 통의 상신서를 중앙정부에 올렸다. 쓰시마 번주는 에도시대를 통하여 에도막부와 조선을 연결하는 통로역할을 담당하고 있었다. 그런만큼 조선의 사정을 누구보다도 정확하게 간파하고 있었다. 그렇기 때문에 조선문제에 관한 한 메이지정부도 쓰시마의 의견에 귀를 기울이지 않을 수 없었을 것이다.

쓰시마 번주는 상신서에서 "일본은 옛날에 조선땅에 일본부(日本府)를 세웠던 사실도 있습니다. 그렇다면 (조선은) 우리의 영토와 같은 밀접한 나라입니다.(中略) 아뢰옵건대, 현재 진행중인 에조(蝦夷)지방 개척의 성사와 같이 조선국에 관한 일에 널리 공의를 조성하여 동서원략으로 속히 그 기초를 공고히 하시기를 앙망하나이다"라는 의견을 개진하고 있다.

위 내용 중에서 "현재 진행중인 에조 지방 개척"이라는 말은 당시 메

강화도를 공격하는 일본군

이지정부가 지금의 홋카이도와 주변의 여러 섬들을 일본영토로 확정하였던 것을 가리키는 말이다. 당시까지만 해도 일본인에게 홋카이도는 외국과 다름없는 지역이었는데, 메이지정부는 러시아와 외교적인 교섭을 통하여 국경을 확정하고, 일본인을 홋카이도 지역으로 이주시켜서 명실공히 일본의 영토로 개척하였던 것이다. 일본은 홋카이도 외에도 유구국(琉球国)을 강제로 일본영토로 편입하여 오키나와현(沖繩県)이라고 하였다.

쓰시마 번주가 홋카이도 개척의 문제를 거론한 것은, 홋카이도를 일본의 영토로 개척하는 것처럼, 조선도 일본영토로 편입할 수 있는 가능성이 없는 것은 아니라는 점을 강조하기 위함일 것이다. 한반도 문제를 거론할 때, 일본인은 일본부를 떠올린다.

일본부란 고대에 진구(神功)라는 왕후가 한반도 남부를 점령하고 식민지로 지배했다는 설, 즉 임나일본부설을 일컫는다. 임나일본부 문제를 거론함으로써 한반도는 일본에게 매우 민감한 지역으로 부각되었을 뿐만이 아니라, 일본이 조선과의 관계를 설정하는 데도 일종의 오만한 선입견으로 작용할 수 있는 가능성이 있었다.

실제로 쓰시마 번주의 상신서에 접한 메이지정부는 통교제도를 개정할 때, "청나라와의 관계를 고려하여 조선국왕을 다소 격하시키는 것은 어쩔 수 없는 일이다"라고 판단하였다. 일본은 대조선통교관계를 우월적 입장에서 확립하였던 것이다.

2. 청일전쟁

1894년에 조선에서 동학농민운동이 일어났다. 조선정부는 농민군을 진압하기 위하여 청에 군대의 파병을 요청하였다. 청은 조선에 군대를 파견하였다. 일본도 이에 대항하여 즉시 조선에 군대를 파견하였다. 드디어 1894년 7월 양국의 군대가 충돌하였다. 8월에는 일본이 청에 선전포고를 함으로써 청일전쟁이 시작되었다.

인천에 상륙하는 일본군

개전에 즈음하여 외무대신 무쓰 무네미쓰(陸奧宗光)는 영국을 비롯한 서구 열강이 간섭하지 않는다는 것을 확인하였다. 일본 국내에서는 정부와 정당이 정쟁을 즉시 중단하고 정당이 앞장서서 정부를 지지하여 임시 군사비의 지출을 승인하였다. 일본은 이 전쟁에 당시 국가세입의 2배에 달하는 약 2억 엔을 투입하였다. 청일전쟁은 일본의 압도적인 승리로 막을 내렸다.

청일전쟁 중에 전사한 일본군은 5천여 명에 불과하였다. 1895년 4월에는 일본의 전권대사 이토 히로부미(伊藤博文)와 청의 전권대사 이홍장(李鴻章)이 일본의 시모노세키(下関)에서 강화조약을 체결하였다. 그 내용은 청은 조선의 독립을 인정하고, 요동반도(遼東半島)·대만(台湾)·팽호제도(澎湖諸島)를 일본에 할양하고, 당시 일본 화폐로 3억 1천만엔에 해당하는 배상금을 일본에 지불하고, 중국의 사시(沙市)·중경(重慶)·소주(蘇州)·항주(杭州)의 4개항을 개항할 것 등이었다. 현금으로 받은 엄청난 배상금만으로도 일본은 전쟁비용을 탕감하고 남았다.

한편 시모노세키조약이 체결된 직후에 만주에 이해관계를 가진 러시아는 일본의 진출을 경계하여 독일, 프랑스와 함께 일본에게 요동반도를 청에 반환하도록 권고하였다. 이른바 삼국간섭이었다. 일본은 아직 삼국에 대항할 만한 힘이 없었기 때문에 그 권고를 받아들이지 않을 수 없었다. 일본은 당시 일본 화폐로 4천 5백만 엔에 해당하는 상환금을 받고 요동반도를 청에 반환하였다. 일본인은 와신상담하며 러시아에 대한 적개심을 불태우게 되었다. 일본 정부는 군비를 확장하는 데 배상금의 대부분을 투자하였다.

3. 명성황후 시해사건

1895년 10월 8일 새벽 일본의 군대, 경찰관, 공사관 직원, 영사관 직원, 그리고 일본 군대의 사주를 받은 일본의 민간인들이 광화문으로 쳐들어가 명성황후를 무참하게 살해하였다.

이 사건은 일본공사인 미우라 고로(三浦梧楼)의 지시로 치밀하게 계획되었다. 한국인조차 이 사건은 일본인 낭인(浪人)들에 의하여 저질러졌다고 알고 있는 사람들이 의외로 많다. 그러나 소수의 일본인 낭인들이 조선인 수비대가 경비하고 있는 경복궁을 침입하여 구중궁궐 깊숙이 거주하는 황후를 살해한다는 것은 상상할 수도 없는 일이다. 사건의 연출은 미우라 고로가 하고, 주연은 일본군이고, 일본인 낭인은 그 하수인에 불과하였던 것이다.

당시 조선에서는 청일전쟁 후 반일감정이 고조되고 있었다. 1895년 예비역 육군중장 출신인 미우라 고로가 새로이 일본공사로 조선에 부임하였다. 미우라는 명성황후가 반일의 중심인물이라고 생각하고 있었다. 그래서 명성황후와 적대관계에 있었던 대원군을 교묘하게 이용함과 동시에 명성황후 암살 계획을 추진하였다.

당시 경복궁으로 진입했던 일본 군대는 후비보병 제18대대였는데, 지휘관은 마야하라(馬屋原)소좌였다. 당일 새벽 제1중대는 대원군을 호위하여 경복궁으로 향하였다. 제2중대와 제3중대는 경복궁의 경비를 담당하였다. 작전명령은 사건이 일어나기 2일 전인 10월 6일에 이미 미우라 공사로부터 마야하라소좌에게 하달되었다. 미우라 공사의 명령을 받은 다음 날, 마야하라소좌는 중대장들에게 구체적인 임무를 부여하였다.

경복궁은 일본군에 의해 손쉽게 제압되었다. 일본군이 궁궐을 완전히 장악하고 경비에 들어가자 암살단이 명성황후의 처소에 난입하였다. 황후를 찾아내어 몸의 여러 곳을 칼로 찌르고, 옷을 완전히 벗긴 다음에 살해하였다. 황후가 참담하게 숨지자 암살자들은 시체를 경복궁 뒷뜰로 끌고가서 석유를 뿌려 태웠다. 이어서 궁중에 있던 상궁들도 살해되었다. 일본검찰이 작성한 취조문서에도 그 상황을 "매우 참혹한 방법으로 살해하였다"라고 기록되어 있다. 피의 향연을 치른 암살자들은 황후의 거실에 있던 물건들을 약탈하여 품 속에 넣고 떠들며 철수하였다.

날이 밝자 미국공사 알렌과 러시아공사 베베르가 왕궁으로 달려갔다. 고종 옆에는 이미 일본공사 미우라가 버티고 서 있었고, 왕은 겁에 질려 아무 말도 못하고 있었다. 의사인 에비슨과 미국인 선교사들이 교대로 왕의 신변을 지키고 있었다. 왕은 독살당할 것을 두려워하였다. 캔으로 된 연유와 계란으로 허기를 면하고 있었다. 이 소식을 들은 각국 공사관에서는 특별히 음식을 만들어 통에 넣고 자물쇠를 채워 궁궐로 들여보냈다.

사건이 일어난 후, 미국공사 알렌과 러시아공사 베베르는 거의 실성해 있는 고종을 방문하여 인사를 올렸다. 언더우드, 헐버트, 아펜젤러 등 선교사들도 교대로 왕의 침실을 지켰다. 왕이 믿을 수 있는 것은 이제까지 아부하던 조정의 대신과 측근들이 아니라 이들 외국인들이었다. 대신들은 모두 미국과 러시아 공사관으로 대피하고 왕을 보좌하는 자는 거의 없었다. 왕은 혼자서 외로움과 싸우며 꺼져가는 국가의 운명을 무기력하게 지켜볼 뿐이었다. 한성 시내는 폭풍전야의 고요함처럼 숨막히는 정적이 감돌고 있었다.

당시 한성에 주재하고 있었던 일본의 일등영사 우치다 사다쓰치(內田 定槌)는 그날 아침의 상황을 다음과 같이 회상하고 있다. "사체의 처리에 대해서는 관련자로부터 후에 들었는데 어쨌든 매우 곤란하였다. 공사에게 물어보면 모두 알 수 있을 것 같아서 공사관에 갔다. 공사는 2층에 있고 나는 응접실에서 기다리고 있었는데 공사는 부동명왕상 앞에서 예불을 드리고 있었다. (중략) 공사를 대면하여 내가 '대단히 혼란스럽게 되었군요'라고 말하자, 공사는 '아니다. 이것으로 조선은 유유히 일본의 것이 되었다. 이제 안심이다'라고 말하였다. 나는 '그러나 이것은 보통 일이 아닙니다. 일본인이 피묻은 칼을 높이 들고 대낮에 공공연하게 경성의 대로를 활보하였다는 것을 조선인은 물론 외국인도 분명히 보았을 테니 (중략) 그러나 일본 군대, 경찰관, 공사관 직원, 영사관 직원 등이 이 사건에 관련되었다는 것을 어떻게 해서든지 감추어야 한다고 생각합니다만 그에 대하여 어떠한 방법을 취하는 것이 좋을까요'라고 말하니 공사는 '나도 지금 그것을 생각하고 있다'라고 말했다."

일본정부는 외무성 정무국장 고무라 주타로(小村壽太郎)를 한성으로 파견하여, 미우라 고로 공사를 비롯한 사건에 관련된 자들을 일본으로 귀국시켰다. 군인들은 히로시마(広島)에서 군법회의에 회부되었지만 전원 무죄로 석방되었다. 미우라 고로, 그리고 암살자를 포함한 49인의 관계자도 히로시마지방재판소 예심에서 증거불충분으로 전원 소송이 취하되었다. 재판은 범죄자들에게 면죄부를 주기 위한 형식절차였던 것이다. 이들이 의기양양하게 재판소를 나올 때, 일본 민중들은 이들을 국위를 선양한 '영웅'으로 맞이하였다. 한일합병이 된 후에는 이들 암살자들은 그 당시의 상황을 더욱 과장하여 자랑삼아 떠들고 다녔다.

4. 러일전쟁

러시아는 삼국간섭 이후, 만주로 진출하여 군대를 주둔시켰다. 러시아의 움직임은 한반도를 발판으로 하여 만주까지 지배하려고 계획하고 있었던 일본을 당황하게 하였다. 일본은 러시아와 대결한다는 방침을 정하고 1902년에 영국과 동맹을 맺었다. 일본은 영국과 동맹을 체결한 후에 정치권이 단결하여 군비확장을 추진하였다.

한편 러시아는 일본이 청과 교섭하여 만주로 진출하려고 모색하자 철병을 중단하고 오히려 압록강 일대까지 진출하였다. 삼국간섭 이후 러시아에 대하여 적개심을 품고 있었던 일본인은 러시아의 태도에 격분하였다. 『오사카아사히신문(大阪朝日新聞)』, 『도쿄아사히신문(東京朝日新聞)』, 『만초보(万朝報)』, 『니로쿠신보(二六新報)』 등 전국적으로 영향력이 있는 신문이 앞장서서 러시아와의 전쟁을 선동하면서, 러시아와 타협을 모색하고 있었던 정부를 비난하였다. 영국과 미국도 적극적으로 일본을 지원하고 있었다. 1904년 2월, 드디어 러일전쟁이 일어났다.

러일전쟁에 소요된 전쟁비용은 약 17억 엔으로 당시의 일본 국가예산의 약 4배에 달하였다. 그 중 약 8억 엔은 외채에 의존하고 나머지는 국채와 증세로 충당하였다. 일본인의 부담은 평화시에는 생각할 수 없을 정도로 과중한 것이었다. 그러나 일본인은 전쟁에서 이기기만 한다면 청일전쟁에서 승리했을 때와 같이, 어마어마한 배상금을 얻어낼 수 있으며, 일본경제는 다시 한번 비약할 수 있을 것이라는 꿈에 부풀어 있었다. 일본인은 교전 20개월 동안에 21만여 명의 사상자와 22만여 명의 부상자를 내면서도 아무 말없이 젊은이들을 전쟁터로 보냈다. 인내하기도 힘든 생활을 감수하면서 전쟁에 적극 협력하였다.

5. 한국의 보호국화

러일전쟁이 시작되면서 한반도를 군사적으로 장악한 1904년 2월, 일본은 대한제국(한국)과 한일의정서를 강제로 체결하였다. 의정서 체결은 한국의 부분적 보호국화를 의미하였다. 한반도는 일본의 지배하에 들어갔다. 동년 5월, 일본각의는 대조선방침을 결정하였다. 의사록에 "그 나라는 정치가 혼란하고 인심이 부패하여 도저히 장구히 그 독립을 유지하기 어려움이 명확한 고로 일본은 정치상, 군사상, 나아가 경제상 점차 그 나라에 있어서 우리의 기반을 확립하고, (중략) 그 나라에 대해 보호의 실권을 확립하고, 동시에 경제상의 중요 이익을 취득하여 착착 그 경영을 실행하는 것이 급선무이다"라고 기록하였다.

8월에는 제1차 한일협약으로 한국정부에 일본인 고문을 두어 재정권과 외교권을 규제하였다. 1905년 7월, 일본과 미국은 상호간에 한국과 필리핀 지배를 인정하였다. 이어서 영국도 영일동맹을 개정하면서 일본과 미국의 협정을 승인하였다. 한국을 지배하는 데 대한 국제적 장애요인이 모두 제거된 것을 확인한 일본은 동년 11월에 제2차 한일협약을 강요하였다.

이때 이토 히로부미는 고종에게 다음과 같이 최후통고를 하였다. "본안은 일본정부가 다각도로 검토하여 추호도 변통의 여지가 없는 확정안이다. (중략) 결코 움직일 수 없는 일본정부의 확정안이라면 금일의 일은 단지 폐하의 결심 여하에 달렸다. 이것을 승낙하는 것도 거부하는 것도 자유지만, 만약 거부하는 경우 제국정부는 이미 결심한 바가 있다. 그 결과는 과연 어떻게 될까, 당신 나라의 지위는 이 조약을 체결하는 것 이상의 곤란한 경우에 처하여 한층 불리한 결과를 각오하지 않으면 안될 것이다."

이 조약은 이토 히로부미의 지휘하에 한국정부의 각료를 매수하고 협박하여 조인한 것으로 을사보호조약이라고도 하는데, 이 조약으로 한국은 일본의 종속국이 되었다.

일본은 한국을 식민지화하는 수순을 밟기 시작하였다. 1907년 6월 헤이그특사 사건이 발생하자 이토 히로부미는 고종을 퇴위시켰다. 양위를 반대하는 한국인의 시위를 무력으로 진압한 일본은 동년 7월에 제3차 한일협약을 강요하여 주권을 빼앗았다. 1908년 3월에 샌프란시스코에서 전명운과 장인환이 일본의 한국침략을 옹호하던 미국인 스티븐즈를 응징하였다. 1909년에는 하얼빈에서 안중근이 이토 히로부미를 사살하였다.

6. 한일합병

　일본은 이토 히로부미의 피살을 계기로 한국의 식민지화 작업에 박차를 가하였다. 1910년 5월에 새로운 통감으로 육군대신 데라우치 마사타케(寺內正毅)를 겸직시키고 한일합방을 위한 무력시위를 감행하였다.

　7월 8일의 일본정부 각의에서는 한일합병 후의 시정방침을 확정하였다. (1) 조선에서는 당분간 국내헌법을 적용하지 않고 대권(大權)에 의하여 통치한다. (2) 총독은 천황에 직속하여 조선에서의 일체의 정무를 통괄하는 권한을 가진다. (3) 총독에게는 대권의 위임에 의하여 법률사항에 관한 명령을 발휘할 수 있는 권한을 부여한다.

　8월 22일, 수십 척의 일본 군함이 한국해역에서 시위하고 일본군이 왕궁을 포위한 가운데 한일합병조약이 조인되었다. 이리하여 한국은 일본의 식민지로 전락하였다.

　일본 각지에서 한국의 식민지화를 축하하는 행사가 열렸다. 신문과 잡지는 한국강점의 정당성을 역설하였다. 사회주의자들도 한국침략에 대해서만은 찬성의 입장을 분명히 하였다.

　일본은 통감부에 대신하여 조선총독부를 설치하고 무단통치를 실시하였다. 헌병경찰제도를 도입하여 한반도에 2만 2천여 명의 헌병과 20여만 명의 헌병보조원 및 첩보원을 배치하여 조선인을 감시하였다. 일본은 식민지를 건설함으로써 광대한 원료·식량의 공급지, 상품의 소비지를 확보하였다. 러일전쟁 이후에 극심한 경제난에 허덕이던 일본경제는 점차로 회복되기 시작하였다.

　일본은 1910년부터 한반도 전역을 대상으로 하여 토지조사사업을 실시하였다. 소유권이 확정되지 않은 토지는 국유지로 편입시켰다. 또 임야조사사업을 실시하여 임야 총면적의 80퍼센트 이상을 국유림으로 하였다. 나머지 20퍼센트의 민유림 중에서도 상당부분을 일본인 소유로 하였다. 그 밖에 철도부설용지, 학교부지, 도로용지, 군사시설용지 등을 기부의 형식으로 강제수용하였다.

7. 한일합병과 일진회

　일본은 한일합병 요구가 한국인 내부에서 제기된 것으로 꾸미기 위하여 책동하였다. 그 책동의 산물이 일진회였다. 일진회는 스스로 회원이 100만 명이라고 선전하였기 때문에 상당히 유력한 단체로 알려져 있다. 그러나 그 실체는 증명할 길이 없다. 그리고 일진회에 의한 한일합방의 제창이 한국민중을 움직인 것처럼 왜곡되어 기술된 역사서가 의외로 많다. 그러나 한일합방의 제창은 전적으로 송병준, 이용구 등 일진회 간부의 사욕에서 비롯된 것이다. 그렇기 때문에 일진회의 '한일합방론' 은 한국인의 의지를 반영한 것이라고 할 수 없다.

　일진회에 대하여는 한일합병의 급선봉에 섰던 재한 일본인, 일본인 신문기자들조차도 심한 거부감을 갖고 있었다.

1920년대 일본의 정치와 사회

1. 쌀소동

일본경제는 제1차 세계대전 중에 크게 발전하였으나, 그에 따라 물가도 등귀하여 여러가지 사회문제가 발생하였다. 1918년에 일본이 시베리아로 출병하면서 투기를 노린 미곡상이 매점매석하였기 때문에 쌀값이 앙등하였다. 조선에서 쌀을 독점으로 수입하던 미쓰이물산과 스즈키상점이 방출을 미루고 있었기 때문에 쌀값은 더욱 상승하였다.

동년 7월에 도야마현(富山県) 우오쓰(漁津)에서 어민의 가족들이 쌀을 다른 지방으로 수송하지 못하도록 운반선을 억류하는 소동이 일어났다. 이 사건이 출발점이 되어 도야마현 각지에서 주부들이 중심이 된 민중들이 미곡상과 지방 행정기관에 호소하여 쌀을 저렴한 값에 판매할 것을 요구하며 소동을 일으켰다. 이것이 발단이 되어 전국 각지에서도 동일한 소동이 연이어 발생하였다. 8월 10일에는 교토와 나고야(名古屋)에서, 11일에는 오사카와 고베(神戸)에서 대규모 폭동이 일어났다. 특히 교토에서는 4일간이나 대소동이 계속되었다. 고베에서는 스즈키 상점, 우체국 등 30여 곳의 건물이 파괴되거나 방화되었다. 17일 이후에는 소동이 지방 중소도시와 농촌으로 번졌다. 지방에서도 성난 군중이 미곡상은 물론 부유한 상인의 상점을 파괴하거나 방화하였다.

9월 중순까지 계속된 폭동은 전국의 38개 시(市), 153개 정(町), 177개 촌(村)에서 발생하였다. 이 소동에 참가한 자는 전인구의 4분의 1에 달하였다. 정부는 이 소동을 진압하는 데 경찰력뿐만이 아니라 군대를 동원하지 않으면 안되었다. 군대는 34개 시, 49개 정, 24개 촌에 출동하였다.

소동에 참가한 자들은 대부분이 도시의 빈민층을 형성하고 있었던 노동자들이었다. 소동 중에 검거되어 투옥된 자는 8천 253명으로 그 중에서 7천 776명이 기소되었다. 소동을 일으킨 자들 중에는 소위 부락민(部落民)들이 많았는데, 그들 중에 사형에 처해진 자가 2명, 징역에 처해진 자가 2천 645명이었다.

데라우치(寺內)내각은 쌀소동을 진압한 후에 그 책임을 지고 퇴진하였다. 이 사건을 계기로 민본주의자들은 여론을 배경으로 정부를 공격하기 시작하였고, 정당에 대하여 거부감을 갖고 있었던 원로들도 민의를 무시할 수 없음을 자각하게 되었다. 또 하나 주목할 것은 쌀소동 이후에 일

쌀소동 군중과 군대가 충돌하였다.

본에서 사상 최초로 다수당의 대표가 집권한 하라 다카시(原敬)내각이 성립되었다는 사실이다.

2. 민족해방운동

제1차 세계대전 기간에 일본경제는 급격하게 성장하여 외채를 전부 상환하고 세계 5대 제국주의 국가의 일원이 되었다. 이러한 급속한 발전은 일본의 대외침략 의욕을 가속화시켰다. 일본은 식민지 조선의 지배를 강화하면서 중국 침략에 박차를 가하였다.

일본의 강압통치하에서 조선인은 비참한 생활을 강요당하였다. 그러나 조선인은 끈질기게 저항하였다. 1919년 3월 1일에 한반도 전역에서 일어난 거족적인 반일봉기가 대표적인 항일운동이었다.

3·1운동은 서울, 평양 등에서 시작되었는데, 삽시간에 전국적으로 확산되었다. 국내뿐만이 아니라 만주, 연해주, 재일조선인, 하와이교포들까지도 이 운동에 동참하였다. 조선인의 궐기에 당황한 일본은 군대를 동원하여 가혹하게 탄압하였다. 일본의 탄압은 일본 정부기관이 남긴 자료에만 의존하여 살펴보아도 사망자 7천 5백여 명, 부상자 1만 5천 9백여 명, 검거자 4만 6천 9백여 명이었다. 3·1운동 과정에서 일부 친일파들은 일본정부와 결탁하여 이 운동을 내부에서 와해시키려고 기도하기도 하였다.

3·1운동은 비록 실패하였으나 다른 세계에 끼친 영향은 매우 컸다. 베르사이유조약에서 미국을 비롯한 열강이 일본을 일방적으로 두둔하여 중국의 요구가 거의 관철되지 않았다는 소식을 전해들은 중국 학생 3천여 명이 1919년 5월 4일 천안문 광장에 모여서 국권회복과 매국노 타도를 외치며 시위를 전개하였다. 이 운동은 한국의 3·1운동의 영향을 받았음은 물론이다. 그들은 일본대사관을 비롯한 각국 대사관에 청원하면서 시위하였다. 또 친일파 습격, 등교거부, 파업 등을 선동하였다. 경찰

은 이들 시위대를 무력으로 탄압하였으나 이 운동은 전국적으로 확산되었다. 상해에서는 6월 3일에 수만 명의 노동자가 일제히 파업에 들어갔다. 이에 호응하여 상인들도 철시하고 일본상품 배척운동을 전개하였다.

일본은 북경정부에 압력을 가하여 항일운동을 탄압할 것을 강요하였다. 일본의 요구에 응하여 북경정부는 앞장서서 항일운동을 억압하였다. 그러나 이 운동이 전국적으로 확산되자 북경정부는 위기감을 느끼기 시작하였고 정권을 잡고 있었던 친일파도 퇴진하지 않을 수 없었다. 5 · 4 운동을 계기로 하여 중국혁명은 새로운 단계로 접어들었다. 동년 10월 손문은 중국국민당을 결성하였다.

3. 사회운동의 전개

제1차 세계대전 후의 사회 · 경제변동을 배경으로 노동운동이 정착하기 시작하였다. 1912년 이래 노사협조를 방침으로 해온 우애회(友愛会)가 전국조직으로서의 성격을 강화하여 1921년에 일본노동총동맹으로 발족하였다. 물가고와 불황 속에서 아시오(足尾), 가마이시(釜石), 히다치(日立) 광산의 쟁의와 고베(神戸)의 미쓰비시조선소, 가와사키(川崎)조선소의 파업이 일어났다.

이런 와중에 1910년의 대역사건 이후에 침체되었던 사회주의자의 활동이 활발해졌다. 1920년에는 일본사회주의동맹이 결성을 시도하였고, 1922년에는 사카이 도시히코(堺利彦), 야마카와 히토시(山川均) 등이 비합법적으로 일본공산당을 결성하고, 코민테른의 지시를 받아 활동하기 시작하였다.

소위 사민평등이 달성된 뒤에도 여전히 차별을 받아왔던 피차별 부락민들은 1922년 교토에서 전국수평사(全国水平社)를 결성하였다. 그들은 평등한 권리의 획득과 부락해방을 목표로 하여 전국 각지에 지부를 두고 활동하기 시작하였다.

부인운동도 고양되었다. 부인운동은 1911년에 결성된 세이토샤(靑鞜社)에서부터 시작되었다 세이토샤는 히라쓰카 라이초(平塚雷鳥)를 중심으로 한 젊은 부인들에 의하여 결성된 문학집단으로 문예잡지 『세이토(靑鞜)』를 발행하였다. 1920년에는 히라쓰카 라이초, 이치카와 후사에(市川房枝) 등이 신부인협회를 결성하여 부인의 지위향상을 위한 운동을 전개하였다. 신부인협회는 1924년에 부인참정권획득기성동맹으로 발전하였다. 그 밖에 교사와 학생을 중심으로 한 혁신적인 계몽단체가 연이어 결성되었다.

사회운동은 농촌에도 영향을 끼쳤다. 정부는 생산성 향상을 위한 정책을 추진하였으나, 농민의 생활은 크게 향상되지 않았다. 특히 5할 이상의 소작료를 현물로 납부해야 하는 소작인의 생활은 비참하였다. 제1차 세계대전이 종료된 후 만성불황이 지속되면서 농산물 가격이 하락하였다. 뿐만 아니라 도시에서 농촌으로 돌아오는 실업자들이 증가하여 농촌경제는 더욱 타격을 받았다. 불황의 여파는 소작인에게 가장 크게 미쳤기 때문에 소작쟁의가 빈번하게 일어났다. 전국 각지에서 소작인조합이 설립된 것도 이 무렵이었다. 이런 중에 가가와 도요히코(賀川豊彦), 스기야마 모토지로(杉山元治郎) 등이 1922년에 일본농민조합을 결성하여 소작인의 지위향상을 목표로 운동을 전개하였다. 1924년에는 정부도 소작조정법을 제정하여 지주와 소작인 사이의 분쟁을 조정하였다.

『세이토』 표지와 동인들 (하)

4. 보통선거 실시

1924년 1월 7일 귀족원의 최대 파벌인 연구회(研究会)와 관료만으로 구성되는 기요우라 게이고(清浦奎吾)내각이 성립되었다. 이 내각은 동년 5월에 실시할 총선거를 공명선거로 하기 위해서는 정당과 관계없는 내각이어야 한다는 구실로 성립되었으나, 실은 정당내각이 성립되는 것을 방지하기 위하여 만든 내각이었다. 기요우라내각은 성립하자마자 선거

첫 보통선거 투표

법 개정과 국민사상 선도를 약속하였다.

기요우라내각의 성립으로 정권에서 멀어진 정당들은 귀족원내각의 배격과 정당내각의 실현을 목표로 단결하였다. 1924년 1월 10일 가토 다카아키(加藤高明) 헌정회 총재, 다카하시 고레키요(高橋是清) 정우회 총재, 이누카이 쓰요시(犬養毅) 혁신구락부 대표가 모여서 제2차 호헌옹호회를 성립시켰다. 호헌을 내걸고 3파가 단결한 것이다. 그러자 기요우라 내각은 1월 30일 중의원을 해산하고 말았다.

동년 5월 10일 실시된 제15회 총선에서는 호헌 3파가 286석으로 압승하였다. 구체적으로는 헌정회가 151석, 정우회가 105석, 혁신구락부가 30석을 얻는 데 성공하였다. 여당인 정우본당은 109석을 차지하는 데 그쳤고, 무소속이 69석을 얻었다. 6월 11일에 가토 다카아키를 수상으로 하는 3파 연립내각이 성립하였는데, 육군과 해군 대신 외에는 전각료가 3파의 당원으로 구성되었다.

가토내각은 공약하였던 보통선거 실시를 약속하면서 발족하였다. 1925년 3월에 열린 제50회 의회에서 보통선거법을 처음으로 성립시켰다. 그러나 이것은 여성과 식민지인 조선·대만의 주민에게는 해당되지 않는 것이었다. 25세 이상의 일본인 남자에 한하여 선거권이 주어졌는데, 남자라도 이동이 심한 계절노동자나 생활이 곤궁한 자, 주소가 불안정한 자는 제외되었다. 제한이 많은 선거법이었던 것이다. 유권자 수는 이전에 비하여 약 4배로 늘어났으나 인구비율로 보면 전체인구의 약 20퍼센트에 불과하였다.

5. 치안유지법의 시행

가토내각은 보통선거법의 제정과 동시에 치안유지법을 제정하였다. 정부는 간토대지진이 일어났을 때 혼란을 틈타서 치안유지령이라는 긴급칙령을 시행한 적이 있었는데, 이번에는 치안유지법을 제정하였던 것이다.

치안유지법은 주로 공산주의 운동을 탄압하기 위해서 제정된 법이었다. 그러나 이 법이 일단 시행되기 시작하자 공산주의자뿐만이 아니라 사회민주주의자, 진보적 지식인, 종교가, 평화주의자 등 천황체제에 유해하다고 판단되는 자에게는 모두 적용되었다. 1924년까지 도쿄경시청에만 설치되었던 특별고등경찰이 오사카, 교토 등 중요한 지역에도 설치되었다. 일본이 패전한 후인 1945년 10월, 치안유지법이 폐지될 때까지 이 법에 의하여 체포된 사람은 일본에서만도 수십만 명에 이르렀다. 식민지 민중으로 이 법에 의하여 희생된 사람은 그 수를 헤아릴 수 없을 정도였다.

치안유지법이 적용된 첫번째 사건은 1925년 말의 교토학련사건(京都学連事件)이었다. 학련은 학원의 민주화 요구, 군사교련 반대, 치안유지법 반대를 외쳤다. 경찰은 학련에 소속된 교토대학, 도시샤(同志社)대학의 학생을 검거하였다.

가토내각은 군사교련을 정규과목으로 정하여 중등학교 이상의 학생에게 가르쳤다. 학교에는 현역장교를 배치하였다. 중등학교에 진학하지 못한 청년들은 각 지방청에 설치된 청년훈련소에서 의무적으로 군사훈련을 받게 하였다. 학생들과 청년들이 군사훈련을 받게 되면서 소위 예비병력은 비약적으로 증가하게 되었다.

6. 금융공황과 강경외교

제1차세계대전 중에 일본경제는 급성장하였다. 그러나 제1차세계대전이 끝난 후 유럽열강이 침체된 경제를 회복하고 다시 아시아 시장에 진출하면서 일본경제는 위축되기 시작하였다. 1917년부터 만성적인 불황상태가 지속되어 1919년 이후에는 수입초과로 반전되었다. 1920년에는 주식이 폭락하여 은행과 기업의 도산이 속출하였다. 1923년에 발생한 간토대지진은 불황에 허덕이는 일본경제에 심각한 타격을 안겨주었다.

이러한 상황하에서 1926년 등장한 와카쓰키 레이지로(若槻札次郎)내각은 은행을 구제하고 국제경쟁력을 회복시키기 위하여 간토대지진으로 지불할 수 없는 불량수표의 처리에 관한 안건을 의회에 제출하였다. 1927년 3월 법안을 심의하는 중에 대장상(大蔵相)이 와타나베(渡辺)은행의 파산을 발설함으로써 예금자가 은행으로 몰려들어 일시에 예금을 인출하는 소동이 발생하고, 그것이 확산되어 금융공황이 일어났다. 은행과 기업이 연이어 도산하는 가운데 경영이 악화된 고베의 스즈키(鈴木)상점에 대한 대만은행의 부정대출사건이 폭로되어 대만은행도 파산하였고, 그 여파는 다른 은행의 파산을 초래하여 금융공황은 최악의 상태가 되었다. 와카쓰키(若槻)내각은 위기에 처한 대만은행을 구제하기 위하여 추밀원에 긴급 칙령을 요구하였다. 그러나 추밀원은 이것을 거부하였기 때문에 와카쓰키(若槻)내각은 총사직하였다. 다음의 정우회 다나카 기이치(田中義一)내각은 3주간의 지불유예를 결정하였다. 일본은행이 22억 엔 정도의 구제금융을 시행하여 금융공황은 일단락되었다. 그러나 이후에 중소은행의 도산을 두려워하여 예금이 대은행으로 집중되었다. 그 결과 미쓰이(三井)·미쓰비시(三菱)·스미토모(住友)·야스다(安田)·다이이치(第一) 등 5대 은행의 지배적 지위가 확립되었다.

정부는 경제위기가 심각해짐에 따라 중국침략을 염두에 두고 강경외교노선을 채택하였다. 외상을 겸임한 다나카(田中)수상은 즉시 중국 각지의 일본 외교관, 육해군 대표, 만철 수뇌를 도쿄로 불러들여 동방회의

(東方会議)를 개최하였다. 이 회의에서 만주를 일본의 세력하에 두고 일본의 이익을 단호하게 지키며, 그 목적을 위해서라면 즉시 군대를 파견한다는 방침을 확정하였다.

정부는 일본기업의 권익을 보호한다는 명분으로 1927년부터 3차례에 걸쳐서 일본군을 파견하여 산동지역을 점령하였다. 일본의 강경책은 중국인의 반일감정을 불러일으켰다. 장개석(張介石)은 만주의 실력자인 장작림(張作霖)과 타협을 모색하였다. 이러한 정보를 입수한 일본은 장개석과 장작림을 이간하고 만주를 확보하려고 하였다.

1928년 6월 관동군이 철도를 폭파하여 장작림을 암살하였다. 관동군은 사전계획대로 범인은 중국군의 스파이라고 하는 성명을 발표하였다. 일본정부도 진상을 국민에게 알리지 않았다. 그러나 다나카내각은 국제적인 비난에 직면하여 사건을 방치하지 못하고 장작림 암살사건의 책임자를 처벌하려고 하였으나 육군의 저항으로 좌절되었다. 다음해 7월 다나카는 그 책임을 지고 수상직에서 물러났다.

1. 중일전쟁의 개시와 국민총동원체제의 확립

1937년 7월 중일전쟁을 도발한 일본은 중국을 침략하면서 일거에 중국을 항복시킬 속셈으로 의회에 25억 엔이 넘는 막대한 군사비 지출안을 제출하였다. 정우회와 민정당은 물론 무산정당인 사회대중당까지도 일치단결하여 군사비 지출을 승인하였다. 9월초의 제72회 의회에서는 군수공업동원법, 임시자금조정법, 임시조치법 등 3개 법안을 가결시켜 전시통제경제의 기반을 구축하였다.

지배층은 민중에게 전쟁의 목적을 설명하고 그들의 자발적인 참여 분위기를 조성하는 것을 최대의 과제로 생각하고 갖은 방법을 다 동원하였다. 고노에(近衛)내각은 정계·재계·군부·정당의 대표로 구성된 전쟁수행을 위한 자문기구를 설치하였다. 총력전에 대비하기 위하여 산업과 경제를 국가의 직접통제하에 두고, 중화학을 중심으로 하는 군수공업을 집중적으로 육성하였다. 한편 민간수요를 위한 생산과 구입은 통제되었다. 동시에 국민정신총동원운동을 전개하였다. 국민정신총동원운동은 진충보국, 거국일치, 견인지구(堅忍持久)를 구호로 내걸고, 전쟁수행을 위해 국민들의 모든 사생활을 희생할 것을 강요하였다.

1937년 10월 12일에는 정부의 주도로 국민정신총동원운동중앙연맹이 결성되었다. 회장에는 아리마 료키쓰(有馬良橘) 해군대장이 선출되었고, 이사에는 정계·관계·재계의 유력자 15명, 평의원 74명이 선출되었다. 동시에 정부는 민간단체의 정신운동 참여를 요청하였다. 10월 말에는 재향군인회, 각종 교화단체, 일본노동조합회의 등 74단체가 이 운동에 참가하였다. 또 정신운동의 지방조직으로서 도부현(道府県) 단위의 국민정신총동원지방실행위원회가 설립되었다. 이것에 지방관청이 협력하도록 되어 있었다. 실행위원회의 회장에는 지사가, 위원에는 자치단체장, 지방의회의원, 각종 단체대표, 신문·방송사 대표, 실업가, 종교가, 사회사업가 등 소위 지방의 유력자와 명망가가 총동원되었다.

아동 도나리구미

정부는 1938년 4월 국가총동원법을 제정하였다. 국가총동원법이란 자본·물자·노동력·금융·생산·물가 등을 비롯한 모든 인적·물적 자원을 전쟁수행을 위하여 국가의 통제하에 두는 것을 내용으로 하는 법안이었다. 즉 고도의 국방국가 달성이라는 목표를 위해서는 의회의 찬동 없이도 칙령에 의하여 인적자원을 포함한 모든 자원을 동원할 수 있는 권한을 정부에게 부여하는 것이었다. 정부에게 모든 것을 백지위임한 것과 같은 이 법안의 성립에 의하여 의회의 권한은 부정되었다.

노동조합과 사회대중당 등 무산정당도 중일전쟁에 적극 협력하였다. 사회대중당 의원인 니시오 스에히로(西尾末広)와 같은 자는 국가총동원법을 찬성하는 연설을 하면서 히틀러나 무솔리니처럼 확신을 가지라고 외칠 정도였다.

고노에수상은 중일전쟁 중에는 국가총동원법을 발동하지 않겠다고 하였으나, 이 법은 제정된 지 3개월 만인 동년 7월에 발동되기 시작하였다. 노동자의 통제를 비롯하여 군수용 원자재 수입에 대한 특혜와 민간 수요 섬유제품의 제조 판매 금지, 휘발유의 배급제 실시 등 모든 물자를 국가권력의 통제하에 두었다.

사실은 중일전쟁이 발발하기 전부터 일본에서는 군부를 중심으로 하여 국가총력전을 준비할 필요가 있다고 선전되기 시작하였다. 현대의 전쟁은 군대가 전쟁의 주역이었던 옛날의 전쟁과는 달리 정치·경제·사회 등 모든 분야에서 국가가 총력을 기울여 시행하지 않으면 안되는데, 그것은 특히 국민의 자발적인 전쟁협력 의지가 총력전의 승패를 결정하는 최대의 요인이라는 인식을 기초로 하고 있었다. 중일전쟁의 경우, 군부의 예상이 빗나가 전쟁이 장기화되자 사실상 총력전체제를 취하지 않을 수 없게 되었다.

한편 일본의 계속적인 침략행위를 지켜보던 미국은 1939년 7월 미일통상조약이 만기가 된 것을 기회로 조약의 파기를 통고해 왔다. 히라누마 기이치로(平沼騏一郎)내각이 사퇴한 후 성립된 아베 노부유키(阿部信行)내각은, 제2차 세계대전이 발발하자 대전에 개입하지 않는다는 성명을 발표하고 중일전쟁의 수습에 매달렸으나 이렇다할 타개책이 없었다. 국내에서도 식료·의료·일상용품의 결핍이 심각하였다. 정부는 9월부터 물가·임금·소작료 등을 동결하였지만 국민생활은 여전히 곤궁하였다.

일본인들은 자유주의체제에 비하여 전체주의체제가 우월하다고 생각하고 있었다. 그리하여 나치를 모방한 개혁을 목표로 하여 소위 신체제운동이 추진되었다. 신체제운동이란 강력한 정치지도력을 갖는 전체주의적인 일국일당 조직을 구축하자는 운동이었다. 육군은 이 운동을 적극적으로 후원하였다. 이와 때를 같이하여 고노에 후미마로(近衛文麿)가

추밀원 의장직을 사직하고 신체제운동에 전념한다는 성명을 발표하자, 1940년 8월 이후 여러 정당은 연이어서 당을 자진하여 해산하고 신체제 운동에 참여하였다. 이리하여 일본에서 정당이 모습을 감추었고 의회활동은 기능이 정지되었다.

2. 전쟁을 선동하는 언론

중일전쟁이 발발하자 일본의 지배층은 민중을 선동하여 중국에 대한 적개심을 불러일으켰다. 그리고 민중들이 전쟁을 적극 지지하도록 분위기를 유도하려고 노력하였다. 그러한 역할을 자임했던 것은 국민의 의식형성에 커다란 영향력을 행사하는 언론매체였다.

전쟁에 대한 신문의 태도는 군부나 정부보다도 오히려 강경하였다. 신문은 연일 중국을 단호하게 응징하라고 다그쳤고, 일본군이 총공격을 단행하자 전쟁확대론을 전개하였다. 그리고 정부와 군당국이 발표하는 것을 가감없이 보도하였다. 일본의 중국침략은 어쩔 수 없는 것이었으며 자위권의 발동이라는 논지를 펴면서, 그 목적은 중국의 일본에 대한 적대행위 근절과 동시에 동양평화의 근본적인 해결에 있음을 되풀이하여 강조하였다.

무창의 항일벽보 앞을 행군하는 일본군

연일 초라한 중국인의 모습과 '황군(皇軍)'의 진격하는 모습을 담은 기사와 사진으로 지면을 채웠다. 언론은 전쟁을 계기로 객관적인 보도를 포기하고 오로지 중국인에 대한 멸시를 조장하고, 전쟁을 선동하는 정부의 선전기관으로 전락하였던 것이다.

각 신문은 단지 전쟁확대를 동조만 하고 있었던 것이 아니었다. 각 신문사들은 서로 다투어 '애국운동'을 제창하면서, 군용기헌납모금, 폐품 수집, 군가의 선정 등 다양한 사업활동을 전개하였다.

매스컴의 전쟁협력은 신문계뿐만이 아니었다. 신문보다도 오히려 국가가 장악하기 용이하였던 방송은 전쟁이 개시되면서 뉴스 시간을 연장하거나 신설하였다. 특별강연을 늘리고, '국민정신총동원강조주간', '국민심신단련기간' 등의 특별프로그램 방송과 '황군위문의 밤', '부상장병위문의 오후' 등의 시간을 편성하여 방송하였다. NHK는 사실상 국가의 선전기관이었다.

매스컴이 연일 전쟁상황을 보도하고 애국심을 고취시키자 많은 민중들은 열렬하게 전쟁을 지지하게 되었다. 민중은 일본이 원래 피해자인데도 중국의 악선전으로 국제적으로는 항상 가해자 취급을 당하고 있었는데, 이제야 중국을 응징하게 되었다고 흥분하면서 중국인에 대한 적개심을 불태웠다.

민중은 전쟁에 고무되어 육군성과 해군성, 전국의 관청, 신문사 등으로 국방헌금을 내고 위문품을 보냈다. 국방헌금납부운동에는 유치원생, 학생, 점원, 부인 등 일반 서민에서부터 저명한 실업가까지 동참하였다. 자원하여 군대에 지원하는 자들도 급증하였다. 혈서를 쓰고 지원하는 청년과 이미 군복무를 마친 예비군이 다시 군입대를 자원하는 '미담'은 중국 전선에서 싸우는 황군의 무용담과 함께 지면을 가득 채웠다. 가두에는 일장기가 언제나 펄럭이고, '무운장구(武運長久)'를 기원하는 현수막이 범람하였다. '센닌바리(千人針)'라고 하여 손수건과 같은 헝겊에 천 명의 여자가 빨간 실로 한 바늘씩 땀을 떠서 출정하는 장병의 무운장구를 기원하며 선물하는 것은 흔한 풍경이었다. 어디에도 전쟁기분은 충만하였다.

3. 총동원체제하의 민중생활

　1940년 10월에 결성된 대정익찬회(大政翼贊会)의 총재는 수상이 겸임하였으며 지부장은 각 지역의 지사가 겸임하였다. 본부나 지부의 임원으로는 전직 군인이나 관료 출신자를 중심으로 하여 사회단체의 지도자가 참여하였다. 대정익찬회는 국민통제와 지배의 강화에 큰 역할을 담당하였다. 정당은 물론 모든 민간단체가 해산되고 사회생활의 전영역이 조직화되었다. 전일본인을 10호 정도를 한 단위로 하는 도나리구미(隣組)로 조직하고, 그 위에 농촌에서는 부락회, 도시에서는 정내회를 두었다. 식민지 조선에도 애국반을 말단조직으로 하는 전국 규모의 조직을 정비하였다. 이와 함께 전국의 공장과 기업에 조직되어 있던 산업보국회를 조직화하여 회원 450만 명의 대일본산업보국회를 설립하였다. 부인단체도 해산하여 애국부인회와 국방부인회에 편입시켰다. 애국부인회와 국방부인회는 다시 대일본부인회로 통합되었다. 농민단체도 해산하여 농업보국회로 조직되었다. 그 밖에 직업별로 일본연합청년단, 대일본문학보국회, 대일본언론보국회 등이 편성되었고, 이들 단체는 모두 대정익찬회의 산하단체로 편입되었다.

전승기원 행사에 동원된 여성들

　물자가 군수산업으로 집중되면서 물품부족 현상이 표면화되었고 물가도 상승하였다. 물가상승의 근본적인 원인은 물품의 부족에 있었으므로 정부는 배급제를 도입하지 않을 수 없었다. 1940년 11월부터 설

근로 정신(挺身)의 산업전사

탕과 성냥이 통제되기 시작하였고, 41년 4월에는 대도시에서 미곡이 배급되기 시작하였다. 42년부터는 소금, 간장, 된장 등이 배급되었고, 44년에는 모든 식품이 배급되게 되었다. 농민은 식량관리법에 의하여 자가소비량을 제외한 전량의 미곡을 국가에 공출하지 않으면 안되었다. 이렇게 공출된 미곡은 국가를 통하여 전국민에게 배급되었다. 성인의 1일 주식 배급량은 미곡 2홉 3작으로 정해져 있었다. 그러나 미곡이 부족하여 점차 미곡대신에 보리, 콩, 옥수수, 고구마 등이 배급되었다.

산업보국회를 통한 노동통제가 강화되면서 군수산업에 필요한 노동력을 조달하기 위한 제도가 시행되었다. 1941년 11월, 국민노동보국협력령이 공포되어 14세부터 40세까지의 남자와 14세부터 25세까지의 미혼여자의 근로봉사의무가 법제화되었다. 1943년 6월, 부녀자와 연소자도 광산의 갱내작업에 동원할 수 있도록 법령을 개정하였다. 그리고 대학교, 고등학교, 청년학교의 학생에게 근로동원령이 내려졌다. 1944년 8월에는 여자정신근로령이 공포되어 지역별로 여자정신대가 동원되었다.

징병의 강화로 노동력 부족현상이 심각해지자 남성의 직업이 제한되었다. 남성은 여성도 근무할 수 있는 이발사, 차장, 사무원 등 17종의 직종에는 취업할 수 없게 하였다. 또한 군수품 생산과 직접적인 관련이 없는 업종은 폐업 내지는 전업시키고 그 종업원은 강제징용되었다. 1943년 10월부터 고등학생들도 청소년 의용군이나 소년병으로 강제징용되어 비행기 조종사, 기갑병 등으로 배치되기도 하였다.

강제동원과 주민통제는 지역별로 조직된 부락회, 정내회를 통하여 이루어졌다. 1940년 9월, 내무성은 도나리구미, 부락회, 정내회 등을 정부의 훈령과 통지의 전달, 공채처분, 저축장려를 시행하는 말단기관으로 자리매김하였다. 그리고 이러한 조직을 통하여 배급제를 시행함으로써 국민을 완전하게 장악하였다. 정부의 시책에 동조하지 않는 사람들은 '비국민'으로 분류하여 공동체에서 배척하도록 하였다. 비동조자를 철저히 배척하는 데 일익을 담당했던 것은 바로 특별고등경찰(특고)이었다. 특고는 전쟁에 비동조적인 사람과 그와 같은 사상을 가진 사람들을 철저하게 탄압하였다.

이 시기에는 특히 국민기본교육이 크게 강화되었다. 소학교라는 명칭을 국민학교로 바꾸고 어린이에게 일본 국민으로서의 기본자질을 함양시키는 교육에 주력하였다. 그런 의미에서 어린이들을 '소국민'이라고 불렀다. 매스컴에서 앞장서서 '아동'이라는 단어를 '소국민'으로 고쳐 부르기 시작하였다. 국민기본교육의 목표는 '소국민'에게 장래 천황의 병사로서 목숨을 바쳐 싸울 수 있는 마음자세를 기르게 하는 것이었다. 중고등학교에서는 군사훈련이 강화되었다.

4. 식민지 조선인의 강제연행과 징용

중일전쟁이 시작될 때부터 국가총동원법을 발동시켜 저임금·장시간 노동을 강요하였던 일본은 1939년 7월 국민징용령을 공포하였고, 9월부터는 조선인을 강제로 동원하였다. 동원된 조선인은 대부분 미숙련 노동자로서 국내뿐만 아니라 일본내의 탄광, 군사시설 공사장, 그리고 동남아시아 각지의 전쟁터와 건설현장으로 연행되었다. 징용령에 의하여 일본으로 끌려간 조선인은 1944년 현재 65만 6천 명에 이르렀다. 아무런 절차를 거치지 않고 강제연행된 인원을 포함하면 그 수는 더욱 늘어난다. 연행된 조선인 중 약 반수는 광산에 배치되었다. 광산에서의 조선인은 건강하다는 이유로 운반부나 채탄부로 집중 투입되었다.

조선인이 집중 투입된 곳으로 특히 유명한 곳은 나가노현(長野県) 마쓰시로(松代)의 대본영 지하시설 굴착사업장이었다. 이 사업은 1944년 11월부터 1945년 8월까지 시행된 총연장 10킬로미터에 달하는 거대한 지하군사시설로, 약 7천 명의 조선인이 연행되어 하루 14시간 이상의 중노동을 강요당하였다. 수많은 조선인이 기아와 질병, 과로와 구타로 사망하였다. 기밀을 요하는 공사에 동원된 조선인은 공사가 끝나는 즉시 살해되었다. 1945년 4월에도 46명의 조선인이 기밀누설방지라는 명목으로 살해되었다.

강제연행과 더불어 수많은 조선인들이 징병제도에 의하여 침략전쟁의 제물로 희생되었다. 처음에 일본은 조선인을 일본군에 편입시키는 것에 신중하였다. 그러나 1937년 지원병제도를 도입하여 일본에 호의적인 집안의 자제로서 '사상이 건전'한 자부터 일본군에 편입시키기 시작하였다.

그리고 1941년부터는 국민징용령에 근거하여 조선인을 군속으로 징용하기 시작하였다. 군속은 군부(軍夫), 공원(工員), 용인(傭人) 등의 이름으로 전쟁터에 투입되었다. 이들은 본래 군인의 신분이 아니기 때문에 전투원으로 투입되지 말아야 했으나, 실제로는 '소모품'으로 전투에 투입되었다. 또한 포로감시원으로 전쟁범죄를 강요당하여 전후에 B·C급 전범으로 처형된 조선인들도 있었다. B·C급 전범이란 전쟁범죄를 범했다는 이유로 7개국 연합군재판에서 유죄가 선고된 자를 말한다.

1943년 말부터 조선인 학생이 학도병으로 동원되기 시작하였다. 처음에는 학도병으로 지원하는 조선인은 많지 않았다. 그러자 고이소 구니아키(小磯国昭) 조선총독은 한 사람도 예외 없이 지원하라는 성명을 발표하고 지원하지 않는 학생을 '비국민'으로 차별하는 운동을 전개하였다. 그는 학도병으로 지원하지 않는 학생은 전원 탄광으로 강제연행한다고 협박하기도 하였다. 이 당시 조선의 저명인사, 교수, 교사들 중에는 조선인 학생의 학도병 지원을 권유하거나 선동한 자가 적지 않았다.

식민지 조선인에 대한 징병도 본격적으로 실시되었다. 조선총독부는 각 지역에 청년특별연성소를 설립하여 징병예정자를 소집하여 일본어 교육, 군사훈련, 황민화교육 등을 실시하였다. 제1차 징병은 1944년 4월 1일 실시되었는데, 만주에 거주하는 조선인을 포함하여 14만 명 이상이 이때 징집되었다. 제2차 징병은 1945년 1월부터 실시되었다. 지원병, 학도병, 징병으로 동원된 조선인은 병영 내에서 차별을 당하고 가혹행위의 대상이 되었다. 이를 견디다 못해 도망하는 자가 늘어났다. 대부분은 천황의 이름으로 전선에 투입되었다가 해방을 맞이하였다.

1. 3 · 1 운동과 일본인

3 · 1운동이 일어난 후, 일본은 조선민중의 저항에 철저하게 대응하려고 하였다. 1919년 9월 1일에 열린 도지사회의에서 조선총독부 정무총감은 "무질서한 자유사상을 창도하고, 방종한 평등주의를 구가하고, 문화운동의 가면을 쓰고 언론을 가지고 작난하고, 남몰래 독립운동을 선동하여 곧잘 민심을 동요시키는 자가 없다고 할 수 없다. 이것은 실로 내선융합의 본지에 배치되는 행동일 뿐만이 아니라 역시 사회질서를 파괴하고, 민중의 행복을 저해하는 자로서 본 총독부는 각 도지사와 함께 단호하게 이들의 경거망동을 배제하는데 실책이 없기를 기대한다"라고 훈시하였다.

총독부는 3 · 1운동이 외부의 선동에 의하여 일어났다고 보고 있었다. 선동세력을 철저하게 응징할 필요가 있다고 생각하고 있었다. 그래서 3 · 1운동 이후에 '언론을 가지고 작난하는 자' 들과 '독립운동을 선동하는 자' 들에 대한 탄압이 강화되었던 것이다.

이에 대하여 일본의 대표적인 자유주의자인 요시노 사쿠조(吉野作造)는 『주오코론(中央公論)』을 통하여 일본의 식민지 통치의 가혹함을 지적하면서 식민지에 대한 통치방법을 전환하라고 촉구하였다. 그러나 요시노가 한반도에 대한 식민지 통치 자체를 비판하였던 것은 아니다. 그는 일제에 대하여 합리적인 통치방법을 제안하였을 뿐이었다.

일본의 사회주의자들도 3·1운동에 대해서 거의 침묵으로 일관하였다. 물론 그들은 식민지 문제에 대해서도 관심을 보이지 않았다. 사회주의자를 표방하며 중국의 신해혁명에 참가하기도 하였고, 5·4운동의 와중에 중국에 체류하고 있었던 기타 잇키(北一輝)는 오히려 일본이 중국을 침략하여 아시아의 맹주가 되어야 한다고 역설하였을 정도였다.

2. 재일조선인

한일합방이 있은 후, 총독부가 가혹한 수탈정책을 추진하자 한반도의 농촌은 파탄지경에 이르렀다. 1910년부터 1918년에 걸쳐서 많은 농민이 몰락하였다. 몰락한 농민들은 도시 혹은 공사장으로 이동하여 일용노동자로 전락하였다. 특히 일본인들이 많이 거주하는 도시의 변두리에는 방대한 빈민층이 형성되었다. 그들은 일본인 거주지역으로 출퇴근하며 궂은일을 하였다. 일본어 회화가 가능한 자들에게 일할 수 있는 기회가 상대적으로 많이 주어졌던 것은 말할 필요도 없다. 도시 주변에 몰려든 노동자들 중에는 일자리를 찾아 만주나 일본으로 건너가는 사람들도 있었다.

1914년 제1차 세계대전이 발발하였다. 일본은 전쟁으로 인하여 수출이 증가하는 호경기를 누렸다. 호경기로 인하여 일본의 경제규모는 확대되었고, 공업생산이 농업생산을 앞지르게 되었다. 특히 경공업부문의 발전이 두드러졌는데, 그 중에서도 방적·제사업이 크게 약진하였다.

소위 전쟁경기가 계속되면서 일본 내에서는 노동력이 부족하였다. 그 결과 임금이 상승하였다. 이런 현상을 억제하기 위하여 조선인 노동자들이 일본 노동시장에 투입되었다. 제1차 세계대전이 종료되고 만성불황이 계속되었을 때에는 불황을 타개하기 위하여 여전히 조선인 노동자들이 요구되었다.

일본으로 건너간 조선인의 대부분이 남한 출신들이었다. 그 중에도 경상도와 전라도에 고향을 둔 사람들이 전체의 80퍼센트를 차지하였다. 그들의 대부분은 농촌 출신자들로 기술을 가진 사람은 거의 없었다. 그들은 열악한 생활조건 속에서 일본인 노동자의 절반 이하의 임금으로 일하였다.

저임금으로도 열심히 일하는 조선인 노동자들이 일본의 노동시장으로 유입되자 일본인 노동자들은 긴장하기 시작하였다. 결과적으로 조선인 노동자들이 일본인 노동자들의 임금 향상을 억제하는 역할을 하였기 때문이다. 그리하여 일본인 노동자와 조선인 노동자 사이에 갈등이 조장되었다. 일본인의 조선인 차별이 심화되었다.

조선인의 대부분이 처음에는 돈을 벌어 고향으로 돌아갈 목적으로 도일하였으나 점차로 일본에 정주하는 경우가 많아졌다. 재일조선인은 1920년대에 특히 많이 유입되었다. 1910년경에 일본에 거주하는 조선인은 1천 명 미만이었으며 그들의 대부분은 유학생이었다. 그런데 1920년경에는 약 3만 명으로 증가하였고 1930년에는 약 30만 명으로 증가하였다.

재일조선인의 대다수는 교토·오사카·도쿄 등의 대도시와 공업도시에 주로 거주하였다. 특히 중소공장지대에 집단으로 거주하였으며, 어떤 지역에는 조선인이 집단을 이루어 거주하는 '조선인부락'이 조성되었다. 이들은 가건물, 폐선, 폐가, 폐쇄된 장터 등에 거적을 둘러치고 생활하는 경우가 많았다. 오사카의 '조선인부락'의 경우 1호당 평균 거주 인원이 18.2명, 1호당 평균거주면적은 5.1평이었다. 이들의 생활은 필설로 형용할 수 없을 만큼 비참하였다.

재일조선인은 일본인이 기피하는 토목·광업분야의 일에 주로 투입되었다. 토목공사장의 잡역부는 기후와 공사기간에 따라서 노동현장을 전전해야 했으며 또 매일 일할 수 있는 것도 아니었다. 조선인은 광산에서도 가장 힘든 채탄작업에 집중 배치되었다.

3. 간토대지진과 조선인 학살

1923년 9월 1일, 간토대지진(関東大地震)이 일어났다. 지진은 낮 12시경에 발생하였으며, 도쿄을 포함한 간토지방 남부를 강타하였다. 도쿄와 요코하마는 지진으로 인한 화재가 발생하여 가장 큰 피해를 입었다. 도쿄는 9월 3일 아침까지 불길이 번져서 시가지의 거의 대부분이 소실되었다. 재앙에 의한 피해는 사망 9만 9천여 명, 부상 10만 3천여 명, 행방불명 4만 3천여 명으로 집계되었다. 이재민은 340만 명에 이르렀고, 피해액은 50억 엔을 넘었을 것으로 추정된다.

정부는 굶주린 민중이 폭동을 일으킬 것을 두려워하였다. 지진이 일어난 날 저녁부터 조선인이 방화하고 우물에 독을 넣었다는 소문이 나돌았다. 다음날에는 조선인이 습격해 온다는 유언비어가 퍼졌다. 2일 오후에 내무성 경보국장은 조선인의 방화에 대한 엄중한 단속을 각 지방장관에게 지시하였다. 그날 저녁에 계엄령이 선포되었고, 계엄령으로 출동한 군대는 조선인을 수색하였다.

일본인들의 자치조직인 자경단은 거주지역을 경비하면서 '조선인의 습격'에 대비하였다. 자경단에 소속된 일본인들은 집에 보관하고 있던 도검을 차고, 도검이 없는 자들은 죽창으로 무장을 하고, 조선인을 색출한다는 명목으로 통행인을 검문하였다. 조선인이 발견되면 즉석에서 살해하였다. 이렇게 하여 일본인들에 의하여 살해된 조선인들은 확인된 것만 6천여 명이었다.

그러나 조선인에 관한 유언비어는 사실이 아니라는 것이 곧 밝혀졌다. 그것은 일본군대와 경찰이 조선인에 대한 민족적 증오감을 부채질하기 위하여 고의적으로 유포한 것이라는 사실이 명백하게 들어나게 된 것이다. 그러나 일본 정부는 언론을 엄중하게 통제하면서 계엄태세를 더욱 강화하였다.

4. 조선인 황민화 교육

일본과 중국의 긴장관계가 갈수록 심화되고 있었던 1930년대 중기에 조선인 교육을 재고해야 한다는 의견이 일본국내에서 제기되고 있었다. 일본인 학생과 조선인 학생이 언제까지나 각기 다른 교과서로 공부를 한다면 양자의 통일은 불가능하다는 의견을 수용하여, 1937년부터 2년에 걸쳐서 개정된 국사교과서가 『초등국사』 제1권과 제2권이었다. 이때부터 교과서에서 조선사와 관련된 항목이 완전히 자취를 감추었다. 목록을 보면 일본인을 위한 교과서와 구별할 수 없을 정도였다. 조선의 민중으로부터 한민족의 역사를 박탈하였던 것이다. 국사교과서의 개정을 출발점으로 하여 미온적인 융화정책으로부터 강경한 동화정책으로 일본의 교육정책은 크게 전환하였다.

이와 같이 일본의 식민지 교육과정은 조선인을 일본제국주의의 충실한 신민(臣民), 즉 황민(皇民)으로 만들기 위한 동화교육과정이었다. 소위 황민화 교육은 민족의 독립과 역사 · 문화 · 언어를 말살하고 천황제 이데올로기를 주입함으로써 일본에의 예속을 강화하는 것이었다.

국사시간에는 당연히 일본의 역사를 배웠다. 국사교육은 말할 필요도 없이 황국사관(皇国史観)을 주입하는 것을 목적으로 하였다. 학생에게 조선은 일본의 식민지가 될 수밖에 없는 역사적인 필연성을 강제하는 것이었다. 조선인 학생들은 역사상 수많은 이민족의 침입으로 황폐화된 조국, 무능한 데다 서로 싸움만을 일삼았던 권력자들, 역사상 언제나 중국의 속국으로 머리를 조아려야 했던 사실 등을 일본의 역사와 비교하면서 절망하였다. 황국사관에 입각한 국사교육은 한민족의 독자성과 존엄성을 부정하는 것이었다.

황민화교육으로서 가장 힘을 쏟았던 것은 '국어'의 보급이었다. 국어는 말할 필요도 없이 일본어를 일컬었다. 조선어는 방언으로 취급되었다. 학생들에게 일상적으로 일본어를 사용하도록 강제하였다. 적어도 학교에서는 일본어를 사용하지 않으면 안되었다.

일본어를 강제하기 위하여 학생들이 서로 감시하도록 하였다. 어떤 교사는 학생들이 카드를 여러 장 만들어 일상적으로 소지하도록 하였다. '방언'을 사용하는 학생이 있으면 그것을 적발한 학생이 카드를 한 장 압수하였다. 이렇게 하면 '방언'을 자주 사용하는 학생은 카드를 많이 빼앗기게 된다. 교사는 수시로 학생들이 소지하고 있는 카드를 검사하여 누가 '방언'을 많이 사용하였는지 감시하였다. 또 어떤 학교에서는 학생들이 자기도 모르게 '방언'을 사용하다 적발되면 목에 '방언찰(方言札)'을 걸고 다니게 하였다. '방언찰'을 목에 건 학생은 교사나 친구들로부터 놀림을 받았다. '방언찰'은 학교에 따라서 '사죄찰(謝罪札)'이라고 일컬어지는 경우도 있었다. '방언'을 사용한 학생들은 '사죄찰'을 목에 걸고 교무실을 비롯하여 각 교실을 돌면서 사죄를 하지 않으면 안되었다. 그뿐만이 아니었다. 심한 경우에는 교문 옆에서 무릎을 꿇고 앉아있

남산의 조선신궁 일본은 천황의 조상신인 아마테라스오미카미와 메이지천황을 받들게하였다.

지 않으면 안되었다. '방언'을 사용한 죄로 교문 앞에서 공개적으로 모욕을 당하였다.

조선인 학생들은 학교에서 매일 '황국신민의 서사(皇国臣民の誓詞)'를 큰 소리로 외웠다. "하나, 우리는 대일본 제국의 신민입니다. 하나, 우리들은

마음을 합하여 천황폐하께 충의를 다합니다. 하나, 우리들은 인고단련(忍苦鍛鍊)하여 훌륭하고 강한 국민이 됩니다.” 교사들은 황국신민의 서사를 외우며 진정한 일본인이 되라고 훈계하였다. 비판능력이 없는 학생들은 황민화교육에 동화되어 갔다.

일본은 황민화교육과 때를 같이 하여 창씨개명(創氏改名) 정책을 추진하였다. 조선총독부는 1937년 4월, 사법개정조사위원회를 두고 창씨개정 작업에 착수하였다. 1939년 11월에는 제정령 제19호가 발령되었다. 호주는 제정령이 시행되고 6개월 이내에 ‘새로 성을 정하여’ 제출하도록 되어 있었다. 표면적으로는 강제적인 수법을 동원하지는 않았으나 일본은 ‘내선일체’를 강조하면서 ‘일본식의 성으로 바꾸는 것’이 조선인의 바램인 것처럼 선전하여 한민족의 전통을 파괴하였다. 창씨개명에 저항을 하는 조선인도 많이 있었으나 결국은 기간내에 조선인의 80퍼센트에 해당하는 322만 호가 새로운 성을 만들어 관청에 등록하였다.

5. 종군위안부

일본은 식민지 조선의 젊은 여성들을 종군위안부로 연행하였다. 일본군은 중국침략을 개시할 때부터 종군위안부제도를 도입하여 운영하였다. 일본은 동남아시아 및 태평양 각 지역으로 전선이 확대되면서 최전방 지역에도 종군위안소를 설치하여 운영하였다. 위안소는 육군성(陸軍省) 은상과(恩賞課)에서 관리하였다.

일본은 조직적으로 식민지 조선의 여성들을 위안부로 연행하였다. 연행방법은 거주지에서 혹은 여행 중에 강제로 납치하는 경우도 있고 가정이 곤궁한 어린 여성에게 접근하여 좋은 일자리를 알선해 주겠다고 속여서 유인한 후 종군위안부로 호송하는 경우도 많았다. 그 밖에 정신대(挺身隊)의 명목으로 모집한 후에 위안부로 ‘송출’되는 경우도 있었다. 연행된 사람은 주로 16세에서 20세까지의 여성이었다.

위안부는 군수품으로 취급되었기 때문에 정확한 숫자는 파악되지 않지만, 최대 20만 명의 조선인 여성들이 위안부로 연행됐을 것으로 추정된다. 그들이 일단 위안소에 배치되면 일본군의 감시 속에서 필설로 형용할 수 없는 비참한 생활을 강요당하였다.

일본군의 관점에서 보았을 때, 종군위안부는 '소모품'이었다. 일선 사령부에서 각 지역별·부대별 수요를 파악하여 그 충당을 의뢰하면 상부에서 종군위안부를 수급하여 '공급'하는 방식을 취하였다.

테마 38
점령하의 일본

1. 일본의 무조건 항복

연합국은 1945년 2월에 개최된 얄타회담에서 독일이 항복한 이후의 전후처리 문제를 논의하고, 소련도 일본과의 전쟁에 참가하도록 하는 비밀협정을 맺었다. 일본 정부는 표면상으로는 최후의 1인까지 싸우다 죽자고 선동하였으나 내심으로는 평화교섭의 가능성을 타진하고 있었다. 계속되는 패전으로 군부의 정치적 발언권은 약해지고 있었고, 원로와 천황의 측근들이 정치적인 주도권을 장악해가고 있었다. 동년 5월, 독일이 항복한 후에도 일본은 결단을 내리지 못하고 있었다. 겨우 특사를 소련에 파견하여 소련이 휴전을 중재해 줄 수 있는지 여부를 타진하였을 뿐이다. 이미 참전 준비를 하고 있었던 소련은 이를 거부하였다. 7월에는 연합국 수뇌가 포츠담선언을 발표하여 일본에게 무조건 항복을 권고하였다. 일본은 이 권고를 거부하였다. 미국은 8월 6일에 히로시마(広島), 9일에 나가사키(長崎)에 원자폭탄을 투하하였다. 8일에는 소련이 남쪽으로 진격하기 시작하였다.

원자폭탄의 투하와 소련의 참전으로 일본 정부는 겨우 포츠담선언을 수락하기로 결심하였다. 8월 9일, 최고전쟁지도회의에서 외상은 국체유지, 즉 천황의 신변보장을 유일한 조건으로 항복할 것을 주장하였다. 이에 대하여 군부는 천황의 신변보장 외에 자주적인 무장해제, 전범재판을 일본이 행할 것 등 4개의 조건을 주장하였다. 양자의 주장은 조정되지 않은 채로 같은 날 어전회의로 넘겨졌다. 14일 이 회의에서 천황은 자신의 신변보장을 내세운 외상의 안을 지지하는 '성스러운 결단'을 내렸다. 다음날인 15일, 천황이 라디오 방송을 통하여 일본의 항복을 국민에게 알림으로써 태평양전쟁은 종결되었다.

2. 미군의 진주와 점령정책의 시작

1945년 8월 28일, 미국 점령군의 선발대가 일본에 도착하였다. 8월 30일에는 서남태평양방면 연합군 총사령관 맥아더 원수가 일본에 도착하였고, 동시에 미군도 일본 본토 진주를 개시하였다. 이어서 9월 2일에는 정식으로 항복문서에 조인하였다.

도쿄에 연합국군최고사령관총사령부(GHQ)가 설치되고, 총사령관으로 맥아더가 부임하면서 본격적인 점령정책이 실시되었다. 형식상 점령정책의 최고의사결정기관은 워싱턴에 설치된 극동위원회였다. 극동위원회는 연합국 11개국으로 구성되어 있었다. 그러나 실질적으로는 미국이 결정한 기본방침에 의하여 점령정책이 실시되었다. 일본의 통치권을 장악한 맥아더는, 일본 정부가 점령군 총사령관의 지령을 받아서 행정업무를 수행하게 하였다. 즉 간접통치 방식을 택하였던 것이다.

일본이 항복한 후 최초의 내각인 히가시쿠니나루히코(東久邇稔彦)내각은 '국체호지(国体護持)', 즉 천황제 질서의 유지를 기대하면서 일본군의 항복을 될 수 있는 한 원활하게 하기 위하여 노력하였다. 히가시쿠

황성 앞에서 사열하는 미군

니내각은 아무런 혼란이 없이 점령군을 맞이하는 것이 천황제의 필요성을 미국에게 인식시키는 유일한 방법이라고 생각하였다. 만약 무질서 상태가 되면 미국이 강력한 군정을 펼 것은 자명한 일이기 때문이다. 히가시쿠니내각은 일본군 병사와 전쟁협력자를 위로하는 한편, 전국민에게 '국체호지'를 호소하여 천황제의 위기를 극복하려고 하였다.

그러나 점령군은 히가시쿠니내각이 생각한 것처럼 호락호락하지는 않았다. 미국은 이미 맥아더사령부에게 일본의 근본적인 개혁을 지령하였던 것이다. 「항복 후 미국의 초기 대일점령의 기본정책」이 그것인데, 이것은 9월 22일 워싱턴에서 공표되었고, 그 내용은 일본의 신문에도 게재되어 국민에게 널리 알려지게 되었다.

「초기 대일점령의 기본정책」에는 일본군의 무장해제, 일본의 비군국주의화, 전쟁범죄자의 처벌, 개인의 자유 및 민주주의의 장려, 경제의 비군사화와 배상 등 개혁의 태풍을 예견하게 하는 내용이 많이 포함되어 있었다. 이러한 정책을 구체적으로 실시하기 위하여 GHQ는 일본 정부에게 정치·사회·종교면에서 민중을 억압하는 규제를 제거할 것을 지령하였다. 그 내용은 첫째, 사상·종교·집회·언론의 자유를 제한하는 모든 법령을 철폐할 것, 둘째, 10월 10일까지 모든 정치범을 석방할 것, 셋째, 내무대신, 경보국장(警保局長), 경시총감(警視総監), 전국의 경찰

부장, 그리고 특별고등경찰 관계자 전원을 파면할 것, 넷째, 10월 15일까지 특별고등경찰을 폐지할 것 등 이었다.

이러한 GHQ의 지령은 국체호지를 중심정책으로 해왔던 히가시쿠니 내각에게 큰 충격을 안겨주었다. 지령이 내려진 다음 날, 내각은 이 지령을 시행하기보다는 사직하는 길을 선택하였다. 그래서 시데하라 기주로(幣原喜重郎)내각이 성립되었다. 시데하라는 1920년대 중반에 외무대신에 취임하여 미국과 협조하면서 외교를 추진하였던 인물이었다. 만주사변 이후 그는 미국과 가까운 인물로 분류되어 정계에서 그다지 두각을 나타내지 못하였는데, 미국이 일본을 점령하면서 다시 각광을 받게 되었던 것이다. 10월 9일에 성립된 시데하라내각은 즉시 모든 정치범을 석방하고, 치안유지법과 치안경찰법을 폐지하고 특별고등경찰도 폐지하였다. 이리하여 미국의 지령에 의한 민주화가 시작되었다.

3. 극동국제군사재판

동경재판이라고도 하는 극동국제군사재판에서는 침략전쟁을 자행하고 평화와 인도주의에 대한 범죄를 저지른 자들을 심판하였다. 만주사변 이래의 침략을 추궁하였는데, 재판 결과 전직 총리대신이었던 도조 히데키(東条英機) 등 7명을 교수형에 처하고, 도조내각을 성립시키는 데 결정적으로 기여하였던 전직 내대신 기도 고이치(木戸幸一) 등 16명을

극동국제군사재판

종신형에 처하였다. 그 밖에 하급자들도 심판하였다.

이때, 한국인 148명도 B·C급 전범으로 분류되어 재판을 받았는데, 그 중 23명이 교수형 또는 총살형에 처해지고 나머지는 종신형 혹은 유기징역에 처해졌다. 이들 한국인 중 129명이 전쟁 중에 포로를 감시하던 군속이었는데, 그들은 포로를 학대한 '일본인'이라는 이유로 가혹하게 처벌되었다.

이에 대하여 정작 국군통수권자였던 천황은 재판에서 제외되었다. 당시 국제여론은 천황의 전쟁책임도 물어야 한다는 분위기였다. 미국정부 내에서는 의견이 일치되지 않았다. 그래서 점령정책의 총책임을 지고 있었던 맥아더 원수의 견해를 물었다. 이에 대하여 맥아더 원수는 점령목적의 달성을 중시하는 입장에서, 1946년 1월 말에 천황을 재판에 회부하지 않는 것이 좋겠다는 의견을 본국에 전하였다. 미국정부는 이 의견을 받아들였다. 그래서 천황의 전쟁책임은 묻지 않는다는 방침이 정해졌다. 미국이 이러한 방침을 정한 것은 일본국민의 절대적인 신뢰를 얻고 있는 천황을 통하여 점령정책을 원활하게 추진하려고 하였기 때문이다. 또 미국은 일본에서 공산주의 운동이 일어나는 것을 두려워하였다. 그래서 공산주의와는 상극인 천황제를 유지하려고 하였다. 미국의 이러한 정치적 판단에 의하여 전범 1호인 천황 히로히토(裕仁)에게 면죄부가 주어지게 되었던 것이다.

4. 천황의 인간선언

GHQ는 1945년 10월 30일에 군국주의적인 교원으로 분류된 자들의 교직에서의 추방과, 전전(戰前)에 자유주의 사상의 소유자라고 하여 교직에서 물러났던 교원의 복직을 지령하였다. 이어서 12월 15일에는 국가와 신도(神道)의 분리를 지령하였다. 국가가 신도를 보호하고 지원하는 것을 금지한 것이다. 이세신궁(伊勢神宮)과 야스쿠니신사(靖国神社)도 국가와 무관한 것이 되었다.

이어서 수신(修身) · 일본역사 · 지리 과목의 수업을 중지하도록 하였다. 이 과목은 초국가주의를 체계적으로 학생들에게 주입하는 데 특히 중요한 역할을 하였던 교과목이었다. 이들 교과서는 전국적으로 회수되어 처분되었다.

또 초국가주의의 상징인 천황과 황실에 대하여 누구라도 비판할 수 있는 자유가 보장되었다. GHQ는 11월 20일에 황실재산의 동결을 지령하였다. 그것은 언젠가 천황의 재산을 국유화하여 천황의 경제적 기반을 빼앗기 위한 전제조치였다.

1946년 1월 1일, 천황은 조서를 내었다. 이 조서는 천황과 국민은 '상호 신뢰와 경애(敬愛)'에 의하여 맺어지는 것이며, '단지 신화와 전설'에 의한 것이 아님을 강조하였다. 그리고 '천황을 현인신(現人神)으로 하고 또 일본국민을 다른 민족보다 우월한 민족'이라고 생각하는 것은 '가공의 관념'이라고 하여 부정하였다. 이것이 소위 천황의 인간선언이었다.

이 조서는 시데하라 수상이 먼전 영문으로 기초하여 맥아더의 승인을 얻은 다음, 일본어로 번역하여 천황의 이름으로 공포한 것이다. 이 조서가 공포됨으로써 일본의 초국가주의 사상의 중핵인 천황의 신격화 사상은 무력화되었다. 맥아더는 즉시 "천황이 일본국민의 민주화에 지도적 역할을 수행하려고 하고 있다"고 성명을 발표하였다. 그는 연합국 및 미국의 천황제폐지 여론에 선제공격을 가하였던 것이다.

한편 인간선언으로 신비의 베일을 벗어버린 천황은 비로소 일본인 앞에 그 모습을 드러내었다. 천황은 전쟁 피해지역을 시찰하고, 동년 2월부터는 전국 각지를 순회하기 시작하였다. 천황의 행보는 천황의 존재감을 대내외에 유감없이 보여주었다.

5. 여성 참정권의 실현

GHQ의 민주화정책에 의하여 전전에는 참정권이 인정되지 않았던 여성이 남성과 동등하게 정치적 권리를 행사할 수 있게 되었다. 노동자의 단결권과 단체행동권도 보장되었다.

여성참정권 운동은 제1차세계대전 이후에 점차로 그 목소리를 높여가고 있었는데, 만주사변 이후에 다른 사회운동과 마찬가지로 동면상태에 들어가게 되었다.그러나 전쟁이 확대되어 총력전 체제가 되면서 정부는 후방의 생산담당자로서, 또 사회생활 각 방면의 일꾼으로서 여성의 힘을 최대한 활용하지 않을 수 없게 되었다. 이것은 결과적으로 여성의 자각을 높여주게 되었고, 또 사회의 여성에 대한 시각을 바로잡는 계기가 되었다.

일본의 패전 직후에 여성참정권운동은 부활되었다. 공산당과 전후에 새로 결성된 일본사회당 등 사회주의정당이 여성의 참정권을 주장하였다. 뿐만 아니라 일본자유당을 결성한 하토야마 이치로(鳩山一郎)와 같은 유력한 지도자도 여성참정권을 적극 지지하고 있었다.

여성의 정당가입과 정치집회에 참가하는 것을 금지한 치안경찰법은 폐지되었다. 그러자 새로 성립된 정당에 여성이 참가하게 되었다. 이어서 제89회 제국의회에서 선거법이 개정됨으로써 여성은 남성과 완전히 동등한 선거권과 피선거권을 갖게 되었다.

6. 민주화개혁

일본의 민주화를 추진하기 위하여 대일본제국헌법을 전면적으로 개정할 필요가 있었다. 그러나 처음에 시데하라내각이 작성한 헌법개정안은 대일본제국헌법을 일부 수정한 것에 지나지 않았기 때문에, GHQ는 이것을 거부하고 스스로 작성한 신헌법 초안을 제시하였다. 초안은 주권재민, 기본적인 인권의 보장, 남녀평등의 정신에 기반을 둔 것이었다. 이 헌법개정안은 의회의 심의를 거쳐서 1946년 11월 3일에 일본국헌법으로서 공포되었고, 1947년 5월 3일부터 시행되었다.

헌법은 노동자의 단결권과 파업권의 보장, 국민의 최저생활권의 보장 등 인권사상의 내용을 반영하면서도 전쟁을 포기하고 무력을 보유하지 않는다는 규정도 포함되어 있는 세계적으로 유례가 없는 평화헌법이었다. 천황은 상징적인 존재로 자리매김되었다. 국가의 최고기관은 국회였다. 헌법개정과 최고재판소 재판관의 임명심사는 국민투표에 붙여지고, 재판소에는 위헌입법심사권이 주어졌다. 헌법의 개정에 따라서 화족제도와 호주제도가 폐지되었다. 민법과 형사소송법이 전면 개정되었다. 남녀평등 정신에 입각하여 간통죄도 폐지되었다. 지방자치제도에서는 주민자치가 확대되었고, 정내회, 부락회 등의 주민조직도 폐지되었다.

GHQ는 토지제도의 개혁을 지시하였다. 1945년 12월과 다음해 10월에 2회에 걸친 농지개혁이 단행되었다. 홋카이도를 제외하고는 지주의 소작지 보유면적을 대폭 축소하고, 한도를 초과하는 소작지를 소작인에게 우선적으로 양도하도록 하였다. 농지개혁의 결과 소규모 자작농이 증가하면서 지주의 지배력이 약화되었다. 크게 변화한 농촌에서는 농업협동조합이 비료와 농기구의 구입, 농산물의 판매, 자금융자 등을 통하여 성장하였다.

7. 국민생활

전후의 국민생활은 식량사정이 악화되고 생활용품이 결핍되어서 비참한 지경이었다. 궁핍한 상태는 인플레이션으로 가속화되었다. 1946년 봄에는 흉작으로 심각한 식량위기의 양상이 나타났다. 도시에서는 식량배급이 제대로 이루어지지 않았다. 패전 전에도 벼농사의 부진으로 식량사정이 원활하지 않았는데, 1945년에도 일기가 불순하고 비료와 노동력이 부족하여 벼 수확량은 평년작의 3분의 2 수준이었다. 인플레이션이 극심하여 화폐가치가 하락하였기 때문에 암시장에서는 도시민의 의류와 식량이 교환되었다. 도시민은 암시장을 통하여 겨우 연명하였다.

패전후의 급식풍경

생산활동도 정지되었다. 군수품생산은 말할 것도 없고 일반공장도 거의가 폐쇄되었다. 주로 강제연행된 조선인 노동자의 사역에 의하여 유지되었던 석탄생산도 중지되었다. 한편 대량실업 상태에 직면하였다. 일본군 720만 내지 760만, 군수공장 징용자 400만, 해외로부터 돌아온 일본인 150만 등 1300여만 명의 일본인이 생계가 막연한 실정이었다.

전쟁이 가져다 준 인적 물적 피해는 일본인을 더욱 암담하게 하였다. 인적피해는 사상자가 육군 114만 명, 해군 41만 명, 공습 등에 의한 사망자가 30만 명이었다. 부상 및 행방불명자를 포함하여 약 300만 명의 일본인이 희생되었던 것이다. 국가재산의 피해는 재산총액의 약 4분의 1이 손실되었다. 피해가 특히 컸던 것은 선박, 공업용 기계, 건축물, 가구자재 등이었다. 다만 철도, 전기, 가스, 전신전화 등의 피해는 의외로 경미하였다. 생산설비 중에서 특히 철강, 기계, 화학 등 중화학공업의 피해가 거의 없었다는 점이 훗날 고도경제성장의 가능성을 배태하고 있었다.

이러한 상황하에서 사회운동이 활발하게 일어났다. 1945년에 노동조합법이 제정되면서 노동조합이 법의 보호를 받게 되었다. 1947년에는 노동기준법이 제정되었고, 노동조합이 연이어 결성되었다. 1948년에는 조합의 수가 3만4천 개, 조합원은 667만 명에 달하였다. 참고로 노동조합이 폐지되기 직전인 1936년에 조합원이 42만 명이었다.

일본인은 천황제에서 해방되어 자유를 얻었다. 군국주의의 정신적 지주였던 신도와 국가의 분리가 추진되었고 교육칙어는 그 효력을 상실하였다. 역사교과서도 새로 집필되었다. 종래에는 천황 조상의 신화부터 시작되었던 역사가 석기시대부터 쓰여졌다. 교육쇄신위원회가 활동을 시작하면서 새로운 학교조직, 교육행정조직이 정비되었다. 1947년에 제정된 교육기본법과 학교교육법에 의하여 6·3·3·4제의 학교제도가 도입되었다. 교육행정은 지방분권화를 지향하여 지역주민의 의사를 교육에 반영시키려고 노력하였다.

테마 39
고도경제성장 시대

1. 한국전쟁과 일본

한국전쟁은 일본의 경제부흥에 커다란 영향을 주었다. 일본은 연합군의 병참기지가 되었다. 주로 미군의 군수물자조달과 병기수리를 일본이 전담하여, 그것에 의한 달러 수입이 증대되었다. 1949년까지 적자를 기록하던 무역수지가 1950년에는 흑자로 전환하였다.

한국전쟁이 일어나면서 일본의 대외수출은 1950년에 8억 2천만 달러, 1951년에 13억 6천만 달러로 급증하였다. 그 위에 전쟁특수수입이 눈덩이처럼 불어났다. 특수수입은 50년에 1억 5천만 달러, 51년에 5억 9천만 달러, 52년과 53년에는 8억 달러에 달하였다. 특수수입은 미군의 군수품 구입, 장비수선비, 재일미군 및 그 가족들이 사용하는 경비, 한국에서 휴가 나온 미군들이 사용한 달러 등이었다. 미군 및 그 가족들이 사용한 달러는 군수품 매매 및 장비수선비를 상회하였다. 일본의 산업구조를 살펴보면 한국전쟁을 기점으로 하여 면방직, 종이, 비료 등의 소비재산업에서

서서히 자동차, 병기 산업으로 그 비중이 옮아가면서 중화학공업이 발달하게 되었다.

한국전쟁이 발발한 직후 맥아더 사령관은 요시다 시게루(吉田茂)수상에게 서한을 보내 7천 5백 명 규모의 국가경찰예비대의 창설과 해상보안청의 인원을 약 8천 명 증원할 것을 지시하였

한국전쟁을 통한 특수경기 기사

다. 경찰예비대는 재일미군의 출동시 공백을 메우기 위한 것으로 미군 군사고문단의 지도와 무기지급으로 설치되었다. 구 일본군 관계자가 경찰예비대의 간부로 복귀하였다. 정치계에도 태평양전쟁 당시의 지도자가 복귀하였다. 요시다수상은 일찍부터 경찰병력의 부족을 우려하여 어떤 형태로든지 그 확충을 도모하려고 생각하고 있었는데, 뜻밖에도 점령군측으로부터 경찰예비대 창설 지시가 하달되자 절호의 기회라고 생각하여 경찰예비대의 창설에 전력을 다하였다.

미국은 일본에게 극동방위 임무를 분담시킬 필요가 있다고 판단하였다. 민주화정책을 전환하여 일본의 재군비를 추진하였다. 일본을 국제사회에 복귀시키기 위하여 대일강화조약의 체결을 서둘렀다.

2. 고도경제성장

일본경제는 한국전쟁에 의한 특수경기로 비약적으로 성장하였다. 특

히 공업생산력은 괄목할 만하게 성장하였다. 그 결과 민간기업의 설비투자가 활발해졌다. 섬유공업의 비중이 저하되고 기계공업, 화학공업이 미국의 기술성과를 도입하는 데 성공하여 눈부신 발전을 이룩하였다. 일본의 경기는 이미 본궤도에 진입하고 있었던 것이다. 국민 1인당 소비는 1953년에 전전 수준을 돌파하였으며, 국민 1인당 실질 국민소득도 1954년에는 전전 수준을 돌파하였다. 1955년에는 주택을 제외한 생활수준도 전전의 수준을 회복하였다.

패전 10년 만에 생산회복의 단계는 이미 끝났다. 1956년에 발행된 『경제백서』에서 정부는 "이미 전후가 아니다"라고 선언하면서, "전후부흥을 완료한 지금부터 우리나라도 설비의 근대화와 기술개발을 위해서 투자를 활발하게 함으로써 비로소 경제성장이 밑받침될 것이다"라고 말하고 있다. 일본경제는 회복의 단계에서 기술혁신의 단계로 진입하게 되었던 것이다.

기술혁신과 생산성 향상을 지상과제로 하는 설비투자 붐이 지속되었다. 1955년부터 시작된 경기상승의 규모와 속도는 『경제백서』가 예상했던 것보다 훨씬 앞질러서 진행되었다. 예상을 뛰어넘는 대형경기의 도래를 당시의 일본인들은 일본이 개국된 이래 최대의 호경기라는 의미에서 '진무(神武)경기'라고 불렀다. 진무는 일본을 건국했다고 하는 전설적인 존재였다.

'진무경기'는 잠시 동안의 조정기간을 거친 다음에 다시 급격하게 상승세를 탔다. 동남아시아 시장에의 진출과 정부의 공공기업에 대한 재정융자에 힘입어 경기상승이 재개되었던 것이다. 이런 또 한번의 호황을 일본인들은 이와토(岩戸)경기라고 불렀다. 설비투자 붐은 재개되었고, 특히 자동차 산업이 급성장하였다. 신칸센(新幹線)과 메이신(名神) 고속도로로 상징되는 국가자본에 의한 건설공사가 경기를 선도하였다.

호경기는 1973년 제1차 석유쇼크 때까지 지속되었다. 이 시기에 다른 선진국들은 명목 성장률이 6~9퍼센트였으나 일본의 경우는 15퍼센트를 유지하였다. 그 결과 1955년에서 1973년까지 일본의 경제규모는 5.8배로 확대되었고, 1969년에는 GNP가 서구유럽 국가들을 제치고 세계 2위가 되었다.

일본 최대의 공업지대인 경빈·경엽(京浜·京葉) 공업지대에 초점을 맞추어 시기별로 공업발달 상황을 살펴보

출근하는 노동자들

면 일본의 고도성장과정이 어느 정도 파악된다.

1955년 당시, 이미 한국전쟁에 의한 특수경기의 여파로 요코하마(横浜)의 가와사키(川崎)를 중심으로 한 경빈(京浜)공업지대는 철강·조선·전기·화학·기계기구·자동차 등 크고 작은 중화학 관련기업이 밀집되어 있었다. 요코하마에서 도쿄만을 건너 바라다보이는 경엽공업지대에도 선철공장, 도쿄전력의 화력발전소가 건설 중에 있었다. 화력발전소가 건설된 후 에너지원은 석탄에서 석유로 전환되었다.

1965년 당시의 경빈·경엽공업지대를 살펴보면 공업지대는 거의 완성되어 있었다. 가와사키(川崎)지역에서는 1959년에 광대한 매립지를 조성하여 그곳에 니혼석유화학(日本石油化學)을 중심으로 하는 석유화학단지가 건설되었다. 1963년부터 니혼강관(日本鋼管)을 중심으로 한 철강원료센타가 건설되었다. 요코하마에는 미쓰비시중공(三菱重工)이 20만 톤급의 조선소를 건설하였다. 부근에는 도덴(東電), 닛토화학(日東化學)과 함께 니혼석유정제(日本石油精製), 도시바(東芝), 쇼와전공(昭和電工) 등의 대기업이 공장을 건설하였다.

지바(千葉)지역도 1965년경에는 개발에 박차를 가하였다. 대규모 매립공사가 진행되면서 미쓰이조선(三井造船), 후루카와전공(古河電工), 쇼와전공

(昭和電工), 후지전기(富士電気) 등이 진출하였고 마루젠석유(丸善石油), 미쓰이석유화학(三井石油化學)을 중심으로 한 대규모 석유단지가 건설되었다.

임해지역뿐만이 아니라 내륙지역에도 공장건설이 빠른 속도로 진행되었다. 1965년을 전후하여 가나가와(神奈川) 내륙지역에 진출한 공장수만도 1100여 개로 확인된다. 지바의 내륙지역에도 금속, 기계, 식품과 관련된 대기업이 진출하였다.

10년 후인 1975년에는 도쿄만의 공업지대는 과밀한 상태가 되었다. 철강·석유정제·석유화학·전기·공작기계·자동차 등의 대기업과 그 하청관련기업이 밀집하여 생산규모와 생산액은 급속하게 확대되었다. 이와 같은 고도성장의 결과 일본은 세계적인 중화학공업국이 되었다, 특히 조선업은 1956년에 이미 세계 1위의 건조량을 달성한 이후에도 지속적으로 발전하였다. 많은 산업부문에 파급효과를 갖는 자동차산업도 1967년에 세계 2위로 도약한 이래 발전을 거듭하였다.

3. 물가의 상승

고도경제성장이 궤도에 진입하였던 1950년대 말, 경제성장률은 이케다수상이 전망하였던 연 9퍼센트를 훨씬 앞질러서 15퍼센트를 넘었다. 그러나 거기에는 많은 문제점이 도사리고 있었다. 그때까지 비교적 안정되었던 물가가 상승하기 시작하였던 것이다. 소비자물가는 연평균 6퍼센트를 넘어서고 있었다. 그런데도 정부는 연달아서 공공요금을 인상하였다. 경제는 자기에게 맡겨달라고 호언하였던 이케다수상은 물가상승을 억제할 방법을 찾지 못하고 있었다.

물가가 상승한 원인의 하나는 기업규모가 확대되면서 노동력 수요도 증가하였기 때문이었다. 고도성장의 모순이 표출되었던 것이다. 기업에서 노동력을 흡수하게 되자 농촌에서는 일손이 부족하게 되었다. 중소기업과 규모가 영세한 상점에서도 인력수급에 어려움을 겪게 되었다. 특히 농촌의 일손부족이 심각하였다는 것은 1962년부터 농업생산량이 감소하기 시작하였다는 것을 보아도 알 수 있다. 채소값은 물론 이발료, 목욕료, 세탁비 등에 이르기까지 민중의 생활과 직접 관련이 되는 물가가 급격하게 상승하기 시작하였다.

　대기업이 최신의 설비로 대량생산한 물품은 생산성이 높아졌는데도 불구하고 가격을 내리지 않았다. 가격인하 요인이 발생하였는데도 불구하고 카르텔이나 생산제한 등에 의하여 가격인하를 억제하고 있었다. 대기업이 확장을 시도하면서 입지조건이 유리한 장소를 물색하였기 때문에 시설은 자연히 도시에 집중되었다. 이러한 현상은 결과적으로 도시의 과밀화를 초래하고, 지가와 임대료 상승을 부추겼다.

　생활필수품을 중심으로 한 물가의 상승은 저소득층의 생활을 더욱 압박하였다. 빈익빈 부익부 현상은 더욱 두드러지게 되었다. 그러나 정부는 민중의 부담을 덜어주는 정책을 추진하는 데 게을렀다. 대신에 기업의 세금을 감면하는 데 열심이었다.

4. 환경오염 문제

　1960년대 중기부터 도쿄는 물부족 현상에 시달리기 시작하였다. 교통지옥은 이미 오래된 일이었다. 공기오염과 하천오염, 그리고 소음의 문제 등은 고도성장의 반대급부를 사전에 생각하지 않았고, 또 그에 대한 적절한 조치를 강구하지 않았던 결과였다.

　정부는 사회자본의 확대라고 하는 형태로 환경오염 문제를 해결해 나간다는 계획을 세웠다.

경제성장은 공해라는 부산물도 가져왔다.

즉 철도, 도로, 항만, 공업용수 등에 재정자금을 투입하기로 한 것이다. 정부로부터 각종 혜택과 보호를 받으면서 성장한 대기업이 배출한 공해에 대한 뒷처리 비용을 국민이 낸 세금인 재정자금으로 충당함으로써 결과적으로 국민의 부담을 가중시켰다.

　재정자금이 투입되었지만 공해는 조금도 해소되지 않았다. 경제규모가 확대되면 확대될수록 산업폐기물, 배기가스, 개발제일주의에 의한 자연파괴, 그 밖에 교통의 발달로 인한 소음, 진동, 원자력발전소 사고에 의한 방사능오염 등이 심각한 사회문제로 대두되었다.

　전국 각지에서 정부와 대기업을 상대로 환경오염과 공해 그리고 자연파괴에 반대하는 시민운동이 일어났다. 국가와 대기업을 상대로 하는 소송에서 민간운동단체가 승소하면서 환경운동은 더욱 확산되었다. 정부도 1967년 공해대책기본법을 제정하고 각종 시책을 추진하였으나 환경오염과 공해문제를 근본적으로 해결하지는 못하였다.

5. 농업경영의 변화

　농촌에서는 축산과 과수재배가 성행하였다. 영농에 화학비료와 농약이 사용되었고 탈곡기와 경운기가 사용되었다. 그러나 전업농가가 크게 감소하였고 농업인구는 해마다 격감하였다. 1차산업이 산업구조에서 차지하는 비중이 해마다 낮아졌다. 농산물 생산이 줄어들어 수입에 의존하게 되었고, 식량자급률은 매년 저하되었다.

　젊은이들이 도시나 공장지대로 진출하게 되자 노인과 아녀자들이 주로 농촌을 지키게 되었다. 농업노동력의 여성화·노령화가 진행되었고, 농업의 황폐는 가속화되었다. 이러한 현상은 결과적으로 일본자본주의의 커다란 부담으로 작용하게 되었다.

　1961년 이케다(池田)내각은 농업기본법을 제정하고 농업구조를 개선하는 방향을 모색하였다. 구체적으로는 겸업농업의 이농을 촉진하여 자립이 가능한 경영농업(経営農業)을 육성하고, 소득이 높은 작물을 가장 적합한 지역에서 생산하게 한다는 것이다. 그러기 위해서 협동경영을 장려하는 방책을 세웠다. 이 정책은 농촌에 커다란 영향을 미쳤다. 그 결과 축산과 과수원이 크게 발전하였으나 보리·잡곡의 생산은 급격하게 감소하였다.

6. 국민 생활환경의 변화

고도성장이 진행되면서 인구의 대도시 집중현상은 계속되었다. 도쿄를 중심으로 하는 수도권, 교토와 오사카를 중심으로 하는 지역, 나고야를 중심으로 하는 지역으로 인구가 유입되었다. 1959년에는 수도권 인구가 2천만 명에 육박하였다. 전인구의 약 20퍼센트가 수도권에 집중되었던 것이다. 그 중에서 과반수 이상이 도시 변두리에 거주하였다. 인구는 도시 근교의 농촌으로 확대되는 현상을 보였다.

인구가 대도시로 집중하면서 주택문제와 교통문제가 발생하였다. 1955년 일본주택공단이 발족되었다. 주택공단은 4층 높이의 공단주택을 짓기 시작하였다. 단지족(団地族)이라는 신조어가 정착한 것은 1958년경이었다. 그러나 주택공단이 1958년까지 건축한 주택은 총 10만 5천여 호에 불과하였다. 그것도 대부분이 12평 정도의 좁은 공간이었다. 그래도 공단주택은 주택난에 허덕이는 도시 소시민의 동경의 대상이었다. 공단주택에 입주할 수 없는 대부분의 소시민들은 3평 정도의 목조건물 한 칸짜리 셋방에 살면서 운이 좋으면 공단주택이 당첨되어 하루라도 빨리 단지족이 되기를 꿈꾸고 있었다.

고도경제성장은 국민의 일상생활에도 커다란 영향을 미쳤다. 화학섬유로 된 의류가 보급되고 세탁기·냉장고·텔레비젼·전화 등이 보급되었다. 그 밖에 피아노·침대·가구 등 대형 내구소비재의 수요가 증가하였다. 식생활이 서구화되고 슈퍼마켓을 통하여 인스턴트식품이 보급되었다. 스키·여행 등의 레저붐이 일어났다.

70년대에 들어서면서 해외여행자가 증가하였다. 여행사들이 여행객을 모집하여 단체로 해외여행하는 것이 유행하였다. 1980년대 중반에는 해외여행자가 연간 5백만 명을 육박하게 되었는데 그 중 80퍼센트 이상이 순수관광 목적의 해외여행이었다.

이와 함께 핵가족화 현상이 진행되면서 가족형태도 크게 변화하였다. 여성의 사회진출에 따른 맞벌이 부부가 증가하였다. 별거하는 노인들도 늘어났다. 일본인의 평균수명이 70세를 넘게 되면서 노인문제는 사회문제로 부각되기 시작하였다. 고령화 사회에 대비한 복지정책이 정부의 당면과제가 되었다.

7. 베트남전쟁과 일본

한편 오랫동안 긴장감이 감돌던 인도차이나반도에서 전쟁이 시작되었다, 1964년 미국은 통킹만사건을 일으켜서 베트남민주공화국을 폭격하기 시작하였던 것이다. 베트남전쟁 기간 중에 오키나와(沖繩)는 미군작전의 중심기지가 되었다. 일본 각지에 산재되어 있는 미군기지도 미군의 보급·휴양·치료 목적으로 이용되었다. 일본의 산업계는 미국의 요청에 응하여 군수품을 생산하여 납품하였다.

10년에 걸친 베트남전쟁은 일본경제를 다시 한번 비약하게 하는 계기가 되었다. 1973년 베트남전쟁이 종료되는 시점에서 일본의 고도경제성장이 멈췄다는 것이 상징적이다. 일본은 동아시아의 비극, 즉 한반도에서의 전쟁과 인도차이나반도에서의 전쟁을 이용하여 경제성장의 기초를 다졌다는 점을 부인할 수 없을 것이다.

또한 베트남전쟁은 오키나와의 지배권을 미국으로부터 넘겨받는 계기가 되었다. 베트남전쟁과 오키나와 기지(基地)의 관계가 알려지면서 일본인은 오키나와의 조국 복귀운동을 가속화시켰다. 여론을 배경으로 하

여 일본정부는 미국에게 오키나와의 반환을 요구하였고, 수세에 몰린 미
국은 1971년 반환협정에 조인하였다.

사전 · 요람

国史大辞典編纂委員会 編, 『国史大辞典』(1~14), 吉川弘文館, 1979~1993.
竹内理三 外監修, 『日本史総覧』, 全6巻 · 補巻1, 新人物往来社, 1983~84.
佐々木 毅 外編, 『戦後史大辞典』, 三省堂, 1991.

강좌 · 통사 · 개설

1. 통사

『日本の歴史』, 全26巻 · 別巻5, 中央公論社, 1965~76.
『日本の歴史』, 全32巻 · 別巻1, 小学館, 1973~81.
『日本史』, 全10巻, 有斐閣新書, 1977~78.
『体系日本の歴史』, 全15巻, 小学館, 1987~89.

2. 강좌

『岩波講座日本通史』, 全21卷・別卷4, 岩波書店, 1993~1995.

『日本歷史大系』, 全5卷・別卷1, 山川出版社, 1984~90.

『岩波講座日本歷史』, 全26卷, 岩波書店, 1975~77.

『講座日本史』, 全10卷, 歷史学研究会・日本史研究会編, 東京大学出版会, 1970~71.

『岩波講座日本歷史』, 全23卷, 岩波書店, 1962~64.

3. 테마별 강좌

『大系日本国家史』, 全5卷, 東京大学出版会, 1975~76.

『日本民衆の歷史』, 全11卷, 三省堂, 1974~76.

『一揆』, 全5卷, 東京大学出版会, 1981.

『日本芸能史』, 全7卷, 法政大学出版社, 1981~1987.

『日本の社会史』, 全8卷, 岩波書店, 1986~88.

4. 시대별강좌・개설서

『日本の古代』, 全15卷・別卷1, 中央公論社, 1985~88.

『中世史講座』, 全10卷, 学生社, 1982~1991.

『講座日本近世史』, 全10卷, 有斐閣, 1980~92.

『日本の近世』, 全18卷, 中央公論社, 1991~94.

高橋幸八郎・永原慶二・大石嘉一郎 編, 『日本近代史要説』, 東京大学出版会, 1980.

『昭和の歷史』, 全10卷・別卷1, 小学館, 1982~93.

『十五年戰爭史』, 全4卷, 青木書店, 1988~89.

민두기 편저, 『일본의 역사』, 지식산업사, 1976.

강동진, 『일본근대사』, 한길사, 1985.

존 홀(박영재 역), 『일본사』, 역민사, 1986.

도쿄대 교양학부 일본사연구실 편(김현구 역), 『일본사개설』, 지영사, 1994.

이노우에 키요시(차광수 역), 『일본의 역사(상)』, 대광서림, 1995.

강창일・하종문, 『한 권으로 보는 일본사 101장면』, 가람기획, 1998.

연민수 편저, 『일본역사』, 보고사, 1998.

이에나가 사부로(이영 역), 『일본문화사』, 까치글방, 1999.

박진우 외, 『일본 근현대사』 좋은날, 1999.

김장권·하종문, 『근현대 일본정치사』, 한국방송대학교출판부, 2000.

한영혜, 『일본사회사개설』, 한울, 2001.

구견서, 『현대 일본사회의 이해』, 한울, 2001.

구태훈·조명철, 『일본근세근현대사』, 방송대학교출판부, 2001.

구태훈·이영·이근우, 『일본전통사회의 이해』, 방송대학교출판부, 2002.

일본학교육협의회, 『일본의 이해』, 태학사, 2002.

역사 단계별 참고문헌

1. 고대

芹沢長介, 『日本旧石器時代』, 岩波新書, 1982.

井上光貞, 『日本国家の起源』, 岩波書店, 1960.

石母田正, 『日本の古代国家』, 岩波書店, 1971.

林屋辰三郎, 『日本古代文化』, 岩波書店, 1971.

上田正昭, 『帰化人』(中公新書), 中央公論社, 1965.

胡口靖夫, 『近江朝と渡来人』, 雄山閣, 1996.

米田雄介, 『古代国家と地方豪族』, 教育社歷史新書, 1979.

江上波夫, 『騎馬民族国家』, 中公新書, 1967.

吉田 孝, 『律令国家と古代の社会』, 岩波書店, 1983.

八木 充, 『古代日本の都』, 講談社現代新書, 1974.

阿部 猛, 『摂関政治』, 教育社歷史新書, 1977.

坂本賞三, 『日本王朝国家体制論』, 東京大学出版会, 1972.

坂本覺三, 『荘園制成立と王朝国家』, 塙書房, 1985.

연민수, 『고대한일관계사』, 혜안, 1998.

아미노 요시히코(이근우 역), 『일본사회의 역사』(상), 한림신서일본총서, 1999.

2. 중세

永原慶二, 『日本の中世社会』, 岩波書店, 1967.

守屋 毅, 『日本中世への視座』, NHKブックス, 1984.

田村洋幸, 『中世日朝貿易の研究』, 三和書房, 1967.

石井 進, 『日本中世国家史の研究』, 岩波書店, 1970.

上横手雅敬, 『日本中世政治史研究』, 塙書房, 1970.

永原慶二, 『日本中世社会構造の研究』, 岩波書店, 1973.

田中健夫, 『中世対外関係史』, 東京大学出版会, 1975.

笠松宏至, 『日本中世法史論』, 東京大学出版会, 1979.

稲垣泰彦, 『日本中世史会史論』, 東京大学出版会, 1981.

林屋辰三郎, 『封建社会成立史』, 筑摩書房, 1987.

黒田俊雄, 『日本中世の社会と宗教』, 岩波書店, 1990.

脇田晴子, 『室町時代』, 中公新書, 1985.

鈴木郎一, 『応仁の乱』, 岩波新書, 1973.

昭和田哲男, 『戦国大名』, 教育社歴史新書, 1978.

藤木久志, 『戦国社会史論』, 東京大学出版会, 1974.

勝俣鎮夫, 『戦国法成立史論』, 東京大学出版会, 1979.

井上鋭夫, 『一向一揆の研究』, 吉川弘文館, 1968.

村井康彦, 『乱世の創造』(『日本文明史』5), 角川書店, 1991.

藤木久志, 『雑兵たちの戦場』, 朝日新聞社, 1995.

木孝惟, 『軍記と武士の世界』, 吉川弘文館, 2001.

3. 근세

安良城盛昭, 『日本封建社会成立史論』, 岩波書店, 1984.

藤木久志, 『豊臣平和令と戦国社会』, 東京大学出版会, 1985.

高木昭作, 『日本近世国家史の研究』, 岩波書店, 1990.

丸山眞男, 『日本政治思想史研究』, 東京大学出版会, 1952.

尾藤正英, 『日本封建思想史研究』, 青木書店, 1961.

南 和男, 『江戸の社会構造』, 塙書房, 1969.

中井信彦, 『転換期幕藩制の研究』, 塙書房, 1971.

脇田 修, 『近世封建社会成立史論』, 東京大学出版会, 1977.

藤野 保, 『幕政と藩政』, 吉川弘文館, 1979.

塚本 学, 『生類をめぐる政治』, 平凡社, 1983.

石井紫郎, 『日本人の国家生活』, 東京大学出版会, 1986.

水本邦彦, 『近世の村社会と国家』, 東京大学出版会, 1987.

信夫清三郎, 『江戸時代』, 新地書房, 1987.

熊倉功夫, 『寛永文化の研究』, 吉川弘文館, 1988.

深谷克己, 『近世の国家・社会と天皇』, 校倉書房, 1991.

笠谷和比古, 『近世武家社会の政治構造』, 吉川弘文館, 1993.

辻 達也, 『享保改革の研究』, 創文社, 1963.

林 基, 『享保と寛政』, 文英堂, 1971.

津田秀夫, 『近世民衆運動の研究』, 三省堂, 1979.

深谷克己, 『百姓成立』, 塙書房, 1993.

滝川政次郎, 『日本行刑史』(増補版), 青蛙房, 1972.

石井 孝, 『日本開国史』, 吉川弘文館, 1972.

佐々木潤之介, 『幕末社会の展開』, 岩波書店, 1993.

손승철, 『근세 조선의 한일관계연구』, 국학자료원, 1999.

야마구치 게이지(김현영 역), 『일본근세의 쇄국과 개국』, 혜안, 2001.

4. 근·현대

大江志乃夫, 『日本の産業革命』, 岩波書店, 1968.

芝原拓自, 『世界史のなかの明治維新』, 岩波書店, 1977.

有泉貞夫, 『明治政治史の基礎過程』, 吉川弘文館, 1980.

芳賀 徹, 『明治維新と日本人』, 講談社学術文庫, 1980.

松下芳男, 『徴兵令制定史』(増補版), 五月書房, 1981.

桑原武夫, 『明治維新と近代化』, 小学館, 1984.

田中 彰, 『明治維新と天皇制』, 吉川弘文館, 1992.

毛利敏彦, 『明治維新の再發見』, 吉川弘文館, 1993.

田中 彰, 『明治維新』, 吉川弘文館, 1994.

佐々木克, 『大久保利通と明治維新』, 吉川弘文館, 1998.

伊藤 隆, 『昭和初期政治史研究』, 東京大学出版会, 1967.

中村政則, 『近代日本地主制史研究』, 東京大学出版会, 1979.

安部博純, 『日本ファシズム研究序説』, 未来社, 1975.

筒井清忠, 『昭和期日本の構造』, 有斐閣, 1984.

古屋哲夫, 『日中戦争』, 岩波新書, 1985.

家永三郎, 『太平洋戦争』第2版, 岩波書店, 1986.

江口圭一, 『十五年戦争小史』新版, 青木書店, 1991.

渡辺洋三, 『日本社会はどこへ行く』, 岩波新書, 1990.

山口二郎, 『現代日本の政治変動』, 放送大学教育振興委員会, 1999.

차기벽·박충석, 『일본현대사의 구조』, 한길사, 1980.

하마구찌 하루히코(김석근 역), 『근대일본의 지식인과 사회운동』, 삼지원, 1988.

김용덕, 『명치유신의 토지세제개혁』, 일조각, 1989.

소운서 외(박강 역), 『일제의 대륙침략사』, 고려원, 1992.

박영재 외, 『19세기 일본의 근대화』, 서울대학교출판부, 1996.

마루야마 마사오(박충성·김석근 공역), 『충성과 반역』, 나남, 1998.

김필동, 『근대일본의 출발』, 일본어뱅크, 1999.

정혜선, 『일본공산주의 운동과 천황제』, 국학자료원, 2001.

정진성, 『현대일본의 사회운동론』, 나남, 2001.

도널드 킨(김유동 역), 『메이지 천황』(상), 다락원, 2002.

가와무라 신지(이혁재 역), 『후쿠자와 유키치』, 다락원, 2002.

강창일, 『근대일본의 조선침략과 대아시아주의』, 역사비평사, 2002.

다나카 아키히코(이원덕 역), 『전후 일본의 안보정책』, 중심, 2002.

탐구 테마별 참고문헌

1. 일본신화

井上光貞 外訳, 『日本書記』解說, 中央公論社, 1971.

西宮一民 校注, 『古事記』, 新潮社, 1979.

松前 健, 『日本神話の形成』, 塙書房, 1970.

上田正昭, 『日本神話』, 岩波新書, 1970.

直木孝次郎, 『神話と歷史』, 吉川弘文館, 1971.

박시인, 『알타이 신화』, 청노루, 1994.

황패강, 『일본신화의 연구』, 지식산업사, 1996.

야마다 히데오(이근우 역), 『일본서기입문』, 민족문화사, 1998.

2. 야마타이국

井上光貞, 『日本国家の起源』, 岩波新書, 1960.

佐伯有淸, 『硏究史邪馬台国』, 吉川弘文館, 1971.

山田宗睦, 『魏志倭人伝の世界』, 敎育社歷史新書, 1979.

井上秀雄, 『倭·倭人·倭国』, 人文書院, 1991.

西嶋定生, 『邪馬台国と倭国』, 吉川弘文館, 1994.

3. 대왕에서 천황으로

井上光貞, 『日本古代国家の研究』, 岩波書店, 1965.

岸 俊男, 『日本古代政治史研究』, 塙書房, 1966.

上田正昭, 『大和朝廷』, 角川書店, 1967.

田中俊明, 『大加耶連盟の興亡と「任那」』, 吉川弘文館, 1992.

原島札二 外, 『巨大古墳と倭の五王』, 靑木書店, 1981.

亀田隆之, 『壬申の乱』, 至文堂, 1966.

長山泰孝, 『古代国家と王権』, 吉川弘文館, 1992.

김현구, 『임나일본부연구-한반도남부경영론비판』, 일조각, 1993.

4. 율령제도

虎尾俊哉, 『班田收授法の研究』, 吉川弘文館, 1964.

野村忠夫, 『律令政治の諸樣相』, 塙書房, 1968.

宮原武夫, 『日本古代の国家と農民』, 法政大学出版局, 1973.

長山泰孝, 『律令負担体系の研究』, 塙書房, 1976.

野田嶺志, 『律令国家の軍事制』, 吉川弘文館, 1984.

5. 불교의 전래와 발전

家永三郎, 『日本仏教史』(古代), 法蔵館, 1967.

井上光貞, 『日本古代の国家と仏教』, 岩波書店, 1971.

田中 元, 『古代日本人の世界』, 吉川弘文館, 1972.

井上 薫, 『奈良朝仏教史の研究』, 吉川弘文館, 1966.

田村圓澄, 『飛鳥仏教史研究』, 塙書房, 1969.

堀 一郎, 『空也』(人物叢書), 吉川弘文館, 1963.

6. 나라시대에서 헤이안시대로

永島福太郎, 『奈良』, 吉川弘文館, 1963.

竜 粛, 『平安時代』, 春秋社, 1962.

村尾次郎, 『桓武天皇』, 吉川弘文館, 1963.

森田 悌, 『平安時代政治史研究』, 吉川弘文館, 1978.

木村茂光 編, 『平安京 くらしと風景』, 東京堂出版, 1994.

高橋富雄, 『胆沢城』, 学生社, 1971.

7. 국풍문화

池田亀鑑, 『平安時代の生活と文学』(角川文庫), 角川書店, 1952.

山中 裕, 『平安時代の女流作家』, 至文堂, 1962.

秋山 虔・山中 裕編, 『宮廷のサロンと才女』, 角川書店, 1968.

秋山 虔, 『源氏物語の世界』, 東京大学出版会, 1964.

今井源衛, 『紫式部』, 吉川弘文館, 1966.

8. 무사단과 무가의 동량

坂本賞三, 『日本王朝国家体制論』, 東京大学出版会, 1972.

石母田正, 『中世的世界の形成』, 東京大学出版会, 1946.

河音能平, 『中世封建制成立史論』, 東京大学出版会, 1971.

中村吉治, 『日本封建制の源流』(上.下), 刀水書房, 1984.

竹内理三, 『武士の登場』(『日本の歴史』6), 中央公論社, 1965.

福田豊彦, 『平将門の乱』, 岩波新書, 1981.

野口 実, 『武家の棟梁の条件』, 中公新書, 1994.

福田豊彦, 『東国の兵乱とものののふたち』, 吉川弘文館, 1995.

9. 천황과 무가정권

ねずまさし, 『天皇家の歴史』(上.下), 三一書房, 1976.

中村直勝, 『北畠親房』, 星野書店, 1932.

佐藤進一, 『南北朝の動乱』, 中央公論社, 1965.

熊倉功夫, 『後水尾院』, 朝日新聞社, 1982.

歴史学研究会 編, 『いま天皇制を考える』, 青木書店, 1987.

今谷 明, 『天皇家はなぜ続いたか』, 新人物往来社, 1991.

10. 무가사회의 구조

佐藤進一, 『幕府論』, 中央公論社, 1949.

永原慶二, 『源頼朝』, 岩波新書, 1958.

安田元久, 『守護と地頭』, 至文堂, 1964.

安田元久, 『武士世界形成の群像』, 吉川弘文館, 1986.

石井 進, 『鎌倉武士の実像』, 平凡社選書, 1987.

豊田 武, 『武士団と村落』, 吉川弘文館, 1963.

11. 몽고의 침입

相田三郎, 『蒙古襲来の研究』, 吉川弘文館, 1958.

旗田 巍, 『元寇－蒙古帝国の内部事情－』, 中央公論社, 1965.

羽下徳彦, 『惣領制』, 至文堂, 1966.

川添昭二, 『蒙古襲来研究史論』, 雄山閣, 1977.

魏 栄吉, 『元・日関係史の研究』, 敎育出版センター, 1985.

12. 왜구

長沼賢海, 『日本の海賊』, 至文堂, 1955.

田中健夫, 『中世海外交渉史の研究』, 東京大学出版会; 1959.

李 鉉淙, 『朝鮮前期対日交渉史研究』, 韓国研究院, 1964.

田村洋幸, 『中世日朝貿易の研究』, 三和書房, 1967.

中村栄孝, 『日朝関係史の研究』(上.中.下), 吉川弘文館, 1965~1969.

田中健夫, 『倭寇と勘合貿易』, 至文堂, 1961.

田中健夫, 『倭寇』, 敎育社, 1982.

田中健夫, 『対外関係と文化交流』, 思文閣出版, 1982.

鄭 樑生, 『明・日関係史の研究』, 雄山閣, 1985.

13. 가마쿠라시대의 불교

井上光貞, 『日本淨土敎成立史の研究』, 山川出版社, 1956.

大橋俊雄, 『法然－その行動と思想』, 評論社, 1970.

大橋俊雄 校注, 『法然・一遍』, 岩波書店, 1971.

古田武彦, 『新鸞』, 清水書院, 1970.

星野元豊・石田充之・家永三郎 校主, 『新鸞』, 岩波書店, 1971.

戸頃重基・高木 豊 校主, 『日蓮』, 岩波書店, 1970.

高木 豊, 『日蓮とその門弟』, 弘文堂, 1965.

柳田聖山 外校注, 『中世禅家の思想』, 岩波書店, 1972.

多賀宗隼, 『栄西』, 吉川弘文館, 1965.

今枝愛眞, 『道元－その行動と思想』, 評論社, 1970.

14. 농촌의 변용과 서민의 대두

中村吉治, 『中世の農民一揆』, 中央公論社, 1948.

勝俣鎮夫, 『一揆』, 岩波新書, 1982.

綱野善彦, 『日本中世の 民衆像』, 岩波書店, 1980.

豊田 武, 『中世日本商業史の研究』, 岩波書店, 1952.

佐々木銀弥, 『中世の商業』, 至文堂, 1961.

佐々木銀弥, 『日本商人の源流』, 教育社歴史新書, 1981.

原田伴彦, 『中世に於ける都市の研究』, 三一書房, 1972.

永原慶二, 『室町戦国の社会』, 吉川弘文館, 1992.

15. 전국시대 다이묘와 천도사상

家永三郎, 『日本道徳思想史』, 岩波書店, 1954.

古川哲史, 『武士道の思想とその周辺』, 福村書店, 1957.

相良 亨, 『日本の思想』, ぺりかん社, 1989.

奥野高廣, 『戦国大名』, 塙書房, 1960.

奥野高廣, 『戦国武将と民衆』, 新人物往来社, 1971.

三坂圭治, 『毛利元就』, 新人物往来社, 1966.

下村 効, 『戦国・織豊期の社会と文化』, 吉川弘文館, 1982.

桑田忠親, 『戦国武将の生活』, 角川選書, 1969.

小和田哲男, 『呪術と占星の戦国史』, 新潮選書, 1998.

16. 일본과 서양의 만남

榎 一雄 編, 『西欧文明と東アジア』, 平凡社, 1971.

洞 富雄, 『鉄砲伝来とその影響』, 校倉書房, 1959.

有馬成甫, 『火砲の起源とその伝流』, 吉川弘文館, 1962.

芳賀幸四郎, 『安土桃山時代の文化』, 至文堂, 1964.

海老沢有道, 『南蛮文化』, 至文堂, 1958.

永積洋子, 『平戸オランダ商館の日記』, 岩波書店, 1969~970.

17. 도요토미 히데요시의 인물과 성격

小瀬甫庵(桑田忠親 校訂), 『太閤記』, 新人物往来社, 1971.

渡辺世祐, 『豊太閤の私的生活』, 創元社, 1939.

田村栄太郎, 『史料からみた秀吉の正体』(上.下), 雄山閣, 1965.

佐々克明, 『下剋上の王者豊臣秀吉』, 思索社, 1977.

津田三郎, 『秀吉・英雄伝説の軌跡』, 六興出版, 1991.

加來耕三, 『武功夜話秀吉』, 新人物往来社, 1992.

松田毅一, 『豊臣秀吉と南蛮人』, 朝文社, 1992.

渡辺豊和, 『異人・秀吉』, 新泉社, 1996.

18. 임진왜란전야의 일본

鈴木良一, 『豊臣秀吉』, 岩波新書, 1954.

石原道博, 『文禄・慶長の役』, 塙書房, 1963.

中村栄孝, 『日朝関係史の研究』中, 吉川弘文館, 1969.

田代和生, 『書き換えられた国書』, 中公新書, 1983.

三鬼清一郎, 『豊臣政権の研究』, 吉川弘文館, 1984.

北島萬次, 『豊臣政権の対外認識と朝鮮侵略』, 校倉書房, 1990.

中里紀元, 『秀吉の朝鮮侵略と民衆.文禄の役』(上.下), 文献出版, 1993.

小林清治, 『秀吉権力の形成』, 東京大学出版会, 1994.

貫井正之, 『豊臣政権の海外侵略と朝鮮義兵研究』, 青木書店, 1996.

三宅英利 (손승철 역), 『근세한일관계사연구』, 이론과실천, 1991.

이채연, 『壬辰倭乱捕虜実記研究』, 도서출판박이정, 1995.

19. 쇼군과 다이묘

藤野 保, 『幕藩体制史の研究』, 吉川弘文館, 1961.

脇田修, 『近世封建社会の経済構造』, 御茶の水書房, 1963.

佐々木潤之介, 『幕藩権力の基礎構造』, 御茶の水書房, 1964.

北島正元, 『江戸幕府の権力構造』, 岩波書店, 1964.

松平太郎, 『江戸時代制度の研究』, 柏書房, 1964.

朝尾直弘, 『近世封建社会の基礎構造』, 御茶の水書房, 1967.

20. 쇄국에의 길

岩生成一, 『朱印船貿易史の研究』, 弘文堂, 1958.

箭内健次, 『長崎』, 至文堂, 1959.

岩生成一, 『鎖国』, 中央公論社, 1966.

小堀桂一朗, 『鎖国の思想』, 中公新書, 1974.

岡田章雄, 『天草時貞』, 吉川弘文館, 1960.

海老沢有道, 『日本キリシタン史』, 塙書房, 1966.

煎本増夫, 『島原の乱』, 教育社歴史新書, 1980.

山下尚志, 『鎖国と開国』, 近代文芸社, 1996.

21. 17세기 후기의 조닌사회

高尾一彦, 『近世の庶民文化』, 岩波書店, 1968.

安部次郎, 『徳川時代の芸術と社会』, 角川選書, 1971.

脇田 修, 『元禄の社会』, 塙書房, 1980.

田村栄太郎, 『江戸時代町人の生活』, 雄山閣, 1980.

西山松之助, 『風俗と社会』, 吉川弘文館, 1985.

守屋 毅, 『近世芸能文化史の研究』, 弘文堂, 1992.

棚橋正博, 『江戸の道楽』, 講談社選書, 1999.

박전열, 『일본의 문화와 예술』, 한누리미디어, 1998.

박전열·이영, 『일본전통문화론』, 한국방송대학교출판부, 1999.

22. 무사의 사회적 지위와 경제생활

大道寺友山(吉田豊 訳), 『武道初心集』, 徳間書店, 1971.

山本常朝(城島正祥 校注), 『葉隠』(上. 下), 新人物往来社, 1976.

新見吉治, 『改訂増補下級士族の研究』, 日本学術振興会, 1965.

鈴木 寿, 『近世知行制の研究』, 日本学術振興会, 1971.

相良 亨, 『武士の思想』, ペリカン社, 1984.

進士慶幹, 『江戸時代武士の生活』, 雄山閣, 1984.

鈴木文孝, 『近世武士道論』, 以文社, 1991.

進士慶幹, 『江戸時代武家の生活』, 至文堂, 1993.

23. 상인과 상인정신

中部よし子, 『近世都市の成立と構造』, 新生社, 1966.

土肥鑑高, 『近世米穀流通史の研究』, 隣人社, 1969.

中部よし子, 『城下町』, 柳原書店, 1978.

作道洋太郎, 『江戸時代の上方町人』, 敎育社, 1978.

松本四郎, 『日本近世都市論』, 東京大学出版会, 1983.

中田易直, 『三井高利』, 吉川弘文館(人物叢書), 1959.

石川 謙, 『石田梅岩「都鄙問答」』, 岩波新書, 1968.

柴田 実, 『石門心学』(日本思想大系42), 岩波書店, 1971.

中村幸彦, 『近世町人思想』(日本思想大系59), 岩波書店, 1975.

24. 겐로쿠문화와 가세이문화

板坂 元, 『町人文化の開花』, 講談社現代新書, 1975.

奈良本辰也, 『日本近世の思想と文化』, 岩波書店, 1978.

芳賀 登, 『大江戸の成立』, 吉川弘文館, 1980.

宮田 登, 『江戸歳時記』(江戸選書), 吉川弘文館, 1981.

大石慎三郎, 『元禄時代』(岩波新書), 岩波書店, 1970.

森修, 『西鶴・芭蕉・近松 － 近世文学の生成空間－』, 和泉書院, 1992.

藤岡作太郎, 『近世絵画史』, ぺりかん社, 1983.

今尾哲也, 『歌舞伎の歴史』, 岩波書店, 2000.

25. 유학의 발달과 교육의 보급

丸山真男, 『日本政治思想史研究』, 東京大学出版会, 1952.

田原嗣郎, 『徳川思想史研究』, 未来社, 1967.

尾藤正英, 『日本封建思想史研究』, 青木書店, 1961.

阿部吉雄, 『日本朱子学と朝鮮』, 東京大学出版会, 1965.

渡辺 浩, 『近世日本社会と宋学』, 東京大学出版会, 1985.

柴田 純, 『思想史における近世』, 思文閣出版, 1991.

笠井助治, 『近世日本藩校の綜合的研究』, 吉川弘文館, 1960.

石川 謙, 『寺子屋』, 吉川弘文館, 1963.

海原 徹, 『近世の学校と教育』, 思文閣出版, 1988.

26. 양학과 국학

松本三之介, 『国学政治思想の研究』, 有斐閣, 1957.

田原嗣郎, 『本居宣長』, 講談社, 1968.

松本三之介, 『天皇制国家と政治思想』, 未来社, 1969.

板沢武雄, 『日蘭文化交渉史の研究』, 吉川弘文館, 1955.

田沼次郎, 『洋学伝来の歴史』, 至文堂, 1960.

高橋磌一, 『洋学思想史論』, 新日本出版社, 1972.

佐藤昌介, 『洋学史研究序説』, 岩波書店, 1964.

佐藤昌介, 『洋学史の研究』, 中央公論社, 1980.

27. 밖으로부터의 도전

石井 孝, 『日本開国史』, 吉川弘文館, 1966.

保永貞夫, 『七人の日本人漂流民』, 小峰書店, 1971.

高野 明, 『日本とロシア』, 紀伊国屋書店, 1971.

加藤祐三, 『黒船前後の世界』, 岩波書店, 1985.

園田英弘, 『西洋化の構造』, 思文閣出版, 1993.

山口啓二, 『鎖国と開国』, 岩波書店, 1993.

28. 판적봉환과 폐번치현

淺井 清, 『明治維新と郡県思想』, 厳松堂, 1939.

田中 彰, 『明治維新政治史研究』, 青木書店, 1963.

原口 清, 『日本近代国家の形成』, 岩波書店, 1968.

日本史籍協会 編, 『木戸孝允日記』(復刊), 東京大学出版会, 1976.

坂野潤治・宮地正人 編, 『近代日本における転換期の研究』, 山川出版社, 1985.

松尾正人, 『維新政権』, 吉川弘文館, 1995.

佐 木克, 『大久保利通と明治維新』, 吉川弘文館, 1998.

29. 이와쿠라 사절단의 구미 12개국 순방

春畝公追頌会 編, 『伊藤博文伝』, 統正社, 1940.

日本史籍協会 編, 『木戸孝允日記』(復刊), 東京大学出版会, 1976.

大久保利謙, 『岩倉使節の研究』, 宗高書房, 1976.

田中 彰, 『岩倉使節団』, 講談社, 1977.

田中 彰, 『明治維新』, 吉川弘文館, 1994.

30. 문명개화

高橋昌郎, 『文明開化』, 評論社, 1972.

林屋辰三郎 編, 『文明開化の研究』, 岩波書店, 1979.

ひろたまさき, 『文明開化と民衆意識』, 青木書店, 1980.

藤森照信, 『明治の東京計画』, 岩波書店, 1982.

奈良井雅道, 『文明開化』, 岩波書店, 1985.

田中 彰, 『明治維新』, 吉川弘文館, 1994.

加藤 寛, 『福沢諭吉の精神』, PHP新書, 1997.

31. 자유민권운동

内藤正中, 『自由民権運動の研究』, 青木書店, 1964.

松尾章一, 『自由民権思想の研究』, 柏書房, 1965.

井上 清 編, 『大正期の政治と社会』, 岩波書店, 1969.

後藤 靖, 『自由民権』, 中央公論社, 1972.

坂野潤治, 『大正政変』, ミネルヴァ書房, 1982.

遠山茂樹, 『自由民権と現代』, 筑摩書房, 1985.

32. 대일본제국헌법과 일본국헌법

稲田正次, 『明治憲法成立史』(上.下), 有斐閣, 1960~1962.

家永三郎, 『日本近代憲法思想史研究』, 岩波書店, 1967.

清水 伸, 『明治憲法制定史』(全三巻), 原書房, 1971.

坂野潤治, 『明治憲法体制の確立』, 東京大学出版会, 1971.

高橋 紘, 『象徴天皇』, 岩波新書, 1987.

中村政則, 『戦後史と象徴天皇』, 岩波書店, 1992.

長谷川正安, 『日本の憲法』第3版, 岩波書店, 1994.

長尾龍一, 『日本憲法思想史』, 講談社学術文庫, 1996.

스즈키 마사유키(류교열 역), 『근대일본의 천황제』, 이산, 1998.

33. 학교교육과 일본인

山住正己, 『教育勅語』, 朝日新聞社, 1980.

山住正己, 『日本教育小史』, 岩波書店, 1987.

尾花 清, 『道徳教育論』, 大月書店, 1991.

田中新治, 『教育運動史考』, 光文堂書店, 1976.

田中節雄, 『近代公教育』, 社会評論社, 1996.

藤田英典, 『教育改革』, 岩波書店, 1997.

홍현길, 『일본의 도덕과 도덕교육』, 보고사, 2001.

34. 한일합병

田保橋潔, 『近代日鮮関係の研究』(復刊版), 原書房, 1966.

山辺健太郎, 『日韓併合小史』, 岩波書店, 1966.

姜在彦, 『朝鮮近代史研究』, 日本評論社, 1970.

中塚明, 『近代日本と朝鮮』, 三省堂, 1977.

森山茂徳, 『日韓併合』, 吉川弘文館, 1992.

35. 1920년대 일본의 정치와 사회

井上 清・渡辺 徹 編, 『米騒動の研究』, 有斐閣, 1959.

隅谷三喜男, 『日本労働運動史』, 有信堂, 1966.

井上 清 編, 『大正期の政治と文化』, 岩波書店, 1969.

三谷太一郎, 『日本政党政治の形成』, 東京大学出版会, 1967.

伊藤之雄, 『大正デモクラシーと政党政治』, 山川出版社, 1987.

奥平康弘, 『治安維持法小史』, 筑摩書房, 1977.

大日方純夫, 『警察の社会史』, 岩波新書, 1993.

隅谷三喜男 編, 『昭和恐慌』, 有斐閣, 1974.

臼井勝美, 『日中外交史』, 塙書房, 1971.

36. 전쟁과 민중생활

家永三郎, 『太平洋戦争』, 岩波書店, 1968.

小林英夫, 『「大東亞共栄圏」の形成と崩壊』, 御茶の水書房, 1975.

江口朴郎, 『帝国主義時代の研究』, 岩波書店, 1975.

藤原彰, 『天皇制と軍隊』, 青木書店, 1978.

江口圭一, 『十五年戦争小史』, 青木書店, 1986.

吉田 裕, 『日本人の戦争観』, 岩波書店, 1995.

노다 마사아키(서혜영 역), 『전쟁과 인간-군국주의 일본의 정신분석』, 길, 2000.

37. 일제 지배하의 조선인

山辺健太郎, 『日本統治下の朝鮮』, 岩波書店, 1971.

淺田喬二, 『日本帝国主義下の民族革命運動』, 未来社, 1973.

姜徳相, 『関東大震災』, 中公新書, 1975.

姜東鎭, 『日本の朝鮮支配政策史研究』, 東京大学出版会, 1979.

浜口裕子, 『日本統治と東アジア社会』, 勁草書房, 1996.

西成田 豊, 『在日朝鮮人の「世界」と「帝国」国家』, 東京大学出版会, 1997.

金英達, 『創氏改名の研究』, 未来社, 1997.

松本武祝, 『植民地権力と朝鮮農民』, 社会評論社, 1998.

吉見義明 編, 『従軍慰安婦資料集』, 大月書店, 1992.

김인덕, 『식민지시대 재일조선인운동 연구』, 국학자료원, 1996.

宮田節子(이형랑 역), 『朝鮮民衆と「皇民化」政策』, 일조각, 1997.

요시미 요시아키(이규태 역), 『일본군 군대위안부』, 소화, 1998.

김덕상·정진성 외, 『근현대 한일관계와 재일동포』, 서울대학교출판부, 1999.

정일성, 『황국사관의 실체』, 지식산업사, 2000.

미네기시 겐타로(박옥순 역), 『천황의 군대와 성노예』, 당대, 2001.

38. 점령하의 일본

井上 清, 『天皇の戦争責任』, 岩波書店, 1991.

吉田 裕, 『昭和天皇の終戦史』, 岩波新書, 1992.

荒井信一, 『戦争責任論 －現代史からの問い－』, 岩波書店, 1995.

大沼保昭, 『東京裁判から戦後責任の思想へ』(第4版), 東信堂, 1997.

中村政則 編, 『占領と戦後改革』, 吉川弘文館, 1994.

中村政則 外, 『戦後日本占領と戦後改革1 世界史のなかの1945年』, 岩波書店, 1995.

황허이 (백은영 역), 『도쿄 대재판』, 예담, 1999.

타카하시 테츠야(이규수 역), 『일본의 전쟁책임을 묻는다』, 역사비평, 2000.

39. 고도경제성장 시대

石田 雄, 『現代日本の政治過程』, 岩波書店, 1958.

内田健三, 『戦後日本の保守政治』, 岩波書店, 1969.

正村公宏, 『戦後史』(上. 下), 筑摩書房, 1985.

山崎 五郎, 『日本労働運動史』, 労務行政研究所, 1957.

伊丹敬之 外, 『競争と革新－自動車産業の企業成長』, 東洋経済新報社, 1988.

中村隆英 編, 『「計画化」と「民衆化」』, 岩波書店, 1989.

間 宏編, 『高度経済成長下の生活世界』, 文真堂, 1994.

강태현, 『일본 전후 경제사』, 오름, 2000.

나

다

아